Große Haff
DUCATUS
POMERANIÆ
STETTIN
STARGARD
PARS
CIRCULUS SOLDINIENSIS
CIRCULUS ARENSWALDENSIS
CIRCULUS FRIDEBERGENSIS
CIRCULUS DRAMBURGENSIS
LANDSBERG
CUSTRIN
REGNI POLONIÆ PARS
BARNIMENSIS
CIRC: LEBUSENSIS
CIRC: STERNBERGENS:
FRANCKFURT an der Oder
STORCKAVIENS
ET BESECKOVIENS
DUCATUS CROSLA
CROSSEN
CIRC: CROSSENVIENS:
DUCATUS ZULLICHAV
ZULLICHAU
DUCAT SILESIÆ
GR: GLOGAU
SOMMERFELD
COTBUS
PARS WEICHBILDI
PEITZ
Signorum Explicatio.
Urbes.
Oppida.
Municipia vel Pagi notabiles.
Pagi communes.
Civ. Equit. et Resid.
Balliatus.
Monasterium.
Postarum Cursus.

Christian Graf von Krockow

Fahrten durch die Mark Brandenburg

Christian Graf von Krockow

Fahrten durch die Mark Brandenburg

Wege in unsere Geschichte

Deutsche Verlags-Anstalt
Stuttgart

Die Deutsche Bibliothek – CIP-Einheitsaufnahme

Krockow, Christian Graf von:
Fahrten durch die Mark Brandenburg :
Wege in unsere Geschichte /
Christian Graf von Krockow.
– 5. Aufl. –
Stuttgart : Deutsche Verlags-Anstalt, 1992
ISBN 3-421-06618-3

5. Auflage

Satz: Setzerei Lihs, Ludwigsburg
Druck und Bindearbeit:
Mohndruck, Graphische Betriebe GmbH., Gütersloh
Printed in Germany

Inhalt

Eine preußische Stadt: Neuruppin

Ein deutscher Gral

Reviergänge

Die Träume vom schöneren Leben

Abschied und Heimkehr

Vorwort

»In Staub mit allen Feinden Brandenburgs!« Einer der großen und der unglücklichste unter den märkischen Dichtern, Heinrich von Kleist, hat seinem Land die berühmte Zeile gewidmet. Statt gleich auf den Patriotismus sich einzulassen, könnte man sie beim Wort nehmen: Den Staub gibt es reichlich, für Freund und Feind gleichermaßen.

»Des Heiligen Römischen Reiches Streusandbüchse« ist die Mark Brandenburg einst genannt worden. Der Sand, wie die Winde der Vorzeit ihn wehten, wie das Wasser ihn schwemmte, hat Konturen geschaffen, kaum Berge zwar, aber Bewegung, eine Abart von Dünung um zwei oder um zwanzig Meter herauf und hinunter. Auf solchem Boden wuchs der Wald, der hier Heide heißt. Ihr Wahrzeichen ist ein Baum: die Kiefer, Pinus silvestris, auch Föhre genannt, die durch den Sand hindurch mit ihren Pfahlwurzeln Standkraft und Nahrung gewinnt. Sonst allerdings wächst wenig; auf den Äckern gedeihen – mit bescheidenem Ertrag – der Roggen, der Hafer, die Kartoffel, doch selten der Weizen oder die Rübe.

Denn immer dürsten die Böden, weil der Sand den Regen nicht hält; die reichen Ernten, wahrlich, sind anderswo zu Hause, zum Beispiel – der Mark zur Seite – im schwarzen Löß der Magdeburger Börde. Das Wasser rinnt indessen zu den Niederungen; es sammelt und staut sich zum Sumpf, zum eben hingestreckten Luch oder Bruch. Oft sind auch Seen entstanden, vielgestaltig, klein oder groß, an den Wald gefügt, vom Schilf umgürtet.

Die Trockenheit und die Nässe hart beieinander, Bewegung und Stillstand, Heide und Bruch, eine Zugehörigkeit im Kontrast, von der Weite des Himmels überwölbt: Wer darauf sich einläßt, den mag diese Landschaft anrühren wie kaum eine sonst. Vielleicht wird er sie lieben – und womöglich sogar besingen:

Märkische Heide, märkischer Sand
sind des Märkers Freude,
sind sein Heimatland.
Steige hoch, du roter Adler,
hoch über Sumpf und Sand,
hoch über dunkle Kiefernwälder,
heil dir, mein Brandenburger Land.

Eine Art von Landeshymne ist das geworden und dabei so neu, wie man kaum glauben möchte; der Berliner »Wandervogel« Gustav Büchsenschütz schrieb sie 1923.* Aber was denn läßt sich in Brandenburg überhaupt als ehrwürdig alt anpreisen? Was zählen die paar Jahrhunderte seit dem ersten Markgrafen aus dem Haus der Askanier, seit Albrecht dem Bären, wenn man Kulturlandschaften wie die Toskana oder die Provence zum Maßstab nimmt? Oder auch nur die rheinischen Gefilde, in denen schon die Römer es sich wohl sein ließen?

Ein junges und ein karges Land: Immer mußten die Menschen sich anstrengen, um hier leben zu können. Die Natur hat ihnen nichts geschenkt. Wenn schon die Sandböden wenig Nahrung boten, dann verweigerten sich die Sümpfe erst recht, es sei denn zum Torfstechen; in der Mühsal vieler Generationen mußten sie Schritt für Schritt mit dem Spaten erschlossen, erobert werden, um ihre Fruchtbarkeit herzugeben. Dafür brauchte man Gräben und Deiche, Staustufen und Schleusen, ein Netz von Kanälen. Nirgends, die Niederlande ausgenommen, gibt es sie kunstreicher verzweigt und in größerer Zahl.

---

* Sternchen im laufenden Text verweisen auf die Anmerkungen ab S. 332.

Als sei es mit der Plackerei nicht genug, kamen die Plagen hinzu, die Seuchen, die Züge der Pest wieder und wieder – und die Züge des Raubens und Plünderns, von Brand und von Mord. »Und die Erde war wüst und leer«: Am Ende des großen, des Dreißigjährigen Krieges hätte man das Bibelwort aus der Schöpfungsgeschichte lesen können, als sei es nicht im Sinai, sondern für die Mark Brandenburg geschrieben.

Doch aus Kargheit, Mühsal und Plage entstand eine Schöpfung eigener Art, ganz auf die Spannkraft des Willens und der Leistung, auf die Anstrengung gegründet, Ohnmacht in Macht zu verwandeln, um sie als Herrschaft zu gestalten und zu der Form zu führen, die der Staat ist. Was in anderen Ländern, in Italien, Frankreich, England Denker wie Machiavelli, Bodin oder Hobbes als Idee entwarfen, das konnte hier und womöglich nur hier in größtmöglicher Annäherung verwirklicht werden, weil kein natürlicher Reichtum den Willen mit Trägheit schlug – und weil auf dem eroberten Boden, im kolonialen Neuland keine Weihe des Alters, kein Übergewicht von Tradition ihn zügelte.

Der Staat hieß dann Preußen. Seine großen Könige arbeiteten und kämpften ihn zu europäischer Bedeutung empor; seine großen Reformer erneuerten ihn; Soldaten und Beamte haben ihn bestimmt. Aus ihm wuchs Bismarcks Werk, die deutsche Einheit. Ob zum Guten oder zum Bösen, hier wurde Geschichte geschrieben. Will man sie nicht bloß auf Begriffe, sondern zur Anschauung bringen, so muß man an den Ursprung zurückkehren, zur märkischen Keimzelle Preußens. Und seien es Ruinen oder Grabsteine: Zeichen leiten vom Sichtbaren in das Unsichtbare hinüber, das einmal war und das uns bestimmte.

Was wir davon wissen, verdanken wir vorab dem einen Schriftsteller von Rang: Theodor Fontane. In seinen »Wanderungen durch die Mark Brandenburg«, in Romanen wie dem »Stechlin« oder »Vor dem Sturm« hat er uns mit den Wäldern und Seen, mit Städten und Dörfern, mit Kirchen, Burgen und Schlössern, ganz besonders aber mit den Geschlechtern, den Menschen vertraut gemacht, die dieses Land prägten und von ihm geprägt worden sind. Das vorliegende Buch ist darum auch als Huldigung zu verstehen; viele der *kursiv* gesetzten Texte stammen aus Fontanes Werken.*

Ohnehin liegt ein besonderer Reiz darin, das Damals und das Heute zu vergleichen. Fontane schrieb seine »Wanderungen« zwischen 1862 und 1882, den Nachtrag »Fünf Schlösser« 1889 – gerade noch rechtzeitig zu einer Bestandsaufnahme der brandenburg-preußischen Schöpfung aus Menschenhand. Denn damals, mit der Zeit der Reichsgründung, begann ihr Weg ins Verderben, zur Zerstörung und zum Tod.

Im Schlachtenlärm und Siegesjubel von Königgrätz und von Sedan, in den Hochrufen von Versailles, in der Begeisterung über die endlich erreichte Einheit der Deutschen war eine Ahnung vom Untergang freilich kaum zu gewinnen, es sei denn für Außenseiter. Fontane gehörte zu ihnen. Mit seiner Herzensneigung, mit Liebe hat er die märkische Adelswelt beschrieben – und gewußt, daß sie Vergangenes bewahrte, aber keine Zukunft mehr barg. Darum sind seine Bücher als Abschiede zu lesen; daraus gewinnen sie ihre Klarheit und Tiefe.

Ein anderer Außenseiter war der letzte Preuße auf dem Hohenzollernthron, Wilhelm I. Am Vorabend der Kaiserproklamation bekannte er seinem Kanzler unter Tränen: »Morgen ist der unglücklichste Tag meines Lebens. Da tragen wir das preußische Königtum zu Grabe.« Aber wer mochte derlei gelten lassen, wenn es um die Nation und ihren Traum vom Reich ging? Dabei handelte es sich nicht, wie der Kanzler meinte, um das »wunderliche Gelüst« oder die Sentimentalität eines alten Mannes. »Wenn die Majestät über ihn kommt, weissagt er«, hat Bismarck auch gesagt, obschon in anderem Zusammenhang.* Gerade hier traf das zu. Wilhelm II., der forsche junge Mann, der 1888 den Großvater beerbte, erwies sich in der Art oder Unart seiner Selbstdarstellung und im Bewußtsein der Zeitgenossen kaum noch als ein König von Preußen. Er galt kurzhin als »der Kaiser«; binnen zwanzig Jahren wurde der alte Staat von seiner eigenen Gründung überwältigt.

Was folgte, war Verfinsterung: erst ein Wahn von der Weltmacht, der in den Weltkrieg mündete, dann die aus der Niederlage in ihr Unglück geborene Republik, Hitlers mörderische

Gewalt und sein krimineller Krieg, schließlich die Statthalterei aus fremdem Auftrag und Zuschnitt. Vier Abschnitte, Schicksalsstationen deutscher Geschichte, die zusammen ein Jahrhundert umfassen, vier Gestaltungsversuche, jeder des anderen Feind und jeder ins Unheil mündend: Auf ihre sehr verschiedene Weise haben sie alle dazu beigetragen, unkenntlich zu machen, was einmal war.

Schuld trat freilich hinzu. Auf den Landsitzen der Mark Brandenburg – wie in Ostpreußen, Pommern, Schlesien – hat man Hitler gewiß kaum als den Führer zum Heil bejubelt. Aber gegenüber der Republik, der man sich verweigerte, die man als Chance zum Bewahren im Wandel gar nicht erst wahrnahm, hat man die braune »Machtergreifung« als das kleinere Übel hingenommen. Man wurde verführt von einer kurzfristigen Gesundung der Wirtschaft; man ließ sich blenden vom Schein der schnellen Erfolge. Und man hat die Wehrmachtsuniform mit dem Hakenkreuzadler beinahe so angezogen, als bedeutete sie nicht bloß Karriere, sondern Ehre wie einstmals des Königs Rock.

Die Schuld ist mit Zinseszins heimgezahlt worden. Während der Krieg vom Adel einen Blutzoll forderte wie zuvor nur des großen Friedrich Siebenjähriger Krieg, endete manch ein Weg unter dem Galgen. Das Schändliche solchen Sterbens aber erwies sich als Lebensrettung der verlorenen Ehre.

Gleich darauf triumphierten die Sieger des Zweiten Weltkriegs, danach die, die sich als Mitsieger aufführten. Die »Junker« galten als Inbegriff des Bösen wie ihr Staat; sie wurden enteignet und vertrieben. Die Gutshäuser und Schlösser, soweit nicht schon das Kriegsende sie vernichtete, gab man vielfach dem Verfall preis, bis bloß noch die Planierraupe blieb, die Ruinen zu tilgen. Eine besondere Art von Heimzahlung spielte dabei wohl zusätzlich mit, verschwiegen zwar: »Sachsens Rache« ist der erste und mächtige Sekretär der SED Walter Ulbricht vom Volksmund genannt worden. Nichts sollte mehr an die verhaßte Vergangenheit, an die Keimzelle Preußens erinnern, nicht einmal die Gestalt und der Name des Landes.

Sehr spät erst und allenfalls halbherzig hat man sich eingestanden, daß Planierraupen ein wenig taugliches Mittel sind, um Überlieferung einzuebnen. Wie 1979 die Historikerin aus dem SED-Staat, Ingrid Mittenzwei, in ihrer Friedrich-Biographie schrieb: »Geht man durch einige Städte der DDR, vor allem durch Berlin oder Potsdam, kann man auf Schritt und Tritt steinernen Zeugen preußischer Geschichte begegnen. Sie sind nur ein Zeichen dafür, daß uns unsichtbare Fäden mit dem Gestern verbinden. Freilich wird man sich diesem Teil unserer Geschichte immer kritisch nähern müssen ...«*

Zu spät! Wer sie verleugnet, den bestraft die Geschichte. Sieht man von den Umständen des Augenblicks und von allem Vordergründigen ab, so ist die DDR in ihrem kläglichen Ende daran gescheitert, daß sie bloß eine Konstruktion aus dem Kopf, ein Machwerk der Doktrin war. Darum besaß sie nie eine Vergangenheit, auf die sie sich gründen konnte – und darum keine Zukunft.

»In Staub mit allen Feinden Brandenburgs!« Inzwischen scheint der Ruf beinahe prophetisch erfüllt. Es gibt dieses Land wieder, auferstanden aus Ruinen; in der alten Residenzstadt Potsdam regiert ein märkischer Ministerpräsident. Im buchstäblichen wie im übertragenen Sinne können wir Natur und Geschichte erfahren. Welch eine Möglichkeit ist uns damit zugefallen, kaum noch erhofft! Denn indem wir erkennen, woher wir kommen, werden wir vielleicht sogar gehen lernen, ohne uns zu verirren und abermals zu fallen.

Vom Glaubenseifer, von der Toleranz und vom Wahn

Lehnin und Chorin

»Warum schreiben die ihren Lenin mit *h*?« fragte der junge Mann, Reisebegleiter seit dem Rastplatz bei Helmstedt, als ein Schild an der Autobahn nach Berlin die Ausfahrt ankündigte. Neugier, Unwissen und frühe Erfahrung lachlustig verwirbelt: ein Weltenbummler, ein Tramp, wie man ihn sich vorstellt, langhaarig und braungebrannt, mit einem Turmbau von Rucksack, seine Gitarre zur Hand. Er hatte schon viel gesehen; von Abenteuern in Australien erzählte er, als lauerten sie gleich um die Ecke. Das Fernste schien nah und erreichbar; zwei Wochen noch, dann sollte Neil Armstrong, der amerikanische Astronaut, mit einem angeblich großen Schritt für die Menschheit den Mond betreten. Aber Lehnin? Was immer das sein mochte, es lag wohl weit hinter dem Mond. Damals, 1969, entstand der Vorsatz, eine Utopie vorerst, die Mark Brandenburg neu zu entdecken, falls es jemals möglich sein würde – und hier zu beginnen.

Abfahrt Lehnin, bald hinter zwei Seen. Doch seit geraumer Zeit schon hat sich die Landschaft von der Magdeburger Börde zur Mark verändert; statt der fruchtbaren und, dem landwirtschaftlichen Ertrag zuliebe, beinahe baumlosen Weite gibt es die Kiefernbegleitung rechts wie links. Gelesenes kommt auf, Erinnerung an Fontane:

Zuerst Tannen. Ah, wie die Stille des Waldes alles labte! Der Wind schwieg, und jedes Wort, wenn auch leise gesprochen, klang laut im Widerhall. Ein warmer Harzduft war in der

Luft und steigerte das Gefühl des Behagens. Über den Weg hin, hier und dort, liefen die Spuren, die das Wildschwein in den Schnee gewühlt hatte; von den schwankenden Zweigen flog das Rotkehlchen auf, und aus der Tiefe des Waldes hörte man den Specht. Nun kam eine große Lichtung, an deren entgegengesetzter Seite das Laubholz anfing, aber zunächst noch mit Tannen untermischt. Die Sonne glühte hinter den Bäumen, und je nachdem die Lichter fielen, schimmerte das Laub der Eichen golden oder kupferfarben, während die schwarzen Tannenwipfel wie scharfgezeichnete Schatten in der schimmernden Glut des Abends standen … Und ehe noch unsere Reisenden sich zurechtgefunden und ihrer Überraschung Ausdruck gegeben hatten, hielten sie schon vor ihrem Ziel: der Klosterkirche von Lehnin.*

Die Eichen gibt es noch immer, aber Tannen? Hat es sich nicht schon damals um die Kiefern gehandelt, die wir heute sehen? Übrigens gelangen wir nicht gleich zum Kloster, sondern erst einmal in die Ortschaft Lehnin. Die Gegend am Weg dahin, meint Fontane, »bietet wenig Besonderes dar, und setzt sich aus den üblichen Requisiten märkischer Landschaft zusammen«. Um so besser zum Kennenlernen:

*Weite Flächen, Hügelzüge am Horizont, ein See, verstreute Ackerfelder, hier ein Stück Sumpfland, durch das sich Erlenbüsche, und dort ein Stück Sandland, durch das sich die Kiefern ziehen. Erst in unmittelbarer Nähe Lehnins, das jetzt ein Städtchen geworden, verschönert sich das Bild, und wir treten in ein Terrain ein, das einer flachen Schale gleicht, in deren Mitte sich das Kloster erhebt. Der Anblick ist gefällig, die dichten Kronen einer Baumgruppe scheinen Turm und Dach auf ihrem Zweigwerk zu tragen, während Wiesen- und Gartenland jene Baumgruppe und ein Höhenzug wiederum jenes Wiesen- und Gartenland umspannt.**

Wir befinden uns in der »Zauche«, einem märkischen Gebiet zwischen Havel und Fläming. Das Städtchen selbst wirkt grau und heruntergekommen wie so viele in der ehemaligen DDR.

Zwar ist in die Mauer am Parkplatz ein Blechkasten eingelassen, dessen verschlossener Deckel rätselvoll »Luftentnahme« ankündigt. Darunter klebt ein Zettel, gleich Hunderten im Lande: »Sie können jeden Tag ganz frische Eier kaufen. 10 St. 2,– DM, Montag – Sonntag 8^{00} bis 18^{00} bei Opatz 1804 Lehnin Hauptstr. 11.« Aber die ehemaligen Hotels liegen verödet, nur an blassen Schriftzügen noch kenntlich. Als imponierendstes Gebäude bietet sich die »F. A. Diesterweg-Schule« dar, in besseren Zeiten errichtet. Zäune und allerhand Afterbauten, seien sie regulär oder irregulär, sperren den Zugang zum See. Wo man das Ufer endlich erreicht, spricht das ausgeschlachtete Wrack eines Autos von der Vergänglichkeit – wie auf seine Weise der Oberstleutnant a.D. Günther Ballentin in der »Märkischen Allgemeinen«: »Vor den Toren Potsdams – im zwanzig Kilometer entfernten Lehnin – liegt das Luftsturmregiment 40 der einstigen NVA. Am 30. März 1991 wird es aufgelöst sein ... Eine ganze Armee wird plötzlich weggerüstet. In ihr war ich der Friedfertigkeit verpflichtet.«

Immerhin rüstet sich das traditionsreiche »Kloster-Café« für die Neueröffnung. Zur Einkehr bieten sich auch der »Klosterhof« und der »Klosterkrug« an, die »Marktklause« nicht zu vergessen, von deren neuem Gewand die Zeitung am 16. März 1991 berichtet: »Eine Holztäfelung im Gastraum sorgt für eine behagliche Atmosphäre, und ein neuer Sanitärtrakt gewährleistet, wie das in den gastronomischen Einrichtungen der Gemeinde noch sehr selten der Fall ist, ein Höchstmaß an Hygiene, und neues Mobiliar mit bequemen Sitzgelegenheiten stellte die ›Berliner Kindl‹-Brauerei zur Verfügung. Das Speiseangebot wurde vergrößert und soll noch erweitert werden. Dafür sorgen schon jetzt zwei Köche, die neu eingestellt werden konnten. Auf Bestellung können ab sofort Fondue-Abende für vier bis sechs Personen arrangiert werden.« Doch kaum des Fondues wegen fährt man nach Lehnin, sondern um das Kloster zu sehen. Seine Gründungslegende hat einst ein böhmischer Chronist erzählt:

Otto I., der Sohn Albrechts des Bären, jagte einen Tag lang in den dichten Waldrevieren an der Zauche, und warf sich *endlich müd und matt an eben der Stelle nieder, wo später Kloster Lehnin erbaut wurde. Er schlief ein und hatte eine Vision. Er sah im Traum eine Hirschkuh, die ihn ohne Unterlaß belästigte. Endlich ergriff er Bogen und Pfeil und schoß sie nieder. Als er erwachte und seinen Traum erzählte, drangen die Seinen in ihn, daß er an dieser Stelle eine Burg gegen die heidnischen Slawen errichten solle; – die andrängende, immer lästiger werdende Hirschkuh erschien ihnen als ein Sinnbild des Heidentums, das in diesen Wäldern und Sümpfen allerdings noch eine Stätte hatte. Der Markgraf erwiderte: »Eine Burg werde ich gründen, aber eine Burg, von der aus unsere teuflischen Widersacher durch die Stimmen geistlicher Männer weit fortgescheucht werden sollen, eine Burg, in der ich ruhig den Jüngsten Tag erwarten will.« Und sofort schickte er zum Abt des Zisterzienserklosters Sittichenbach, im Mansfeldischen, und ließ ihn bitten, daß er Brüder aus seinem Konvente zur Gründung eines neuen Klosters senden möchte. Die Brüder kamen. Markgraf Otto aber gab dem Kloster den Namen Lehnin, denn Lanye heißt Hirschkuh im Slawischen.**

Die Gründung erfolgte im Jahre 1183, und sozusagen programmgemäß und legendenträchtig wurde Sibold, der erste Abt, 1190 von Wenden erschlagen, freilich unter Umständen, die das Bild vom Märtyrer zwielichtig machen.* Doch mit der Gründung kam der Orden ins Land*, der nicht nur für die Bekehrung der Ungläubigen – die längst im Gange war –, sondern vor allem beim Urbarmachen und Besiedeln der Mark Brandenburg Entscheidendes leistete.

Zum Verständnis hilft ein kurzer Rückblick auf die Ordensgeschichte.* Als im elften Jahrhundert der mittelalterliche Bekehrungswille einem Höhepunkt zustrebte und die Zeit der Kreuzzüge begann, führte der religiöse Eifer auch zu Reformen des Mönchslebens; es sollte der Welt nicht verloren sein, sondern ihr zugewandt dem Glauben dienen. Dies jedenfalls war das Ziel der Zisterzienser. Ihr Mutterkloster entstand im Jahre 1098 in Citeaux – im Herzogtum Burgund, südlich von Dijon –, das auch den Namen, lateinisch *cistercium*, bei-

Lehnin, die erste und bedeutendste Klostergründung der Zisterzienser in der Mark Brandenburg, nach einem alten Reliefbild.

steuerte. Bernhard von Clairvaux war ihr machtvollster Förderer – daher der spätere Beiname »Bernhardiner«.

Zwei Ordensregeln gewannen besondere Bedeutung. »Die Mönche unseres Ordens sollen ihren Lebensunterhalt durch ihrer Hände Arbeit erwerben, und zwar durch Ackerbau und Viehzucht. Zu diesem Zweck soll ihnen gestattet sein, zu eigenem Gebrauche Gewässer, Wälder und Wiesen zu besitzen.« So die erste Regel. Doch nicht auf den Besitz kam es in erster Linie an, sondern auf die Leistung, die Härte der Arbeit, die Tatkraft von Kolonisatoren. Daher fügte die zweite Regel streng hinzu: »Unsere Klöster dürfen weder in Städten noch bei Burgen, noch in Dörfern, sondern nur an Orten errichtet werden, die dem menschlichen Zusammenleben fernliegen.« Citeaux siegte in der Wildnis, und das Prinzip entwickelte seine eigene Dynamik. Kaum war ein Wald gerodet, ein Stück Land bebaut, die Kirche geweiht, der Wirtschafts- und Wohnraum gemauert, fühlte sich die nachfolgende Mönchsgeneration schon dazu berufen, wieder eine Pionierleistung zu vollbringen, also ihr Mutterkloster zu verlassen, um sich bei einer Tochtergründung zu bewähren.

Weit mehr noch als in Frankreich kamen damit in Mittel- und Osteuropa die Zisterzienser wie gerufen. Und sie wurden gerufen; der brandenburgische Markgraf Otto handelte wie viele Landesherren, die im gottgefälligen Werk ihren Nutzen erkannten. Kein anderer Orden hat sich jemals so schnell verbreitet und dabei die Zahl seiner Klöster fast im Handumdrehen vervielfacht. Die Bewegung führte sehr rasch an den Rhein, dann über ihn hinweg durch Deutschland hindurch bis nach Böhmen und Polen; Lehnin entstand nur 85 Jahre nach Citeaux.

Fast möchte man von Hast oder Übereilung sprechen; nie reichten die Kräfte für das Maß oder Unmaß der Arbeit. Von vornherein nahm der Orden darum neben den Mönchen im engeren Sinne auch Laienbrüder auf. Und er rief weltliche Kolonisten herbei, Siedler, um das gewonnene Land zu bestellen und zu sichern. Neue, klostereigene Dörfer entstanden. In der Bewegung von Westen nach Osten wanderten auf diese Weise mit den Mönchen oder in ihrem Gefolge Bauern und Handwerker, die Stellmacher, Schmiede und Tuchmacher ebenso wie die Baumeister. In einem ursprünglich slawischen Land wie Brandenburg, in dem der große Wendenaufstand des Jahres 948 noch immer in die Träume oder Alpträume der Markgrafen drängte, war dieser Zustrom von Menschen und Kenntnissen aus dem Westen ganz besonders willkommen.

Der Erfolg freilich, der den Glaubens- und Arbeitseifer krönte, brachte im Ablauf der Zeit je länger, desto eindeutiger etwas mit sich, das gar nicht beabsichtigt war: den Wohlstand, um nicht zu sagen den Reichtum – und Macht. Lehnin liefert ein Beispiel. Seine Äbte stiegen bald in den Bischofsrang auf; der Klosterbesitz aber »umfaßte in den Jahren, die der Reformation unmittelbar vorausgingen, zwei Marktflecken, vierundsechzig Dörfer, vierundfünfzig Fischereien, sechs Wasser- und neun Windmühlen, vierzehn große Forsten, dazu weite Äcker, Wiesen und Weinberge. Jeder Zweig des Betriebs stand in Blüte; die Wolle der reichen Schafherden wurde im Kloster selbst verarbeitet, und die treffliche Wasserverbindung, mittels der Seen in die Havel und mittels der Havel in die Elbe, sicherte dem Kloster Markt- und Absatzplätze.«* Entsprechend eindrucksvoll muß man sich die Anlage von Lehnin vorstellen: »Die Fülle der Baulichkeiten, die sich innerhalb seiner weitgespannten Klostermauern vorfand, die Gast- und Empfangs- und Wirtschaftsgebäude, die Schulen, die Handwerks- und Siechenhäuser, die nach allen Seiten hin das eigentliche Kloster umstanden, alle diese Schöpfungen, eine gotische Stadt im kleinen, deuteten auf die Ausgedehntheit und Solidität des Besitzes.«*

Überdenkt man den Sachverhalt, so erkennt man Zusammenhänge, die keineswegs einmalig sind. Der reformatorische Glaubens- und Arbeitseifer der Puritaner in England hat ähnliches oder noch viel mehr bewirkt. Auch er löste eine Wanderungsbewegung aus, diesmal in der anderen Himmelsrichtung, über den Atlantik hinüber in die Neue Welt und dann von der Ostküste weiter und weiter nach Westen; auch dort ging es um den Pioniergeist und seine Leistungen, der zum Wohlstand, zum Reichtum und am Ende, kaum gewollt, zum Triumph des Kapitalismus geführt hat.*

»Was hülfe es dem Menschen, wenn er die ganze Welt gewönne und nähme doch Schaden an seiner Seele?« fragt uns die Bibel. Der Erfolg weckt viele Versucher. Macht schürt den Hochmut und treibt in den Mißbrauch, wie der Reichtum zur Trägheit, zu Langeweile und Laster. Draußen unterdessen schleichen, wenn es dunkelt, die Wölfe; Rächer und Räuber harren der Stunde, da sie zupacken können. So gesehen entspringen kirchliche Erneuerungen und politische Revolutionen niemals schlackenlos rein nur dem Glaubens- oder dem Gleichheitseifer, sondern allemal auch sehr handfest irdischen Motiven. Während die einen ihre Freiheit suchen, greifen die anderen bereits nach dem herrenlosen Gut, seien es der Besitz oder die Macht.

Im Gefolge der Reformation geriet Lehnin mit seinen Marktflecken und Dörfern, mit Äckern, Forsten und Seen unter die Verfügung des Landesherrn, das Kloster selbst aber verfiel. Seine historische Bedeutung ließ sich einst an den Fürstengräbern ablesen, die in der Kirche zu sehen waren, neben dem Stumpf der Eiche, unter der der Gründer, Markgraf Otto, seinen Traum gehabt hatte.

*Elf Askanier lagen hier, und einträchtig neben ihnen drei aus dem Hause Hohenzollern, Friedrich mit dem Eisenzahn, Johann Cicero und Joachim I. Dieser stand nur ein einzig Jahr in der Gruft (von 1535–1536), dann wurde sein Sarg, wie der Sarg seines Vaters und Großoheims, nach Berlin hin übergeführt, wo ihnen im Dom eine Stätte bereitet war. Jener Tag der Überführung der drei Särge von Lehnin nach dem Dom in Cölln an der Spree war recht eigentlich der Todestag Lehnins. Die Güter wurden eingezogen, und innerhalb zwanzig Jahren war die Umwandlung vollzogen – der Klosterhof war ein Amtshof geworden. Der Krieg kam und begann sein Werk der Zerstörung, aber schlimmer als die Hand der Schweden und Kaiserlichen, die hier abwechselnd ihr Kriegswesen trieben, griffen in Zeiten tiefsten Friedens die Hände derer ein, die am ehesten die Pflicht gehabt hätten, diese alte Stätte zu schützen und zu wahren: die Um- und Anwohner selbst. Freilich waren diese Um- und Anwohner zumeist nur solche, die weder selbst, noch auch ihre Väter und Vorväter, das alte Lehnin gekannt hatten. 1791 waren Landleute aus der Schweiz nach Amt Lehnin berufen worden, um bessere Viehzucht daselbst einzuführen. Kloster Lehnin wurde nun ein Steinbruch für Büdner und Kossäten und Haue und Pickaxt schlugen Wände und Pfeiler nieder. Die Regierungen selbst, namentlich unter Friedrich Wilhelm I., nahmen an diesem Vandalismus teil, und weil die ganze Zeit eine die Vergangenheit schonende Pietät nicht kannte, so geziemt es sich auch nicht, dem einzelnen einen Vorwurf daraus zu machen, daß er die Anschauungsweise teilte, die damals die gültige war. Kloster Lehnin, wäre es nach dem guten Willen seiner Schädiger gegangen, würde nur noch eine Trümmerstätte sein, aber das alte Mauerwerk erwies sich als fester und ausdauernder als alle Zerstörungslust, und so hat sich ein Teil des Baues, durch seine eigene Macht und Widerstandskraft, bis in unsere Tage hinein gerettet.**

Man gerät in Versuchung hinzuzufügen: Fast mehr noch als die Zerstörung macht der Wiederaufbau es schwer, ein Bild von dem zu gewinnen, was einmal war. Denn die Kirche ist zurückgekehrt, und das Kloster Lehnin bezeichnet heute einen Ort, an dem gelebt und gestorben wird. Das Schild am Eingang spricht unter dem Kreuzeszeichen vom »Luise-Henrietten-Stift«; es beherbergt neben dem evangelischen Krankenhaus mit Schwesternausbildung das Diakonissenmutterhaus der Berlin-Brandenburgischen Landeskirche, ein Altersheim und einen Kindergarten.

Luise Henriette aus dem Hause Oranien (1627–1667) war die Gemahlin des Großen Kurfürsten und hat ihren Platz in den Gesangbüchern gefunden. Das Osterlied wird ihr zugeschrieben, von dem in Fontanes Gedicht beim Tod des von Ribbeck auf Ribbeck im Havelland die Rede ist:

Alle Bauern und Büdner, mit Feiergesicht,
Sangen »Jesus, meine Zuversicht«.

Nun ist wahrlich nichts gegen ein Werksgelände, eine Heimstatt der Nächstenliebe einzuwenden, die den Namen der frommen und hochherzigen Fürstin trägt. Doch die geschäftige Gegenwart verstellt den Blick aufs Vergangene; sie lähmt unser Vorstellungsvermögen. Zwar schließt sich an die langgestreckte Kirche – derzeit mit Baugerüsten umgeben und darum kaum zu erkennen – ein Geviert an, das einem Klosterhof ähnelt. Aber zumeist handelt es sich um neuere Bauten, die ihrem Zweck dienen, auch wenn sie taktvoll den Backstein verwenden. Zudem stößt man überall auf Verbotsschilder, vom medizinischen Betrieb her schwerlich vermeidbar: Kein Zutritt für Besucher.

Um der Anschauung Stoff zu liefern, empfiehlt sich eine Fahrt in die nordöstliche Mark Brandenburg: nach Chorin unweit von Eberswalde-Finow. Das Kloster, eine Tochtergründung Lehnins, wurde 1258 von den askanischen Markgrafen gestiftet. Unter dem Namen Mariensee entstand es auf der Insel Pehlitzwerder im Parsteiner See. Bald aber, 1273, wurde es ins fünf Kilometer entfernte Chorin verlegt und blühte im Lauf der Zeiten zu einem Reichtum empor, der den des Mutterklosters beinahe erreichte. Schon die Lage beflügelt unsere Phantasie. Waldumgeben, zwischen Berghang und See steigt

Waldumgeben, zwischen Berghang und See: die Klosterruine von Chorin.

Rechts: Zusammen mit der Klosterruine von Chorin war das Schiffshebewerk von Niederfinow ein Ziel für die Schulausflüge.

die mächtige Anlage empor. Keine Stadt, nicht einmal das Dorf gleichen Namens bedrängt sie; nur Forstamt und Gaststätten sind ihr beigegeben. Hier versteht man, was die Ordensregel besagte, die den Zisterziensern vorschrieb, an Orten zu arbeiten, »die dem menschlichen Zusammenleben fernliegen«. Und welch eine Vision gar, wenn vom See her die Nebelschwaden ziehen und aus ihnen das Bild hervortritt, das kein Caspar David Friedrich uns romantischer malen könnte!

Die Kirche, ein Meisterwerk der Backsteingotik, ist Ruine wie das Klostergeviert insgesamt – aber, wenn man so sagen darf, Ruine in vorzüglichem Zustand. Auf Anregungen des

brandenburgischen Baumeisters Karl Friedrich Schinkel zurückgreifend, begannen Arbeiten zur Sicherung und Wiederherstellung bereits im 19. Jahrhundert; weitere und wichtige Maßnahmen folgten seit 1954. Läßt man sich heute im Klosterhof nieder und sinnt zur Kirche hinüber, so meint man unwillkürlich, den Gesang der Mönche zu hören, wie er im hohen Gewölbe aufsteigt und nachhallt. Kaum zufällig ist Chorin zu einer Stätte der sommerlichen Musikfeste geworden.

Und, nicht zu vergessen, zu einem Ausflugsziel. Bereits vor Jahrzehnten haben Berliner Gymnasien es entdeckt, und bald wohl werden sie wiederkehren. Nach der Besichtigung wanderte man acht Kilometer auf einem – wie Prospekte und der Augenschein es ausweisen – »urigen« Waldweg zum Schiffshebewerk von Niederfinow hinüber, das seit seiner Vollendung 1934 in Betrieb ist. Mittelalter samt Baukunst, Waldesnatur und moderne Technik: eine pädagogisch unwiderstehliche Kombination. Ob jeder von ihr profitiert hat, steht freilich dahin. Mein Begleiter 1991 zumindest, vor langem ein Teilnehmer an den Ausflügen, muß mit »Mangelhaft, setzen!« gerügt werden. Denn er erinnert sich zwar an den Regenschirm, den der Klassenlehrer sich nachtragen ließ, über seinen Nutzen dozierend, nicht aber an die Ingenieurskünste, die Schiffe kirchturmhoch um 37 Meter auf- und niederschweben lassen.

Doch selbst in Chorin zeigt sich nicht jeder so beeindruckt, wie er eigentlich sein sollte. Manchmal hört man mürrische Stimmen; Fontane zum Beispiel ärgert der Opportunismus des Klosters in den Wirren der Landesgeschichte. Und weil sich nichts von Belang erzählen läßt, urteilt er ungnädig:

Alles fehlt, selbst das eigentlich Ruinenhafte der Erscheinung, so daß, von gewisser Entfernung her gesehen, das Ganze nicht anders wirkt wie jede andere gotische Kirche, die sich auf irgendeinem Marktplatz irgendeiner mittelalterlichen Stadt erhebt. Nur fehlt leider der Marktplatz und die Stadt. Und treten wir nun in die öden und doch wiederum nicht malerisch zerfallenen Innenräume ein, so fehlt uns eines mehr als alles andere. Wer immer auch unser Führer sein mag, und wäre er der beste, wir vermissen die stille Führerschaft von Sage und Geschichte. Alles läßt uns im Stich, und wir schreiten auf dem harten Schuttboden hin, wie auf einer Tenne, über die der Wind fegte. Alles leer.

Kloster Chorin ... wirkt am besten, wenn es wie ein Schattenbild flüchtig an uns vorüberzieht. Wer hier in der Dämmerstunde des Weges kommt und plötzlich zwischen den Pappeln hindurch diesen stillen einsamen Prachtbau halb märchenhaft, halb gespenstisch auftauchen sieht, dem ist das Beste zuteil geworden ... Die Poesie dieser Stätte ist dann wie ein Traum, wie ein romantisches Bild an ihm vorübergezogen, und die sang- und klanglose Öde des Innern *hat nicht Zeit gehabt, den Zauber wieder zu zerstören, den die flüchtige Begegnung schuf.**

Vom Dichter fortgestoßen, kehren wir nach Lehnin zurück, um das Ende zu bedenken. Als die Reformation nahte, beharrte Abt Valentin mit seinen Klosterbrüdern beim alten Glauben. Aber er beharrte diplomatisch, nicht in Auflehnung und Trotz, sondern mit der Bitte um Schonung und Aufschub. Diese Diplomatie fand Gehör. Die Obrigkeit wartete bis zum Tod des Abtes und verbot dann, einen neuen zu wählen. Den Mönchen wurde freigestellt, ob sie »bleiben oder wandern« wollten. Fontane, hier sogleich wieder nachsichtig, sagt mit einem Lächeln:

Die letzten Lehniner standen für nichts ein, als für sich selbst, und das letzte Lebenszeichen, das wir, überliefert von ihnen, besitzen, ist die Bitte des »Priors, Subpriors und Seniors so zu Lehnin verharren«, worin sie ihren gnädigsten Herrn und Kurfürsten ersuchen, unter vielen anderen Dingen jedem einzelnen auch folgendes zu gewähren:

Mittagessen: vier Gerichte; Abendessen: drei Gerichte; Bier: eine Tonne wöchentlich; Wein: acht Tonnen jährlich; außerdem zu Neujahr und Mitfasten einen Pfefferkuchen.

*So erlosch Lehnin. Das vierhundertjährige Klosterleben, das mit der Ermordung Abt Sibolds begonnen hatte, schrieb zum Schluß einen Bitt- und Speisezettel, es den Räten ihres gnädigsten Kurfürsten überlassend, »an den obgemeldeten Artikeln zu reformieren nach ihrem Gefallen«.**

Das Edikt von Potsdam

Ein Vorfahr des Verfassers, Reinhold von Krockow, betätigte sich im 16. Jahrhundert als eine Art von Kriegsunternehmer. Er wirkte zunächst an einem polnischen »Feldzug gegen die Moskowiter« mit, zum Entzücken der Polen bis heute. Dann wandte er sich nach Westen; er führte seinen persönlichen Frankreichfeldzug für den Prinzen Heinrich von Navarra und die Reformierten des Landes, die Hugenotten. Heimgekehrt, setzte er 1572 auf seinen Gütern die Reformation durch, obwohl dort – im »Preußen Königlich Polnischen Anteils«, dem späteren Westpreußen – eigentlich der alte Glaube regierte. Es bedurfte des Zweiten Weltkriegs, um dieses »unglückliche Ereignis«, wie inzwischen eine Gedenktafel an der Kirche von Krokowa es nennt, rückgängig zu machen.

Indessen geschah in Frankreich ein Unheil von ganz anderem Ausmaß. In der »Bartholomäusnacht« des 24. August 1572 begann in Paris ein Pogrom. »Coligni, der graue Held, war das erste Opfer, das die Guisen ihrem rächenden Hasse brachten ... Dann durchstreiften Mörderbanden alle Teile der Stadt, füllten Häuser und Straßen mit Blut und Leichen und höhnten Gefühl, Menschlichkeit und Gesetz. Drei Tage dauerte die Schlächterei, die in mehreren Städten nachgeahmt ward und nach der mäßigsten Berechnung 25000 Hugenotten ins Grab stürzte ... In Madrid erzeugte die Botschaft laute Freude und in Rom erschallte ein Tedeum.«*

Es versteht sich, wie bei jedem Pogrom, daß das Vermögen der Opfer ein Hauptziel war. Darum konnten die Überlebenden ihrem General aus dem Osten nicht bezahlen, was sie ihm schuldeten. Auch Heinrich von Navarra, nachdem er entdeckte hatte, daß die Krone Frankreichs »eine Messe wert« war, um als der katholische und gute König Henri Quatre zu regieren, mochte sich sowenig erinnern wie seine Rechtsnachfolger; der Hauptteil der Summe von 315296 Florins – samt bescheidenen Verzugszinsen – steht immer noch aus. Nur ein Geschenk des Prinzen blieb, ein Pokal aus Kristall, und redete seither von gebrechlicher Treue; er wurde »das Glück von Edenhall« genannt und zerbarst 1945.

Man kann dieses Stück einer Familiengeschichte als Vorspiel auf kleiner Bühne ansehen, um ein brandenburg-preußisches Ruhmesblatt besser zu lesen. Henri Quatre hatte seine ehemaligen Glaubensbrüder doch nicht ganz vergessen: 1598 garantierte er im Edikt von Nantes ihre Freiheit zum eigenen Bekenntnis. Aber der König wurde ermordet, weil er Toleranz übte; die Gewalt schwelte weiter und schwoll schließlich zum Sturm, als Ludwig XIV. am 22. Oktober 1685 das Edikt widerrief. Auf dieses Signal antwortete Friedrich Wilhelm, der Große Kurfürst, am 29. Oktober mit dem Edikt von Potsdam.

Sieben Tage nur vom ersten Datum bis zum zweiten? Eine Anmerkung scheint notwendig: Natürlich gab es noch keine Telegraphie, bestenfalls Stafettenreiter. Dafür gab es Unstimmigkeiten des Kalenders. 1582 hatte Papst Gregor XIII. die nach ihm benannte Reform verordnet, die den julianischen Kalender ablöste und einen Sprung notwendig machte: Auf den 4. folgte gleich der 15. Oktober. Protestantische Länder jedoch, voll Argwohn gegen römisches Teufelswerk, schlossen sich nur zögernd, zum Teil erst im 18. Jahrhundert an; das orthodoxe Rußland brauchte sogar bis zur Sowjetregierung und ins Jahr 1918. Die brandenburgische Geschwindigkeit war also keine Hexerei; wie nach der modernen Kalenderrechnung Lenins Oktoberrevolution im November stattfand, so wurde auch das Potsdamer Oktoberedikt im November erlassen. Es gab wohl Vorüberlegungen, weil die Unterdrückung längst im Gange war und eine Fluchtbewegung aus Frankreich sich immer deutlicher abzeichnete. Denkt man neben der Nachrichtenübermittlung an den Zeitbedarf für Beratung und Formulierung des umfangreichen Textes, sozusagen des Grundgesetzes für die Verfolgten, so handelt es sich gleichwohl um eine postwendende und eben darum als Demonstration wirkende Antwort. Es lohnt sich, sie zu lesen, zumindest ihre Eingangspassagen und den Schluß:

Wir Friedrich Wilhelm, von Gottes Gnaden, Markgraf zu Brandenburg, des heil. Römischen Reiches Erzkämmerer und Churfürst, in Preußen, zu Magdeburg, Jülich, Cleve, Berge, Stettin, Pommern, der Kassuben und Wenden, auch in Schlesien, zu Krossen und Jägerndorf Herzog, Burggraf zu Nürnberg, Fürst zu Halberstadt, Minden, Camin, Graf zu Hohenzollern, der Mark und Ravensberg, Herr zu Ravenstein, und der Lande Lauenburg und Bütow etc. etc.

Thun kund und geben männiglichen hiermit zu wissen, nachdem die harten Verfolgungen und rigoureusen procedu-

ren, womit man eine Zeithero in dem Königreich Frankreich wider Unsere der Evangelisch-Reformierten Religion zugethane Glaubens-Genossen verfahren, viele Familien veranlasset, ihren Stab zu versetzen, und aus selbigem Königreiche hinweg in andere Lande sich zu begeben, daß wie dannenher aus gerechtem Mitleiden, welches Wir mit solchen Unsern, wegen des heiligen Evangelii und dessen reiner Lehre angefochtenen und bedrengten Glaubens-Genossen billig haben müssen, bewogen werden, mittels dieses von Uns eigenhändig unterschriebenen Edicts denenselben eine sichere und freye retraite in alle unsere Lande und Provincien in Gnade zu offeriren, und ihnen daheneben Kund zu thun, was für Gerechtigkeiten, Freyheiten und Praerogativen Wir ihnen zu concediren gnädigst gesonnen seyen, umb dadurch die große Noth und Trübsal, womit es dem Allerhöchsten nach seinem allein weisen unerforschlichen Rath gefallen, einen so ansehnlichen Teil seiner Kirche heimzusuchen, auf einige Weise zu subleviren und erträglicher zu machen.

Es folgen Einzelbestimmungen. Die Flüchtlinge aus Frankreich sollen schon dort, wo sie zuerst eintreffen, sei es in Amsterdam oder in Frankfurt am Main, empfangen, versorgt und dann geleitet werden; neben ihrer Glaubensfreiheit und anderen Rechten wird Hilfe bei der wirtschaftlichen Existenzgründung und beim Hausbau verbürgt, der Zugang zu den Zünften geöffnet, Adel anerkannt und dem einheimischen gleichgestellt. Am Ende heißt es:

14. In allen und ieden Unsern Landen und Provincien wollen wir gewisse Commissarien bestellen lassen, zu welchen offt gedachte Frantzösische Leute so wol bey ihrer Ankunfft als auch nachgehends ihre Zuflucht nehmen, und bey denenselben Rath und beystandes sich erhohlen sollen, Inmaßen wir denn auch allen Unsern Stadthaltern, Regierungen auch andern Bedienten und Befehlshabern, in Städten und auf dem Lande, in allen Unsern provincien, so wol vermittels dieses Unseres offenen Edicts, als auch durch absonderli-

chen Verordnungen, gnädigst und ernstlich anbefehlen wollen, daß sie offterwehnte, Unsere Evangelisch-Reformierte Glaubensgenossen, Frantzösischer Nation, so viel sich deren in Unsern Landen einfinden werden, samt und sonders unter ihren absonderlichen Schutz und pretection nehmen, bei allen oberwehnten ihnen gnädigst concedirten Privilegiis sie nachdrücklich mainteniren und handhaben, auch keinesweges zugeben sollen, daß ihnen das geringste Übel, Unrecht oder Verdruß zugefügt, sondern vielmehr im Gegentheil alle Hülfe, Freundschaft, Liebes und Gutes erwiesen werden. Urkundlich haben Wir dieses Edict eigenhändig unterschrieben, und mit unserm Gnaden-Siegel bedrucken lassen.

So geschehen zu Potstam, den 29. Octobr. 1685.
Friedrich Wilhelm
Churfürst.

Mehr als drei Jahrhunderte sind seit dem Edikt von Potsdam vergangen, aber noch heute fällt es schwer, den Text anders als mit Bewegung zu lesen. Ein kleines, armseliges und zerrissenes Land beinahe am Rande der europäischen Zivilisation, vom Dreißigjährigen Krieg verwüstet und kaum erholt, im Kreis der Großen bisher weder ernsthaft gezählt noch gewogen, erhebt seine Stimme gegen die Vormacht Europas. Und gegen Gewalt und Verfolgung spricht es von Toleranz. Es ruft den Bedrängten, den Flüchtlingen sein Willkommen zu; es bietet ihnen Heimat an.

Das angeblich zivilisierte Europa wurde freilich unter allen Vorzeichen vom Fanatismus entstellt, von den Glaubenskämpfen zerrissen. Es gab bis dahin nur eine Zitadelle der Toleranz: die Niederlande. René Descartes hat dort Zuflucht gefunden; nirgendwo sonst konnte und wollte Baruch Spinoza leben; einzig hier wagte John Locke seinen »Brief über Toleranz«. Jetzt aber wuchs mit Brandenburg-Preußen eine zweite und feste Burg der Gewissensfreiheit empor, den Niederlanden zur Seite und in einer Art von Wahlverwandtschaft verbunden.

Ja, Verwandtschaft: Diesen Begriff darf man wörtlich nehmen; mehrfach haben die Häuser Oranien und Hohenzollern sich verschwägert. Friedrich Wilhelm, 1620 geboren, verbrachte von 1634 bis 1637 drei prägende Jugendjahre am niederländischen Hof und heiratete, wie schon erwähnt, Luise Henriette, die Tochter des Erbstatthalters. Mit einem Sinn für die Ironie der Geschichte ließe sich sogar anmerken, daß das Haus Oranien eigentlich seiner preußischen Verwandtschaft verdankt, wenn es bis heute regiert. Denn im Jahre 1785 hatte ein Aufruhr den Erbstatthalter Wilhelm V. praktisch bereits vertrieben. Der aber, zu seinem Heil, war mit der Schwester des preußischen Königs, Friedrich Wilhelms II., verheiratet. Dem Bruder mißfiel, was der Schwester geschah, und so schickte er seine Truppen, als durchschlagendes Argument dafür, daß die Herren Holländer zur Ruhe und zu den Oraniern heimkehren sollten.

Die Wahlverwandtschaft kam nicht von ungefähr. Im Jahre 1613 war Brandenburgs Kurfürst Johann Sigismund vom lutherischen zum reformierten Bekenntnis übergetreten – mit durchaus irdischen Nebengedanken. Im Kampf um Gebietsansprüche am Niederrhein hoffte er auf die oranische Unterstützung, die sich aus der Gemeinschaft im Glauben ergeben sollte. Und wenn man in den Niederlanden von einem »Calvinismus von unten« sprechen kann, den das Haus Oranien repräsentierte, dann entstand nun in Brandenburg-Preußen ein »Calvinismus von oben«, mit dem Hause Hohenzollern über lutherische Untertanen gesetzt.

Es entstand zugleich ein wichtiges Motiv dafür, die Toleranz auch zu üben. Johann Sigismund war kein sehr mächtiger Herrscher; neben ihm und unter Umständen sogar gegen ihn hatten die Stände noch etwas zu sagen. Zwar mochten die sagenumwobenen Zeiten vorbei sein, da der erste Hohenzoller in der Mark Brandenburg – Burggraf Friedrich von Nürnberg, Kurfürst seit 1415 – schweres Geschütz gegen rauf- und raublustige Ritter wie die Quitzows aufbieten mußte* oder als Joachim I. (1499–1535) nächtens an die Tür geschrieben bekam: »Jochimke, Jochimke, hüte dy, fange wy dy, so hange wy dy.« Aber noch in einer weit späteren Epoche, als der Staat längst gefestigt war, lief im märkischen Adel der Spruch um: »Und der König absolut, wenn er uns den Willen tut.«

Der Glaubenswechsel des Kurfürsten schuf also eine heikle

Situation. Zum Aufruhr der Gemüter taugten Konfessionsfragen wie kaum etwas sonst; Lutheraner und Reformierte bekämpften einander beinahe ebenso heftig wie beide die Katholiken – oder vielleicht noch bitterer, weil es sich gewissermaßen um einen Familienzwist, einen Konflikt aus der Nähe handelte. »Lieber Türken im Land als die Reformierten!« konnte man überall hören, wo man gut lutherisch war. Johann Sigismund beeilte sich daher, die Aufregung 1614 mit einem Edikt zu dämpfen, in dem das Toleranzprinzip sprechenden Ausdruck fand: »Auch wollen seine kurfürstliche Gnaden zu seinem Bekenntnis keinen Untertanen öffentlich oder heimlich zwingen, sondern den Kurs und Lauf der Wahrheit Gott allein befehlen, weil es nicht an Rennen und Laufen, sondern an Gottes Erbarmen gelegen ist.« Ein edles Wort, das freilich im Feldgeschrei des bald beginnenden Dreißigjährigen Krieges kaum Gehör finden konnte.

Immerhin war von da an die Toleranz zu einem Gebot der politischen Klugheit, zur Staatsraison geworden, und allen Regenten mußte es darauf ankommen, den Zank der Konfessionen zu verhindern, wie er, unter anderem, in der »Kanzelhetze« der Prediger wieder und wieder entflammte. In diesem Sinne griff der Große Kurfürst energisch durch. Den streitbaren Hirten Paul Gerhardt machte er gewissermaßen zu einem Märtyrer der Toleranz: Er vertrieb ihn aus seiner Pfarrstelle an der Berliner Nikolaikirche, weil dieser große und fromme Liederdichter die Polemik nicht lassen konnte. Wie in jedem Jahrhundert war es eine langwierige Arbeit, »ein starkes langsames Bohren von harten Brettern mit Leidenschaft und Augenmaß zugleich«, gegen den Geist oder Ungeist eines Zeitalters etwas Neues durchzusetzen. Hier galt das erst recht. Denn, mit Sebastian Haffner zu reden, »die religiöse Toleranz, die uns heute als ein Ruhmestitel Preußens erscheint, war für seine Untertanen im 17. Jahrhundert und noch lange Zeit, bis ins 18. Jahrhundert hinein, ein harter Zwang, härter und weniger begreiflich als Militarismus, Steuerdruck und Junkerherrschaft«.*

Nun liegen wahrscheinlich die Fragen, die Einwände längst auf der Lauer. Was bleibt eigentlich von der Idee, vom Eigenwert der Toleranz, wenn schon in der Wurzel, im Ursprung von 1613 das handfeste Interesse angelegt ist? Was taugt in solcher Perspektive das Edikt von Potsdam? War das seit dem Dreißigjährigen Krieg menschenarme Brandenburg auf die Einwanderer nicht dringend angewiesen – und das rückständige Land auf Neubürger aus dem Westen, wie einst auf die Mönche, die wichtige Fertigkeiten mitbrachten, so jetzt auf die Flüchtlinge aus Frankreich samt ihrer calvinistischen Erziehung zum Fleiß und zur Leistungsbereitschaft?

Kein Zweifel, im Rückblick scheint uns der Aufstieg Brandenburg-Preußens ohne die Hugenotten kaum mehr vorstellbar; sie haben ihrer neuen Heimat tüchtige Handwerker, Kaufleute, Unternehmer, Beamte und Offiziere gestellt, die Gelehrten und die Künstler, die Dichter nicht zu vergessen, bis hin zu Fontane. Aber Weitsicht und Wagemut waren dennoch gefordert; nichts verstand sich von selbst. Vom Mißtrauen derer ganz abgesehen, die schon da waren, verursachte die Ansiedlung der Flüchtlinge zunächst einmal Mühe und Kosten; man mußte sie ausstatten und ihnen auf Jahre hinaus die Steuern erlassen. Erst für eine weitere Zukunft mochte man darauf hoffen, daß die eingesetzten Mittel Frucht tragen würden – hoffen, nicht rechnen: Es handelte sich um ein Experiment ohne Vorbild, mit durchaus offenem Ausgang. Nur im nachhinein ist man klüger und weiß, daß das Geld, das man ausgab, vorzüglich angelegt war – etwa so, wie nach 1945 die Mittel des Lastenausgleichs für die Vertriebenen aus dem Osten gut angelegt waren, ohne die es ein »Wirtschaftswunder« des deutschen Westens schwerlich gegeben hätte. Aber welch ein Maulen der Einheimischen war damals zu hören! Oder wie klingt es heute, wenn von den lästigen »Asylanten« die Rede ist?

Noch etwas wäre zu bedenken, das Wichtigste. Ideen und Ideale ohne Interessen blamieren sich schnell – oder, schlimmer, sie verkommen ins Dumme und Dumpfe, in die Gier zur Gewalt, weil sie anders keine Kraft finden, sich durchzusetzen. Der Terror ist allemal ein Bastard, den Idealismus und Ohnmacht (oder, der Ohnmacht vorweg, eine Angst vor ihr) gezeugt haben. Und was übrigens besagt es für oder gegen die Ideale der amerikanischen Unabhängigkeitserklärung, für oder gegen die Proklamation der Menschen- und Bürgerrechte in der Französischen Revolution, daß sich hier wie dort die Macht der Interessen nachweisen läßt?

Gerade weil es sich nicht bloß um Herrscherlaunen oder um Sternschnuppen aus einem Ideenhimmel gehandelt hat, konnte sich die Toleranz- und Einwanderungspolitik über zwei Jahrhunderte hinweg zuverlässig und stetig entwickeln. Die preußischen Könige setzten fort, was in Brandenburg begann. Wie der Große Kurfürst die Hugenotten, nahm Friedrich Wilhelm I., der »Soldatenkönig«, die aus Salzburg vertriebenen Protestanten auf und siedelte sie in den ostpreußischen Gebieten an, die späte Züge der Pest leergefegt hatten. Im Jahre 1722 schrieb der König in seinem Politischen Testament für den Thronfolger im Geist und im Stil seiner Vorfahren: »An alle Konsistorien in Eurem Lande müßt Ihr einen Befehl ergehen lassen, daß die Reformierten und Lutheraner auf den Kanzeln keine Kontroversen traktieren, ganz besonders nicht von der Gnadenwahl. Auch sonst sollen sie auf den Kanzeln nur das reine Wort Gottes predigen; sie dürfen sich nicht in weltliche Angelegenheiten einmischen, was sie gerne tun. Die Herren Geistlichen müssen kurzgehalten werden, denn sie wollen gern als Päpste in unserem Glauben regieren.«

Bei Friedrich dem Großen wechselt der Stil ins Lapidare, glanzvoll Zugespitzte; seine Randglossen sind mit Recht berühmt. Im Jahre 1740 wehrte er einen evangelischen Vorstoß gegen die katholische Kirche in Glogau mit der Bemerkung ab: »Die Religionen müssen alle tolerieret werden, und muß der Fiskal nur das Auge darauf haben, daß keine der anderen Abbruch tue, denn hier muß ein jeder nach seiner Fasson selig werden.« Im gleichen Jahr hieß es auf eine Anfrage des Generaldirektoriums, ob ein Katholik das Bürgerrecht erwerben dürfe: »Alle Religionen sind gleich und gut, wenn nur die Leute, so sie professieren, ehrliche Leute sind. Und wenn Türken und Heiden kämen und wollten das Land peuplieren, so wollen wir ihnen Moscheen und Kirchen bauen. Ein jeder kann bei mir glauben, was er will, wenn er nur ehrlich ist.« (Inzwischen sind die Türken da, wie die Heiden ohnehin, und stellen uns vor die Frage, wie herrlich weit wir es seit Friedrichs Zeiten gebracht haben.)

Ein zusätzliches Motiv wird in den Glossen erkennbar: Mit der Eroberung Schlesiens, die noch keineswegs gesichert war, wuchs die Zahl der katholischen Untertanen; wenn man sie nicht nur durch äußere Macht bezwingen, sondern auch gleichsam von innen her gewinnen wollte, mußte man sie überzeugen, daß ihr Bekenntnis im protestantischen oder vielmehr überkonfessionellen Preußen ebenso gesichert blieb wie in Österreich. Dem gleichen Zweck diente der Bau der katholischen Kathedrale in Berlin, der 1747 begann; mit erkennbarer Absicht wurde diese Kirche Hedwig geweiht, der Schutzheiligen Schlesiens. Nicht Zuneigung war hier am Werk, sondern die nüchtern berechnete Staatsraison. Und darin steckte freilich noch etwas, was es vorher nicht gegeben hatte: Ein Unterton von Ironie oder gar von Verachtung wird bei dem aufgeklärten Skeptiker auf dem Thron hörbar. In einem Gesangbuchstreit entschied der König: »Es steht einem jedem frei zu singen: ›Nun ruhen alle Wälder‹ oder dergleichen dummes und törichtes Zeug mehr. Aber die Priester müssen die Toleranz nicht vergessen, denn ihnen wird keine Verfolgung gestattet werden.«

Der zweite Satz hätte auch von dem frommen »Soldatenkönig« stammen können, der erste gewiß nicht. Er zeigt den Abgrund, der den Sohn vom Vater trennte. Wichtig ist aber, daß sich in der Sache nichts änderte. Mochten die persönlichen Einstellungen wechseln, ja in den krassesten Gegensatz geraten, die Toleranz blieb. Und darauf allein kam es an.

Wir kehren noch einmal zum Ausgangspunkt zurück, zum Edikt von Potsdam. Tausende sind seinem Ruf gefolgt; zeitweilig war jeder siebente, nach anderen Berichten sogar jeder fünfte Berliner ein Flüchtling aus Frankreich. Die Aufnahme, die die Hugenotten fanden, haben sie mit Dankbarkeit und Treue vergolten. In alle ihre Kirchen bauten sie eine Ehrenloge für das Haus Hohenzollern ein, und alljährlich am Todestag des Großen Kurfürsten legten sie an seinem Reiterstandbild Blumen nieder. In gewissem Sinne kann man sagen, daß sie die ersten Staatsbürger, die vorbildlichen Preußen geworden sind, den Einheimischen weit vorweg.* Denn die fühlten sich erst einmal und lange genug in den besonderen Territorien zu Hause, von denen am Anfang des Edikts von Potsdam die Titelaufzählung des Kurfürsten redet. Sehr verschiedenartig waren diese Territorien, bunt zusammengewürfelt, wie es sich aus historischen Zufällen, Erbansprüchen, Kriegen und Friedensschlüssen gerade ergeben hatte; sogar offiziell sprach man von Staaten in der Mehrzahl statt vom Staat. Was also – außer der Person ihres Fürsten – verband ostpreußische Bauern mit Leuten vom Niederrhein, was die Kassuben und Wenden mit den Bürgern von Magdeburg? Für die Flüchtlinge aber gab es das Besondere nicht mehr, seit sie aus ihrer alten Heimat auszogen in die Fremde. Was sie dort erwartete und woran sie sich banden, war der Staat, der dann Preußen hieß.

Die Probe aufs Preußentum kam, als im Jahre 1806 nach der Niederlage bei Jena und Auerstedt der alte, friderizianische Staat zusammenbrach. Als der Sieger in Berlin einzog, wetteiferten Behörde und Bürger darin, ihm zu Diensten zu sein. Von den Hugenotten erwartete Napoleon erst recht, daß sie ihn freudig begrüßen und sein Angebot annehmen würden, nach Frankreich zurückzukehren. Doch vor dem Kaiser der Franzosen bekannte sich ausgerechnet der Sprecher der französischen Gemeinde als Preuße und sagte: »Sire, ich wäre weder des Amtskleides würdig, das ich trage, noch des Wortes, das ich verkündige, noch des Königs, dem ich diene, wenn ich die Anwesenheit Eurer Majestät an diesem Ort nicht mit dem größten Schmerz sähe.«

Oranienburg und Sachsenhausen

Kann man das Ruhmesblatt brandenburg-preußischer Geschichte irgendwo zu sehen bekommen, ohne bloß in Büchern zu blättern oder gleich in Archive hinabzusteigen und dort nach vergilbten Dokumenten zu fahnden? Läßt es sich im Wortsinne erfahren? Gibt es so etwas wie die gebaute Toleranz?

Das sind seltsame, womöglich abwegige und im Grunde

doch naheliegende Fragen. Aber wer eigentlich hat sie bisher gestellt? Bücher, die von Denkmälern, Schlössern und Gärten oder vom Städtebau handeln, bleiben stumm wie die Architekturzeitschriften. Dafür muß es Gründe geben, denn an einen Zufall mag man nicht glauben und an eine Schweige-Verschwörung erst recht nicht. Wir selbst, falls wir denn sagen sollten, wie wir Toleranz zum Ausdruck bringen, geraten in Verlegenheit. Unsere vielberufene »Körpersprache«, das menschliche Mienenspiel und die Ausdruckskraft der Bewegungen geben nichts her. Heiterkeit und Trauer, Zorn und Verzweiflung, Anspannung und Entspannung, Stolz und Unterwerfung, Freundschaft und Feindschaft kann man darstellen und über Kulturgrenzen hinweg verstehen, ohne daß es der Worte bedarf. Aber Toleranz? Ist sie im Ursprung unserer Anlagen, im menschlichen Verhaltenskatalog vielleicht gar nicht vorgesehen, weil es der Urhorde auf aggressive Abgrenzung weit mehr ankam als auf die Duldung des Fremden, das als Bedrohung erschien? Stellt also die Toleranz eine späte Errungenschaft dar, etwas Künstliches und Abstraktes, das sozusagen der Natur abgetrotzt und gegen sie verteidigt werden muß?

Es sieht so aus. Zu den verbreiteten, wenn nicht universalen Daseinsgestalten der Vorgeschichte zählt der Totemismus: Menschen identifizieren sich mit der Sicherheit, der Stärke und Schnellkraft eines Tieres – des Bären, Löwen, Adlers –; indem sie das Tier in ein Bild bringen, als das Tier sich verkleiden, es im Tanz verkörpern, »sind« sie Bären, Löwen und Adler. Diese Verkörperung ermöglicht die Zugehörigkeit, eine Gruppenbildung, ein »Wir«-Bewußtsein. Denn das Totem-Tier ist »tabu«, unantastbar; man darf es nicht jagen, töten, aufessen. Und das Tabu überträgt sich auf die, die wie du und ich, wie wir ebenfalls Adler »sind«. Zugleich entsteht eine Abgrenzung, ein Verhältnis von Freund und Feind: Wir, die Adler, unterscheiden uns von den Fremden, die offenbar »anders« sind, von den Bären und Löwen. Arnold Gehlen hat darum vom Totemismus gesagt: »Das handgreifliche Sich-Verkleiden oder anschauliche Sichgleichsetzen mit einem Tier... war im prähistorischen Stadium die einzige Möglichkeit, das

Bewußtsein einer scharf definierten, *vereinseitigten* Gruppenzugehörigkeit zu erzeugen – und festzuhalten.«*

Wir mögen uns über das »Primitive« erhaben dünken, aber Vorsicht bleibt geboten. Wie steht es mit den jugendlichen Straßenbanden im Dschungel der Städte, die sich, entsprechend markiert, »Tigers«, »Lions« oder »Hell's Angels« nennen, wie mit den in Symbolen »ihres« Vereins gerüsteten Fan-Gruppen im Fußballstadion? Was meinen die Firmenzeichen, die die Werbung uns unermüdlich einhämmert, was all die anderen Signale bis hin zu Haartracht und Mode? Laufen sie nicht sämtlich aufs Alte und ewig Neue hinaus: aufs Zugehörigsein und die Abgrenzung? Und steigen im politischen Felde die Gefühle, die Leidenschaften nicht erst recht wie aus Abgründen herauf? Wie kommt es, daß Demonstranten sich ins Symbol ihrer Abgrenzung kleiden – und die »feindliche« Fahne verbrennen? Warum führen die mittelalterlichen Herrscherfamilien und noch die modernen Staaten und Nationen die Tiere im Wappen, als stammten sie geradewegs aus der Urzeit?

Indessen sollten wir nicht vorschnell aufgeben. Überlegungen sind eines, Erfahrungen etwas anderes. Zwar gibt es das Stadtschloß von Potsdam nicht mehr, in dem das Edikt von 1685 unterzeichnet wurde; seine Ruine ließen die Machthaber der DDR 1960 vernichten. Aber ein Name lockt zur Prüfung: Oranienburg. Er verweist auf die Vermählung Brandenburgs mit den Niederlanden und auf den Großen Kurfürsten. Wo, wenn nicht hier, sollte die Toleranz anschaulich werden? Von den Anfängen erzählt Fontane:

Die Kurfürstin Luise Henriette, geborene Prinzessin von Oranien, seit dem 7. Dezember 1646 dem Großen Kurfürsten vermählt, pflegte ihren Gemahl auf seinen Jagdausflügen zu begleiten. Einer dieser Ausflüge führte das junge Paar im Laufe des Sommers 1650 auch in die Nähe von Bötzow, und hier war es, wo die junge Fürstin beim Anblick der lachenden Wiesen, die den Lauf der Havel einfaßten, sich lebhaft in die fruchtbaren Niederungen ihrer holländischen Heimat zurückversetzt fühlte und der Freude darüber den unver-

Die barocke Schloßanlage von Oranienburg hat eine wechselvolle Geschichte durchlitten. Der Name aber erinnert an die Wahlverwandtschaft zwischen der Mark Brandenburg und den Niederlanden.

kennbarsten Ausdruck gab. Der Kurfürst, dessen Herz voller Liebe und Verehrung gegen die schöne, an Gaben des Geistes und Gemütes gleich ausgezeichnete Frau war, ergriff mit Eifer die Gelegenheit, ihr ein erneutes Zeichen dieser Liebe zu geben, und schenkte ihr das »Amt Bötzow mit allen dazu gehörigen Dörfern und Mühlen, Triften und Weiden, Seen und Teichen«. Die Schenkung wurde dankbar angenommen, und an die Stelle des alten Jagdhauses aus der Zeit Joachims II. (1535–71) *trat jetzt ein Schloß, das im Jahre 1652, in Huldigung gegen die Oranierin, deren Eigentum und Lieblingssitz es inzwischen geworden war, den Namen »die Oranienburg« erhielt. In kürzester Frist tat auch die zu Füßen des Schlosses gelegene Stadt ihren alten Namen Bötzow beiseite und nahm den Namen Oranienburg an.*

Fast um die gleiche Zeit entstand übrigens, etwas nördlich von Oranienburg, eine Siedlung mit dem sprechenden Namen Neuholland, die ihren Ursprung lange bewahrte; eine Statistik aus dem Jahre 1805 nennt »50 Holländer, 1 Krug, 1 Förster«. Noch älter war ein ostpreußisches Städtchen, mit dem allerschönsten Namen versehen: Preußisch Holland.

*Kaum war die Schenkungsurkunde ausgestellt, so begann auch die Tätigkeit der hohen Frau, die durch den Anblick frischer Wiesen nicht nur an die Bilder ihrer Heimat erinnert sein, die vor allem auch einen Wohlstand, wie ihn die Niederlande seit lange kannten, hier ins Dasein rufen und nach Möglichkeit die Wunden heilen wollte, die der Dreißigjährige Krieg diesen schwer geprüften Landesteilen geschlagen hatte. Kolonisten wurden ins Land gezogen, Häuser gebaut, Vorwerke angelegt und alle zur Landwirtschaft gehörigen Einzelheiten alsbald mit Emsigkeit betrieben. Eine Meierei entstand und Gärten und Anlagen faßten alsbald das Schloß ein, in denen der Gemüsebau, die Baum- und Blumenzucht ebenso das Interesse der Kurfürstin wie die Arbeit der Kolonisten in Anspruch nahmen. Sie war eine sehr fromme Frau (ihr Leben und ihre Lieder zeugen in gleicher Weise dafür), aber ihre Frömmigkeit war nicht von der bloß beschaulichen Art und neben dem »bete« stand ihr das »arbeite«. Mild und wohlwollend, wie sie war, duldete sie doch keine Nachlässigkeit, und in diesem Sinne schrieb sie z. B. am 27. April 1657 nach Oranienburg, daß es schimpflich für alle Beamten und geradezu unverantwortlich sei, daß in allen Gärten nicht so viel Hopfen gewonnen werde, wie zum Brauen erforderlich, und könne daran nichts als eine schändliche Faulheit die Schuld sein.**

Ein Zug zum Praktischen scheint der Frömmigkeit beigemischt, um nicht zu sagen: sie zu bestimmen. Er weckt Erinnerungen an die Zeit der Mönche. Schon ihr Glaubenseifer war ja vor allem handfest und nutzbringend, nicht dogmatisch geprägt; er zeugte vom Willen zur Arbeit, um das Land urbar zu machen. Darum siedelten die Zisterzienser so gern im Bruchland, in den sumpfigen Niederungen. Eben dieses Bruchland bestimmt weite Teile der Mark Brandenburg; eben darum waren die Klostergründer zwischen Elbe und Oder besonders willkommen. Einem sumpfigen Ursprung – dem Bruchland an der Havel – entstammen auch die Gebiete bei Oranienburg und Neuholland. Hat etwa die Abkehr vom Fanatismus und die Annäherung an die Duldsamkeit damit zu tun, daß die Übermacht des Wassers, die stete Gefahr der Überschwemmungen zum Zusammenwirken zwingt, statt Bekenntnisse einzufordern? Sollte man auf der Suche nach der gebauten Toleranz eher auf Deiche und Siele, auf Abzugsgräben und Kanäle statt auf Paläste und Hütten oder Städte und Dörfer schauen? Findet die brandenburgische Einheirat in die Niederlande hier ihre tiefere Begründung?

Die fromme Frau aus den Nordseemarschen hat sogar jenem unbrandenburgischen Glaubenseifer getrotzt, der die Kommunisten kennzeichnete. Jung und lieblich, die Stiftungsurkunde in der Hand, die sie uns darreicht, steht sie noch heute vor ihrem Schloß. Die Tafel am Denkmalssockel spricht für sich: »Der hohen Wiederbegründerin dieser Stadt LUISE HENRIETTE Churfürstin v. Brandenburg geb. Prinzessin v. Oranien zum dauernden Gedächtnis die dankbare Bürgerschaft Oranienburgs 1858.«

Das Schloß selbst hat freilich eine wechselvolle Geschichte durchlebt oder mehr noch durchlitten.* Der prachtliebende Sohn der Kurfürstin, Friedrich III. – als erster König in Preußen dann Friedrich I. –, erweiterte zwar den Bau und vollendete mit Hilfe bedeutender Baumeister wie Nering und Eosander die barocke Gesamtanlage. Aber der Verfall begann unter dem Nachfolger Friedrich Wilhelm I., dem »Soldatenkönig«, der außer bei seinen »Langen Kerls« vom Geiz so geplagt wurde wie sein Vater von der Verschwendung. Nur für kurze Zeit erwachte noch einmal höfisches Leben: Friedrich der Große schenkte das Schloß seinem Bruder August Wilhelm, den er als »Prinzen von Preußen« zugleich als den Thronerben auszeichnete. Doch der starb schon 1758.

Für das Schloß folgte nach dem erneuten Verfall von 1802 bis 1850 eine Nutzung als Fabrik. Friedlieb Ferdinand Runge entdeckte hier die Karbolsäure und das Anilin; er begann als erster in Deutschland mit der Produktion von Stearin- und Paraffinkerzen. Aber wie braucht es, was taugt dazu ein Schloß? Der Ruin schien unabwendbar; mehrfach waren Brände zu verzeichnen. Erst Friedrich Wilhelm IV. regte eine Instandsetzung an. Sie führte allerdings dazu, daß die Barockanlage von 1861 bis 1925 als Lehrerseminar und später als

Luise Henriette, die Gemahlin des Großen Kurfürsten.
Das Denkmal der frommen und tatkräftigen Frau
steht noch heute vor dem Schloß von Oranienburg.

Kaserne diente; schließlich oder vielmehr bis vor kurzem trat hier die Nationale Volksarmee der DDR das Erbe der großdeutschen Wehrmacht an.

Die schweren Schäden, die bei Kriegsende durch Brückensprengungen verursacht wurden, hat man beseitigt, aber heute bröckelt an den Fassaden wieder der Putz. Noch trostloser wirkt die Umgebung. Auf der einen Seite des Schlosses brandet der Durchgangsverkehr, auf der anderen dehnt sich statt lachender Wiesen oder Gärten eine weite und kahle Fläche, auf der nur ein paar Baracken trübsinnig ihr Dasein fristen. Sogar der Restbestand von Parkanlagen, den es etwas abseits noch gibt, wirkt wenig gepflegt.

Immerhin bleibt genug, falls wir unserer Vorstellungskraft nur ein wenig Anspannung zumuten. Das gilt besonders, wenn wir nicht vor der etwas schmalbrüstigen Frontseite des Schlosses verharren, sondern seinen Innenhof betreten. Dort sehen wir, durchaus eindrucksvoll, eine Anlage, die sich – sei es mit einigem Abstand – dem höfischen Bauen des Barock zuordnet, wie man es von Versailles bis Ludwigsburg bei Stuttgart bewundern kann. Aber das Schloß schweigt, wenn es um den Geist geht, der hier einmal zu Hause war. Gebaute Toleranz? Nichts, außer den Dokumenten der Geschichte, weist darauf hin. Wenn wir bloß die Fassaden betrachten, dann hätte hinter denen von Versailles auch das Edikt von Potsdam unterzeichnet, in Oranienburg die Verfolgung lauern und aufspringen können.

Ein Schwindel auf einmal, ein Schauder vor den Abgründen deutscher Geschichte: Genau das ist ja tatsächlich geschehen. In der ehemaligen Brauerei von Oranienburg richtete am 21. März 1933 die SA das erste Konzentrationslager ein, das es in Brandenburg, in Preußen gab. Etwa fünftausend Häftlinge haben hier gelitten, besonders Kommunisten, Sozialdemokraten, Gewerkschafter; zu den Ermordeten gehörte der Dichter Erich Mühsam. Nach der Entmachtung der SA in der »Röhmaffäre« vom 30. Juni 1934 – der ersten ganz unverhüllten Mordserie des »Dritten Reiches« – übernahm die SS dieses »wilde« Lager und schloß es wenig später. Doch der Wildheit folgte die Systematik: Unmittelbar vor den Toren Oranienburgs, als eine Vorstadt eigener Art, entstand 1936 das Konzentrationslager Sachsenhausen.

Nur ein paar Stichworte: Das eigentliche Häftlingslager bildete ein Dreieck mit 680 Meter langen Seiten, von einer 2,70 Meter hohen Mauer umgeben, vom elektrisch geladenen Stacheldrahtzaun und neun Wachtürmen gesichert. Im Laufe der Zeit wucherte das Konzentrationslager mit immer neuen Nebenanlagen zu seiner Gesamtgröße von 388 Hektar, und viele, am Ende über hundert Außenlager oder Außenkommandos kamen noch hinzu. In den neun Jahren bis 1945 haben mehr als 200000 Menschen das Lagertor als Häftlinge durchschritten; in den Kriegsjahren stammten sie aus vielen, beinahe allen Ländern Europas. Von der Ankunft hat der Pfarrer Werner Koch berichtet:

*Den Aufnahmeschock hatte ich am 13. Februar 1937 erlitten, die ersten Ohrfeigen und Fußtritte, die Erfahrung, daß mein Name praktisch ausgelöscht war und ich mich nur noch als »Nr. 392« zu melden hatte. Die Haare, die meine Braut immer so schön gefunden hatte, auf ½ mm abgeschnitten und abrasiert, kurz: der »warme Empfang« seitens einer schreienden, schlagenden und höhnisch grinsenden SS, das ganze sich bei allen »Zugängen« wiederholende »Zeremoniell« der totalen Entwürdigung und Entpersönlichung des Menschen – das alles war innerhalb von 2 Stunden über mich hereingebrochen. Der letzte Rest eines Anspruchs auf Menschenrecht war mit dem letzten Haarbüschel zu Boden gefallen. Schutzlos war ich wie alle anderen Häftlinge der hemmungslosen Willkür der SS-Herrschaft ausgeliefert.**

Für jeden zweiten der Häftlinge hat es keine Heimkehr gegeben. Sachsenhausen ist auch ein Ort der Medizin ohne Menschlichkeit, der Versuche am lebendigen Leib gewesen. Vor dem Einmarsch der Roten Armee am 22. April 1945 wurden 33000 Häftlinge auf einem Todesmarsch fortgetrieben, der durch so preußisch traditionsreiche Orte wie Neuruppin und Rheinsberg führte und mehr als 6000 Opfer forderte. Übrigens sind die Befreier selbst bald zu Wärtern oder zu Schlimmerem geworden: Vom August 1945 bis zum März 1950 diente Sachsenhausen als das sowjetische »Speziallager Nr. 7«; von den jetzt ungefähr 50000 bis 60000 Internierten sind etwa 20000 umgekommen. Genaue Zahlen gibt es nicht. In manchen Fällen sind Menschen hier wieder eingeliefert worden, die das Lager schon einmal durchlitten hatten.

Der Schwindel, der Schauder vor Abgründen: Woher stammt das alles, wie läßt es sich erklären? Und was hat es mit Brandenburg, was mit Preußen zu tun? Beschwichtigungen sind schnell zur Hand: Adolf Hitler kam aus dem österreichischen Braunau, Heinrich Himmler aus München; überhaupt lag der Ursprung des Nationalsozialismus weit stärker im süddeutsch-katholischen als im ostdeutsch-protestantischen Raum; nach 1918 hat unter sozialdemokratischer Führung Preußen, nicht Bayern die Republik verteidigt. Zugespitzt, aber dem Sinne nach nicht selten so formuliert: Es handelte sich beim »Dritten Reich« um eine Abart von Fremdherrschaft.

Aber Anklagen sind erst recht zur Hand. Die alten Eliten wollten sich mit der Weimarer Republik auf keinen Fall abfinden*; in den preußischen Kernprovinzen waren die Kräfte zu Hause, die 1920 hinter dem Kapp-Putsch standen. Er hat die junge Republik weit tiefer erschüttert als 1923 Hitlers schnell gescheiterter Münchener Bierkellerputsch. Und in der Spätphase sind die Ostgebiete mit fliegenden Fahnen zum Nationalsozialismus übergelaufen.

Bei den letzten noch halbwegs freien Wahlen vom 5. März 1933 erreichte die NSDAP im Reichsdurchschnitt 43,9 Prozent, im Wahlkreis Ostpreußen dagegen 56,5, in Pommern 56,3, im Wahlkreis Frankfurt an der Oder 55,2, in Breslau 50,2, in Liegnitz 54 Prozent.

Was bald danach, am 21. März 1933, als der »Tag von Potsdam« folgte – in der Garnisonkirche, vor den Sarkophagen des »Soldatenkönigs« und Friedrichs des Großen, unter dem Glockenspiel »Üb' immer Treu und Redlichkeit« –, mochte Schmierentheater sein; als wirkungsvolle Inszenierung erwies es sich dennoch. Postkarten erschienen, auf denen unter den Bildern Friedrichs, Bismarcks, Hindenburgs und Hitlers zu lesen stand: »Was der König eroberte, der Fürst formte, der Feldmarschall verteidigte, rettete und einigte der Soldat.« Und Gereimtes wurde verbreitet:

Du bist nicht gestorben, König Fritz.
Du lebst! Und Dein Blick hat uns alle durchglüht,
Und all das Große, das jetzt geschieht.
Du gabst unserem Führer den Krückstock zur Hand:
»Da, mach Er mir Ordnung im Preußenland.
Er kann's! Von allen nur Er allein.
Er soll meines Willens Vollstrecker sein!«

Es ist wahr, Hitler und seine Gefolgsleute nehmen sich nach Herkunft und Haltung so unpreußisch wie nur möglich aus. Hitler selbst hat sich nie für Preußisches interessiert, nie Sanssouci besucht. An den alten, wirklich ruhmwürdigen Geist von Potsdam erinnert dagegen der letzte Preußentag in der deutschen Geschichte, der 20. Juli 1944, an dem im Untergang so viele alte Namen noch einmal aufleuchteten. Worum es da ging, hat ein Mann im Zentrum des Widerstandes ausgesprochen, General Henning von Tresckow:

*Wenn einst Gott Abraham verheißen hat, er werde Sodom nicht verderben, wenn auch nur zehn Gerechte darin seien, so hoffe ich, daß Gott auch Deutschland um unseretwillen nicht verderben wird. Wer in unseren Kreis eingetreten ist, hat damit das Nessushemd angezogen. Der sittliche Wert eines Menschen beginnt erst dort, wo er bereit ist, für seine Überzeugung sein Leben hinzugeben.**

Aber wenige *sind* in den Kreis eingetreten. Die meisten haben »nur ihre Pflicht getan«, das heißt mitgemacht. Für die Mehrheit galt, was Gordon Craig im Schlußwort seiner Heeresgeschichte gesagt hat:

Bis zum allerletzten Ende zeigten die Befehlshaber der deutschen Armeen die technische Virtuosität und den physischen Mut, der seit der Wiedererhebung nach Jena und Auerstedt für das preußische Offizierkorps stets charakteristisch gewesen waren. Aber was die meisten von ihnen in diesen letzten verzweifelten Jahren nicht zeigten, war das, was sie auch nicht gezeigt hatten, als Hitler 1933 an der Schwelle zum Kanzleramt stand, was sie nicht gezeigt hatten, als er im Juni 1934 seine Mordbuben auf das Volk losließ, was sie nicht gezeigt hatten, als Schleicher ermordet und Fritsch degradiert wurde: nämlich eine Spur jenes moralischen Mutes, jener geistigen Unabhängigkeit, jener tiefen Vaterlandsliebe, die so große Soldaten der Vergangenheit wie Scharnhorst, Boyen und Gneisenau ausgezeichnet hatten. Ohne diese Eigenschaften waren ihre anderen Befähigungen* *wertlos und sie selbst machtlos, um die Katastrophe abzuwenden, die in so hohem Maße das Ergebnis ihres mangelnden politischen Verantwortungsgefühls gewesen ist.**

Eine zwiespältige Bilanz – und sehr zwiespältige Gefühle vor dem Schloß von Oranienburg. Wir haben die gebaute Toleranz nicht gefunden; es gibt sie so wenig wie Garantien der Menschlichkeit. Das preußische Problem war wohl gleich vom brandenburgischen Anfang an, daß die Toleranz »von oben« auferlegt statt »von unten« erstritten worden ist. Sie kam für die Menschen von außen statt von innen, als Sache nicht der Bürger, sondern der Obrigkeit, der Kurfürsten und Könige; sie wurde den Untertanen als ein »harter, beinahe unbegreiflicher Zwang« auferlegt, sozusagen zur Probe ihres Gehorsams. Man las doch in der Bibel – Römer 13, Vers 1 –, man hörte von der Kanzel: »Jedermann sei untertan der Obrigkeit, die Gewalt über ihn hat. Denn es ist keine Obrigkeit ohne von Gott; wo aber Obrigkeit ist, die ist von Gott verordnet.«

Hier lag der Unterschied zu den Niederlanden und die Grenze einer Wahlverwandtschaft; auch sie stammte eben nur »von oben« aus dem Ratschluß der Kurfürsten und Könige. Wie also sollte man sich zurechtfinden, wenn unversehens – 1918 – die alte Obrigkeit im Novembernebel verschwand? Wie nicht der Sehnsucht nach neuer Obrigkeit nachgeben? Und wie, wenn sie da war, die Toleranz verteidigen und standhalten, wenn Befehl und Gehorsam etwas anderes forderten? Römer 13, Vers 2: »Wer sich nun der Obrigkeit widersetzt, der widerstrebt Gottes Ordnung; die aber widerstreben, werden über sich ein Urteil empfangen.«

In Sachsenhausen verdunkeln sich die Gefühle natürlich erst recht. Das ehemalige Häftlingslager ist heute Gedenkstätte, adrett aufgeräumt, denn Ordnung muß sein. Im Museum, beim Gang an den Nachbildungen, Texten, Schautafeln, Bildern, an dem Prügelbock vorüber schleicht sich hinterrücks ein Überdruß ein: Hat man das alles in Büchern, in Fernsehberichten oder Ausstellungen nicht schon hundertfach gesehen? Und eine Mißstimmung, die dem eigenen Überdruß gilt, eine Abart von schlechtem Gewissen, folgt auf dem Fuße.

Was also läßt sich hier lernen? Die Anlage gerade in ihrer Aufgeräumtheit bedrückt, und plötzlich versteht man: Was immer einstmals geschah, es mußte barbarisch sein. Wir finden, was wir gesucht haben, nur in der Verneinung; Toleranz kann man nicht bauen, aber die Intoleranz. Im Lager gibt es keinen Raum für den Rückzug, keine Chance zum Abweichen. Es erzwingt nicht die Gleichheit – denn stets und unerbittlich bilden sich Hierarchien der Macht und der Ohnmacht –, aber die Gleichmacherei. Die Köpfe werden rasiert; Ordnung muß sein.

Im Grunde gilt das für alle Lager, sei es in noch so großer Spannweite. In jedem keimt, jedes erbrütet die Intoleranz. Ob freiwillig oder unfreiwillig, wohlversorgt oder dem Hunger preisgegeben, als Lohn oder zur Strafe gedacht, dem Leben oder dem Sterben gewidmet, ob für den Arbeitsdienst, für Flüchtlinge oder für die Ferien eingerichtet, immer gilt: Wehe den Außenseitern, all denen, die nach Lebensart, Kleidung oder Haartracht, nach ihrer Herkunft, nach Gesinnung und Glauben anders sind, anders bleiben wollen als die anderen! Sie sind schon zu Opfern auserkoren, erst für den Spott, dann für die Wut und den Haß, für Feme, Verfolgung, Vernichtung.

Aber wird nicht mit dem Allgemeinen das Besondere, das Entsetzliche harmlos gemacht? Nein, umgekehrt, es heißt die Möglichkeiten des Schreckens noch im anscheinend Harmlosesten, in der Idylle, in uns selbst zu entdecken – sagen wir: im Blick auf das Freizeitgelände am Seeufer, in dem dicht bei dicht die Wohnwagen stehen, wenn abends am Lagerfeuer die Leute sich zusammenfinden und »O du schöner Westerwald« singen.

Das Lager war und ist ein Kennzeichen des Jahrhunderts, als Realität ebenso wie als Symbol. In Sachsenhausen wird nur *konzentriert* sichtbar, was es bedeutet. Dies sollten wir erkennen – und dies nie mehr vergessen. Sonst nämlich werden andere uns erinnern. An einem naßkalten Märztag halten vor der Gedenkstätte drei Reisebusse. Der eine trägt ein norwegisches, der zweite ein dänisches, der dritte ein niederländisches Kennzeichen.

Im Jagdschloß Stern

Drei Schlösser lohnen in Potsdam unsere besondere Aufmerksamkeit, weil sie so viel vom Geist der Zeit und von den Bauherren erzählen. Zwei von ihnen kann man kaum verfehlen, denn überall drängen die Hinweisschilder auf sie zu.

Das eine ist natürlich Sanssouci, die Sommerresidenz des großen Friedrich. Klarheit und Spiel, gebaute Musik: Unwillkürlich wird man an Mozart erinnert, selbst wenn es seltsam zur Sache gehört, daß der Komponist von Potsdam den jungen Kollegen aus Salzburg niemals gewürdigt und wohl gar nicht erst wahrgenommen hat.

Das andere ist zugleich das letzte, das die Hohenzollern sich schufen. Vom Weltkrieg unbeirrt, wurde es 1917 für das Kronprinzenpaar fertiggestellt: Cecilienhof. Beschönigend reden die Fremdenführer vom »englischen Landhausstil«. Doch kein *country house* oder *cottage*, das auf sich hält, darf derart aufs Imponiergehabe und so weitschweifig angelegt sein – endlose Korridore, Wege bis zum Mattwerden treppauf und treppab und 55 Schornsteine fordernd, mit alles in allem 176 Räumen um fünf Innenhöfe gruppiert. Und warum eigentlich verschließt sich die Anlage gegen ihre schöne Umgebung, woher stammt diese Angst, sich zu öffnen, die Verblendung aus Butzenscheiben im Ausblick auf den Jungfernsee?

Der Jugendstil hatte längst seine Form gefunden, zum Beispiel auf der Mathildenhöhe zu Darmstadt, immerhin mit einem Großherzog als dem Mäzen; moderne Architekten wie Hans Poelzig, Peter Behrens oder Walter Gropius waren an der Arbeit. Der Baumeister von Cecilienhof hieß allerdings Schultze-Naumburg, und schon der Bindestrich-Name klingt wie das Programm einer Flucht nach rückwärts.

Wie kam es dazu, was wollten der Bauherr und die Bauherrin? Warum blieben sie nicht im Marmorpalais, dem frühklassizistischen Schloß nebenan, das Carl von Gontard und Carl Gotthard Langhans für Friedrich Wilhelm II. erbauten und ausstatteten? Der Nachtwächter, der den heruntergekommenen, seiner Rekonstruktion entgegendämmernden Bau vor ungebetenen Gästen schützen soll, hat eine Erklärung zur Hand: »Der Cecilie war es hier viel zu kühl, die brauchte Holz statt Marmor; sie kam eben vom Lande, aus Mecklenburg.« So betrachtet wirkt Cecilienhof auf einmal doch wie ein Programm, das in die Zukunft weist, in eine finstere freilich: Der Aufstand der Provinz, die rustikale Reaktion wider Urbanität und Weltoffenheit wirft seine Schatten voraus.

Und der Kronprinz? Er schwankte zwischen der Schürzenjägerei und einem Kasinoschneid, der im Sinne »alldeutscher«* Phrasen zum »Griff nach der Weltmacht« drängte und

Verblendung aus Butzenscheiben: Schloß Cecilienhof bei Potsdam, heute Hotel und »nationale Gedenkstätte«.

für einen »Platz an der Sonne«, den angeblich vorenthaltenen, leichthin den Krieg in Kauf nahm. Mit diesem Thronerben verglichen wirkte der Kaiser, Wilhelm II., wie ein Ausbund von Mäßigung, Weisheit und Friedensliebe. Der Reichskanzler Bethmann Hollweg erzählt aus dem Wetterleuchten der Vorkriegsschwüle eine bezeichnende Episode: »Um den demonstrativen Eindruck nach Möglichkeit abzuschwächen, den die Reichstagssitzung vom 9. November (1911) durch den auffälligen Beifall des alldeutschen Einflüssen zugänglichen Kronprinzen zu gewissen scharfmacherischen Äußerungen einzelner Abgeordneter empfangen hatte, ließ mich der Kaiser noch während der Sitzung für denselben Abend zu sich fordern und gestattete mir, dem mitanwesenden Kronprinzen Ausführungen zu machen, die ich auf einen ähnlichen Ton abstimmen mußte wie meine am folgenden Tage im Reichstag an den Abgeordneten von Heydebrand gerichteten Worte. So entschieden und markant billigte der Kaiser eine auf Ebnung der Weltgegensätze gerichtete Politik.«* Aber Kronprinz Wilhelm eben nicht. Von daher gesehen möchte man an Cecilienhof beinahe ablesen, daß es Zeit wurde fürs Abdanken.

Doch kaum dies meinen die Hinweisschilder, wenn sie unseren Besuch fordern, sondern – noch im DDR-Pathos – eine »nationale Gedenkstätte«. Hier saßen in ihrer Potsdamer Konferenz vom 17. Juli bis zum 2. August 1945 die »großen Drei« beisammen – der Amerikaner Truman, der Georgier Stalin und für die Briten erst Churchill, dann Attlee –, die Sieger des Zweiten Weltkriegs, um eine neue Weltordnung zu entwerfen, die ihnen gleichwohl und gründlich mißlang. Zudem und kaum von ungefähr symbolisierte der Tagungsort den Triumph über Preußen. Er einigte die sonst schon entzweiten Sieger noch zwei Jahre später: Am 25. Februar 1947 stellte der Alliierte Kontrollrat diesem Staat den Totenschein aus, mit der Begründung, daß es sich von jeher um einen »Hort des Militarismus und der Reaktion« gehandelt habe.

Wie Preußen tatsächlich aussah, in seinen Anfängen jedenfalls, damals, als es aufhörte, bloß ein Name, ein Titel, die kostspielige Eitelkeit eines Kurfürsten zu sein, und im Ernst auf die politische Bühne trat, um für zwei Jahrhunderte seine

Preußische Sparsamkeit statt der repräsentativen Prachtentfaltung: Jagdschloß Stern bei Babelsberg, das Friedrich Wilhelm I., der »Soldatenkönig«, nach niederländischem Vorbild erbaute.

geschichtliche Rolle zu spielen, das erfahren wir am dritten Ort, im Jagdschloß Stern. Freilich nur wenige bekommen es zu sehen, kaum einer von hundert Potsdam-Besuchern, obwohl es leicht zu erreichen wäre; gleich hinter Dreilinden und Drewitz, den ehemaligen Kontrollstationen zwischen West-Berlin und der DDR, liegt es wenige hundert Meter von der Autobahnabfahrt Babelsberg entfernt, und um den fehlenden Parkplatz braucht sich hier niemand zu sorgen. Aber keine Hinweise leiten die Menschen herbei, so daß, als Konsequenz wiederum, Besichtigungen nur von Mai bis September und dann auch nur an den Wochenenden möglich sind. Ohnehin scheint eine Warnung nötig: Wer auf romantische Traumbilder erpicht ist, gerät an den falschen Ort und fahre besser gleich nach Neuschwanstein.

Es handelt sich um einen – nein: um *den* Schloßbau, den Friedrich Wilhelm I. sich gönnte. Denn dieser König liebte die

Jagd. »... ich mus euer Liebden sagen das ich zwey tirgarten anlege zur Parforcejacht ein zu Potsdam den ander zu Wusterhausen ... der Potsdammische wierd extra schön«, schrieb er am 2. Januar 1726 dem Fürsten Leopold von Anhalt-Dessau. Die Lage schien ideal; sehr nahe vor den Toren Potsdams war man fernab von Regierungsgeschäften doch schon mitten im Wald. Von einem Mittelpunkt aus wurden sternförmig – daher der Name – sechzehn Schneisen in die »Parforceheide« geschlagen, und das Schloß selbst wurde an diesen Mittelpunkt gesetzt.

Wirklich ein Schloß? Die Giebelseite mit ihrer Backsteinfassade, drei Fenster schmal, mißt gerade neun, die Längsseite sechzehn Meter. In den Niederlanden könnte dieses Haus neben anderen seiner Art an einer Gracht stehen – und ohne aufzufallen im »holländischen Viertel« von Potsdam. Dort allerdings wurde für bescheidene Bürger, für Handwerker gebaut. Dagegen hätten die stolzen Kaufherren von Amsterdam, Haarlem oder Leyden solch ein »Schloß« wohl als unangemessen dürftig verschmäht, all ihrer calvinistisch frommen und gestrengen Absage an den überflüssigen Aufwand zum Trotz. Dabei entsprang ihr Einfluß, der sich im Baustil verrät, durchaus keinem Zufall; wie sein Großvater und Namenspatron, der Große Kurfürst, hatte Friedrich Wilhelm in jungen Jahren die Niederlande besucht und lebensprägende Eindrücke empfangen.

Gehen wir hinein: Fast die Hälfte des Hauses braucht bereits der Hauptraum oder Jagdsaal für sich. Licht durchflutet ihn von drei Seiten her aus hohen Schiebefenstern, die wiederum das niederländische Vorbild verraten. An der Innenwand befindet sich ein großer Kamin, über dem fünf Gemälde Seine Majestät bei der Jagd zeigen. Zur weiteren Zierde dienen vergoldete Geweihe; dabei handelt es sich nicht um Trophäen im engeren Sinne, sondern um Abwurfstangen des »Großen Hans«, der ein Lieblingshirsch des Königs war.

Als zweiter wichtiger Raum erweist sich die Küche. Ihre Wände und der Rauchfang sind bis unter die Balkendecke mit weißen Fliesen verkleidet. Zum Spülstein mit Abfluß gehörte ursprünglich eine Handpumpe. Sonst allerdings floß nir-

Detail im Jagdschloß Stern: das königlich-spartanische Schlafzimmer mit eingebauter Bettnische.

gendwo Wasser; der Reinlichkeit und den natürlichen Bedürfnissen diente ein eigenes kleines Waschhaus mit Abtritt. Als weitere Nebengebäude sind das Kastellanhaus und ein Pferdestall zu nennen, die sich als Gastwirtschaft und als Wohnhaus erhalten haben.

Im »Schloß« diente die Küche »zu der königlichen Herrschaft eigenen Gebrauch und Plaisir«. Denn wie Friedrich Wilhelm einen Stuhl, der noch zu sehen ist, eigenhändig gezimmert hat, so war es sein Vergnügen, höchstselbst zwischen Töpfen und Schüsseln zu wirtschaften. Es bleiben noch Flur, Adjutantenzimmer und ein spartanischer Schlafraum. Das Bett erinnert an eine Schiffskoje oder an die Schlafkästen in friesischen Seemanns- und Fischerhäusern. Neben diesem Bett öffnet sich, sehr praktisch, der Zugang zum Weinkeller.

Sind wir als Gäste oder zumindest als die Zuschauer willkommen, die sich von der Atmosphäre des Hauses verzaubern und zu Tagträumen anregen lassen? In der Küche rumort es, die Töpfe klappern, Bratenduft zieht herüber. Jetzt scheint alles bereit: Friedrich Wilhelm tritt auf und wischt sich den Schweiß vom Gesicht, ein kleiner, aber sehr dicker Mann. (Aufs Pferd, zum Parforceritt, müssen ihm vier stämmige Männer helfen, und das Pferd selbst muß ausnehmend kräftig gebaut sein.) Die Jagdgenossen setzen sich, das Essen beginnt, eher deftig deutsch als verfeinert. Der König weiß das und sagt es selbst: »Wer besser essen will als bei mir, muß zu Grumbkow gehen.« Das ist der leitende Minister, der seinerseits dem kaiserlichen Gesandten Seckendorff anvertraut: »Seine Majestät hat gestern wie ein Wolf bei mir zu Mittag gegessen und ebenfalls zu Abend; er besoff sich und ging um Mitternacht fort.«

Auch das Trinken fällt also deftig aus; Bier wird gereicht, vielmehr es fließt bald in Strömen. Nichts aber ist zu spüren von abweisender Rangordnung und steifem Gehabe; man redet frei von der Leber weg als Mann unter Männern, wie überall, an jedem Stammtisch geredet wird, bis ins Banale und ins Derbe hinunter. Unsere Befangenheit löst sich, aber ein Staunen wächst: Geht es an Fürstentafeln denn nicht anders, nicht verfeinerter zu als bei gewöhnlichen Bürgern? Gelächter erdröhnt. Dann werden die Meerschaumpfeifen entzündet, die eine Mode des Jahrhunderts sind. Im Tabakqualm, der sich dichter und dichter lagert, entschwinden die Gestalten mit ihrem König.

Unser Staunen wächst weiter, wenn wir Vergleiche suchen. Das Modell des Zeitalters für ein höfisches Leben, das die Prachtentfaltung mit strenger Etikette verband, stammte aus Frankreich, aus dem Versailles Ludwigs XIV., der als »Sonnenkönig« noch regierte, als Friedrich Wilhelm den Thron bestieg. Überall versuchten große und kleine Herrscher diesem Modell nachzueifern, etwa August der Starke in Dresden, der es sich leisten konnte, wie auch alle anderen, die es sich nicht leisten konnten. Und überall entstanden die großen barocken Schloßanlagen, die den Fürsten und seinen Hofstaat von den Bürgern distanzierten; man sehe sich, bloß zum Exempel, das württembergische Ludwigsburg an.

Bedeutsam ist, daß das Jagdschloß Stern keineswegs etwas Abseitiges darstellt. Es zeigt uns vielmehr *das preußische Prinzip*, das in Berlin und in Potsdam ebenso galt. Als Johann Michael von Loen – Jurist aus Frankfurt am Main, später der Regierungspräsident in Lingen – nach seinem Studium in Halle Berlin besuchte, faßte er das Staunen eines Zeitalters angemessen in Worte:

*Ich sehe hier einen königlichen Hof, der nichts Glänzendes und nichts Prächtiges hat als seine Soldaten. Es ist also möglich, daß man ein großer König sein kann, ohne die Majestät in dem äußerlichen Pomp und einem langen Schweif buntfarbiger, in Gold und Silber beschlagener Kreaturen zu suchen. Hier ist die hohe Schule der Ordnung und der Haushaltskunst, wo Große und Kleine sich nach dem Exempel ihres Oberhauptes mustern lernen.**

Anders und noch deutlicher gesagt: In Preußen bereitete sich etwas Neues, ein Sonderweg vor, eine Art von Revolution wider die europäische Norm. Was war das, und wo findet man einen Schlüssel zur Deutung?

Schaut man sich den vierschrötigen Mann an, der Preußen im eigentlichen Sinne erst begründet und dauerhaft geprägt hat, dann scheinen zwei Motive wichtig zu sein. Zum einen handelte es sich um die Jugendeindrücke in den Niederlanden. Welch ein Wohlstand, welcher Reichtum sogar im Vergleich mit dem armseligen und rückständigen Preußen! Hier fand der König sein Vorbild. Zum anderen aber fand er sein Gegenbild – und zwar im eigenen Vater. Denn der stellte sozusagen ein europäisches Musterexemplar jener höfischen Prachtentfaltung dar, die dem Kurfürsten von Brandenburg, der zudem noch mit viel Geld und mit Hilfstruppen für den Kaiser in Wien einen Königstitel erkaufte, sehr rasch zur ruinösen Verschwendung mißriet, weil das Land nun einmal so arm war.

Folgerichtig entwickelte Friedrich Wilhelm sich zum Pfennigfuchser, zum Geizkragen; konsequent fegte er bei seiner Thronbesteigung sofort und unerbittlich beiseite, was Friedrich – dem Vater – teuer gewesen war: all den Prunk oder Plunder barocker Hofhaltung und galanten Lebens. Was man nicht unbedingt brauchte, wurde verkauft, Tafelsilber eingeschmolzen, der Stellenplan von den Zeremonienmeistern bis zu den Kutschern und Kutschpferden rigoros zusammengestrichen. Den König selbst bekam man bald nur noch in der schlichten Uniform eines Obersten zu sehen. Wenn es für ihn überhaupt Vergnügungen gab, dann waren es die eines Bürgers und des Landedelmannes, die wir kennengelernt haben: das Männergespräch beim Bier und die Jagd. Im Alltag aber hatte man gefälligst seine Pflicht zu tun und etwas Nutzbringendes zu leisten. Es handelte sich gewissermaßen um die Umwertung der Werte, die ein zeitgenössisches Bürgerlexikon in Worte gefaßt hat, wenn es unter dem Stichwort »Hofmann« schrieb:

*Einer, der in einer ansehnlichen Bedienung an eines Fürsten Hof steht. Das Hofleben ist zu allen Zeiten einesteils wegen der unbeständigen Herrengunst, wegen derer vielen Neider, heimlichen Verleumder und offenbaren Feinde als etwas Gefährliches; andernteils, wegen des Müßiggangs, Wollust und Üppigkeit, so zum öfteren daselbst betrieben wird, als etwas Laster-Tadelhaftes beschrieben worden. Es haben aber zu allen Zeiten sich auch Hofleute gefunden, die durch ihre Klugheit die gefährlichen Steine des Anstoßes vermieden, und durch ihre Wachsamkeit den Reizungen des Bösen entgangen, also sich zu würdigen Exempeln glücklicher und tugendhafter Hof-Leute vorgestellt. Gleichwohl wird nicht vergeblich gesagt, daß nahe bei Hofe, sei nahe bei der Hölle.**

Empörung und Tugendpredigt: ein verteufeltes Porträt. Und man könnte vermuten, daß sich hier – Rousseau vorweg – die große Bürgerrevolution ankündigt, die mit dem Unrecht auch die Kultur der höfischen Gesellschaft vernichten wird. Aber

Seine Majestät der König von Preußen setzte »von oben«, als seinen eigenhändigen Umsturz in Gang, was die Lehr- und Geschichtsbücher eigentlich den Bewegungen »von unten« vorbehalten.

Doch welch eine Arbeit, welch eine Erziehung mußte geleistet werden, Tag um Tag, Jahr um Jahr, lebenslang, gegen Unverständnis, Trägheit und Widerstand ringsumher! Zunächst einmal galt es, dem standesstolzen und hartschädeligen Adel ein neues Ehrgefühl einzupflanzen: die Ehre des Dienens in Staat und Armee. Den besonders widerborstigen Ostpreußen schrieb der König bei der Einführung einer Landessteuer ins Stammbuch: »Ich ruiniere die Junkers ihre Autorität; ich komme zu meinem Zweck und stabilisiere la souveraineté wie einen rocher von bronce.« Dagegen hieß es von den ärmeren und daher fügsameren Pommern – im Politischen Testament von 1722, in der königlichen Original-Rechtschreibung: »Die pommerschen Wassallen seindt getreue wie goldt, sie Resonnieren wohll bißweilen, aber wen mein Successor saget, es soll sein und das Ihr sie mit guhtem zurehdet, so wierdt Keiner sich da Mowieren gegen Eure Befehlle.« Bei den Brandenburgern sah es ähnlich aus, sofern man von Ausnahmen absieht. (Von einer, der markantesten, wird im Schlußkapitel die Rede sein.)

In den Städten kam es darauf an, bei den Kaufleuten und in den Gewerben den Unternehmergeist anzutreiben oder überhaupt erst zu wecken. Wie denn stand es zum Beispiel mit der Wollverarbeitung? Oder mit der Tuchproduktion? Offenbar so verzweifelt schlecht, daß der Staat eingreifen und selbst zum Unternehmer werden mußte. Gleich nach der Thronbesteigung 1713 wurde in Berlin das »Königliche Lagerhaus« als Tuchmanufaktur gegründet, die sich zum größten Unternehmen dieser Art auf dem Kontinent entwickelte – bei freilich garantiertem Absatz für bald eine der größten Armeen Europas.

Der Vorgang zeigt, wie wenig sich ohne den Antrieb von oben bewegte. Darum erließ der König Vorschriften über Vorschriften und kümmerte sich persönlich um alles und jedes. Niemandem war es erlaubt, müßig zu bleiben. Die Markt-

Friedrich Wilhelm I., der große Erzieher zum Preußentum,
in einem Selbstbildnis aus dem Jahre 1737.

frauen etwa sollten, falls sie nicht gerade verkauften, Strümpfe stricken statt zu schwatzen. Wo der Landesvater dennoch auf Faulpelze traf, schlug er mit dem Stock auf sie ein. Aber wer überhaupt durfte sich vor diesem jähzornigen Oberaufseher schon seines Fleißes rühmen und ein gutes Gewissen haben? Die Leute versteckten sich, wenn sie ihn sahen. Als er einmal – mühsam in seiner gichtgeplagten Korpulenz – einen jüdischen Händler einholte, stellte er ihn zur Rede: Warum er davonlaufe? »Weil ich mich fercht«, sagte der Mann, der Wahrheit gemäß. »Lieben sollt ihr mich, ihr Kanaillen, lieben!« schrie der König, mit einem Hagel von Hieben. Denn was meinte seine eigene Liebe, wenn nicht das Wohl dieser erbärmlichen Untertanen?

Zum Ärger gab in dem Agrarland Preußen auch die Landwirtschaft Anlaß. Wie nur konnte man die Domänenverwalter, die Gutsherren, die Bauern zu besserem Wirtschaften treiben? Der König formulierte Anordnungen: fürs Pflügen, für die Aussaat, die Ernte, das Dreschen, die Viehhaltung, für das Entwässern und Eindeichen. Er reiste unermüdlich, er stellte bohrende Fragen, ließ sich durch keine Ausflüchte beschwichtigen: Warum verfiel hier ein Hof, warum lag dort ein Acker brach? Er befahl, Getreidevorräte anzulegen, um in Jahren der Mißernte die Teuerung zu mildern. Er rief Lehrmeister herbei, vor allem natürlich aus den Niederlanden – und Kolonisten. Die Ansiedlung der vertriebenen Salzburger mochte zur preußischen Toleranz passen und ein Akt der Menschenfreundlichkeit sein; nützlich war sie erst recht. »Menschen halte ich für den größten Reichtum«, schrieb der König.

Schließlich und nicht zuletzt ging es um die große Maschine, die alles in Gang bringen und in Gang halten sollte, um den Staatsapparat. Überall Gleichgültigkeit, Verzopftheit und Verschwendung, Ämterschacher und Bestechlichkeit – angefangen übrigens bei dem leitenden Minister Friedrich Wilhelm von Grumbkow, dessen Taschen weit offenstanden, wenn es darum ging, sie im Interesse der kaiserlichen Politik mit Zuwendungen aus Wien zu füllen. Einmal mehr sollten Anweisungen helfen; in 35 Kapiteln mit 297 Paragraphen diktierte der König eine General-Instruktion für die Beamten. Doch wozu taugten die besten Regeln, wenn ihre Einhaltung nicht mit immer wachem Mißtrauen geprüft wurde, besonders was das Geld anging, die Einnahmen und Ausgaben auf Heller und Pfennig? Als Prüfungs-Institution entstand im Jahre 1714 die General-Rechen-Kammer, von der aus eine direkte Linie bis zum Bundesrechnungshof unserer Tage führt. Freilich gehörte hier wie überall zur bitteren Erfahrung, daß die Vorschriften und sogar die Institutionen wenig bewirkten, wenn der König nicht selbst zum Tüchtigsein antrieb und persönlich nach dem Rechten sah.

Insgesamt kann man sagen: Die preußische »Revolution von oben« stellte ganz unerhörte Anforderungen an den, der die Willenskraft und Leistungsbereitschaft – oder die Verwegenheit besaß, sie auszulösen. Mit- und Nachwelt haben stets die Verwegenheit des Sohnes bestaunt; ginge es aber gerecht zu, so müßte zumindest ein Teil dieses Staunens dem Vater gehören. Denn nur mit der Anspannung aller seiner Kräfte, mit dem Lebenseinsatz seiner ganzen Person bekam das Wagnis eine Chance zum Gelingen. An seinen Freund, den Fürsten Leopold von Anhalt-Dessau, den »Alten Dessauer«, schrieb Friedrich Wilhelm einmal: »Parol' auf dieser Welt ist nichts als Müh' und Arbeit.« Ein wahrhaft preußisches Motto.

Immerhin, Friedrich Wilhelm hatte Erfolg. Er erwies sich als der große, der schlechthin überragende Erzieher zu einer besonderen Einstellung und Haltung, zu jenem unbequemen Gefüge von Tugenden, die wir seither als »typisch preußisch« oder – von der preußischen Reichsgründung her – als »typisch deutsch« einzustufen gelernt haben: Fleiß und Pflichterfüllung, Ordnungssinn und Sparsamkeit, Disziplin, Nüchternheit, Präzision und Pünktlichkeit. Eigentlich aber hätte es den Erfolg gar nicht geben dürfen, denn es handelte sich um klassische Bürgertugenden der Neuzeit.

Falls wir nämlich den Lehrbüchern folgen – gleich, ob von Adam Smith oder Karl Marx –, konnte einzig das Bürgertum, die Bourgeoisie als Klasse, eine historisch entscheidende Energie entfalten und die Revolution der Moderne bewirken, die schließlich zur Industriegesellschaft geführt hat. In den Worten des Kommunistischen Manifests: »Die Bourgeoisie hat enthüllt, wie die brutale Kraftäußerung, die die Reaktion so sehr am Mittelalter bewundert, in der trägsten Bärenhäuterei ihre passende Ergänzung fand. Erst sie hat bewiesen, was die Tätigkeit des Menschen zustande bringen kann. Sie hat ganz andere Wunderwerke vollbracht als ägyptische Pyramiden, römische Wasserleitungen und gotische Kathedralen, sie hat ganz andere Züge ausgeführt als Völkerwanderungen und Kreuzzüge.« Die Niederländer, seefahrend und ausgreifend bis nach Asien, liefern ein Beispiel; sie verdanken ihren frühen Aufstieg zum Wohlstand und zur selbstbewußten Nation diesen Bürgertugenden, die wiederum – wie wir seit Max Weber wissen* – in religiösen Prägungen angelegt waren. Der Calvinismus gehört ebenso ins Bild wie der angelsächsische Puritanismus und Nonkonformismus, wie auch ein deutscher Pietismus etwa in Württemberg oder im Tal der Wupper.

Doch wie nun paßt dazu die preußische Paradoxie, die Revolution von oben, die Untertanen kennt, aber keine mündigen Bürger? Oder wie ein Staat, den sein König höchst eigenwillig, um nicht zu sagen tyrannisch regiert und dessen Kommandoposten der Adel besetzt hält? Gab es den selbstbewußten Bürger überhaupt? Oder versteckte er sich womöglich in dem einen Manne, hinter Friedrich Wilhelms Obristenrock? Man muß es wohl annehmen. Im Jagdschloß Stern haben wir davon etwas erfahren, und dieses Schloß selbst, als ein sehr persönlicher Ausdruck der königlichen Neigungen, läßt sich anders weder in der Form noch in seinen Maßen erklären. Entsprechend im Glauben: Der König war ein durch und durch frommer Christ, dessen ererbter Calvinismus durch eine kräftige Beimischung des Pietismus zusätzlich aktiviert wurde.

Und dann erst der Mann ganz persönlich, der Ehemann! Zwar muß man sofort hinzufügen: Friedrich Wilhelm und seine Gemahlin Sophie Dorothea verstanden sich nicht – oder, schlimmer, sie verirrten sich ohne Ausweg in Abscheu und Haß. Aber dies hatte genau damit zu tun, daß der König eigentlich eine schlichte, in der Tat gutbürgerliche, moralisch einwandfreie Ehe ohne Seitensprung oder auch nur Seitenblick auf mögliche Mätressen führen wollte. Genau dadurch fühlte sich Sophie Dorothea tief gekränkt und zur bloßen Gebärmaschine – vierzehn Geburten – herabgewürdigt.

Im Grunde sah sich die stolze Welfin weit ärger als durch den Ehebruch betrogen: geprellt um die königliche Rolle, im Mittelpunkt eines großen Hofes, einer immerwährenden festlichen Selbstdarstellung zu glänzen. Nichts sollte erlaubt sein, nicht einmal das Spiel um Geld; wenn der König nahte, mußte es schleunigst verschwinden und zum Schein der Unschuld durch Kaffeebohnen ersetzt werden. Überhaupt, dieser plumpe, polternde, jähzornige und dann wieder sentimentale, tränenselige Kerl, dieser Waldschrat und Betbruder ohne Empfinden für Schönheit und Stil! Wie durfte er es wagen, sie »zu ihrem Nähwerk« zu weisen, wie er es 1713 bei der Thronbesteigung tat, als er die höfische Tradition, das Erbe des Vaters brutal zerschlug? Rechnete er sie etwa den Marktweibern zu, denen er das Strümpfestricken verordnete?

Gewiß, Fürstenehen wurden schwerlich im Himmel geschlossen; sie folgten dem diplomatischen Zweck statt der Herzensneigung. Darum ergab ihre Entlastung durch Liebhaber oder Mätressen durchaus einen Sinn. Darum verlangten sie jedoch nach der Kompensation, nach dem höfischen Glanz und nach der Prunkrolle, aus der dieser preußische Barbar so schändlich ausbrach wie ein Deserteur seines Soldatenwahns, den er dafür mit dem Spießrutenlaufen bestrafte.

Widerstand und Unverständnis also auch hier. Der König aber spürte das ihm Fremde und Feindliche und reagierte seinerseits mit Enttäuschung und Bitterkeit: War es nicht sein Vorsatz gewesen, ein vorbildlicher Ehemann zu sein, der seine Pflichten getreulich erfüllte wie kaum einer unter den Fürsten Europas? Warum konnte Sophie Dorothea das nicht einsehen und sich dankbar zeigen? Doch so waren diese Weiber wohl, nur der Eitelkeit ergeben, bloß zum Kinderkriegen zu gebrauchen.

In der Tiefe indessen spielte womöglich noch mehr mit: eine Angst vor den Frauen. Wirklich wohl fühlte sich dieser König nur in ihrer Abwesenheit, in der Freimut des Tabakkollegiums, in dem die Männer unter sich blieben. Sogar davon läßt sich am Jagdschloß Stern etwas ablesen: Seine Enge machte es leicht, ja zum Gebot, jeden Damenbesuch abzuweisen, weil für ihn nun wirklich kein Platz war. Die Liebe des Königs galt im übrigen den Soldaten, besonders seiner Wachparade der »langen Kerls«, für die der kleingewachsene Geizkragen Unsummen ausgab – und die er heimlich Mann für Mann porträtierte. Er bekannte: »Das schönste Mädchen, das man mir verschaffte, wäre mir gleichgültig. Aber Soldaten, das ist meine Schwäche, damit kann man mich so weit bringen, wie man will.«

Was würde Sigmund Freud dazu sagen? Etwas Sonderbares ist daran, etwas Erotisches, Homoerotisches, ein männerbündischer Geist oder Ungeist – und dies, wohlgemerkt, durchaus unabhängig von der sexuellen Neigung und Betätigung. In einem anderen Zusammenhang werden wir darauf zurückkommen.* Zunächst aber beschäftigt uns die preußische Paradoxie. Sie verweist auf den König, der den Widerspruch verkörperte und aushielt, ein absoluter Herrscher und dennoch ein Bürger zu sein. Ohne diese Kombination läßt sich der Aufstieg eines armen und rückständigen Landes zur Großmacht und sein Durchbruch zur Moderne nur schwer vorstellen. Denn eine selbstbewußte und tatkräftige Bourgeoisie, wie sie in den Niederlanden oder anderswo ihre Lehrbuchaufgabe erfüllte, gab es eben nicht. Das Bürgertum war durch den Dreißigjährigen Krieg tief und langfristig ruiniert worden; die Städte kann man sich kaum armselig genug vorstellen. Fast alle duckten sich tief ins Ländliche ein. Ackerbürger waren mindestens ebenso bedeutsam wie Handwerker und Kaufleute, und Unternehmer, die diese Bezeichnung verdienten, blieben eine Rarität.

Selbst in Berlin stand es wenig besser. Nach der Eingliederung von Vor- und Schwesterstädten im Jahre 1709 zählte die Hauptstadt gerade 56000 Einwohner, die Beamten und die Soldaten schon mitgerechnet. Noch Jahrzehnte später, als Friedrich der Große den französischen Gesandten, den Marquis de Valory, einmal fragte, ob Berlin in seiner Größe nicht mit Paris zu vergleichen sei, lautete die ironische Antwort: »Gewiß, nur daß wir in Paris weder säen noch ernten.«

Welch eine Figur also stellt doch, alles in allem, dieser dicke, schwitzende Mann dar, der da im Jagdschloß Stern zwischen seinen Töpfen hantiert! Ohne ihn, den großen Erzieher zum Preußentum, wäre die deutsche Geschichte anders verlaufen; immer erst im Rückblick scheint uns selbstverständlich, was sich vollzog. Daß der Durchbruch zur Moderne zumindest im östlichen Deutschland auch hätte mißlingen können, zeigt ein Blick auf den Nachbarn, auf Polen.

Mit dem niederländischen Vorbild hatte freilich kaum noch etwas gemein, was die königlich preußische Erziehung eigentlich erstrebte und schließlich erreichte. Revolution »von oben« statt »von unten«, Untertanen statt Bürger, auferlegte Disziplin statt der Selbstbestimmung: Zwangsläufig ändern sich mit den Bedingungen und Methoden auch die Inhalte und die Ziele. Im Rahmen einer Bürgergesellschaft richten sich Arbeits- und Leistungsbereitschaft, Fleiß und Sparsamkeit, wie der unternehmerische Wagemut, auf den individuellen Erfolg.

Für den strenggläubigen Calvinisten gilt dieser Erfolg als ein Zeichen dafür, daß man zu den Erwählten gehört; er ist ein Abglanz aus der göttlichen Gnade. Im Ablauf der Zeit, im Maße, in dem der Glaube sich in der Welt und ans Weltliche verliert, tritt dann an die Stelle der Gnade das Glück. »Pursuit of happiness«, wie es in der amerikanischen Unabhängigkeitserklärung heißt, der Anspruch jedes einzelnen, sein Glück zu erstreben, rückt zum menschlichen Grundrecht und zum Maßstab politischer Ordnungen auf.

Genau umgekehrt in Preußen. Die Bürgertugenden sollen nicht einer Selbstverwirklichung des Bürgers, nicht dem Glück des einzelnen dienen, sondern dem Höheren, das der Staat ist. Aufs persönliche Glück zu verzichten, um in Gehorsam und Pflichterfüllung ihm zu dienen bis zum Selbstopfer, bis in den Tod: Das ist es, worauf die Gnade ruht, was Gott oder zumindest den borussisch-deutschen Historikern wohlgefällig erscheint. Der König setzt den Maßstab, indem er dies vorlebt.

Mit dem Sinn der Tugenden wandeln sich zugleich die politischen Ziele. Alles Bemühen um Wirtschaftsförderung, um die Hebung des Wohlstands ist kein Selbstzweck, sondern ein Mittel, um die Steuerkraft zu stärken und damit den Aufbau einer Militärmacht zu ermöglichen. Nicht von ungefähr trägt Friedrich Wilhelm seinen Beinamen als »Soldatenkönig«.

Die Logik wirkt einfach und zwingend. Betrachtet man nämlich politische Fragen in der Perspektive des Staates statt in der der Gesellschaft oder des einzelnen Bürgers, so geht es in erster Linie um die Durchsetzung und Behauptung eigener Macht in der Konkurrenz, im Existenzkampf der Mächte. Die Beziehungen zwischen den Staaten bleiben ihrem Wesen nach stets offen und ungewiß, allen fürstlichen Heiratsprojekten, diplomatischen Manövern oder Verträgen zum Hohn. Jeder strebt nach Machtgewinn und womöglich nach Ausdehnung auf Kosten des Nachbarn. Was am Ende zählt, ist die Gewalt, die aus den Gewehrläufen und Kanonen kommt, ist der Wille, der die Bajonette kommandiert und über die stärkeren Bataillone gebietet. Für Preußen mit seinen weit verstreuten Landesteilen, mit überall offenen Grenzen galt das vielleicht noch eindringlicher als für andere Staaten. Wohin ein Zurückbleiben in der Machtentwicklung führen konnte, zeigte im Ablauf des Jahrhunderts das polnische Schicksal.

Vielleicht sollte man hinzufügen: Das Gesagte gilt nicht zu allen Zeiten in der gleichen Weise. Zwischen der Staatsgewalt und Teilen der Gesellschaft kommt es im Zeitalter der Religionskämpfe oft zum bitteren Streit, manchmal zu einem blutigen Bürgerkrieg, der, wie in der großen englischen Revolution, in den Umsturz der Herrschaftsverhältnisse oder, wie in Frankreich, in eine Massenflucht von Bürgern abweichender Konfession münden kann. Ähnlich ist es wiederum im Zeitalter der geistigen und sozialen Fronten, das die Französische Revolution eröffnet. Aber in der Zwischenepoche, besonders im 18. Jahrhundert bis 1789, erweist sich tatsächlich die Staatsgewalt gegenüber der Gesellschaft in hohem Maße als souverän – oder als »absolut«, um den Ausdruck zu verwenden, der dieser Epoche den Namen gab. Politik ist jetzt entscheidend und zentral Außenpolitik, Machtbeziehung zwischen den Staaten, und alles übrige bleibt zweitrangig als bloßes Mittel zum Zweck. Weil die Zeit der Konfessionskämpfe vorüber und die des Nationalismus noch nicht angebrochen ist, bestimmen nicht die kollektiven Leidenschaften, nicht weltanschauliche Konflikte und nicht Klassenkämpfe das Bild, sondern die Machtapparate, die von Fürsten repräsentiert oder gelenkt werden.

Versteht man es so, dann hat der »Soldatenkönig« die Zeichen der Zeit nur genauer erfaßt und ist ihnen konsequenter, um nicht zu sagen brutaler gefolgt als andere Herrscher. Wahrscheinlich kam ihm dabei zustatten, daß Preußen in hohem Maße ein »künstliches« Gebilde ohne »natürliche« Stammesgrundlagen und weit in die Geschichte zurückreichende Bindungen war; es konnte sich mit weniger Rücksicht auf Traditionen entfalten und bewegen als seine Rivalen. Gegen Ende des Zeitalters hat der Spötter Mirabeau gesagt, Preußen sei in einer Kanonenkugel ausgebrütet worden. Wohl fälschlich wird Mirabeau auch der Satz zugeschrieben: »Die preußische Monarchie ist nicht ein Land, das eine Armee, sondern eine Armee, die ein Land hat, in welchem sie gleichsam nur einquartiert steht.« Aber ganz ohne Ironie wird damit ein

Geheimnis Preußens in seiner »klassischen« Zeit aufgedeckt. Sie war klassisch in dem Sinne, daß dieser Staat sich völlig mit den Bedingungen der Epoche in Übereinstimmung brachte, ja sie geradezu verkörperte. Das machte seine Modernität aus – und erklärt den Abscheu wie die Bewunderung, die er bei den Zeitgenossen erregte.

Bei seinem Regierungsantritt begann Friedrich Wilhelm sofort mit der Vergrößerung der Armee. Als er im Jahre 1740 starb, zählte sie an die 83000 Mann. Im europäischen Vergleich handelte es sich damit um die viertstärkste Heeresmacht, obwohl Preußen nach seinem Gebiet erst an zehnter und nach seiner Bevölkerung sogar erst an dreizehnter oder vierzehnter Stelle stand. Dabei wäre noch zu bedenken, daß der Überschuß, den der Bürger oder Bauer im 18. Jahrhundert über das Existenzminimum hinaus erwirtschaften und den man besteuern konnte, ungleich geringer blieb als unter den Bedingungen einer Industriegesellschaft. Folgerichtig verschlang die Armee – in Friedenszeiten! – den bei weitem größten Teil, rund achtzig Prozent, des Staatshaushalts. Ein Schatz für den Kriegsfall wurde überdies stetig angesammelt.

Die preußische Armee war aber nicht nur groß, sondern auch schlagkräftig. Ihr Exerziermeister, der »Alte Dessauer«, rüstete sie mit dem eisernen Ladestock aus; er brachte ihr den Gleichschritt und überhaupt den maschinenähnlichen Drill bei, durch den jede Bewegung »wie im Schlaf« funktionierte. Diese Armee konnte sich rascher zum Kampf formieren und schneller schießen als andere Armeen – obwohl gerade in dieser Zeit der Spruch aufkam: »So schnell schießen die Preußen nicht.« Damit war die ängstliche Zurückhaltung des Königs von außenpolitischen Verwicklungen und Kriegsabenteuern gemeint. Als gewissensfürchtiger Christenmensch verabscheute Friedrich Wilhelm das Glücksspiel in jeder Form, und er wußte, wie kostspielig und wie schwer zu ersetzen die von ihm geschaffene Kampfmaschine war. Die einzige Beute, die er nach dem Zusammenbruch der schwedischen Großmacht während seiner Regierungszeit einbrachte, war Vorpommern bis zur Peene mit Stettin, ein Gebiet, auf das er ohnehin wohlbegründete Erbansprüche erheben konnte. An den Vorgang erinnert in dem inzwischen polnischen Stettin noch heute das »Berliner Tor« mit seiner lateinischen Inschrift.

So zurückhaltend der »Soldatenkönig« sich außenpolitisch verhielt, so erfinderisch war der große Erzieher in seinem Bestreben, den Geist militärischer Hierarchie und Disziplin im Lande zu verbreiten. Er richtete Kadettenanstalten als Schulen des adligen Offiziersnachwuchses ein – und ließ die Söhne eines zunächst eher widerstrebenden Adels mit Nachdruck, ja manchmal mit Gewalt in diese Anstalten bringen. Ausgediente Soldaten wurden zu Beamten ernannt, nicht zuletzt zu Schulmeistern. Sogar in der Kirche hielt das soldatische Denken Einzug, denn es wurde üblich, Pastoren erst einmal als Feldprediger einzustellen, bevor sie auf zivile Pfarrämter rechnen durften, die sie dann im erworbenen Militärgeist übernahmen.

Noch weit wichtiger, am Ende entscheidend war die Zusammenführung von Monarchie und Adel im Offiziersdienst. Im märkischen, pommerschen und ostpreußischen Adel gab es bald kaum mehr eine Familie ohne Söhne, die nicht »dienten« oder gedient hatten. Daraus entwickelte sich eine Doppelfunktion. In seiner typischen Karriere entschied sich der junge Herr von Bredow, von der Marwitz oder von Wedel zunächst für die Offizierslaufbahn, die ihn zum Gehorchen und zum Befehlen erzog, während er zugleich selbst die Soldaten, überwiegend Bauernsöhne, disziplinierte. Später nahm er dann seinen Abschied, um als Rittmeister oder Major a. D. das väterliche Gut zu bewirtschaften – und seine Bauern und Gutsleute als ein »König im kleinen« in eben dem Geist zu regieren, zu dem er in den prägsamen »schönsten Jahren seines Lebens« herangebildet worden war. Als Kirchenpatron wählte er überdies den Dorfpfarrer und sah auf dessen »Haltung«. Läßt sich eine wirksamere und weiter reichende Durchsetzung der preußischen Erziehung überhaupt vorstellen?

Um noch einmal ins Jagdschloß Stern zurückzukehren: Man mag es übersehen oder belächeln, weil es so unscheinbar wirkt. Erst recht kann man den kleinen dicken Mann belächeln, der sich hier zu Hause fühlte, so wie man über seine Soldatenverliebtheit lästern und sie anzüglich ausdeuten kann. Aber kaum jemand sonst hat so weit in die Zukunft gewirkt.

Friedrich Wilhelm I. war der große »innere« König; er hat Preußen geprägt. Im Tugendprofil des Staats-Bürgers, das er schuf, reicht sein Einfluß bis nahe an die Gegenwart heran. Und seine Armee, als »Potsdamer Wachparade« verspottet, sollte bald schon Geschichte machen – wie es im Triumph und zu Versen geschmiedet dann hieß:

Der Schrecken fegt die Bahnen,
Wo sie im Heerschritt naht,
Der Sieg rauscht in den Fahnen
*Der stürmenden Wachparad'.**

Küstriner November

Jenseits der Oder, wo zwischen Werft und Weiden die Warthe rechtwinkelig einmündet, liegt Küstrin, ein durch die Jahrhunderte hin in den Geschichten unseres Landes oft genannter Name. Oft, aber selten freudig. Etwas finster Unheimliches ist um ihn her, und in meiner Erinnerung sehe ich den Ort, der ihn trägt, unter einem ewigen Novemberhimmel.

Mit diesen Worten beginnt Fontanes Bericht*, und das Stimmungsbild, das er malt, wirkt inzwischen prophetisch. Das alte Küstrin gibt es nicht mehr. Die preußische Festungs- und Schicksalsstadt ist untergegangen, wie Karthago unterging; nirgendwo in Deutschland oder im ehemals deutschen Osten findet man etwas Vergleichbares. Am 31. Januar 1945 kündigten Panzerrasseln und Geschützdonner den Feind, die russischen Vorhuten an; in ihrem Blitzkrieg mitten im Winter hatten sie von der Weichsel her keine drei Wochen gebraucht. Aber die alten Wallanlagen und Kasematten, die Bastionen mit den Traditionsnamen Philipp, Brandenburg, König, Königin, Kronprinz und Kronprinzessin wurden noch einmal genutzt. Zwei Monate, bis zum 31. März, wogte der Kampf um Küstrin; im Bomben- und Granatenhagel blieb kaum ein Stein auf dem anderen.

Was es heute gibt, das polnische Kostrzyn, liegt nebenbei, jenseits der Warthe, als billig erbaute Neu- oder Vorstadt so ungeprägt und beliebig, wie die Vorstädte unserer Zeit eben aussehen, die man mit Mühe erträgt, weil das Alte, im Stadtkern bewahrt, ein Gegengewicht bildet und uns sagt, wo wir sind. Gerade die Polen, geschichtsbewußt wie wenige Völker, haben diese Bedeutung historischer Stadtkerne erkannt und sie liebevoll rekonstruiert, sei es in Warschau oder in Danzig und an vielen anderen Orten, all ihrer Wohnungsnot und Nachkriegsarmut zum Trotz. Nichts davon ist hier geschehen; Küstrin blieb an den Untergang verloren, als sei er vorbestimmt gewesen.

Dabei gibt es die alte Eckbastion »König« noch, die ihre Spitze zur Oderbrücke vorschiebt, sogar wohlgepflegt, denn sie trägt ein sowjetisches Ehrenmal samt Grabsteinen, Blumenrabatten und drohendem Feldgeschütz. Die Brücke selbst blieb bisher gesperrt, wie es heißt wegen der russischen Garnison am anderen, westlichen Ufer, die sich an ihren Zugriff auf den Übergang klammert. Auf der Ostseite wacht ein einsamer polnischer Posten. Von der Eckbastion aus reicht ein Stück des Festungswalls noch über das einstige »Berliner Tor« hinweg, das als Doppelpforte den nördlichen Zugang zur Stadt bildete. Seitlich liest man als Bezeichnung einer Kasematte – seltsam unpreußisch – »Böhmerwald«.

Betritt man die Stadt nun durch das Tor hindurch, so steht man plötzlich vor einer Wildnis. Wucherndes Kraut überall, Klettengestrüpp und Dornengerank, aber auch Birkenanflug und andere Bäume, ein Urwalddickicht kurzum, so weit das Auge reicht. Vielleicht noch unheimlicher als unter Novemberschwaden wirkt dieses Wuchern an einem sonnigen Frühlingstag, wenn überall Insekten summen und die Vögel singen, wie zum Lob ihrer Heimkehr in den Paradiesgarten, aus dem ein zorniger Gott die Menschen vertrieb. Straßen lassen sich erahnen, weil sie flacher hingezogen sind als die Wölbungen des Schutts, zu dem die Häuser rechts und links niederfielen. Manchmal blieben sogar Reste von Kellergewölben, Schatzsuchern vorbehalten. Und ganz unvermutet dann, hier und dort, stößt man auf kleine Stücke geebneter Erde, ein paar Quadrat-

An den Untergang verloren und fast wie ein Urwald bietet sich hinter Resten der Festungswerke die Altstadt von Küstrin dar.

meter Urwaldrodung, von Staketen umstellt, von roh gezimmerten Hütten besetzt: Einsiedeleien für Weltflüchtige. Kinderphantasien würden Robinson Crusoe samt seinem Freitag erwarten.

Wahrscheinlich aber wird dereinst jemand anders, ein Archäologe, herbeispazieren, den Spaten ansetzen und graben, auf Fontanes Bericht und die Zeichnungen vertrauend, die ihm beigegeben sind, so wie Schliemann Homer vertraute und Troja ausgrub. Er wird genug finden, um die Lebensverhältnisse zu erkennen, die in der Flucht der Bewohner, im Sturz ihrer Häuser jäh verschüttet wurden. Schon jetzt genügt ein Scharren mit dem Fuß, um manches ans Licht zu bringen, den Teil einer Ofenkachel zum Beispiel. Auf der Rückseite ist ein Name eingeprägt: »Hermann Strunk – Vietz.« Vielleicht handelte es sich um den Brennmeister, noch eher wohl um den Fabrikanten, und Vietz, heute Witnica, hieß das Städtchen im Warthebruch, in dem Baukeramik, Tonwaren und die Kacheln hergestellt wurden.

Nach langem Hin und Her auf gewundenen Pfaden gelangt man schließlich, klettenbestickt, ans südliche Ende der Stadt.

Nahe bei der noch halb erhaltenen Bastion »Philipp« führt eine Brücke über den Festungsgraben aus dem verwunschenen Bezirk wieder hinaus. Tief atmet man durch – und macht sich neu auf den Weg, um Entschwundenes zu suchen.

Das historische Küstrin ist einmal Residenzstadt gewesen. Denn im 16. Jahrhundert, von 1535 bis 1571, war Brandenburg geteilt; Joachim II. regierte die Kurmark, sein Bruder Johann, kurz Hans genannt, als Markgraf die Neumark. Er ließ das Renaissanceschloß erbauen und die Festung mit ihren vier Eck- und zwei Mittelbastionen anlegen, die als längliches Viereck fortan der Stadt ihre Gestalt vorgab. Oder und Warthe bildeten nach zwei Seiten hin den natürlichen Schutz; die beiden anderen wurden durchs Bruch, durch kaum passierbares Sumpfland fast noch besser gedeckt. Nur zwei Dämme eröffneten vom Westen über die Oder und vom Nordosten her einen Zugang.

Im Gegensatz zu seinem Bruder, den die Verschwendung von einer Verlegenheit in die andere stürzte, war der Markgraf ein bis zum Geiz sparsamer Mann und im übrigen ein ebenso strenger wie fürsorglicher Landesvater. Fontane vergleicht ihn mit Friedrich Wilhelm, dem »Soldatenkönig«. In den Erinnerungen der Bürger lebte er lange fort, in Sagen sogar oder in Spukgeschichten. »›In den Kasematten von Küstrin‹, so heißt es, ›steht sein Bett, das hängt in Ketten, und ein altes Mütterchen ist ausdrücklich gehalten, es jeden Tag aufs sorglichste zu machen. Des Morgens aber ist eine Grube darin und eine warme Stelle, als hätte wer darin gelegen.‹ ›Und fremdes Volk‹, so plaudert die Sage weiter, ›mag er in seiner Stadt nicht leiden, am wenigsten einen Feind. Das hat manche französische Schildwacht erfahren müssen, und ging sie zu nahe am Rande des Wallganges, der zwischen Bastion König und Bastion Brandenburg läuft, so war er bald neben ihr und sprach mit ihr und stieß sie hinunter.‹«* Womöglich sollte man damit erklären, daß das fremde Volk den Wiederaufbau der Altstadt gescheut hat.

Die Schildwachen, von denen die Sage erzählt, gehören natürlich in die Franzosenzeit, die hier vom November 1806 bis zum März 1814 reichte und schmählich begann. Beim

Nahen des Feindes, ohne daß überhaupt eine Belagerung stattfand, hatte Ingersleben, »unter den unrühmlichen Festungskommandanten jener Epoche der unrühmlichste«, sofort kapituliert. Ein halbes Jahrhundert zuvor, 1758, hatten die Russen zur Belagerung angesetzt. Auch damals wurde die Verteidigung nicht gerade tatkräftig geführt. Immerhin hielt die Festung stand, während die Stadt in Flammen aufging.

Was aber bedeuten solche Episoden neben der preußischen Novembertragödie von 1730? Sie ist oft erzählt worden: Nach seinem mißlungenen Versuch, sich der Gewalt des Vaters durch die Flucht ins Ausland zu entziehen, wird der Kronprinz Friedrich, achtzehn Jahre alt, nach Küstrin gebracht und hier in Arrest gehalten. Das Kriegsgericht, das der König beruft, erklärt sich für unzuständig, über den Prinzen zu urteilen; dem Freund und Fluchthelfer Hans Hermann von Katte diktiert es eine lebenslängliche Haftstrafe zu. Friedrich Wilhelm wütet: Was wiegt das schon, wenn ein Thronwechsel eintritt? Richten sich die Herren bereits auf die künftige Gnadensonne ein? Er werde Gelegenheit finden, »diejenigen zu vernichten, die es mit seinen Kindern gegen ihn halten wollen«. Darum »soll das Krichgericht wieder zusammenkommen und anders sprechen«. Das Gericht bleibt fest, und der Vorsitzende, der greise General Graf Schulenburg, beruft sich auf die Bibel: »Sehet zu, was ihr tut, denn ihr haltet das Gericht nicht den Menschen, sondern dem Herrn.« Doch auch der König führte Bibelworte ins Treffen: »Nach dem Gesetz, das sie dich lehren, und nach dem Recht, das sie dir sagen, sollst du dich halten, daß du davon nicht abweichest, weder zur Rechten noch zur Linken. Und wo jemand vermessen handeln würde, daß er dem Priester nicht gehorchte, der daselbst in des Herrn, deines Gottes, Amt steht, oder dem Richter, der soll sterben, und du sollst das Böse aus Israel tun.«* Ganz im alttestamentarischen Geist schreibt Friedrich Wilhelm nun selbst das Todesurteil, das – gnadenhalber – mit dem Schwert statt mit glühenden Zangen und dem Hängen vollstreckt werden soll. Katte läßt er ausrichten, daß es ihm leid tue, »es wäre aber besser, daß er stürbe, als daß die Justiz aus der Welt käme«.

In Wahrheit geht es kaum oder gar nicht um Katte, der nur

Ein Bild aus vergangener Zeit: das Stadtschloß von Küstrin.
Hier mußte Kronprinz Friedrich der Hinrichtung seines Freundes und Fluchthelfers Katte zuschauen.

das Opfer ist. Es geht um das Königsdrama, um Vater und Sohn. Darum wird Katte nach Küstrin gebracht, und am Morgen des 6. November wird der Kronprinz, der von Gericht und Urteil nichts weiß, sehr früh geweckt: In zwei Stunden soll Katte vor seinen Augen sterben. Friedrich fleht um Aufschub; er will für den Freund sein Thronrecht, ja das Leben bieten. Umsonst und zu spät. Friedrich wird ans Fenster geführt; als er den Freund erblickt, ruft er mit einer Kußhand ihm zu: »Mein lieber Katte, ich bitte Sie tausendmal um Verzeihung.« Katte ruft zurück: »Nichts von Verzeihung. Ich sterbe mit tausend Freuden für Sie.« Noch bevor der Henker das Schwert hebt und zuschlägt, ist Friedrich zusammengebrochen.

Der 6. November, sagt Fontane, »veranschaulicht in erschütternder Weise jene moralische Kraft, aus der dies Land, dieses gleich sehr zu hassende und zu liebende Preußen, erwuchs.«* Das ist wahr. Weder in Verwaltung und Gesetz noch im

Schlachtenruhm enthüllt sich Preußen bis auf den Grund, sondern hier, in der Novemberszene von Küstrin. Darum lohnt es sich, von den Ursachen zu reden und an die Folgen zu denken.

Die preußische Revolution »von oben«, die der Soldatenkönig ins Werk gesetzt hat, ist ganz auf den Herrscher abgestellt, auf seine Urteilskraft, seine Leistungsbereitschaft, seine unermüdliche Pflichterfüllung im Dienste des Staates. Eben darin liegt ihre Schwäche; es macht sie zerbrechlich und hinfällig wie jedes menschliche Tun. Denn ein König stirbt, und alles hängt davon ab, daß der Nachfolger das Werk fortführt und vollendet. Wie aber, wenn der sich anders entscheidet, wenn er zur europäischen Norm der repräsentativen Prachtentfaltung zurückkehrt und seine eigenen Neigungen höher stellt als die Pflicht? Dann war alles umsonst, eine Lebensleistung für nichts erbracht. Im Rückblick würde die preußische Revolution als bloße Episode erscheinen, womöglich der Lächerlichkeit preisgegeben, als sei sie nur eine Despotenlaune gewesen.

Friedrich Wilhelm war sich dieser Schwäche des eigenen Werkes immer bewußt. Die Erziehung des Nachfolgers gehörte darum von Anfang an zur Sache, der er sich verschrieben hatte. Dabei brachte das monarchische Prinzip es mit sich, daß keine Wahl blieb, jedenfalls nicht in dem Sinne, wie wir es gewohnt sind. Man konnte nicht zwischen Personen oder Parteien entscheiden, weil die Nachfolge nach dem Recht der Erstgeburt vorbestimmt war.

Hier offenbart sich der Widerspruch, der das preußische Modell von Anfang an belastete. Auf der einen Seite war es auf Dynamik und Zukunft, auf den Konkurrenzkampf um Macht und eben damit auf die Leistung der Führungsperson ausgerichtet; auf der anderen Seite blieb es an das Erbprinzip gebunden. Dieses ehrwürdige und uralte Prinzip verkörpert Tradition und Dauer; es taugt zu Verhältnissen, die selbst wesentlich auf die Dauer, auf Stabilität angelegt sind. Wo aber Konkurrenz und Dynamik mächtig werden und man sich auf offene Zukunftshorizonte einstellen muß, wo, mit Marx zu reden, »alle festen, eingerosteten Verhältnisse mit ihrem Gefolge von altehrwürdigen Vorstellungen und Anschauungen aufgelöst werden, alle neugebildeten veralten, ehe sie verknöchern können«, da taugt das Erbprinzip nicht mehr. Denn daß einer der erstgeborene Sohn seines Vaters ist, garantiert schwerlich, daß es sich nicht um einen Schwachkopf oder Bruder Leichtfuß handelt, der die Firma, den Staat, ruiniert. Ein schwieriger und konfliktreicher Übergang vom Erbprinzip zum leistungsorientierten Wahlprinzip kennzeichnet daher die moderne Entwicklung in allen Lebensbereichen.

Sieht man es so, dann lernt man den »Soldatenkönig« besser verstehen. Fast zwangsläufig steigerte sich bei ihm die Neigung aller Väter, den Sohn nach dem eigenen Bilde zu formen, zu einer Art von Besessenheit, hinter der als Triebfeder die Angst um sein preußisches Lebenswerk stand. Die Situation wurde noch dadurch kompliziert, daß Friedrich Wilhelm sich in sein Ehedrama verwickelt sah. Wie zu zeigen war, begriff Sophie Dorothea, die Königin, den Gemahl nicht; als stolze Welfin blieb sie der Norm monarchischer Repräsentation verbunden und haßte ihren Mann, weil er sie um die Chance prellte, im Mittelpunkt einer wahrhaft königlichen Hofhaltung zu glänzen.

Im Blick auf den Sohn keimte für die Mutter nun Hoffnung: Wenn er, sobald er den Thron bestieg, zur höfischen Zivilisation zurückfände und die barbarischen Spuren seines Vaters tilgte, würde das Genugtuung bedeuten. Oder mehr noch und dunkler, aus der Tiefe des Verletztseins: Dieser Sohn mochte zum Rächer eines zertretenen Glücks, der erlittenen Schmach bestellt sein. Die Konsequenz ist klar: Ein Kind geriet zwischen die Fronten, es wurde zum Objekt, zum Schlachtfeld des Ehekrieges.

Dem Anschein nach hatte Friedrich Wilhelm alle Trümpfe in der Hand. Er war der König, und er konnte befehlen. Nach seiner Gewohnheit legte er schriftlich und bis in alle Einzelheiten fest, was der Kronprinz tun und lassen sollte. Erziehung nach Vorschrift:

Am Sonntag soll er des Morgens um sieben Uhr aufstehen; sobald er die Pantoffeln anhat, soll er vor dem Bette auf die Knie niederfallen und zu Gott kurz beten, und zwar laut, daß alle, die im Zimmer sind, es hören können, wie folgt:

»Herr Gott, heiliger Vater! ich danke dir von Herzen, daß du mich diese Nacht so gnädiglich bewahrt hast; mache mich geschickt zu deinem heiligen Willen, und daß ich nichts möge heute, auch alle meine Lebtage tun, was mich von dir scheiden kann, um unseres Herren Jesu, meines Seligmachers willen, Amen!« Und hierauf das Vaterunser. Dann soll er sich geschwinde und hurtig anziehen und sich propre waschen, schwänzen und pudern, und muß das Anziehen, wie auch das Frühstück, Tee – welches einzunehmen ist, während der Kammerdiener schwänzt und pudert – in einer Viertelstunde fix und fertig sein, alsdann es ein viertel auf acht Uhr ist.

So sollte es anfangen, so weitergehen, Stunde um Stunde, Tag um Tag die Woche entlang bis zum Ende:

Am Sonnabend soll des Morgens bis halb elf Uhr in der Historie, im Schreiben und Rechnen alles repetiert werden, was Er die ganze Woche gelernt hat, auch in der Moral desgleichen, um zu sehen, ob Er profitiert hat. Und es soll der General Graf von Finkenstein und der Obrist von Kalkstein mit dabei sein. Hat Er profitiert, so ist der Nachmittag vor Fritzen. Hat Er aber nicht profitiert, so soll Er von zwei bis sechs alles repetieren, was Er in den vorigen Tagen vergessen hat.

Alles schien also geregelt und abgesichert zu sein. Doch weil es sich um Menschen handelte und nicht nur um Vorschriften, scheiterte der große Erzieher zum Preußentum bei der Erziehung des eigenen Sohnes. Zunächst ließ sich die Mutter nicht völlig ausschalten, da sie nun einmal die Königin war. Wann immer Friedrich Wilhelm, der unermüdliche Landesinspektor, verreiste, ließ sie den Sohn zu sich kommen und steckte ihm das Verbotene zu, seien es Süßigkeiten oder französische Romane. Die mochten eine fragwürdige, schwerlich jugendgeeignete Lektüre sein, doch um so begieriger verschlang sie der Junge nächtlich beim Kerzenlicht, im Kamin verborgen. Manchmal freilich kam der König unerwartet zurück; dann wurde ein Versteckspiel nötig. Einmal schlief Friedrich Wilhelm bei Sophie Dorothea im Lehnstuhl ein, und die halbe Nacht mußte Friedrich in der Toilette der Königin ausharren.

Auch der Lehrer Duhan, ein Hugenotte, erwies sich bald als Problem. Der König wählte ihn aus, weil er sich vor Jahren – 1715 bei der Belagerung von Stralsund – als Soldat ausgezeichnet hatte. Konnte es eine bessere Voraussetzung für den Erzieher geben, da es vor allem anderen darauf ankam, aus dem kleinen Fritz einen großen Soldaten zu machen? Aber Duhan war ebenso gebildet wie tapfer. Darum wollte er seinem Zögling nicht nur das Vorgeschriebene beibringen, sondern das Wesentliche, das zur Bildung gehörte, zum Beispiel Latein. Der König hatte das verboten, weil er von Stubengelehrsamkeit nichts hielt. Von den Zwischenfällen, die zwangsläufig folgten, hat Friedrich der Große Jahrzehnte später einmal seinem Vorleser de Catt erzählt:

Ich war ein Kind und lernte ein wenig Latein; ich deklinierte mit meinem Lehrer ..., als plötzlich mein Vater ins Zimmer trat. »Was machst du da?« »Papa, ich dekliniere ...«, sagte ich in kindlichem Ton, der ihn hätte rühren müssen. »O du Schurke, Latein für meinen Sohn! Geh mir aus den Augen!«, und er verabreichte meinem Lehrer eine Tracht Prügel und Fußtritte und beförderte ihn auf diese grausame Weise ins Nebenzimmer. Erschreckt durch diese Schläge und durch das wütende Aussehen meines Vaters verbarg ich mich, starr vor Furcht, unter dem Tische, wo ich in Sicherheit zu sein glaubte. Ich sehe meinen Vater nach vollbrachter Hinausbeförderung auf mich zukommen – ich zittere noch mehr; er packt mich bei den Haaren, zieht mich unter dem Tische hervor, schleppt mich so bis in die Mitte des Zimmers und versetzt mir endlich ein paar Ohrfeigen.

Friedrich war längst der Schlachtenheld, den die Welt »den Großen« nannte, als er das erzählte, aber man spürt das Nachbeben der Ängste, die Wunden einer Kinderseele, die nie mehr vernarbten. Dennoch war es das Kind, an dem der Preußenerzieher zuerst und vor allem scheiterte. Körperlich zart und schon darin ein Gegenbild seines vierschrötigen Vaters, intellektuell wie musisch begabt, sehr wach und sehr wißbegierig, empfindsam und selbstbewußt, zeigte Friedrich einen Willen, sich zu behaupten, der sich zwar biegen, aber nicht brechen ließ. Seine Erziehung mißriet darum zur Schule der Verstellung. Er spielte dem Wüterich vor, was der hören und sehen wollte; er lernte verachten, was dem König wichtig war: den Soldatenrock, den er seinen Sterbekittel nannte, die Jagden, den Bierdunst und Pfeifenqualm, die derben Späße im Tabakkollegium, den Glauben des Vaters. Er lernte bewundern, was weit aus der Ferne als Gegenbild leuchtete: französische Zivilisation und Aufklärung.

Friedrich Wilhelm wiederum entsprach auf seine Weise dem Sohn. Hinter der robusten Fassade verbarg sich eine tief gespaltene Persönlichkeit, bis zum Zerreißen gespannt zwischen Jähzorn und Reue, Selbstherrlichkeit und Minderwertigkeitsgefühlen; »Gott weiß, wie geringe opinion ich von mir immer gehabt«, vertraute er, als es zum Sterben ging, seinem Freund an, dem Fürsten Leopold von Anhalt-Dessau. Diese Zerrissenheit schärfte den Spürsinn, gegen den keine Verstellung half; instinktiv erfaßte der König das Undurchdringliche des Thronerben, das ihn ebenso ängstigte wie seinen Sohn der Vaterzorn. Während einer Tauffeier beim Berater und wichtigsten Minister, General von Grumbkow, trat Friedrich Wilhelm auf den Zwölfjährigen zu und sagte: »Ich möchte wohl wissen, was in diesem kleinen Kopf vorgeht. Ich weiß, daß er nicht so denkt wie ich; es gibt Leute, die ihm andre Gesinnungen beibringen und ihn veranlassen, alles zu tadeln.« Dabei redete der König sich in die Wut hinein, aus zuerst leichten Klapsen wurden Kopfnüsse, dann Ohrfeigen; tobend zerschlug er schließlich das Tafelgeschirr. Grumbkow sorgte für Ablenkung, indem er sich betrunken stellte und aufs eigene Geschirr losschlug, indessen Friedrich, kalkweiß, sich selbst überlassen blieb.

Solche Szenen häuften sich fortan, denn durch keine Schaustellung von Sohnesliebe, keine Demütigung bis zum Stiefelküssen ließ Friedrich Wilhelm sich täuschen. Er fühlte, er wußte: Dieser verstockte, verdorbene Sohn würde Preußen ruinieren. Wir überspringen die fatalen Einzelheiten und führen zum Beleg nur noch einen Briefwechsel an. Der sechzehnjährige Friedrich schrieb an den Vater:

Mein lieber Papa. Ich habe mich lange nicht unternehmen mögen, zu meinem lieben Papa zu kommen, teils weil es mir abgeraten, vornehmlich aber weil ich mich noch einen schlechteren Empfang als den ordinären, sollte vermuten sein; und aus Furcht, meinen lieben Papa mehr mit meinem gegenwärtigen Bitten zu verdrießen, habe es lieber schriftlich tun wollen. Ich bitte also meinen lieben Papa, mir gnädig zu sein, und kann hiebei versichern, daß nach langem Nachdenken mein Gewissen mir nicht das Mindeste gezeihet hat, worin ich mir etwas zu reprochieren haben sollte; hätte ich aber wider mein Wissen und Willen getan, das meinen lieben Papa verdrossen habe, bitte ich hiermit untertänigst um Vergebung, und hoffe, daß mein lieber Papa den grausamen Haß, den ich aus allem Seinen Tun genug habe wahrnehmen können, werde fahren lassen. Ich hoffe, daß mein lieber Papa dieses alles nachdenken und mir wieder gnädig sein wird; indessen versichere ich Ihm, daß ich doch meiner Tage nicht mit Willen fehlen werde …

Man spürt förmlich, wie dem lieben Papa schon beim ersten Überfliegen die Galle aufsteigt – und beim genaueren Lesen erst recht. Keine Spur von Demut, doch die Vorwürfe zuhauf, als müsse er – der König! – statt des Sohnes Reue beweisen und Besserung geloben! Sofort erging der Bescheid:

Sein eigensinniger böser Kopf, der nicht seinen Vater liebet; denn wenn man seinen Vater liebet, so tut man, was er haben will, nicht wenn er dabei steht, sondern wenn er nicht alles sieht. Zum anderen weiß Er wohl, daß ich keinen effeminierten Kerl leiden kann, der keine menschlichen Inklinationen hat, nicht reiten noch schießen kann, und dabei malpropre an seinem Leibe, seine Haare wie ein Narr sich frisiert und nicht verschneidet, und ich alles dieses tausendmal reprimandieret, aber alles umsonst und keine Besserung in nichts ist. Zum andern hoffärtig, recht bauernstolz ist, mit keinem Menschen spricht und nicht populär und affable ist, und mit dem Gesicht Grimassen macht, als wenn Er ein Narr wäre, und in nichts meinen Willen tut, als mit der Force angehalten; nichts aus Liebe, und Er alles dazu nicht Lust hat, als seinem eigenen Kopf folgen, sonsten alles nichts nütze ist. Dies ist die Antwort. Friedrich Wilhelm.

Den Zwist ums Haareschneiden kennt man zwischen den Generationen, und er mochte noch hingehen. Im »effeminierten Kerl« ohne männliche Neigungen zum Reiten, Jagen, Schießen, Soldatsein aber steckte der Vorwurf: »Du bist kein Mann!« – mit dem Hohn hinterdrein: »Wenn mich mein Vater so behandelt hätte, so hätte ich mich längst umgebracht. Aber du hast keinen Mut und bist ein bloßer Schurke.« Verzweifelt schrieb Friedrich seiner Vertrauten, der Schwester Wilhelmine: »Wir erleben hier alle Tage die abscheulichsten Auftritte; ich bin dessen so müde, daß ich lieber um Brot betteln möchte, als in diesem Zustand weiterzuleben.«

In der Fremde ums Brot betteln: Darin deutete sich der einzige Ausweg an, der noch offen schien: die Flucht. Hier begann, was schließlich, am 5. August 1730, im süddeutschen Reiselager von Steinsfurt, nahe bei Sinsheim, in die Tat umgesetzt wurde und scheiterte. Hier kam der Freund und Fluchthelfer Katte ins Spiel, der freilich in Berlin festgehalten wurde und erst in seiner Sterbestunde, im Küstriner November, den Prinzen noch einmal sehen durfte.

Welch eine Schreckensgeschichte! Und doch und noch einmal: Man kann den König verstehen. So sehr das cholerische Temperament ihn entstellt (und ihm Tränen der Reue abpreßt), sein Handeln folgt weder einer Laune noch dem Zufall. Es wird bestimmt vom eigenen Werk, das seinen Schöpfer an sich schmiedet wie in der Sage aus dem Altertum Prometheus an die Felswand. Daher geht es um mehr als eine Schreckensgeschichte; es geht um das Maß der Tragödie. Preußen mutete dem Nachfolger im Königsamt zu, was das Erbprinzip nicht zu tragen vermochte. Das Katte-Opfer, im Küstriner Schlußakt sorgfältig inszeniert, stellte den letzten und äußersten, gar nicht triumphalen, vielmehr den verzweifelten Versuch dar, aus dem Sohn und Thronfolger den Preußen zu formen, der er nicht war. Der Versuch, so sollte sich zeigen, brachte Erfolg. Am Ende seiner Tage konnte Friedrich Wilhelm feststellen: »Ich sterbe zufrieden, da ich einen so würdigen Sohn und Nachfolger habe.«

Eines aber muß noch hinzugefügt werden: Seit dem Küstriner November ist, untilgbar, in die Fundamente Preußens das Menschenopfer eingelassen. Darum dürfen wir Hans Hermann Katte nicht vergessen. Die Zeitzeugen schildern den jungen Offizier als finster und verwegen, als eine Spielernatur. Und wo es ihm Ernst war, da entstand das Verhängnis: Er verlor sein Herz an den gedemütigten und doch stolzen Prinzen, an Friedrich. Übrigens hat der König selbst die Tiefengründe seines Katte-Opfers durchaus erkannt, um nicht zu sagen: sie anerkannt. Dafür spricht, wie er mit der Familie des Hingerichteten umging.

*Der König hatte für den Sohn nur die Strenge des Gesetzes gehabt; anders für den Vater. Das Füllhorn seiner Gnade war über ihm. Er wußte wohl, was er dem Herzen und Namen desselben an Schmerz und Kränkung angetan hatte, und alle seine Bemühungen – Bemühungen, die sich zeitweilig in die Form von Zartheiten kleideten – gingen zehn Jahre lang unausgesetzt dahin, das Geschehene vergessen zu machen oder wenigstens nach Kräften auszugleichen. Freilich nur mit halbem Erfolg. Der alte Katte nahm alle diese Gnadenbezeugungen hin und dankte dafür und küßte seines gnädigen Königs Hand; aber die Freude des Daseins war aus seinem Leben gewichen.**

Wer will das verdenken? In einem Brief des Vaters heißt es: »Ich möchte vor Trauer vergehen, wenn ich an meinen Sohn denke. Mein Sohn hat es vergeben; ich muß es auch tun ... Mein Sohn steht vor dem gerechten Richter, und tröstet mich sein schönes Ende. Aber morgens und abends quält mich sein Tod. Des Königs gnädige Briefe können ihn mir nicht wiedergeben.«

Zu den Gnadenakten des Königs gehörte, daß der Hingerichtete nicht verscharrt wurde, sondern in der Familiengruft, in der Kirche seines Heimatdorfes Wust (zwischen Tangermünde und Rathenow) beigesetzt werden durfte. Ruhe allerdings wurde dem Toten nicht zuteil. Lassen wir, wie am Anfang vom finster Unheimlichen Küstrins, so auch jetzt zum makabren Ausgang Fontane erzählen, was er in der Gruft sah.

Ein hellblauer Seidenmantel umhüllt den Körper. Da wo dieser Mantel nach oben hin aufhört, liegt ein Schädel, neben dem Schädel eine blaue, kunstvoll zurechtgemachte, mit Spitzenüberresten geschmückte Schleife, die früher das schöne Haar des Toten zusammenhielt. Noch in den zwanziger Jahren dieses Jahrhunderts war der Schädel wohlerhalten, seitdem aber, weil niemand lebte, der die Gruft und speziell diesen Sarg vor Unbill geschützt hätte, trat der Verfall ein, der sich jetzt zeigt … Frivole Neugier, renommistischer Hang und Kuriositätenkrämerei führten zu offenbarer Entweihung.

Über einzelnes wird berichtet. Ein junger Ökonom im Dorf wettete in heiterer Mädchengesellschaft gegen einen Kuß, er wolle den Katteschen Schädel um Mitternacht herbeiholen und wieder an seine Stelle tragen. Er gewann auch die Wette, bestand aber nicht auf Zahlung und erklärte hinterher: nie wieder.

*Etwa um dieselbe Zeit, oder schon etwas früher, erschien ein Engländer in Wust, ließ sich die Gruft aufschließen und trat an den geöffneten Sarg. Er war offenbar ein Kenner, suchte unter den Halswirbeln herum, fand endlich den, den das Richtschwert durchschnitten hatte, und führte ihn im Triumphe weg. Andere nahmen die Zähne des Enthaupteten als Erinnerungsstücke mit, so daß, als Anfang der fünfziger Jahre das traurige Administrations-Interregnum endlich sein Ende erreichte, der neue Besitzer ein wüstes Durcheinander vorfand. Die Pietät kam zu spät.**

Vielleicht doch nicht ganz. Das Schloß von Wust, eigentlich ein schlichtes Herrenhaus, hat als »Wilhelm-Pieck-Oberschule« überlebt, die vom Einsturz bedrohte Kirche aber, mit der angrenzenden »Ruhestätte derer von Katte« und ihren Särgen, dank des Einsatzes von Pfarrer Stefan (Groß-Wulkow) und seiner Gemeinde.

Die Bilder von Sanssouci

Tafelrunde und Flötenkonzert: Aus der Meisterhand Adolph von Menzels stammen die Bilder, die unsere Vorstellungen geprägt haben. Gespräch und Musik: Nie wurde Preußen leichter und heiterer, anmutiger dargestellt als im Schauspiel von Sanssouci, im Auftritt seines großen Königs. Und der Anblick scheint zu bestätigen, was wir sehen möchten, wenn wir die Terrassen hinauf zum Schloß wandern, um Friedrich zu suchen. Aber sprechen die Bilder denn wahr? Menzel arbeitete gewiß nicht nur, aber gerade mit solchen Bildern doch auch als ein Hofmaler, der gefallen wollte – und um ein Jahrhundert entfernt. Voltaire hingegen, der dabei war, hat die Tafelrunde im Glanz seiner Bosheit geschildert.

Soupiert wurde in einem kleinen Saal, wo als kuriosester Schmuck ein Bild hing, zu dem er seinem Maler Pesne, einem unserer besten Koloristen, den Vorwurf gegeben hatte. Es war eine prächtige Priapee. Junge Männer, Frauen umarmend, waren darauf abgebildet, Nymphen unter Satyrn, Amouretten im Spiel der Enkolpe und Gitone, ein paar Figuren, denen beim Anblick dieser Liebesspiele die Sinne schwinden, schnäbelnde Turteltauben, Böcke und Widder, Ziegen und Schafe bespringend. Die Mahlzeiten verliefen meist nicht weniger philosophisch. Wäre jemand plötzlich eingetreten, hätte dieses Bild gesehen und uns zugehört, er hätte geglaubt, die sieben Weisen Griechenlands unterhielten sich im Bordell.*

Ein Bordell von besonderer Art freilich: Die Frauen blieben ausgeschlossen. Doch selbst wenn sich die Perspektiven verschieben – zum Degen- oder Spiegelfechten des Geistes, zur Anzüglichkeit, zum Gelächter – es bleibt fürs Bewundern genug.

Jetzt geschieht etwas Merkwürdiges. Ist es der Genius loci? Ist es Traum, ist es Phantasie? Oder ist es ganz einfach nur die Einbildungskraft, die aus sehr langen Vorstudien kommt? Literarisches ist sicher im Spiel. Ich sitze vor dem Schloß. Ich sehe den König. Ich sehe keinen lukullischen Geist, strahlend. Ich sehe ein kleines, armseliges Männchen, eine ausgesprochen unappetitliche Figur. Zwei Lakaien haben ihn in einem Sessel auf die Terrasse vor dem Schloß getragen. Er sitzt direkt unter den Karyatiden der Außenfront. Die große Flügeltür ist noch halb geöffnet. Er sitzt im wärmenden Licht der Mittagssonne: ein winziger Greis, ein trauriger, alter Mann, der, etwas schief nach rechts vorn gebückt, wie ein Häuflein Elend im Sessel hockt. Das soll der König sein?

Er trägt seinen Dreispitz; der ist ja bekannt. Er trägt einen Überrock aus hellblauem Atlas. Vorne herunter ist der Stoff von spanischem Tabak gelb und braun verfärbt, alles versabbert. Er legt ein schrecklich geschwollenes Bein auf ein Hockerchen. Das andere hängt schlaff herunter. Er sieht zum Gotterbarmen aus. Die Wangen sind eingefallen. Nur seine großen, blauen Augen sind noch lebendig. Augen altern ja nicht. Trauer, Melancholie, Einsamkeit im Gesicht. Die beiden Diener hinter sich. Zwei Windhunde spielen auf den Terrassen.

Der König stirbt. »Ich tauge zu nichts mehr, als hingeworfen zu werden auf den Schindanger«, hatte er noch wenige Tage zuvor zu dem britischen Leibarzt Johann von Zimmermann gesagt, den man aus Hannover zu dem Todkranken nach Potsdam gerufen hatte. Und dies war bei allem Spott, der ihm blieb bis zum Schluß, nichts als die Wahrheit. Er war vierundsiebzig; sein Körper verbraucht und kaputt. Der alte Klepper zu Tode geritten. Er litt an Gicht, an eiternden Hämorrhoiden, an Ruhr und Koliken. Wassersucht stellte sich ein. Da die Beine bis hoch in die Lenden mit Wasser *aufgetrieben waren, konnte er nicht mehr liegen. Seine letzten Wochen verbrachte er sitzend in jenem gelben Sessel, der noch heute im Sterbezimmer von Sanssouci zu besichtigen ist. Das Wasser stieg bis zur Brust. Atembeschwerden, Erstickungsanfälle ließen ihn nicht mehr schlafen. Zu einem späten Besucher hat er nicht ohne Sarkasmus gesagt: »Wenn Sie vielleicht einen Nachtwächter brauchen, Sire, ich würde mich gut dazu eignen.« Ich frage: Stirbt so ein König?**

Die Antwort muß lauten: So stirbt ein Mensch. Wer in Krankenanstalten, in Altersheimen die letzten Stationen nicht gemieden, sondern besucht hat, der kennt solche Bilder. Das Sterben rückt in die Ferne, was einmal war, das Amt zuerst und dann auch das Ansehen, sei es gering gewesen oder weltengroß bis zum Ruhm, der unsterblich scheint. Was bleibt, ist Kreatur. Daß sie aus Gottes Hand stammt und heimkehrt, hilft nur wenigen noch als Gewißheit. »Jesus, meine Zuversicht«: Schon Friedrich war darin modern, es nicht mehr zu glauben.

Allerdings ist um das Sterben von Sanssouci eine Aura, die frieren läßt. Des Königs Wunsch war es, bei seinen Windspielen begraben zu werden – und erst an seinem zweihundertundfünften Todestag, am 17. August 1991, wird er endlich erfüllt. Mußte vielleicht so viel Zeit vergehen, weil frühere Generationen, aufs Preußische eingeschworen, die Wahrheit nicht ertrugen, die vom Letzten Willen her kenntlich wird? Friedrich war bis in die Tiefe unglücklich und einsam. Von ihm läßt sich wahrlich nicht sagen, was die Bibel von Abraham und Isaak erzählt, daß sie *lebenssatt* starben; des Lebens bloß überdrüssig, konnte er Menschen nicht mehr ertragen und nur noch die Hunde lieben.

Die Einsamkeit stammte nicht aus einem von vornherein kalten Herzen, sondern aus dem erlittenen Schicksal, das die Bitterkeit nährte und wachsen ließ bis zur Verachtung. Wenn Friedrich für die Frauenliebe nicht geschaffen war, dann um so mehr für die Männerfreundschaft. Daß auch sie je länger, desto weniger gelang, hatte Gründe, die auf die Schlüssel- und Schreckensszene von Küstrin zurückverweisen, auf die Hinrichtung des Freundes vor den Augen des Achtzehnjährigen.

Der Vater siegte über den Sohn und führte ihn auf den Weg zu Preußens Größe und Gloria, aber um den Preis eines Opfers, das nicht nur Katte betraf.

Friedrich erkannte, daß er sich unterwerfen mußte, um zu bestehen. Als Bedingung seines Überlebens, als das Existenzprinzip, unter dem das Leben selber wie unter einem Panzer erstarrte, bildete sich ein Riß zwischen dem Äußeren und dem Inneren, der sich nach und nach zum Bruch weitete; ein junger Mann machte sich unangreifbar unter der Voraussetzung, sich niemals und von niemandem mehr ganz in der Liebe, ohne Vorbehalt in der Freundschaft ergreifen zu lassen. Alle Selbstachtung sollte sich fortan auf die Pflichterfüllung im Dienste des Staates, auf Taten und auf den Ruhm gründen – oder, wie Friedrich mit der ihm eigenen Nüchternheit selbst einmal gesagt hat, »auf die Genugtuung, meinen Namen in den Zeitungen und später in der Geschichte zu sehen«. Doch dieser Ehrgeiz und diese Lebensleistung, sie wurden immer auch von der heimlichen Selbstverachtung genährt, die nach Kompensation verlangte: Mit der Unterwerfung, mit seiner Preisgabe an den Willen des Vaters hatte der Sohn zugleich eine Art von Verrat geübt, der sich nie mehr zurücknehmen ließ – den Verrat am eigenen Anspruch auf Glück.

So gesehen stellen sich die Verschmuddelung des Greises und sein Wunsch, bei den Hunden begraben zu werden, nur als die Endpunkte einer Entwicklung dar, die schon früh begann, aber bis zum Sterben brauchte, um vollendet zu sein und unmißverständlich zu werden. Beinahe lebenslang, bevor er sich schließlich verloren gab, hat Friedrich trotz allem um Freundschaft gekämpft und seinen, sei es bescheidenen, Anteil am Glück gesucht: ein anrührendes Schauspiel. Es mag nicht unser Mitleiden wecken – das hätte Friedrich ohnehin sich verbeten –, wohl aber Verständnis.

Dieser Kammerdiener zum Beispiel: Muß man über ihn denn peinlich berührt hinwegsehen, weil er aus einfachen Verhältnissen stammte und zu keiner glanzvoll plaudernden Tafelrunde paßte? Michael Gabriel Fredersdorf, 1708 geboren, fiel den Werbern des »Soldatenkönigs« in die Hände, weil er groß und gut gewachsen war; im Küstriner Regiment diente er als

Oboist und kam dadurch zu Friedrich. Dessen persönliche Angelegenheiten verwaltete er mit Umsicht und Verschwiegenheit. Später brachte er es dank der königlichen Zuwendungen und eigener Befähigung zum Gutsherrn und wohlhabenden Mann. Friedrichs Briefe an Fredersdorf zeigen Hingabe und Zärtlichkeit, besonders seit der Freund kränkelte: »Du Könst Dihr auf mihr verlassen, daß ich nicht mehr Sorge vohr mihr haben könte, wann ich krank wäre als vohr Dihr!« Oder: »Ich Küsse den Docter, wann er Dihr gesundt macht!«

Trotz aller Fürsorge starb Fredersdorf 1758. Andere Freunde, wie Charles Etienne Jordan oder Dietrich von Keyserlingk, waren schon früher gestorben, und kaum eine tiefere Bindung wuchs noch nach. Wie Friedrich auf solche Verluste reagierte, zeigen bewegende Briefe. »Einen wahren Freund halte ich für eine Himmelsgabe. Nach meiner Ansicht gibt es ohne Freundschaft kein Glück.« – »Was heißt leben, wenn man sich all derer beraubt sieht, mit denen man am längsten gelebt hat, wenn der Tod uns die, welche wir lieb hatten, für immer entreißt. Glücklich, glaube ich, kann auf Erden nur sein, der niemand liebt.«

Was für ein Satz, welch Todesurteil über die Liebe, schon am Abgrund der Resignation! Einzige Ablenkung bringt die Arbeit: »Doch wird mein Geist dann wieder auf vergangene Zeiten gelenkt, so öffnen sich die Wunden des Herzens von neuem, und ich muß vergeblich wieder betrauern, was ich alles verlor.« – »Man ist nur glücklich auf der Welt, wenn man sich beschäftigt. Ich habe fast alle meine Freunde und alten Bekannten verloren und finde nur im Studium und in der Arbeit Trost. Man muß lernen, sich selbst zu genügen und die Welt entbehren zu können. Das ist hart, aber anders wüßte ich mir mein Leben nicht erträglich zu machen.«

Ein Zirkel der Vereinsamung wird erkennbar: Wer nicht immer neue Freundschaften schließt, ist bald allein. Aber gerade weil Friedrich Freundschaften so tief empfand, als einzige Quelle wirklichen Glücks, scheute er nach seinen Erfahrungen des Verlustes vor neuen Bindungen, in denen er den Schmerz des Abschieds schon ahnte. Wenn viele Beobachter den Kronprinzen, den jungen Friedrich, als »weich« und

»empfindsam« geschildert haben, um später von der Härte des Königs überrascht zu werden, dann bleibt doch ein wahrer Kern. In der abweisenden Haltung, im Zynismus und in der Menschenverachtung des gereiften und alternden Mannes steckt viel von einem Panzer zum Selbstschutz, von der Scham und den Ängsten eines sehr verletzbaren Herzens.

Noch in späten Phasen brach bisweilen die Empfindung wieder hervor, die längst schon erkaltet schien. Als 1767 der Neffe Heinrich, den er wie einen Sohn liebte, neunzehnjährig starb, verfaßte der König eine Gedenkrede, die der Vorleser Thiebault in der Akademie vortragen sollte. Doch vorab wollte Friedrich sie dem Vorleser vorlesen, und Thiebault notierte:

Zuerst las er wie ein Mensch, der sich beherrschen will; man merkte es am Ton seiner Stimme, der er Festigkeit zu geben sich bemühte; er sprach langsam und machte häufige und ziemlich lange Pausen. Aber schon bei der zweiten oder dritten Seite begann seine Stimme zu schwanken. Die Tränen stiegen ihm in die Augen, er mußte oft innehalten und nach seinem Taschentuch greifen. Er wischte sich das Gesicht ab, hustete, räusperte sich; trotz allem kam er nicht bis zum Ende der vierten Seite, seine Augen schwammen in Tränen und sahen nicht mehr; seine erloschene und ganz erstickte Stimme konnte kein Wort mehr hervorbringen, und mit einem Schluchzen, dem er nicht widerstehen konnte, streckte er die Hand nach mir aus und reichte mir stillschweigend das Heft.

Nimmt man das verlorene Glück und die immer wachsende Einsamkeit zum Ausgangspunkt einer Deutung, so wird vieles erklärbar. Man denke an die unaufhörlich sprudelnde Versproduktion; wie alte Frauen Masche um Masche an Strümpfen stricken, so schrieb Friedrich Zeile um Zeile. Im tiefsten Unheil, 1759 nach der Katastrophe von Kunersdorf, als schon alles verloren schien, als der König vorübergehend den Oberbefehl abgab und sehr nahe an den Selbstmord geriet, mußte die Affäre erst einmal in die gehörige Form gebracht werden: 250 Verse insgesamt! In die Bewunderung verpackt, doch mit kaum verhülltem Hohn hat Voltaire von einer Manie gesprochen: »Majestät, wie bringen Sie das nur fertig? Ich habe in den letzten Wochen 150 Verse an das gerettete Rom gerichtet, während Eure Majestät 400 oder 500 produziert haben.« Doch kritische Fragen nach dem literarischen Gehalt, nach dem Rang des Dichters sind falsch gestellt; es ging um eine Form der Entspannung und Ablenkung. Friedrich selbst hat das ausgesprochen: »Oft möchte ich mich betrinken, um meinen Kummer zu ersäufen. Aber da ich doch nicht trinken kann« – das hatte ihm ein für allemal der Vater verleidet –, »zerstreut mich nichts so sehr wie das Verseschmieden, und solange diese Ablenkung dauert, fühle ich mein Unglück nicht.«

Aber die heitere Fassade von Sanssouci, der Glanz der Tafelrunde? Die Frage muß erlaubt sein, ob es sich nicht um ein grandioses Bühnenbild gehandelt hat, vor dem dann Tag um Tag die Ablenkung, die Betäubung inszeniert wurde. Denn sogar hier ging es um das Maß oder vielmehr das Unmaß: Die Tafelrunden zogen sich endlos hin, über drei, vier oder auch sechs Stunden, oft bis zur schieren Erschöpfung und zur Verzweiflung der Gesprächspartner.

Reden, unaufhörlich, um die Einsamkeit zu übertönen: Wer dies von der Gegenwart her betrachtet, gerät trotz des Abstandes der Jahrhunderte einmal mehr in Versuchung, Friedrich für einen sehr modernen Menschen zu halten. Um so stärker tritt freilich die Fremdheit des Herrschers in den Blick. Welch eine Spannung, unauflösbar, zwischen dem Menschen und dem König! Das gesellige Gespräch fordert die Gleichheit unter Gleichen; es stirbt, wo eine Rangordnung regiert. Wie allerdings durften die Gäste von Sanssouci bei noch soviel königlicher Liebenswürdigkeit den König je wirklich vergessen? Was im Jagdschloß Stern vielleicht noch möglich war, weil die Schlichtheit ebenso half wie die Trunkenheit, das konnte im Glanz von Sanssouci schwerlich gelingen. Und wie überdies sollte man mit der Bosheit fertig werden, die sich nicht heimzahlen ließ? Voltaire, nachdem er sein Heil in der Flucht gesucht hatte und der wußte, wovon er redete, hielt Friedrich in einer späten Phase des Briefwechsels vor: »Sie haben einen gehässigen Fehler. Sie erfreuen sich an der Herabsetzung Ihrer

Mitmenschen.« Aber wie denn sollte Friedrich einer Gehässigkeit entsagen, da sie doch – im Ablenken nach außen, auf andere – sein Schutzschild war, ein Wall wider die Verachtung, die dem Ich galt?

Ein Mann vom Range Voltaires konnte Wahrheiten riskieren, sich distanzieren und die Entfernung als Mittel zur Selbstbehauptung einsetzen. Andere hatten diese Chance kaum. Darum war es kein Zufall, sondern folgerichtig, wenn über die Jahre hin die Tafelrunde von Sanssouci mehr und mehr ihren Glanz verlor, bis für den König bloß noch die beflissenen Stichwortgeber seiner Monologe blieben – und für den Greis eben nur noch die Hunde.

Was sonst noch oder vielmehr vor allem blieb, war natürlich die angespannte Arbeitsleistung Tag um Tag, Jahr um Jahr, lebenslang. Es war die Pflichterfüllung, der Dienst am Staat. Ganze Generationen sind später emsig gewesen, daraus ein preußisches Heiligtum, die deutsche Kathedrale zu bauen. Sie aber türmt sich über einer Schädelstätte des Glücks. Dies aussprechen heißt nicht, die Größe in den Staub ziehen. Das wirklich Große beginnt immer erst dort, wo die Gemütlichkeit aufhört und der Schrecken einsetzt, hart vor dem Abgrund, der schaudern macht. Friedrich blieb ohnehin nüchtern, beinahe er allein. Er wußte, daß die Anspannung zur Pflicht stets auch ein Mittel war, um das Untragbare zu tragen und die Verzweiflung abzuwehren, die im Innehalten, in der Anrufung des Glücks auf der Lauer lag – oder im Schönen, das aufhört, Kulisse, Bühnenbild, Inszenierung zu sein, und auf jedes Risiko unsere Hingabe, die Liebe einfordert. Auf seine Weise hätte Friedrich wohl gelesen und verstanden, was am Anfang von Rilkes »Duineser Elegien« geschrieben steht:

Wer, wenn ich schriee, hörte mich denn aus der Engel
Ordnungen? und gesetzt selbst, es nähme
einer mich plötzlich ans Herz: ich verginge von seinem
stärkeren Dasein. Denn das Schöne ist nichts
als des Schrecklichen Anfang, den wir noch grade ertragen,
und wir bewundern es so, weil es gelassen verschmäht,
uns zu zerstören. Ein jeder Engel ist schrecklich.

Die deutsche Kathedrale über einer Schädelstätte des Glücks: Man muß es nicht Friedrich zurechnen, daß er später – je weiter im Abstand, desto schamloser – zum Kronzeugen angerufen worden ist für eine Ideologie, die das Opfer des Menschlichen gar nicht mehr fühlt, sondern im Gegenteil es zum Höheren und Höchsten, zum Heldischen verklärt und schließlich dem Wahn erliegt, daß der Kampf, das Selbstopfer, der Tod als der Lebenssinn das Eigentliche, die deutsche Berufung ausmache. Diese Ideologie aber war es, die uns in die Abgründe des 20. Jahrhunderts geführt hat. Daraus hat man im Ersten Weltkrieg, in den »Ideen von 1914«, die Frontstellung gegen den Westen konstruiert, wider die Zumutung eines politischen Prinzips, das im Sinne der amerikanischen Unabhängigkeitserklärung das Anrecht auf Glück zum Ausgangspunkt nimmt. Daraus folgte, daß die Übernahme einer westlich-demokratischen Ordnung in der Weimarer Republik keine Chance bekam, weil sie als fremd, feindlich, »semitisch« und geradewegs undeutsch der Feme verfiel. Am Ende wurde gar als das Glück proklamiert, zum Selbstopfer gerufen zu sein – wie es, 1932, als ein Sprecher des Zeitgeistes Ernst Jünger formulierte:

Jede Haltung, der ein wirkliches Verhältnis zur Macht gegeben ist, läßt sich auch daran erkennen, daß sie den Menschen nicht als Ziel, sondern als Mittel ... begreift. Der Mensch entfaltet seine höchste Kraft, entfaltet Herrschaft überall dort, wo er im Dienste steht. Es ist ein Geheimnis der echten Befehlssprache, daß sie nicht Versprechungen macht, sondern Forderungen stellt. Das tiefste Glück des Menschen besteht darin, daß er geopfert wird, *und die höchste Befehlskunst darin, Ziele zu zeigen, die des Opfers würdig sind.**

Dies freilich erwies sich keineswegs als ein Wahn, sondern als deutsche Wahrheit – oder wenn es denn Wahn war, als der schreckensvoll wirksame. Daß er an die Bilder von Sanssouci, von Friedrich und seinem Preußen anknüpfen konnte, die er vorfand, ist freilich kaum zu bestreiten. Um so notwendiger ist es, diese Bilder neu und sehr genau zu betrachten, um die Vorstellungen zu prüfen, die wir aus ihnen herleiten.

Zu bestreiten ist auch nicht, daß die preußische Formation von Tugenden, wie sie unter der Hand der großen Könige im 18. Jahrhundert entstanden ist, zumindest Gefahren des Mißbrauchs enthielt. Worum es sich handelte, hat Sebastian Haffner anschaulich geschildert:

*Die preußischen Grenadiere, die in die Schlacht bei Leuthen marschierten, sangen noch einen Choral, aber dessen einziger Inhalt war bezeichnenderweise die Bitte um Kraft zur Pflichterfüllung – und die Pflicht, die es zu erfüllen galt, war, eine Schlacht zu gewinnen. Pflichterfüllung wurde in Preußen das erste und oberste Gebot und zugleich die ganze Rechtfertigungslehre. Wer seine Pflicht tat, sündigte nicht, mochte er tun, was er wollte. Ein zweites Gebot war, gegen sich selbst gefälligst nicht wehleidig zu sein; und ein drittes, schon schwächeres, sich gegen seine Mitmenschen – vielleicht nicht geradezu gut, das wäre übertrieben, aber: anständig zu verhalten. Die Pflicht gegen den Staat kam zuerst. Mit diesem Religionsersatz ließ sich leben, und sogar ordentlich und anständig leben – solange der Staat, dem man diente, ordentlich und anständig blieb. Die Grenzen und Gefahren der preußischen Pflichtreligion haben sich erst unter Hitler gezeigt.**

Doch da war es natürlich zu spät – und wohl nicht erst seit 1933. Daß auch oder gerade in der preußischen Geschichte Beispiele für den Widerstand zu finden sind, soll im letzten Kapitel dieses Buches gezeigt werden; im Augenblick wenden wir uns statt der politischen wieder der persönlichen Tragödie zu.

Wer nicht glücklich ist, hat es schwer, anderen ihr Glück zu gönnen. Das gilt erst recht, wenn das Unglücklichsein durch Pfichterfüllung, welchen Inhalts auch immer, verklärt und durch die Aufopferung im Dienst übertäubt wird. Die Folgen kann man bei Friedrich erkennen. Wo Möglichkeiten des Glücks sich abzeichneten, hat er sie oftmals ins Unglück verwandelt; je näher die Menschen ihm eigentlich standen, desto drastischer – vorab in der eigenen Familie.

Als im Siebenjährigen Krieg nach der Niederlage bei Kolin ein verlustreicher Rückzug nötig wurde, machte der König seinen Bruder August Wilhelm verantwortlich: »Durch Dein schlechtes Benehmen hast Du meine Angelegenheiten in eine verzweifelte Lage gebracht. Nicht meine Feinde richten mich zugrunde, sondern Deine schlechten Maßnahmen.« Die Entlassung erfolgte unter Umständen, die demütigender nicht hätten sein können: »Befehlige meinetwegen einen Harem von Hoffräuleins; aber solange ich lebe, erhältst Du nicht mehr zehn Mann anvertraut.«

Genau betrachtet hätte Friedrich sich das Unheil selbst zurechnen müssen, und sein fataler Hinweis auf den »Harem« läßt Tieferes ahnen; hier wurde jemand für eine Lebenserfüllung erniedrigt, die Friedrich verschlossen blieb. Der entehrte August Wilhelm starb binnen Jahresfrist. (Sein Sohn, König Friedrich Wilhelm II., ist später von der borussischen Geschichtsschreibung wegen seiner »Weiberwirtschaft« angeklagt worden, als habe sie geradewegs in den preußischen Zusammenbruch von 1806 geführt.)

Die Schwester Amalie faßte in ihrer Jugend eine Neigung zu dem Gardeleutnant von der Trenck. Als Friedrich von Liebesbriefen erfuhr, ließ er den Leutnant verhaften. Trenck entfloh, wurde jedoch – Jahre später – erneut gefangengenommen und in Ketten gelegt. Um weitere Fluchtversuche zu verhindern, »wurde seine Haft immer mehr verschärft, bis er zuletzt mit Händen und Füßen geschlossen und durch einen Ring um den Leib an die Wand befestigt wurde. So saß er wohl zehn Jahr ... Die Prinzessin Amalie aber zog sich sein Schicksal und ihre Trennung zu Herzen; sie nahm Gift, wovon ihr ein Auge auslief und sie lahm wurde. Sie war sehr schön gewesen und wurde entsetzlich häßlich. Ihr Charakter veränderte sich zur größten Menschenfeindlichkeit.«

Marwitz, der dies berichtet*, war ein Verehrer Friedrichs, wie es kaum einen zweiten gab, und daher gewiß nicht voreingenommen. Um so schwerer wiegt, was er schreibt, selbst wenn sich die Folgen des Selbstmordversuchs im Lichte moderner Medizin vielleicht etwas anders und weniger direkt darstellen mögen.

Ein Leben im Schatten des berühmten Bruders: Prinz Heinrich (nach Adolph v. Menzel)

Aber gab es nicht Wilhelmine, Friedrichs Lieblingsschwester? Gewiß, doch sie fügt sich ins Bild, weil sie das Unglücklichsein nicht störte, sondern bestätigte. Die Vertraute und Mitwisserin war nach dem Fluchtversuch des Kronprinzen sozusagen strafverheiratet worden: mit dem Markgrafen von Bayreuth, den der »Soldatenkönig« vor allem auf seine Trinkfestigkeit erprobte und für würdig befand, indessen die Königin auf ihre Frage nach seiner Bildung zu hören bekam, daß er den Katechismus gelernt habe.

Schließlich war da noch Heinrich, unter Friedrichs Geschwistern gewiß der Begabteste, ein fähiger Diplomat im Frieden, ein bewährter Befehlshaber im Krieg, dennoch immer zurückgesetzt und zu einem Leben im Schatten verurteilt; man kann verstehen, daß ihn an den Bruder vor allem die Abneigung band. »Phaeton ist gestürzt«, schrieb er im heimlichen

Triumph an Amalie, als der König die Schlacht bei Kolin verloren hatte. (Phaeton, Sohn des Sonnengottes Helios, wollte den Sonnenwagen lenken, aber die Pferde gingen ihm durch; um dem Unheil, das er anrichtete, ein Ende zu machen, schleuderte Zeus einen Donnerkeil, der den Jüngling aus dem Wagen warf und brennend zur Erde stürzen ließ.) Später hieß es im kritischen Rückblick: »Mein Bruder wollte immer nur bataillieren, das war seine ganze Kriegskunst.« Generationen hindurch hat es übrigens unter Militärhistorikern die Friedrich- und die Heinrich-Partei gegeben, darum zankend, wem eigentlich die Krone des Feldherrn gebühre. Dieser Streit mag auf sich beruhen, doch nicht die Kaphengst-Affäre. Im Jahre 1744 hatte Friedrich dem Bruder das Schloß in Rheinsberg geschenkt und ihm dort eine bescheidene Hofhaltung ermöglicht. Dreißig Jahre später geschah dann, wovon Fontane berichtet:

*Christian Ludwig von Kaphengst ward ungefähr im Jahre 1740 auf seinem väterlichen Gute Gühlitz in der Priegnitz geboren. Wann er an den Rheinsberger Hof kam, ist nicht genau festzustellen gewesen; sehr wahrscheinlich lernte der Prinz ihn während des Siebenjährigen Krieges kennen (vielleicht als Offizier im Regimente Prinz Heinrich), fand Gefallen an seiner Jugend und Schönheit und nahm ihn nach erfolgtem Friedensschlusse mit nach Rheinsberg. Als Adjutant des Prinzen, eine Stellung, zu der ihn seine geistigen Gaben keineswegs befähigten, stieg er zum Kapitän und bald danach zum Major auf und beherrschte nun den Hof und den Prinzen selbst, dessen Gunstbezeugungen ihn übermütig machten. Der König, der in seiner Sanssouci-Einsamkeit von allem unterrichtet war, mißbilligte, was in Rheinsberg vorging, und wollte dem »Verhältnis« à tout prix ein Ende machen. 1774 überbrachte deshalb ein Page des Königs dem Prinzen Heinrich ein königliches Geschenk von 10000 Stück Friedrichsdor, freilich zugleich mit der Order, »daß er den Major von Kaphengst entlassen möge«, eine Order, deren Wortlaut sich hier der Möglichkeit der Mitteilung entzieht.**

Geld, als gehe es um Bestechung, und unflätiges Schimpfen: eine doppelte Demütigung. Fontane freilich schildert Kaphengst so negativ wie möglich. Aber er mag gewesen sein, wie er wolle, und unsere Phantasie mag sich das »Verhältnis« von Rheinsberg nach Belieben ausmalen: Was ging das denn Friedrich an? Mußte er dem Bruder die Chance zum Glück mißgönnen, weil sie ihm seine eigenen, inzwischen verdorrten Neigungen bitter bewußt machte?

Nach Friedrichs Tod hat Heinrich ernsthaft erwogen, sich in Frankreich niederzulassen, statt das Land seiner Sehnsucht nur zu besuchen. Doch diese Möglichkeit zu einem zweiten und eigenen Leben zerschlug sich beinahe so rasch wie die bizarre Vorstellung, König von Amerika zu werden*; die Vorboten der Revolution trieben den Prinzen nach Rheinsberg zurück.

Ach, der verwunschene Ort und immer dies Leben im Schatten: Wir sind es gewohnt, Rheinsberg wie im Schimmer einer Morgenröte zu sehen, weil Friedrich hier heitere Kronprinzenjahre verbrachte – und erst recht natürlich, seit Tucholsky, vom Widerschein verlockt, sein »Bilderbuch für Verliebte« aufblätterte. Heinrich indessen hat in Rheinsberg so viele Jahrzehnte verbracht wie Friedrich Jahre; es ist *sein* Ort.

Vom Schloß aus wird der Blick über den See hinweg zu dem Obelisken geführt, den Heinrich in den neunziger Jahren dort errichten ließ. Er soll an den entehrten Bruder erinnern:

A l'éternelle mémoire d'Auguste Guillaume
Prince de Prusse, second fils du roi
Frédéric Guillaume.

Neben dem ewigen Gedenken an August Wilhelm ist der Obelisk preußischen Kriegshelden gewidmet, »die durch ihre Tapferkeit und Einsicht verdient haben, daß man sich ihrer auf immer erinnere«. Die Auswahl, die Heinrich getroffen, und die Texte, die er verfaßt hat, richten ihre Spitze gegen Friedrich; es geht vor allem um Männer und um Taten, die der König wenig gewürdigt oder gar ungnädig abgetan hat. Leider fehlen jetzt die Gedenktafeln, aber man kann ihre Inschriften bei Fontane nachlesen.* Alles in allem stellt dieser Obelisk ein Denkmal der Bitterkeit dar – und eben damit spricht er eine sonst verschwiegene Wahrheit von Rheinsberg aus. Das »Diabetiker-Sanatorium Helmut Lehmann«, das bis vor kurzem dort untergebracht war, sei es auch mit schlimmen Folgen für den Zustand des Schlosses, entsprach solcher Wahrheit womöglich weit mehr als ein Bilderbuch für Verliebte.

Um zum Ausgangspunkt zurückzukehren: Es ist uns nicht darum gegangen, Friedrich zu denunzieren, sondern im Gegenteil darum, den Menschen zu verstehen, den Greis, der da auf der Terrasse von Sanssouci in einem Stuhl hockt, fröstelt und stirbt. Am Ende mag sich nun doch so etwas wie Mitgefühl einstellen, vor allem jedoch der Respekt, ja Bewunderung: Welch eine Lebensleistung hat dieser Mann seinem Unglück, der Einsamkeit abgerungen! Und stets hat er der Versuchung widerstanden, wehleidig zu werden; stets und bis zuletzt hat er seine Würde gewahrt.

Als deutlich wurde, daß ihm nicht mehr zu helfen war, schickte er Zimmermann, den berühmten Arzt aus Hannover, wieder fort, mit der Bemerkung, daß seine heimischen Patienten ihn gewiß nötiger brauchten. Zimmermann berichtet vom Abschied:

Nun nahm der König seinen Hut mit unbeschreiblicher Würde, Huld und Freundlichkeit ab, neigte sein Haupt und sprach: »Adieu, mein guter, mein lieber Herr Zimmermann. Vergessen Sie den alten Mann nicht, den Sie hier gesehen haben!«

Der Alte Fritz im Rhin- und im Dossebruch

Am 23. Juli 1779, Punkt fünf Uhr in der Frühe, stieg in Potsdam ein gichtkrummer Mann in die wartende Kutsche: König Friedrich oder der Alte Fritz, wie ihn die Leute jetzt mehr und mehr nannten. Seine Reise führte über Nauen hinaus zum Rhin- und zum Dossebruch. Es ging zügig voran, denn alle paar Kilometer standen schon frische Pferde bereit, um die gerade eingeschirrten, noch kaum müdegetrabten zu ersetzen. Vor Fehrbellin zum Beispiel wurde erst bei dem Vorwerk Seelenhorst und dann noch einmal bei Dechtow umgespannt, zweifach also auf ungefähr eine preußische Meile von 7532,5 Metern.

Der Tag war fürs Reisen wie gemacht; von erkältenden Schauern oder drückender Hitze ist nicht Rede. Als besonders bequem kann man die Art der Fortbewegung dennoch nicht einstufen. Die Hufe stäubten, die Wagenräder mahlten durch den märkischen Sand; fast alle Wege waren ungepflastert. Erst recht natürlich waren sie nicht geteert. Und gefedert wiederum wird man – nach heutigen Mercedes-Maßstäben – die Kutsche nur mit Maßen nennen dürfen.

Wie die Reise von Seelenhorst aus verlief, wissen wir durch Johann Wilhelm Ludwig Gleim, den Halberstädter Dichter, dem einst die »Kriegs- und Siegeslieder von einem preußischen Grenadier« zu bescheidenem Ruhm oder, zumindest, zur Schulmeisterpopularität verhalfen. Für Gleim nämlich, seinen Onkel, hat der Oberamtmann Fromme so genau wie er konnte aufgezeichnet, was sich zutrug. Gleim gab den Text heraus, und Fontane nahm ihn in den ersten Teil seiner »Wanderungen« auf, wie er seinem Verleger schrieb, als »das Beste in dem ganzen Bande«*.

Um acht Uhr morgens kamen Ihro Majestät auf Seelenhorst an und hatten den Herrn General Grafen von Görtz im Wagen bei sich. Ihro Majestät sprachen bei der Umspannung mit den Zietenschen Husaren-Offiziers, die in den umliegenden Dörfern auf Grasung standen, und bemerkten mich nicht. Weil die Dämme zu schmal sind, konnte ich neben dem Wagen nicht reiten. In Dechtow bekamen Ihro Majestät den Herrn Rittmeister von Zieten, dem Dechtow gehört, zu sehen, und behielten ihn – der Weg war hier breiter – neben sich, bis dahin, wo die Dechtowsche Feldmark zu Ende geht. Hier wurde wieder umgespannt, und Hauptmann von Rathenow auf Carwesee, ein alter Liebling des Königs, trat an den Wagen heran:

Hauptmann von Rathenow. *Unterthänigster Knecht, Ihro Majestät!*

König. *Wer seid Ihr?*

Hauptmann. *Ich bin der Hauptmann von Rathenow* aus Carwesee.*

König *(die Hände faltend). Mein Gott! lieber Rathenow, lebt Er noch? ich dacht', Er wäre längst todt. Wie geht es Ihm? ist Er gesund?*

Hauptmann. *O ja, Ihro Majestät.*

König. *Aber mein Gott! wie dick ist Er geworden.*

Hauptmann. *Ja, Ihro Majestät. Essen und Trinken schmeckt immer noch; nur die Füße wollen nicht fort.*

König. *Ja, das geht mir auch so. Ist Er verheiratet?*

Hauptmann. *Ja, Ihro Majestät!*

König. *Ist Seine Frau mit unter den Damen dort?*

Hauptmann. *Ja, Ihro Majestät!*

König. *Laß er Sie doch herkommen! (sogleich den Hut ab.) Ich find' an Ihrem Herrn Gemahl einen guten alten Freund.*

Frau von Rathenow. *Sehr viel Gnade für meinen Mann.*

König. *Was sind Sie für eine geborene?*

Frau von Rathenow. *Ein Fräulein von Kröcher!*

König. *Haha! eine Tochter vom General von Kröcher!*

Frau von Rathenow. *Ja, Ihro Majestät.*

König. *Oh, den hab' ich recht gut gekannt. – Hat Er auch Kinder, Rathenow?*

Hauptmann. *Ja, Ihro Majestät! Meine Söhne sind in Diensten, und dies sind meine Töchter!*

König. *Na! Das freut mich. Leb' Er wohl, mein lieber Rathenow! Leb' Er wohl!*

Nun ging der Weg nach Fehrbellin, und Förster Brand ritt als Forstbediensteter mit. Als wir an einen Fleck von Sandschollen kamen, die vor Fehrbellin liegen, sagten Ihro Majestät: Förster, warum sind die Sandschollen nicht besäet?

Förster. *Ihro Majestät, sie gehören nicht zum königlichen Forst; sie gehören mit zum Acker. Zum Teil besäen die Leute sie mit allerlei Getreide. Hier, rechter Hand, haben sie Kienäpfel gesäet!*

König. *Wer hat sie gesäet?*

Förster. *Hier der Oberamtmann!*

König *(zu mir). Na! sagt es meinem geheimden Rat Michaelis, daß die Sandschollen besäet werden sollen. – (zum Förster) Wißt Ihr aber auch, wie Kienäpfel gesäet werden müssen?*

Förster. *O ja, Ihro Majestät!*

König. *Na! wie werden sie gesäet? Von Morgen gegen Abend oder von Abend gegen Morgen?*

Förster. *Von Abend gegen Morgen.*

König. *Das ist recht; aber warum?*

Förster. *Weil aus dem Abend die meisten Winde kommen.*

König. *Das ist recht! –*

Nun kamen Ihro Majestät zu Fehrbellin, sprachen daselbst mit dem Lieutenant Probst vom Zieten'schen Husaren-Regiment (schon sein Vater stand bei den Zieten'schen) und mit dem Fehrbellinischen Postmeister Hauptmann von Mosch. Als angespannt war, wurde die Reise fortgesetzt, und da Ihro Majestät gleich danach an meinen Gräben, die im Fehrbellinischen Luch auf königliche Kosten gemacht sind, vorbei fuhren, so ritt ich an den Wagen und sagte: Ihro Majestät, das sind schon zwei neue Gräben, die wir durch Ihro

Majestät Gnade hier erhalten haben, und die das Luch uns trocken erhalten.

König. *So so; das ist mir lieb! Wer seid Ihr?*

Fromme. *Ihro Majestät, ich bin der Beamte hier von Fehrbellin.*

Wirklich ein Beamter? Der Begriff darf uns nicht verwirren; kein Staatsbediensteter im modernen Sinne ist gemeint, sondern ein Domänenverwalter, der als Pächter auf sein eigenes Risiko wirtschaftet. In der preußischen Agrargesellschaft handelte es sich allerdings um eine wichtige Funktion; überdies fiel dem Domänenverwalter mit der Aufsicht über die Bauern eine Abart von Staatsamt zu. Von da aus hat sich der einmal eingebürgerte Begriff nicht bloß durchgehalten, sondern sogar ausgeweitet: Bis 1945 nannte man Inspektoren, Förster und Rentmeister östlicher Güter kurzweg »die Beamten«, obwohl es um Angestellte der privaten Besitzer ging.

König. *Wie heißt Ihr?*

Fromme. *Fromme.*

König. *Ha ha! Ihr seid ein Sohn von dem Landrath Fromme.*

Fromme. *Ihro Majestät halten zu Gnaden, mein Vater ist Amtsrath im Amte Lähme gewesen.*

König. *Amtsrath! Amtsrath! Das ist nicht wahr! Euer Vater ist Landrath gewesen. Ich habe ihn recht gut gekannt. Sagt mir einmal, hat Euch die Abgrabung des Luchs hier viel geholfen?*

Fromme. *O ja, Ihro Majestät!*

König. *Haltet Ihr mehr Vieh als Euer Vorfahr?*

Fromme. *Ja, Ihro Majestät! Auf diesem Vorwerk halt' ich vierzig, auf allen Vorwerken siebenzig Kühe mehr!*

König. *Das ist gut. Die Viehseuche ist doch nicht hier in der Gegend?*

Fromme. *Nein, Ihro Majestät.*

König. *Habt Ihr die Viehseuche hier gehabt?*

Fromme. *Ja!*

König. *Braucht nur fein fleißig Steinsalz, dann werdet Ihr die Viehseuche nicht wieder bekommen.*

Fromme. *Ja, Ihro Majestät, das brauch' ich auch; aber Küchensalz thut beinah eben die Dienste.*

König. *Nein, das glaubt nicht! Ihr müßt das Steinsalz nicht kleinstoßen, sondern es dem Vieh so hinhangen, daß es dran lecken kann.*

Fromme. *Ja, es soll geschehen.*

König. *Sind sonst hier noch Verbesserungen zu machen?*

Fromme. *O ja, Ihro Majestät. Hier liegt die Kremmensee. Wenn selbige abgegraben würde, so bekämen Ihro Majestät an achtzehnhundert Morgen Wiesenwachs, wo Kolonisten könnten angesiedelt werden, und würde die ganze Gegend hier schiffbar, welches dem Städtchen Fehrbellin und der Stadt Ruppin ungemein aushelfen würde; auch könnte vieles von Mecklenburg zu Wasser nach Berlin kommen.*

König. *Das glaub' ich! Euch aber wird wohl bei der Sache sehr geholfen, viele dabei ruinirt, wenigstens die Gutsherren des Terrains; nicht wahr?*

Fromme. *Ihro Majestät halten zu Gnaden; das Terrain gehört zum königlichen Forst und stehen nur Birken darauf.*

König. *O, wenn weiter nichts ist, wie Birkenholz, so kann's geschehen! Allein Ihr müßt auch nicht die Rechnung ohne den Wirt machen, daß nicht die Kosten den Nutzen übersteigen.*

Fromme. *Die Kosten werden den Nutzen gewiß nicht übersteigen! Denn erstlich können Ihro Majestät sicher darauf rechnen, daß achtzehnhundert Morgen von dem See gewonnen werden; das wären sechs und dreißig Kolonisten, jeder zu funfzig Morgen. Wird nun ein kleiner leidlicher Zoll auf das Floßholz gelegt, und auf die Schiffe, die den neuen Kanal passiren, so wird das Kapital sich gut verzinsen.*

König. *Na! Sagt es meinem geheimden Rath Michaelis! Der Mann versteht's und ich will Euch rathen, daß Ihr Euch an den Mann wenden sollt in allen Stücken, und wenn Ihr wißt, wo Kolonisten anzusetzen sind. Ich verlange nicht gleich ganze Kolonien; sondern wenn's nur zwo oder drei Familien sind, so könnt Ihr's immer mit dem Mann abmachen!*

Fromme. *Es soll geschehen, Ihro Majestät.*

König. *Kann ich hier nicht Wustrau liegen sehen?*

Fromme. *Ja, Ihro Majestät; hier rechts, das ist's.*

König. *Ist der General zu Hause?*

Fromme. *Ja!*

König. *Woher wißt Ihr das?*

Fromme. *Ihro Majestät, der Rittmeister von Lestocq liegt in meinem Dorf auf Grasung und da schickten der Herr General gestern einen Brief durch den Reitknecht an ihn. Da erfuhr ich's.*

König. *Hat der General von Zieten auch bei der Abgrabung des Luches gewonnen?*

Fromme. *O ja; die Meierei hier rechts hat er gebaut und eine Kuh-Molkerei angelegt, welches er nicht gekonnt hätte, wenn das Luch nicht abgegraben wäre.*

König. *Das ist mir lieb! Wie heißt der Beamte zu Alten-Ruppin?*

Fromme. *Honig.*

König. *Wie lang ist er da?*

Fromme. *Seit Trinitatis.*

König. *Seit Trinitatis? Was ist er vorher gewesen?*

Fromme. *Canonicus.*

König. *Canonicus? Canonicus? Wie führt der Teufel zum Beamten den Canonicus?*

Fromme. *Ihro Majestät, es ist ein junger Mensch, der Geld hat, und gern die Ehre haben will, Beamter von Ihro Majestät zu sein.*

König. *Warum ist aber der Alte nicht geblieben?*

Fromme. *Ist gestorben.*

König. *So hätte doch die Wittwe das Amt behalten können.*

Fromme. *Ist in Armuth geraten.*

König. *Durch Frauenwirthschaft?*

Fromme. *Ihro Majestät verzeihen, sie wirthschaftete gut, allein die vielen Unglücksfälle haben sie zu Grunde gerichtet; die können den besten Wirth zurücksetzen. Ich selber habe vor zwei Jahren das Viehsterben gehabt, und habe keine Remission erhalten; ich kann auch nicht wieder vorwärts kommen.*

König. *Mein Sohn, heute hab' ich Schaden am linken Ohr, ich kann nicht gut hören.*

Fromme. *Das ist doch eben ein Unglück, daß der geheimde Rath Michaelis den Schaden auch hat! (Nun blieb ich ein wenig vom Wagen zurück; ich glaubte, Ihro Majestät würden die Antwort ungnädig nehmen.)*

König. *Na! Amtmann, vorwärts! bleibt beim Wagen, aber nehmt Euch in Acht, daß Ihr nicht unglücklich seid. Sprecht nur laut, ich verstehe recht gut. (Diese Worte wiederholten Ihre Majestät wenigstens zehnmal auf der Reise.) Sagt mir mal, wie heißt das Dorf da? rechts.*

Fromme. *Langen.*

König. *Wem gehört's?*

Fromme. *Ein Drittel Ihro Majestät, unter dem Amte Alten-Ruppin; ein Drittel dem Herrn von Hagen; und dann hat der Dom zu Berlin auch Unterthanen darin.*

König. *Ihr irrt Euch, der Dom zu Magdeburg!*

Fromme. *Ihro Majestät halten zu Gnaden, der Dom zu Berlin.*

König. *Das ist aber nicht wahr, der Dom zu Berlin hat keine Unterthanen.*

Fromme. *Ihro Majestät halten zu Gnaden, der Dom zu Berlin hat in meinem Amtsdorfe Carwesee drei Unterthanen.*

König. *Ihr irrt Euch, das ist der Dom zu Magdeburg.*

Fromme. *Ihro Majestät, ich müßte ein schlechter Beamter sein, wenn ich nicht wüßte, was in meinen Amtsdörfern für Obrigkeiten sind.*

König. *Ja, dann habt Ihr Recht! Sagt mir einmal: hier rechts muß ein Gut liegen, ich kann mich auf den Namen nicht besinnen; nennt mir die Güter, die hier rechts liegen.*

Fromme. *Buskow, Radensleben, Sommerfeld, Beetz, Karwe.*

König. *Recht! Karwe. Wem gehört das Gut?*

Fromme. *Dem Herrn von Knesebeck.*

König. *Ist er in Diensten gewesen?*

Fromme. *Ja! Lieutenant oder Fähnrich unter der Garde.*

König. *Unter der Garde? (an den Fingern zählend). Ihr habt recht, er ist Lieutenant unter der Garde gewesen! Das freut mich sehr, daß das Gut noch in Knesebeck'schen Händen ist. – Na! sagt mir einmal, der Weg, der hier den Berg hinauf geht, geht nach Ruppin, und hier links ist die große Straße nach Hamburg?*

Fromme. *Ja, Ihro Majestät!*

König. *Wißt Ihr, wie lang es ist, daß ich nicht hier gewesen?*

Fromme. *Nein!*

König. *Das sind dreiundvierzig Jahr! Kann ich Ruppin liegen sehen?*

Fromme. *Ja, Ihro Majestät, der Thurm, so hier rechts über die Tannen herüber sieht, ist Ruppin!*

König. *(mit dem Glas aus dem Wagen lehnend). Ja, ja, das ist er, ich kenn' ihn noch. – Kann ich Tramnitz liegen sehen?*

Fromme. *Nein, Ihro Majestät. Tramnitz liegt zu weit links, dicht an Kyritz.*

König. *Werden wir's nicht sehen, wenn wir besser hinkommen?*

Fromme. *Es könnte sein, bei Neustadt, aber ich zweifle.*

König. *Das ist schade! Kann ich Bechlin* liegen sehen?*

Fromme. *Jetzt nicht, Ihro Majestät; es liegt zu sehr im Grunde. Wer weiß, ob es Ihro Majestät gar werden sehen können?*

König. *Na! gebt Achtung, und wenn Ihr's seht, so sagt's! – Wo ist der Beamte von Alten-Ruppin?*

Fromme. *In Protzen beim Vorspann wird er sein!*

König. *Können wir noch nicht Bechlin liegen sehn?*

Fromme. *Nein!*

König. *Wem gehört's itzo?*

Fromme. *Einem gewissen Schönermark.*

König. *Ist er von Adel?*

Fromme. *Nein!*

König. *Wer hat's vor ihm gehabt?*

Fromme. *Der Feldjäger Ahrens; der hat's von seinem Vater ererbt. Das Gut ist immer in bürgerlicher Familie gewesen.*

König. *Das weiß ich! Wie heißt das Dorf hier vor uns?*

Fromme. *Walchow.*

König. *Wem gehört's?*

Fromme. *Ihnen, Ihro Majestät, unter dem Amte Alten-Ruppin.*

König. *Wie heißt das Dorf hier vor uns?*

Fromme. *Protzen.*

König. *Wem gehört's?*

Fromme. *Dem Herrn von Kleist.*

König. *Was ist das für ein Kleist?*

Fromme. *Ein Sohn vom General Kleist.*

König. *Von welchem General Kleist?*

Fromme. *Der Bruder von ihm ist Flügeladjutant bei Ihro Majestät gewesen, und steht itzt zu Magdeburg beim Kalkstein'schen Regiment, als Obristlieutenant.*

König. *Ha ha! von dem? die Kleiste kenn' ich recht gut. Ist dieser Kleist auch in Diensten gewesen?*

Fromme. *Ja, Ihro Majestät; er ist Fähnrich gewesen unter dem Prinz Ferdinand'schen Regiment.*

König. *Warum hat der Mann seinen Abschied genommen?*

Fromme. *Das weiß ich nicht!*

König. *Ihr könnt's mir sagen; ich suche nichts darunter. Warum hat der Mann seinen Abschied genommen?*

Fromme. *Ihro Majestät, ich kann's wirklich nicht sagen. –*

Nun waren wir an Protzen heran. Ich wurde gewahr, daß der alte General von Zieten in Protzen auf dem Edelhofe stand. Ich ritt an den Wagen heran und sagte: Ihro Majestät, der Herr General von Zieten sind auch hier.

König. *Wo? wo? o reitet vor, und sagt's den Leuten, sie sollen stillhalten; ich will aussteigen. –*

Nun stiegen Ihro Majestät hier aus, und freuten sich außerordentlich über die Anwesenheit des Herrn Generals von Zieten, sprachen mit ihm und dem Herrn von Kleist über mancherlei Sachen, ob ihm die Abgrabung des Luchs geholfen? ob er die Viehseuche gehabt? und empfahlen Steinsalz gegen die Viehseuche. Mit einemmal gingen Ihro Majestät bei Seite, kamen wieder und riefen: Amtmann! (dicht am Ohr) »Wer ist der dicke Mann da im weißen Rock?« (Ich ebenfalls dicht am Ohr) »Ihro Majestät, es ist der Landrath von Quast auf Radensleben vom Ruppinischen Kreise.«

König. *Schon gut!*

Nun gingen Ihro Majestät wieder zum General von Zieten und Herrn von Kleist, und sprachen von verschiedenen Sachen. Herr von Kleist präsentierte Seiner Majestät sehr schöne Früchte. Sie bedankten sich; mit einemmal drehten Sie sich um und sagten: »Serviteur, Herr Landrath!« Als nun selbiger auf Ihro Majestät zugehen wollte, sagten Ihro Majestät: »Bleib Er nur da, ich kenn' Ihn, Er ist der Landrath von Quast!«

Nun war angespannt. Ihro Majestät nahmen recht zärtlichen Abschied vom alten General von Zieten, empfahlen sich den übrigen, und fuhren fort. Ob nun wohl Ihro Majestät in Protzen die Früchte nicht annahmen, so nahmen doch dieselben, so wie wir aus Protzen waren, ein Butterbrod für sich und für den Herrn General Grafen von Görz aus der Wagentasche, und aßen während des Fahrens immer Pfirsich. Beim Wegfahren glaubten Ihro Majestät, ich würde zurückbleiben, und riefen aus dem Wagen: »Amtmann, kommt mit!«

König. *Wo ist der Beamte von Alten-Ruppin?*

Fromme. *Er wird vermuthlich krank sein, sonst wär' er in Protzen beim Vorspann gewesen!*

König. *Na! sagt mir einmal, wißt Ihr wirklich nicht, warum der Kleist zu Protzen seinen Abschied genommen?*

Fromme. *Nein, Ihro Majestät, ich weiß es wahrhaftig nicht.*

König. *Wie heißt das Dorf hier vor uns?*

Fromme. *Manker.*

König. *Wem gehört's?*

Fromme. *Ihnen, Ihro Majestät, unter dem Amt Alten-Ruppin.*

König. *Hört einmal, wie seid Ihr mit der Ernte zufrieden?*

Fromme. *Sehr gut, Ihro Majestät!*

König. *Sehr gut? und mir haben sie gesagt, sehr schlecht!*

Fromme. *Ihro Majestät, das Wintergetreide ist etwas erfroren; aber das Sommergetreide steht dafür so schön, daß es den Schaden beim Wintergetreide reichlich ersetzt.*

(Nun sahen Ihro Majestät auf den Feldern Mandel an Mandel.)

König. *Es ist eine gute Ernte, Ihr habt Recht; es steht ja Mandel bei Mandel hier!*

Fromme. *Ja, Ihro Majestät; und hier setzen die Leute dazu noch Stiege.*

König. *Was ist das, Stiege?*

Fromme. *Das sind zwanzig Garben zusammen gesetzt!*

König. *Oh, es ist unstreitig eine gute Ernte. – Aber sagt mir doch, warum hat der Kleist aus Protzen seinen Abschied genommen?*

Fromme. *Ihro Majestät, ich weiß es nicht! Mich deucht, er hat vom Vater müssen die Güter annehmen. Eine andre Ursach weiß ich nicht.*

König. *Wie heißt das Dorf hier vor uns?*

Fromme. *Garz.*

König. *Wem gehört's?*

Fromme. *Dem Kriegsrath von Quast.*

König. *Wem gehört's?*

Fromme. *Dem Kriegsrath von Quast.*

König. *Ei was! Ich will von keinem Kriegsrath was wissen! Wem gehört das Gut?*

Fromme. *Dem Herrn von Quast.*

König. *Na! das ist recht geantwortet. –*

Nun kamen Ihro Majestät in Garz an! Die Umspannung besorgte Herr von Lüderitz aus Nakel, als erster Deputierter des Ruppin'schen Kreises. Dieser hatte einen Hut auf mit einer weißen Feder! Als nun die Anspannung geschehen war, ging die Reise gleich fort.

König. *Wem gehört das Gut hier links?*

Fromme. *Dem Herrn von Lüderitz; es heißt Nakel.*

König. *Was ist das für ein Lüderitz?*

Fromme. *Ihro Majestät, der in Garz beim Vorspann war.*

König. *Haha! der Herr mit der weißen Feder. – Säet Ihr auch Weizen?*

Fromme. *Ja, Ihro Majestät.*

König. *Wie viel habt Ihr ausgesäet?*

Fromme. *Drei Wispel, zwölf Scheffel.**

König. *Wie viel hat Euer Vorfahr ausgesäet?*

Fromme. *Vier Scheffel.*

König. *Wie geht das zu, daß Ihr so viel mehr säet, als Euer Vorfahr?*

Fromme. *Wie ich schon die Gnade gehabt, Ihro Majestät zu sagen, daß ich siebenzig Stück Kühe mehr halte, als mein Vorfahr, mithin meinen Acker besser in Stand setzen und Weizen säen kann!*

König. *Aber warum bauet Ihr keinen Hanf?*

Fromme. *Er geräth hier nicht. In kaltem Klima geräth er besser. Unsere Seiler können den russischen Hanf in Lübeck wohlfeiler kaufen, und besser, als ich ihn bauen kann.*

König. *Was säet Ihr denn dahin, wo Ihr sonst Hanf hinsäet?*

Fromme. *Weizen!*

König. *Warum bauet Ihr aber kein Färbekraut, keinen Krapp?*

Fromme. *Er will nicht fort, der Boden ist nicht gut genug.*

König. *Das sagt Ihr nur so: Ihr hättet sollen die Probe machen.*

Fromme. *Das hab' ich gethan; allein sie ist mir fehlgeschlagen, und als Beamter kann ich viel Proben nicht machen; denn wenn sie fehlschlagen, muß doch die Pacht bezahlt sein.*

König. *Was säet Ihr denn dahin, wo Ihr würdet Färbekraut hinbringen?*

Fromme. *Weizen!*

König. *Na! so bleibt beim Weizen! Eure Unterthanen müssen recht gut im Stande sein?*

Fromme. *Ja, Ihro Majestät! ich kann aus dem Hypothekenbuch beweisen, daß sie an fünfzig tausend Thaler Kapital haben.*

König. *Das ist gut!*

Fromme. *Vor drei Jahren starb ein Bauer, der hatte eilf tausend Thaler in der Bank.*

König. *Wie viel?*

Fromme. *Eilf tausend Thaler.*

König. *So müßt Ihr sie auch immer erhalten!*

Fromme. *Ja! es ist recht gut, Ihro Majestät, daß der Unterthan Geld hat; aber er wird auch übermüthig, wie die hie-*

sigen Unterthanen, welche mich schon siebenmal bei Ihro Majestät verklagt haben, um vom Hofedienst frei zu sein.

»Hofedienst« ist ein anderer Ausdruck für die Fronpflicht, und mit den Untertanen sind hier nicht Staatsbürger, sondern eben die fronpflichtigen Bauern gemeint.

König. *Sie werden auch wohl Ursach dazu gehabt haben.*

Fromme. *Sie werden gnädigst verzeihen: es ist eine Untersuchung gewesen, und ist befunden, daß ich die Unterthanen nicht gedrückt, sondern immer recht gehabt, und sie nur zu ihrer Schuldigkeit angehalten habe! dennoch bleibt die Sache, wie sie ist: die Bauern werden nicht bestraft; Ihro Majestät geben den Unterthanen immer Recht, und der arme Beamte muß Unrecht haben!*

Die Ärgernisse, von denen die Rede ist, stellen keinen Sonderfall dar, sondern sie kennzeichnen die Epoche. Ein Bericht aus dem Jahre 1799 schildert sie drastisch:

»Man denke sich die Menge der Streitigkeiten und Prozesse, die aus den Fronen hervorgehen; der Bauer ängstlich darauf bedacht, gerade nur das Schuldige zu leisten; der Gutsherr und noch eifriger der Gutspächter stets dahinter her, um das Mögliche herauszuschlagen; Anfang und Ende des Dienstes, Ruhepausen, Verpflegung der Dienenden, Zustand von Wagen, Eggen, Pflügen: lauter Anlaß zu Zank und Streit. – Will der Gutsherr eine nützliche Änderung der Wirtschaft versuchen, etwa Weizen und Gerste bauen, wo bisher Roggen oder Hafer stand, und kostet dies im geringsten mehr Arbeit, so wird der Dienstbauer mißvergnügt; soll der Boden einen Zoll tiefer gepflügt werden als bisher, so murrt der Hofdiener. Immer herrscht gegenseitiges Mißtrauen; heimliche Spannung ist stets im Begriff, in offenen Unfrieden auszubrechen. – Die größte Verlegenheit entsteht in der Heu- oder Getreideernte, wo alles darauf ankommt, daß das günstige Wetter ausgenutzt wird. Mit heimlicher Schadenfreude sieht der Hofdiener ein Wetter aufsteigen. Nichts in der Welt bringt ihn zur Eile. Will der Herr den Wagen, solange derselbe beladen wird, ausspannen und die Pferde inzwischen an einen schon vollen Wagen anspannen lassen, so verweigert es das Dienstgesinde; die Pferde müssen sich krumm und lahm stehen, bis der Wagen voll ist, denn auf Wechselfuhren läßt sich der richtige Hofdiener nicht ein.«*

Besserung konnte nur die Bauernbefreiung bringen, die Lohnarbeit an die Stelle der Fron setzte. Aus Gründen, von denen an anderer Stelle zu reden sein wird, hat Friedrich diese Umwälzung gescheut. Doch wenigstens auf dem eigenen Besitz, auf den Domänen, suchte er sie voranzubringen. Daher die Tendenz der Justizbehörden, über die der Domänenpächter sich beklagt: daß er zwar recht habe, aber sein Recht nicht bekomme.

König. *Ja! daß Ihr Recht bekommt, mein Sohn, das glaub' ich wohl: Ihr werdet Eurem Departementsrath brav viel Butter, Kapaunen und Puters schicken.*

Fromme. *Nein, Ihro Majestät, das kann man nicht; das Getreide gilt nichts. Wenn man für andre Sachen nicht einen Groschen Geld einnähme, wovon sollte man die Pacht bezahlen?*

König. *Wohin verkauft Ihr Eure Butter, Kapaunen und Puters?*

Fromme. *Nach Berlin.*

König. *Warum nicht nach Ruppin?*

Fromme. *Die mehrsten Bürger halten Kühe, so viel als sie zu ihrem Aufwand brauchen! Der Soldat ißt alte Butter; der kann die frische nicht bezahlen!*

König. *Was bekommt Ihr für die Butter in Berlin?*

Fromme. *Vier Groschen für das Pfund. Der ruppinische Soldat aber kauft die alte Butter für zwei das Pfund.*

König. *Aber Eure Kapaunen und Puter könnt Ihr doch nach Ruppin bringen?*

Fromme. *Beim ganzen Regiment sind nur vier Stabsoffiziere, die brauchen nicht viel! und die Bürger leben nicht delicat; die danken Gott, wenn sie Schweinefleisch haben.*

König. *Ja, da habt Ihr Recht! die Berliner essen gern was Delicates. – Na! macht mit den Unterthanen, was Ihr wollt; nur drückt sie nicht!*

Fromme. *Ihro Majestät, das wird mir nicht einfallen, und keinem rechtschaffnen Beamten.*

König. *Sagt mir einmal, wo liegt hier Stölln?*

Fromme. *Stölln können Ihro Majestät nicht sehen. Die großen Berge dort links sind die Berge bei Stölln, auf welchen Ihro Majestät alle Kolonien übersehen können!*

König. *So? das ist gut! dann reitet mit bis dahin. –*

Nun kamen Ihro Majestät an eine Menge Bauern, die Roggen mäheten, zwei Glieder machten, die Sensen strichen, und Ihro Majestät so durchfahren ließen.

König. *Was Teufel wollen die Leute? die wollen wohl gar Geld von mir haben?*

Fromme. *O nein, Ihro Majestät! Sie sind voll Freuden, daß Sie so gnädig sind, und die hiesige Gegend bereisen.*

König. *Ich werd' ihnen auch nichts geben! Wie heißt das Dorf hier vorn?*

Fromme. *Barsikow.*

So geht es weiter, Stunde um Stunde einer Königsreise, bis Fromme in Gnaden entlassen wird: »Mein Sohn, reitet in Gottes Namen nach Hause!« Ein anderer, Amtsrat Klausius, »brachte sodann Ihro Majestät bis nach Rathenow«; dort sind »Ihro Majestät über Tafel ungemein vergnügt gewesen«.

Der König und sein Kutscher

Gibt es eine bessere Gelegenheit, Friedrich kennzulernen, als bei seinen Reisen? Wir sehen ihn so schwierig, wie er ist: hartnäckig, rechthaberisch und besserwisserisch; Fromme braucht ein gehöriges Stück Standhaftigkeit, um zu erklären, zu welchem Dom ein paar Bauern gehören. Und immer bohrt das Mißtrauen, man könne ihm, dem König, etwas vorspielen. Dabei greift er in einer Art oder Unart von Eitelkeit selbst zum Trick, um dem Herrn Landrat mit einer Bekanntschaft zu imponieren, die es nicht gibt. Sehr deutlich wird, daß er keine

Spendierhosen trägt, sondern das verschlissene Kleid eines notorischen Knausers.

Aber der alte Mann, ausgezehrt seit dem großen und schrecklichen, dem Siebenjährigen Krieg, der zum Ruhm und an Abgründe führte, krummgezogen von der Gicht, mit beinahe zahnlosem Mund, von Koliken wie von den Hämorrhoiden geplagt – dieser Mann tut seine Pflicht. Er will wissen, was die Trockenlegung des Luchs bewirkte; er sucht nach Verbesserungen, wo sie nur möglich scheinen. Und was für einen Staat hat er geprägt, wenn die Herren von Amt und Einfluß sich beschweren, daß nicht sie, sondern die kleinen Leute ihr Recht finden!

Natürlich mag man fragen, ob ein Land, das von der Ems bis an die Memel reicht und seine Grenzen seit der schlesischen Eroberung weit nach Süden, seit der polnischen Teilung tief in den Osten vorgeschoben hat, aus dem persönlichen Augenschein, aus der Autorität des einen und einzigen Mannes noch angemessen regiert werden kann. Man darf es bezweifeln. Man muß auf pedantische Reglementierungen, auf eine erstickende und – gerade um der königlichen Eingriffe willen – verantwortungsscheue Bürokratie verweisen, auf ein unsinniges Steuer- und Zollsystem, auf die erstarrte Scheidung der Stände. Was sich zwanzig Jahre nach dem Tod des Königs in der napoleonischen Feuerprobe als morsch erweist und kläglich stürzt, das ist der friderizianische Staat. Nicht ihn zu retten, sondern zu überwinden war die Aufgabe der Reformer.

Und doch fällt es schwer, der Bewunderung abzusagen. Dieser König steckt im Detail, wie er selbst einmal formuliert hat: »Unser Staat braucht einen Herrscher, der alles mit eigenen Augen sieht und selbst regiert. Wollte es das Unglück, daß es anders würde, so ginge alles zugrunde. Nur durch emsigste Arbeit, beständige Aufmerksamkeit und viele kleine Einzelheiten kommen bei uns die großen Dinge zustande.«

Oder um es mit einer Anekdote zu sagen: Am zweiten Tag nach seiner Heimkehr aus dem Krieg empfängt der König die Landräte der Mark Brandenburg. Einer von ihnen, der Dienstälteste, will vortreten, um zur Rede, zu Glückwunsch und Huldigung anzusetzen. Aber Friedrich schneidet ihm das Wort ab:

»Sei Er stille und lasse Er mich reden. Hat er Crayon?« – einen Bleistift. »Nun, so schreibe Er auf: Die Herren sollen aufsetzen, wieviel Pferde, Ochsen und Kühe ihre Kreise höchst nötig brauchen. Überlegen Sie das recht, und kommen Sie übermorgen wieder zu mir.« (Ersetzte man Ochsen und Kühe durch »Berater und Zuweisungen« und den König von Preußen durch den deutschen Bundeskanzler, so hätten sich diese Worte, am Tag nach dem Vereinigungsjubel vom 3. Oktober 1990 gesprochen, seltsam aktuell anhören können.)

Sehen wir uns im 18. Jahrhundert bei anderen Regenten um, an den Höfen von Versailles, Wien oder Dresden, so finden wir nirgendwo das Vergleichbare. Die Mühsal der Akten, das Besichtigen und Regieren im Detail bleibt den Ministern, Günstlingen und Statthaltern oder sich selbst überlassen. Schon der Aufwand fürs Zeremoniell, für Feste und Jagden kostet nicht nur Geld, sondern auch und erst recht die Zeit, die für die Arbeit dann fehlt. Was wir also erkennen, ist das besondere, das preußische Prinzip, wie der Vater, Friedrich Wilhelm I., es geschaffen hat und der Sohn es fortführt.

Wenn wir nun Frommes Bericht noch einmal mustern, dann entdecken wir, daß an ihm mehr fehlt als nur ein Detail. Denn den König selbst samt Kutscher und Kutsche bekommen wir nicht zu sehen. Gottlob gibt es einen zweiten Bericht. Friedrich August Ludwig von der Marwitz, 1777 geboren, hat aufgezeichnet, was er im Sommer 1782 oder 1783 in Dolgelin – nahe bei Friedersdorf, dem väterlichen Gut – mit der Eindrucksfähigkeit eines Kindes in sich aufnahm.

Der König kehrte am liebsten sowohl zu Mittag als zu Nacht auf dem Lande ein, und zwar allemal bei den Predigern, vermutlich, weil es dort ruhiger war, als in den Städten. Für die Prediger war dies ein großes Glück, nicht nur, weil sie wohl bisweilen bessere Pfarren erhielten, wenn sie dem Könige gefielen, sondern auch, weil er allemal für den Mittag 50 Taler und für das Nachtquartier 100 Taler ihnen auszahlen ließ. Das Wenige, was der König verzehrte, wurde außerdem bezahlt. Nun mochte dessen Bedienung sich wohl traktieren lassen, sie bestand aber immer nur aus wenigen ein-

zelnen Personen. – Nun hatte der König bei dem Prediger in Dolgelin beinahe allemal die letzte Nacht der Rückkehr (von der »Revue«, der Truppeninspektion) zugebracht; auch im verflossenen Jahr war er bei diesem, eben erst neu angezogenen Prediger eingekehrt, hatte sich wohlwollend mit ihm unterhalten, und der hatte die 100 Taler empfangen. Er schmeichelte sich also, daß es auch heute geschehen würde und hatte alle Anstalten gemacht.

*Wir standen also und warteten und eine Menge Volks mit uns. Die Vorspannpferde standen geordnet (*Bauern-*Pferde, ganz kleine Katzen, aber die besten ausgesucht, denn damals gab es keine Postpferde,* die schnell laufen konnten), – *die Bauern, die reiten sollten, geputzt, und zehn Stück Pferde zu des Königs Wagen, hinten vier, die der Kutscher vom Bock fuhr, dann zweimal zwei, auf jedem Paar ein Bauerknecht, und auf den vordersten zwei des Königs Vorreiter.*

Nun kam der Feldjäger auf einem Bauernpferde mit der großen Hetzpeitsche, ein Bauer als Begleiter mit ihm. Der Feldjäger, glühend von der Hitze, stieg ab, sagte: der König werde in fünf Minuten hier sein, sah das Relais nach und die Kerle mit den Wassereimern, die die Räder begießen sollten, stürzte ein ganzes Quart Bier hinunter und da unterdessen sein Sattel auf ein anderes kleines Bauernpferdchen gelegt war, hinauf und im Galopp weiter. Der König sollte also nicht *in Dolgelin bleiben. Bald kam der Page, ebenso beritten, ein Jüngling von siebzehn bis achtzehn Jahren, ganz erschöpft, mußte vom Pferd heruntergehoben und nachher wieder auf das frische hinaufgeholfen werden, weil er seiner kaum mehr mächtig war – und dicht hinter ihm kam der König. Er saß allein in einer altmodischen Fensterkutsche, einem sogenannten Vis-à-vis (ein schmaler Wagen, in welchem im Fond nur eine Person und auf dem Rücksitz auch eine Person Platz haben). Diese Kutsche war sehr lang, wie alle damaligen alten Wagen, zwischen dem Kutscherbock und dem Wagenkasten wenigstens vier Fuß Raum, der Kasten selbst birnenförmig, unten spitz und oben ausgebaucht, in Riemen, die auf Winden gingen (nicht in Federn), hängend, zwei Bäume zur Verbindung des Vorder- und Hin-*

terwagens, die nicht unter, sondern neben *dem Wagenkasten weggingen, die Hinterräder erst weit hinter selbigem folgend.*

Um einen altmodischen Wagen handelte es sich in der Tat. Anders als moderne Durchschnittsbürger mit bescheidenem Einkommen hielt Friedrich nichts davon, alle paar Jahre das Modell zu wechseln. Dieses eine Gefährt hatte für seine Regierungszeit – fast ein halbes Jahrhundert – zu genügen. Wenn sich unterwegs Schäden zeigten, mußten sie in der Nacht behoben werden.

Der Wagen hielt, und der König sagte zu seinem Kutscher (dem berühmten Pfund): »Ist das Dolgelin?« »Ja, Ihro Majestät!« »Hier will ich bleiben.« »Nein«, sprach Pfund, »die Sonne ist noch nicht unter. Wir kommen noch recht gut nach Müncheberg, und dann sind wir morgen viel früher in Potsdam.« »Na! – wenn es sein muß!«

Und damit wurde umgespannt. Die Bauern, welche von weitem ganz still und mit ehrerbietig gezogenen Hüten standen, kamen sachte näher und schauten den König begierig an. Eine alte Semmelfrau aus Lebbenichen nahm mich auf den Arm und hob mich gerade am Wagenfenster in die Höhe. Ich war nur höchstens eine Elle weit vom König entfernt, und es war mir, als ob ich den lieben Gott ansähe. Er sah ganz gerade vor sich hin, durch das Vorderfenster. Er hatte einen ganz alten dreieckigen Montierungshut auf, dessen hintere gerade Krempe hatte er vorn gesetzt und die Schnüre losgemacht, so daß diese Krempe vorn herunterhing und ihn vor der Sonne schützte. Die Hutkordons waren losgerissen und tanzten auf dieser heruntergelassenen Krempe umher; die weiße Generalsfeder im Hut war zerrissen und schmutzig; die einfache blaue Montierung mit roten Aufschlägen, Kragen und goldenem Achselband alt und bestaubt, die gelbe Weste voll Tabak; – dazu hatte er schwarze Samthosen an. Ich dachte immer, er würde mich anreden. Ich fürchtete mich gar nicht, hatte aber ein unbeschreibliches Gefühl von Ehrfurcht. Er tat es aber nicht, sondern sah immer gradeaus. Die alte Frau konnte mich nicht lange hochhalten und setzte mich wieder herunter. Da sah der König den Prediger, winkte ihn heran und fragte, wessen das Kind sei? »Des Herrn v. Marwitz in Friedersdorf.« »Ist das der General?« »Nein, der Kammerherr.« Der König schwieg, denn er konnte die Kammerherren nicht leiden, die er wie Müßiggänger betrachtete. Die Umspannung war geschehen, fort ging es. Die Bauern sprachen den ganzen Tag vom König, wie er dies und jenes in Ordnung bringen und all denen den Kopf waschen würde, die ihnen *unangenehm waren. –*

*Es zeigte sich später, daß alle Prediger die Gewohnheit hatten, dem Kutscher Pfund zehn Taler zu schenken, wenn der König bei ihnen übernachtete; auch der Vorfahr in Dolgelin hatte es getan, der neue Prediger aber, der davon nichts wußte, ihm im vorigen Jahr nichts gegeben, – weswegen der Kerl denn schon den ganzen Tag so vorwärts getrieben hatte, daß er noch vor Sonnenuntergang Dolgelin passierte und sich zehn Taler in Müncheberg vom Bürgermeister Kramer erwarb.**

Der König und sein Kutscher, der nicht nur die Zügel, sondern heimlich auch Regie führt und den preußischen Wahlspruch »Suum cuique – Jedem das Seine« auf eine besondere, ganz eigene Weise auslegt: Dieser Sachverhalt läßt uns lächeln. Unwillkürlich drängt sich die Frage auf, warum eigentlich die Reise durchs Rhin- und Dossebruch im Posthaus zu Rathenow statt auf einem Pfarrhof endete. Hatte womöglich auch da der Kutscher seine lenkende Hand im Spiel? Doch wie immer es gewesen sein mag, wir müssen bedenken, daß es sich um den *berühmten* Pfund handelte, wie Marwitz mit Recht sagt. Viele Geschichten, seien sie wahr oder erfunden, sind von ihm erzählt worden, eine der schönsten von August Kopisch in seinem Gedicht »Friedrichs des Zweiten Kutscher«:

Des alten Fritz Leibkutscher soll aus Stein
zu Potsdam auf dem Stall zu sehen sein –
da fährt er so einher,
als ob er lebend wär:
aller Kutscher Muster, treu und fest und grob,
Pfund genannt, umschmeißen kannt er nicht: das war sein Lob!

Mordwege fuhr er ohne Furcht, sein Mut
hielt aus in Schnee, Nacht, Sturm und Wasserflut.
Ihm war das einerlei,
er fand gar nichts dabei:
in dem Schnurrbart fest und steif blieb sein Gesicht,
und man sah darin kein schlimmes Wetter niemals nicht.

Doch rührte man an seinen Kutscherstolz,
war jedes Wort von ihm ein Kloben Holz;
woher es auch geschah,
daß er es einst versah
und dem alten Fritz etwas zu gröblich kam,
wessenhalb derselbe eine starke Prise nahm,

und sprach: »Ein grober Knüppel, wie Er ist,
der fährt fortan mit Eseln Knüppel oder Mist!«
Und so geschahs. Ein Jahr
bereits verflossen war,
als der Pfund einst Knüppel fuhr und gutes Muts
ihm begegnete der alte Fritz; der frug: »Wie tuts?«

»I nu, wenn ich nur fahre«, sagte Pfund,
indes er fest auf seinem Fahrzeug stund,
»so ist mirs einerlei
und weiter nichts dabei,
obs mit Pferden oder obs mit Eseln geht,
fahr ich Knüppel oder fahr ich Euer Majestät.«

Da nahm der alte Fritz Tabak gemach
und sah den groben Pfund sich an und sprach:
»Hüm, findet Er nichts dabei
und ist Ihm einerlei,
ob es Pferd, ob Esel, Knüppel oder ich;
lad Er ab und spann Er um und fahr Er wieder mich.«

Der junge Marwitz hat den König dreimal gesehen, zuletzt in Berlin den ganz alten Fritz:

Er kam geritten auf einem großen weißen Pferde – ohne Zweifel der alte Condé, der nachher noch zwanzig Jahre lang *das Gnadenbrot auf der école vétérinaire bekam*, denn er hat seit dem Baierkrieg fast kein anderes Pferd mehr geritten. Sein Anzug war derselbe wie früher auf der Reise, nur daß der Hut ein wenig besser konditioniert, ordentlich aufgeschlagen und mit der Spitze (aber nicht die lange Seitenspitze, die man jetzt wohl vorn setzt) nach vorn, echt militärisch, aufgesetzt war. – Hinter ihm waren eine Menge Generale, dann die Adjutanten, endlich die Reitknechte.*

Das ganze Rondell (jetzt Belle-Alliance-Platz) und die Wilhelmstraße waren gedrückt voll Menschen, alle Fenster voll, alle Häupter entblößt, überall das tiefste Schweigen, und auf allen Gesichtern ein Ausdruck von Ehrfurcht und Vertrauen, wie zu dem gerechten Lenker aller Schicksale. Der König ritt ganz allein vorn und grüßte, indem er fortwährend *den Hut abnahm. Er beobachtete dabei eine sehr merkwürdige Stufenfolge, je nachdem die aus den Fenstern sich verneigenden Zuschauer es zu verdienen schienen. Bald lüftete er den Hut nur ein wenig, bald nahm er ihn vom Haupte und hielt ihn eine Zeitlang neben demselben, bald senkte er ihn bis zur Höhe des Ellenbogen herab. Aber diese Bewegung dauerte fortwährend, und so wie er sich bedeckt hatte, sah er bald schon wieder andere Leute und nahm den Hut wieder ab. Er hat ihn vom Halleschen Tor bis zur Kochstraße gewiß zweihundertmal abgenommen.*

Durch dieses ehrfurchtsvolle Schweigen tönte nur der Hufschlag der Pferde und das Geschrei der Berlinischen Gassenjungen, die vor ihm hertanzten, jauchzten, die Hüte in die Luft warfen oder neben ihm hersprangen und ihm den Staub von den Stiefeln abwischten … Ich und mein Hofmeister hatten soviel Platz gewonnen, daß wir mit den Gassenjungen, den Hut in der Hand, neben ihm herlaufen konnten …

Bei dem Palais der Prinzessin Amalie angekommen (welches, in der Wilhelmstraße gelegen, auf die Kochstraße stößt), war die Menge noch dichter, denn sie erwarteten ihn da; der Vorhof war gedrängt voll, doch in der Mitte, ohne Anwesenheit irgend einer Polizei, geräumiger Platz für ihn und seine Begleiter. Er lenkte in den Hof hinein, die Flügel-

türen gingen auf und die alte, lahme Prinzessin Amalie, auf zwei Damen gestützt, die Oberhofmeisterin hinter ihr, wankte die flachen Stiegen hinab, ihm entgegen. So wie er sie gewahr wurde, setzte er sich in Galopp, hielt, sprang rasch vom Pferde, zog den Hut (den er nun aber mit herabhängendem Arm ganz unten hielt), umarmte sie, bot ihr den Arm und führte sie die Treppe wieder hinauf. Die Flügeltüren gingen zu, alles war verschwunden, und noch stand die Menge, entblößten Hauptes, schweigend, alle Augen auf den Fleck gerichtet, wo er verschwunden war, und es dauerte eine Weile, bis ein jeder sich sammelte und seines Weges ging.

Und doch war nichts geschehen! keine Pracht, kein Feuerwerk, keine Kanonenschüsse, kein Trommeln und Pfeifen, keine Musik, kein vorangegangenes Ereignis! Nein, nur ein dreiundsiebzigjähriger Mann, schlecht gekleidet, staubbedeckt, kehrte von seinem mühsamen Tagewerk zurück. Aber jedermann wußte, daß dieser Alte auch für ihn arbeitete, daß er sein ganzes Leben an diese Arbeit gesetzt und sie seit fünfundvierzig Jahren noch nicht einen einzigen Tag versäumt hatte! – Jedermann sah auch die Früchte seiner *Arbeiten, nah und fern, rund um sich her, und wenn man auf ihn blickte, so regten sich Ehrfurcht, Bewunderung, Stolz, Vertrauen, kurz alle edleren Gefühle des Menschen.**

Friedrich selbst freilich sah das alles weit kritischer. Die bewundernde Menge nannte er kurzweg »Kanaille«, und grob, als sei er der berühmte Pfund, fertigte er einen lästigen Lobredner ab: »Setze Er einen alten Affen aufs Pferd und lasse Er ihn durch die Straßen reiten, so wird das Volk ebenso zusammenlaufen.«

Kanäle, Kolonisten und eine Butterakademie

Es ist faszinierend, Friedrich reisen zu sehen. Ebenso faszinierend ist es, die Reise nachzuvollziehen, die Fromme beschreibt. Allerdings empfiehlt es sich, nicht erst in Seelen-

»Zum Alten Fritz« heißt das Gasthaus in Königshorst. Eigentlich aber müßte es »Zum Soldatenkönig« heißen, denn Friedrich Wilhelm I. hat den Ort samt seiner »Butterakademie« begründet.

horst zu beginnen, wo der Amtmann Seine Majestät erwartet, sondern schon eine Station zuvor in Königshorst.

Die Ortsschilder sind neu gemalt, denn seit dem 3. Oktober 1990 heißt das Dorf wieder so, wie es immer schon hieß, bevor am Anfang der fünfziger Jahre die neuen Herren es in »Friedenshorst« umtauften, weil sie Preußens Könige für Ausgeburten der Hölle, der Reaktion und des Militarismus hielten. Am Dorfanger, dort, wo die Straße nach Dechtow abzweigt, grüßt ein Miniatur-Obelisk. »Druschba – Frieden – Freundschaft«, steht auf ihm geschrieben. Inzwischen wuchert Gras um den Stein, Unkraut dazu – sofern die Scherben ringsum noch Platz lassen: Für die Bierflaschen mancher Leute ist diese Freundschaft zur Zielscheibe geworden.

Die Flaschen stammen womöglich aus dem schwarz-weißen Fachwerkhaus gleich nebenan. Das Schild über seiner Tür wirkt so ehrwürdig und so neu wie das Ortsschild; verheißungsvoll sagt es: »Zum Alten Fritz«. Der allerdings, falls er hier denn zum Umspannen hielt, hätte die Schankstube gewiß nicht betreten oder sofort wieder verlassen; sie ist eng, düster und armselig eingerichtet. Doch wie wohl hätte Seine Majestät auf die Flaschenwerfer reagiert? »Mit solchem Kropp muß ich mich schlagen«, hat er nach der Schlacht bei Zorndorf – ein beziehungsreicher Name! – gesagt. Zwar meinte er russische Gefangene, die ihm vorgeführt wurden. Aber die Erfahrungen des großen Krieges führten dazu, Freundschaft statt Feindschaft mit dem Reich im Osten zu suchen. Für mehr als ein Jahrhundert, bis zu Bismarck hin, ist es zur Maxime preußischer Politik geworden, den »Draht nach Petersburg« nur ja nicht abreißen zu lassen. Das deutsche Unheil begann, als dieser Grundsatz tief und immer tiefer ins Vergessen geriet.

Übrigens stellt sich die Frage, ob wir dem Namensschild trauen dürfen, daß es uns orientiert, statt in die Irre zu führen. Königshorst wurde nicht von Friedrich II., sondern von Friedrich Wilhelm I. gegründet; darum müßte das Gasthaus eigentlich »Zum Soldatenkönig« heißen. Hier, wie auf vielen Gebieten, hat der Vater begonnen, was der Sohn fortführte und zum Abschluß brachte. Schon er wollte das Bruchland bändigen, um aus nutzlosem Sumpf fruchtbare Weiden und Äcker zu schaffen. Und wie vor ihm der Große Kurfürst hatte er in seinen jungen Jahren die Niederlande besucht, um mit tiefen Eindrücken heimzukehren.

Friedrich Wilhelm wußte also, wo er die Meister des Wasserbaus finden konnte, die er brauchte. Es ist keine Kunst, einem deutlich abschüssigen Gebiet die Feuchtigkeit zu entziehen; man verlegt Drainagerohre, gräbt ein paar Gräben, und die Arbeit ist getan. In der Ebene jedoch, bei kaum erkennbarer Neigung, sind die Fachleute, die Kenner und Künstler gefragt, die es in Holland gibt.

Es kam nur – aber was liegt in dem »nur«! – auf einsichtige und tatkräftige Regenten an, um eine brandenburg-niederländische Wahlverwandtschaft fruchtbar zu machen, die nicht bloß im Glauben begründet war. Diese Verwandtschaft wird kenntlich, wenn wir auf Friedrichs Spuren von Königshorst nach Dechtow fahren. Unwillkürlich drängt sich der Gedanke an ein Experiment, eine Wette auf. Angenommen, jemand würde – etwa von Hannover aus – im Hubschrauber hergeflogen, mit verbundenen Augen, so daß er nicht wüßte, wo der Landeplatz liegt, und hier erst dürfte er sich umschauen. Die

Brandenburg, das Bruch-Land, das die Kanäle erschließen. Nirgends, die Niederlande ausgenommen, gibt es sie kunstreich verzweigter und in größerer Zahl.

Wette gilt, daß er auf Friesland oder sonst ein Gebiet hinter den Nordseedeichen riete, aber gewiß nicht aufs Märkische. Eine brettebene Fläche und nirgendwo Kiefern; Bäume gibt es einzig an den Straßen entlang oder hin und wieder in kleinen Gruppen, nicht in Waldbeständen, die diesen Namen verdienen. Kein Sandboden; wo gepflügt wurde, glänzen die Schollen fett und schwarz. Überall Gräben, bis an den Horizont schnurgerade gezogen, die sich manchmal zu Kanälen weiten, mit Wehren versehen, um den Wasserstand regulieren zu können. Und unter der Größe des Himmels ein schweres, schwermütiges Land, wie auserkoren dazu, es im November zu sehen.

Bekannter als das Gebiet bei Königshorst oder das Rhinluch hinter Fehrbellin ist natürlich das Oderbruch, das sich von Reitwein stromab in einer Länge von sechzig, in der Breite bis zu zwanzig Kilometern erstreckt. Dort mußte zunächst ein Schutz gegen die Überschwemmungen geschaffen werden, zu denen es wieder und wieder kam, besonders wenn nach strengen Wintern die Fluten einer raschen Schneeschmelze auf noch vorhandene Eisbarrieren trafen. Friedrich Wilhelm hat sich an der Aufgabe versucht, aber 1736 stand wieder alles Land unter Wasser. (Die hoffentlich letzte Katastrophe, durch Kriegsschäden mitbedingt, gab es nach einem Deichbruch bei Reitwein am 23. März 1947.) Der Oder mußte sogar ein neues Bett gegraben werden. »Hier habe ich eine Provinz im Frieden erobert«, meinte Friedrich mit Stolz, als die Arbeit zum Ende gelangte. Mehr als 32000 Hektar fruchtbaren Bodens ließen sich gewinnen, über dreißig neue Dörfer konnten angelegt werden – Bauerndörfer, keine Rittergüter.

Fontane sagt: »Das Bruch ist ein Bauernland, eine Art Dithmarschen; aber adlige Güter blicken rundum, wie von hoher Warte, in das schöne, fruchtbare Bruchland hinein.« In einer Anmerkung fügt der Dichter hinzu: »Die Bewohner des Oderbruchs sind auch an Kraft und Mut – manches andere fehlt freilich noch – den Dithmarschen verwandt. Mit dem Bewußtsein hiervon geht gewöhnlich viel Übermut Hand in Hand und die Brücher ... lieben es, die ›hungrigen Kerle von der Höhe‹ zu tyrannisieren.«* Oder mit Marx zu reden: Das Sein bestimmt das Bewußtsein; es ist eben ein Unterschied, ob man auf fettem oder auf magerem Boden sitzt. Sogar dies erinnert an Gebiete nahe der Nordsee, an die traditionellen Gegensätze von Marsch- und Geestbewohnern.

Kaum war das Oderbruch gewonnen, folgte die Eroberung einer weiteren Provinz, des Warthe- und Netzebruchs, mit 30000 Hektar. Der leitende Baumeister aber hieß seit den Tagen des »Soldatenkönigs« Simon Leonhard van (eingedeutscht: von) Haerlem. Schon der Name verrät die Herkunft.

Nebenher bemerkt: Die Urbarmachung des Warthe- und Netzebruchs erfolgte in den Jahren, als die englischen Kolonien Amerikas ihre Unabhängigkeit erklärten und erkämpften. Im aufgeklärten Preußen begeisterte man sich für die amerikanische Freiheit, und so wurden viele der neuen Dörfer, Vorwerke oder Weiler mit verblüffenden Namen versehen: Anapolis, Florida, Hampshire, Maryland, Neu-Amerika, Newyork, Pennsylvania, Philadelphia, Saratoga, Yorktown. Diese Namen sind untergegangen wie östlich der Oder die ganze Neumark, aber noch heute stößt man auf Neu-Amerika bei Neustadt und, nicht zu vergessen, auf Neu-Boston und Philadelphia bei Storkow. Mit diesen Dörfern hat es seine eigene Bewandtnis: Es gab doch tatsächlich Leute, die nicht in Friedrichs Preußen, sondern in Amerika ihr Glück suchen wollten. Dem König paßte das gar nicht, er brauchte Ein- und nicht Auswanderer. Darum versorgte er diese Leute mit Siedlungsland – und mit den Namen ihrer Sehnsüchte.

»Hier liegt die Kremmensee. Wenn selbige abgegraben würde, so bekämen Ihro Majestät an achtzehnhundert Morgen Wiesenwachs, wo Kolonisten könnten angesetzt werden, und würde dadurch die ganze Gegend hier schiffbar«, sagt im Vorüberfahren Fromme zu Friedrich. Kolonisten und Kanäle, darum in der Tat geht es. Auf Wasserwegen können schwere Lasten transportiert werden, zum Beispiel Holz, während zu Lande bald die Kosten jeden Nutzen verschlingen. Daher hat man in Brandenburg Generationen hindurch an den Wasserwegen gebaut und die Straßen sich selbst überlassen. Die Kolonisten aber sind der eigentliche Segen. In einer Zeit, in der man viele Bauern braucht, um einen Städter mitzuernähren, einen Soldaten zu rekrutieren und zu bezahlen, kann man gar nicht genug Leute bekommen, die den Pflug führen.

»Menschen halte ich für den größten Reichtum«, hatte Friedrich Wilhelm I. geschrieben – und danach gehandelt. Sein größtes Werk war die Wiederbesiedlung der Bezirke in Ostpreußen, die nach späten Zügen der Pest nicht nur menschenarm, sondern fast menschenleer geworden waren. Friedrich dagegen hat in seiner Regierungszeit allein in Brandenburg 350 Kolonien gegründet und mehr als 60000 Menschen angesiedelt. Sie kamen aus der Pfalz und vom Niederrhein, aus Böhmen und Polen oder wer weiß woher aus vieler Herren Länder.

Unmittelbar hinter den Menschen rangiert das Vieh, denn von ihm hängen Wohl und Wehe, die Erträge der ganzen Landwirtschaft ab. »Wie geht das zu, daß Ihr so viel mehr säet, als Euer Vorfahr?« fragt Friedrich, und Fromme antwortet: »Wie ich schon die Gnade gehabt, Ihro Majestät zu sagen, daß ich siebenzig Stück Kühe mehr halte, mithin meinen Acker besser in Stand setzen und Weizen säen kann!«

Wer von der Agrargeschichte wenig weiß, wird darüber hinweglesen, als bedeute es nichts. Aber in der Aussage des Amtmanns steckt eine Hauptsache, das Kernproblem: Alle Erträge des Ackers hängen davon ab, daß man ihn düngen kann, und dafür gab es herkömmlich nichts als den Viehmist. Die Gründüngung, die »Revolution des Klees«*, steckte noch in den Anfängen. Albrecht Thaer, der die Möglichkeiten des Fruchtwechsels systematisch erforschte und dabei die Hackfrüchte, besonders die Kartoffel, ins Spiel brachte, wurde erst 1806 in preußische Dienste berufen; auf dem Gut Möglin, am Rande des Oderbruchs, richtete er dann sein Lehr- und Forschungsinstitut ein, seit 1819 die »Königlich Preußische akademische Lehranstalt des Landbaus«. Justus von Liebig, der die Ernährung von Pflanze und Tier zur Wissenschaft erhob und damit den Weg für die künstliche Düngung bereitete, war nicht einmal geboren. Entscheidend blieb also, wieviel Vieh man halten, das heißt durch den Winter bringen konnte. Dafür wiederum war man fast ganz auf das Heu angewiesen; Futterrüben gab es noch kaum, Schlempe aus der Kartoffelbrennerei oder anderes Kraftfutter überhaupt nicht. Wenig und mageres Vieh – geringe Ernteerträge: Das war die unerbittliche Gleichung, die den Mühen um Ertragssteigerung enge Grenzen setzte.

Der Sachverhalt führt uns noch einmal nach Königshorst und zum »Soldatenkönig« zurück. Praktisch wie er war, hatte Friedrich Wilhelm erkannt, daß sich die Viehwirtschaft nur heben ließ, wenn auch die Produkte – Milch, Butter und Käse – eine höhere Qualität gewannen und in der Folge besser verkauft werden konnten. Darum berief er 1722 den Niederländer Heinrich Bröne nach Königshorst, der die märkischen Bauern und Bäuerinnen in der Kunst der Milchbehandlung, der Butter- und Käsezubereitung unterrichten sollte. 1737 wurde gar eine »Lehranstalt für Butter- und Käsebereitung« gegründet; jede Kuhmagd, die nach zweijähriger Ausbildung ihre Prüfung gut bestand, sollte zum Lohn einen ansehnlichen Brautschatz erhalten.

Manches geriet dann in Verfall, besonders in den Kriegsjahren; später aber kehrte Friedrich der Große zu den Einsichten seines Vaters zurück. Erneut berief er eine holländische Familie und gründete 1780 die »Ordentliche Akademie des Buttermachens«, kurz Butterakademie genannt. Neben den Niederländern haben im übrigen Eidgenossen eine wesentliche Rolle gespielt; »Schweizer« wurde zu einer Berufsbezeichnung, die sich allgemein durchsetzte und den Herrn des Kuhstalls, den Melkermeister meinte, selbst wenn der statt aus dem Berner Oberland längst schon aus der Uckermark oder aus Pommern stammte.

Trauer in Protzen

Von der Umspannstation in Protzen berichtet Fromme, wie Ihro Majestät sich über die Anwesenheit des Generals von Zieten freuten und den Landrat von Quast hinters Licht führten. Daß den König beim Anblick des Dorfes und des Gutshauses Trauer überfiel, davon weiß der Amtmann nichts, doch es ist zu vermuten. Wir stellen uns vor, daß Friedrich wie verloren in die Ferne blickte, für einen Augenblick nur, daß er seufzte und nach dem Taschentuch suchte, um sich zu schneuzen. Denn an diesem Ort spielte sich dreizehn Jahre zuvor eine Tragödie ab, von der ein altes Kirchenbuch berichtet:

*Den 16. Mai 1767 traf S.K.H. Prinz Friedrich Heinrich Karl von Preußen auf dem Marsche von Kyritz nach Berlin mit seinem Regimente hier ein. Er nahm bei unserer Frau Generallieutenant von Kleist Quartier, in der Hoffnung, nach hier zugebrachter Nacht am anderen Morgen weiter zu rücken. Es zeigten sich jedoch die Pocken, so daß S.K.H. sich genötigt sahen hier zu bleiben. Geschickte Doctorens wandten alle Mittel an, diesen theuren und liebenswürdigen Prinzen zu retten, Gott verhängte es aber anders, so daß, nachdem die weißen Frieseln dazu schlugen, dieser allerliebste Prinz den 26. Mai, 8 Uhr abends seinen Geist aufgeben mußte. Ein trauriges Andenken, so die späten Zeiten nicht vergessen werden. Dieser hochselige Prinz war am 30. November 1747 geboren, also kaum 19 Jahre fünf Monate alt geworden.**

Schon den blutjungen Prinzen hatte Friedrich an seine Tafel gezogen, und nur wenige Wochen vor seinem Tod war Heinrich zum Kommandeur eines Kürassierregiments in Kyritz ernannt worden. Vom Schmerz des alternden Königs um diesen Neffen haben wir berichtet; eine Ergänzung sei hier angefügt:

*Rittmeister von Wödtke überbrachte die Trauerkunde dem Könige. Dieser war in seltenem Grade bewegt. Einer der höheren Offiziere sprach dem Könige Trost zu und bat ihn, sich zu beruhigen. »Er hat Recht«, antwortete Friedrich, »aber Er fühlt nicht den Schmerz, der mir durch diesen Verlust verursacht wird.« – »Ja, Ew. Majestät, ich fühle ihn; er war einer der hoffnungsvollsten Prinzen.« Der König schüttelte den Kopf und sagte: »Er hat den Schmerz auf der Zunge, ich habe ihn hier.« Und dabei legte er die Hand aufs Herz. Eine ähnlich tiefe Teilnahme verraten seine Briefe. An seinen Bruder Heinrich in Rheinsberg schrieb er: »Ich liebte dieses Kind wie mein eigenes« und an Tauenzien meldete er in der Nachschrift zu einer dienstlichen Order: »Mein lieber Hendrich ist todt.«**

Fontane vermerkt, daß der Raum, in dem der junge Mann starb, seither das »Prinzenzimmer« genannt wurde. Ein Abglanz des Erinnerns hat sich bis heute erhalten, denn das »Schloß« ist geblieben, das stets nur ein schlichtes Gutshaus war, und jemand erwähnt das »Prinz-Heinrich-Zimmer«. Warum es so heißt, weiß man freilich nicht mehr zu sagen.

Inzwischen dient das Gutshaus – samt einigen Anbauten – für mehrere Dörfer als die zentrale, zehnklassige Polytechnische Oberschule, die sich künftig als Grundschule mit sechs Klassen bescheiden soll. Den Lehrern und Schülern erscheint mit Recht das gegenwärtige Leben wichtiger als ein Sterben, das sich in dunkler Vorzeit verliert; sie haben eine Schautafel aufgestellt, die dem Storchenpaar ihres Dorfes gewidmet ist und über die Jahre hin seine Daten verzeichnet. 1990 zum Beispiel kam Freund Adebar am 13., seine Gemahlin am 21. April an, mit freudigem Klappern und von den Kindern begrüßt; das eifrige Paar zog vier Junge auf und flog am

Im ehemaligen Gutshaus von Protzen, das als Schule überlebte,
starb der Lieblingsneffe Friedrichs des Großen,
den der einsame König wie einen Sohn betrauerte.

14. September wieder fort. Diese Angabe weicht übrigens von der Norm ebenso ab wie die Zahl der Jungen; alle früheren Jahre nennen für den Abschied einen Tag im August.

Über die neuere Geschichte, die Gegenwart und die Zukunft von Protzen sprechen wir mit Wilhelm Falkenberg, dem langjährigen Vorsitzenden der Landwirtschaftlichen Produktionsgenossenschaft. Kurz vor dem Krieg lebten im Dorf 526 Einwohner; heute sind es etwa 480. Es gab das Gut – schon in der zweiten Generation in bürgerlichem Besitz – und elf Bauernhöfe. Einer der Bauern war Falkenbergs Vater, der von genossenschaftlichen Entwicklungen nichts wissen wollte, 1950 wegen angeblicher Wirtschaftsvergehen verhaftet wurde und in der Gefangenschaft starb. Gleichwohl ist Herr Falkenberg 1959 der SED beigetreten. Inzwischen lebt er, Jahrgang 1927, im vorzeitigen Ruhestand und im eigenen Haus, dem väterlichen Hof gegenüber. Doch sofort ist hinzuzufügen, daß man mit Herrn Falkenberg nicht über die Dorfstraße gehen kann, ohne daß die Leute ihn grüßen.

Einleuchtend klingt, was Frau Falkenberg erzählt. Ihr Vater

war Nationalsozialist, aber da er aus dem Krieg nicht zurückkam, konnte sie sich mit ihm nicht mehr auseinandersetzen. Im Gefühl, etwas gutmachen zu müssen, ist sie schon 1946 der SPD beigetreten. Damals gab es in Protzen 40 Sozialdemokraten und fünf Kommunisten.

Doch weit mehr als um das Persönliche kreist das Gespräch um die wirtschaftlichen Probleme, die sich drohend auftürmen. Als 1955 die LPG gegründet wurde, verfügte man über 688 Hektar, von denen 603 »herrenlos« waren. Später gelangte man dann, mehrere Dörfer umfassend, zu einer Größe von 4500 Hektar und zur unsinnigen Scheidung der Tier- und der Pflanzenproduktion. Jetzt möchte man in sinnvoll beschränkten Größenordnungen überleben, mit drastisch verkleinerter Belegschaft – aber wird das gelingen? In der Tierproduktion sind von ehemals 191 Mitarbeitern nur 90 geblieben; wie viele werden noch gehen müssen? Für elf der älteren Leute gab es den Vorruhestand, manche der jüngeren suchen ihr Heil in der Flucht nach Westdeutschland oder nach West-Berlin. Dennoch schätzt Herr Falkenberg die Arbeitslosigkeit im Dorf auf vierzig Prozent. Der aufwendig angelegte Reparaturbetrieb für Mähdrescher ist geschlossen worden; die Schrotmühle, auf die man einmal stolz war, weil man sie mit eigenen Mitteln eingerichtet hatte, wird wohl folgen. Sie sieht ohnehin so aus, als sei ihre Überführung in ein Museum der Technik oder der Agrargeschichte überfällig.

Und was überhaupt soll aus der Milchwirtschaft werden? Die Molkerei in Neuruppin, an die man bisher geliefert hat, ist in Konkurs geraten und 320000 D-Mark schuldig geblieben, von denen man wohl kaum etwas wiedersehen wird. Einen neuen und leistungsfähigen Betrieb mag es in drei Jahren geben; davon wird jedenfalls geredet. Wie aber kann man die Zwischenzeit überstehen? Man hat eine Milch-AG gegründet, doch es fällt schwer, den Absatz sinnvoll zu organisieren. Falls man dagegen die Kuhherde abschafft, gerät man auf einen Weg ohne Wiederkehr, weil dann auch die Milchquote verloren ist, die man nach den europäischen Richtlinien braucht, um überhaupt produzieren zu dürfen.

Probleme über Protzen: Es ist ein schwacher Trost, daß es

anderswo nicht besser oder noch schlechter steht, daß viele Genossenschaften bereits zusammengebrochen sind und daß inzwischen in der Mark Brandenburg zwanzig oder mehr Prozent der landwirtschaftlichen Gesamtfläche brachliegen, die gestern noch genutzt wurden. Die Zahlenangaben schwanken, aber mit steigender Tendenz; beim Landesbauernverband wird von der drohenden Versteppung gesprochen.

Was also mag die Zukunft für Protzen bringen? »Ach, es sieht traurig aus«, sagt Frau Falkenberg zum Abschied.

Wustrau und der alte Zieten

»Wo, wo? o reitet vor, und sagt's den Leuten, sie sollen still halten; ich will aussteigen«, ruft König Friedrich, als sein Wagen sich der Umspannstation nähert und Fromme meldet: »Ihro Majestät, der Herr General von Zieten sind auch hier.« Vom nahen Wustrau, seinem Gutsbesitz, war Zieten nach Protzen gefahren, um den König zu begrüßen. Später heißt es dann: »Ihro Majestät nahmen recht zärtlichen Abschied von dem alten General von Zieten.«

Diese Zärtlichkeit ist vielfach bezeugt, und eine Rücksichtnahme trat hinzu, wie gegen niemanden sonst. 1784, bei einem Besuch in Sanssouci, begrüßte Friedrich seinen greisen Kampfgefährten mit den Worten: »Es tut mir leid, daß Er sich die Mühe gegeben hat, die vielen Treppen zu steigen; ich wäre gern zu Ihm gekommen.« Aber der Alte Fritz war selbst nicht mehr gut zu Fuß. Als nun Zieten nicht auf dem Stuhl Platz nehmen wollte, den der König vorsorglich hatte herbeischaffen lassen, da doch der König selbst noch stand, mahnte der: »Setz' Er sich, alter Vater! Setz' Er sich, sonst geh ich fort, denn ich will Ihm durchaus nicht zur Last fallen.« Eine andere Episode erzählt Fontane in seinem Gedicht »Der alte Zieten«:

Einst mocht es ihm nicht schmecken,
Und sieh, der Zieten schlief,

Ein Höfling wollt ihn wecken,
Der König aber rief:
»Laßt schlafen mir den Alten,
Er hat in mancher Nacht
Für uns die Wacht gehalten,
Er hat genug gewacht.«

Dem Husarengeneral, dem »Vater Zieten«, hat Friedrich seine Zärtlichkeit zugewandt, vielleicht mit den Sohnesgefühlen, die den eigenen Vater niemals erreichten.

Woher diese Zartheit stammte, ist schwer zu entdecken. Taktgefühl war Friedrichs Stärke gewiß nicht; niemand war vor seinem boshaften Witz sicher, der um so bitterer wirkte, als sich gegenüber der Majestät jedermann in einer Position der Unterordnung befand und darum die Bosheit kaum heimzahlen konnte. Mit deutlicher Anspielung hat schon Lessing gesagt: »Gott hat keinen Witz und Könige sollten auch keinen haben, denn hat ein König Witz, wer steht uns für die Gefahr, daß er deswegen einen ungerechten Ausspruch tut, weil er einen witzigen Einfall dabei anbringen kann.« Genau das war Friedrichs Schwäche, und mindestens in einem Falle hat sie ihn beinahe den Kopf gekostet. Er hat von den »drei Erzhuren Europas« gesprochen – und damit die österreichische Kaiserin Maria Theresia, die russische Zarin Elisabeth und die am französischen Hof einflußreiche Madame Pompadour gemeint. Kein Wunder, daß die drei Damen all ihren Einfluß zur großen Koalition aufboten, die das preußische Lästermaul ein für allemal zum Schweigen bringen sollte.

Natürlich war Zieten schon zu Lebzeiten populär, wie nach ihm nur noch Blücher, der »Marschall Vorwärts« der Befreiungskriege. Zur Fortdauer dieser Popularität hat übrigens Fontane mit seinem volksliedhaft einfachen Gedicht aus dem Jahre 1846 wesentlich beigetragen, das einst die Schulkinder auswendig lernten – und zumindest den Anfang lebenslang behielten:

Joachim Hans von Zieten,
Husarengeneral,
Dem Feind die Stirne bieten,
Er tats wohl hundertmal;
Sie habens all erfahren,
Wie er die Pelze wusch,
Mit seinen Leibhusaren
Der Zieten aus dem Busch.

Aber Friedrich konnte durchaus ein Ruhmesneider sein; dem Grafen Schwerin zum Beispiel hat er nie wirklich verziehen, daß der für ihn – der sich hatte fortschicken lassen – die fast schon verlorene Schlacht bei Mollwitz gewann. Es war Friedrichs erste Schlacht; da er ausgezogen war, um seinen Namen »in den Zeitungen und später in der Geschichte zu sehen«, wurmte ihn schon im voraus, was dort nun geschrieben steht: »Am 10. 4. 1741 siegten bei Mollwitz die Preußen unter Graf Schwerin über die Österreicher unter Graf Neipperg.« (So, nur als Beispiel, die Brockhaus Enzyklopädie von 1971.) – Warum also entdecken wir gegenüber dem Husarengeneral keine Spur von Mißgunst?

Vielleicht handelte es sich um einen Gegensatz der Charaktere, die sich ergänzten. Zieten war ein durch und durch schlichter Mann, ein unerschütterlich frommer dazu, Friedrich eine komplizierte Natur, ein glänzender Geist und ein Skeptiker. Doch womöglich müssen wir noch tiefer suchen. Zieten, 1699 geboren, war dreizehn Jahre älter als der König, und von seiner inneren Ruhe ging immer etwas Väterliches aus; nicht umsonst wurde er »der Vater der Husaren« genannt, nicht von ungefähr ist er als der *alte* Zieten im Gedächtnis geblieben. Es könnte darum sein, daß in Friedrichs Zärtlichkeit – unbewußt – die Liebe eines Sohnes ihren Ausdruck fand, die den eigenen Vater nie hat erreichen können, weil sie so früh schon von den Demütigungen und von Ängsten verschüttet wurde.

Indessen ist Seine Majestät längst weitergefahren, und wir folgen dem General nach Wustrau. Das Dorf liegt idyllisch am südlichen Ende des Ruppiner Sees und das Schloß ganz nahe am Seeufer – fast zu nahe, als daß man die Aussicht wirklich genießen könnte. Denn das Auge wünscht sich Haltepunkte und Durchblicke; ein Stück Park mit alten Bäumen sollte dem Wasser vorgelagert sein. Das Haus wurde seit 1981 rekonstruiert und glänzt beinahe wie neu. Vom Staat wurde es als Schulungsstätte genutzt; welchen Zwecken es künftig dienen mag, steht dahin. Etwas seltsam Beliebiges bestimmt die Atmosphäre. Erinnerungen an den berühmten Besitzer wollen sich nicht einstellen; am Seesteg liegen Tretboote vor Anker und lassen an eine gehobene Pension für Sommergäste denken. Das Wustrauer Zieten-Archiv befindet sich ohnehin weitab in Berlin-Dahlem. Wichtiger wird darum ein anderer Weg.

Wir ... passieren die mehr dem Dorfe zu gelegene Hälfte des Parkes, überschreiten gleich danach die Dorfstraße und ste-

*hen jetzt auf einem geräumigen Rasenfleck, in dessen Mitte sich die Dorfkirche erhebt. Der Chor liegt dem Herrenhause, der Turm dem Kirchhofe zu. Zwischen Turm und Begräbnisplatz steht eine mächtige alte Linde. Die Kirche selbst, in Kreuzform aufgeführt, ist ein Ideal von einer Dorfkirche: schlicht, einladend, hübsch gelegen. Im Sommer 1756, kurz bevor es in den Krieg ging, wurde der Turm vom Blitz getroffen. Das Innere der Kirche selbst unterscheidet sich von anderen Dorfkirchen nur durch eine ganz besondere Sauberkeit und durch die Geflissentlichkeit, womit man das patriotische Element gehegt und gepflegt hat.**

Vom Park ist nicht mehr viel übrig, und in der Kirche liegt fingerdick der Staub, weil Arbeiten zur Wiederherstellung begonnen haben. Immerhin läßt sich ein Denkmal mit seiner Inschrift erkennen:

Mit Friedrich lebt er
im Jahrbuch der Geschichte
bewundert als Held geliebt als Mensch und Christ
glücklich waren durch ihn
die weinend dies Denkmal ihm setzten
Gattin und Kinder

Fontane freilich zeigt sich sehr kritisch:

Wem eine tüchtige Technik genügt, der wird Grund zur Anerkennung finden; wer eine selbständige Auffassung, ein Abweichen vom Alltäglichen fordert, wird sich nicht befriedigt fühlen. Ein Sarkophag und ein Reliefporträt, eine Minerva rechts und eine Urania links, das paßt so ziemlich immer; ein gedanklich bequemes Operieren mit überkommenen Typen, worin unsere Bildhauer das Unglaublichste leisten. Wenn irgendein Leben, dann hätte gerade das des alten Zieten die beste Gelegenheit geboten zu etwas Neuem und Eigentümlichen. Der Zieten aus dem Busch, der Mann der hundert Anekdoten, die samt und sonders im Volksmund leben, was soll er mit zwei Göttinnen (einige sagen, es seien *symbolische Figuren der Tugend und der Tapferkeit), die ihn bei Lebzeiten in die sicherste Verlegenheit gestürzt hätten. Vortrefflich ist nur das Reliefporträt in weißem Marmor ... Alles in allem, das Marmordenkmal des alten Helden reicht an ihn selber nicht heran; es entspricht ihm nicht.**

Die Linde hinter der Kirche gibt es weiterhin; nur noch älter und noch mächtiger ist sie geworden, als Denkmal der Natur unserem Schutz anvertraut. Vor der Linde liegt ein großer Stein, ein mächtiger Findling, den Zietens Sohn schon zu Lebzeiten als seine Grabplatte herschaffen ließ. Von diesem Sohn, mit dem die Wustrauer Linie der Zietens 1854 endete, bekommen wir Sonderbares zu hören.

*Als Friedrich Wilhelm IV. im Jahre 1844 ... Besuch in Wustrau machte, führte ihn der Graf auch an die Linde, um ihm daselbst das eben fertig gewordene Grab zu zeigen. Der König wies auf eine Stelle des Riesenfeldsteins hin und sagte: »Zieten, der Stein hat einen Fehler!«, worauf der alte Herr erwiderte: »Der darunter liegen wird, hat noch mehr.« – Diese Antwort ist so ziemlich das Beste, was vom letzten Wustrauer Zieten auf die Nachwelt gekommen ist ... Selber eine Kuriosität, brachte er es über die Kuriositätenkrämerei nie hinaus ... Wo er für sich und seine eigenste Person eintrat, in den privaten Verhältnissen des alltäglichen Lebens, war er eine wenig erfreuliche Erscheinung: kleinlich, geizig, unschön in fast jeder Beziehung. Sein bestes war die Liebe und Verehrung, mit der er ein halbes Jahrhundert lang die Schleppe seines Vaters trug.**

Doch wir sollten nicht zu hart urteilen; die Söhne berühmter Väter – die leiblichen, nicht die aus der Vaterwahl ihrer Seele – haben es allemal schwer, halbwegs gerade statt bucklig zu wachsen.

Der Vater Zieten starb wenige Monate vor seinem König am 27. Januar 1786. Wir finden ihn mit seinen Eltern und seiner zweiten Frau gleich neben der Kirche, und sein Grab rührt uns an, weil es mit der stark verwitterten, aber noch lesbaren

Inschrift so einfach gehalten ist und so schlicht wirkt, wie er selber es war. Zudringlich nahe ist allerdings eine Gedenktafel angebracht, mit einer Inschrift versehen, die uns heute eher verfinstert, als daß sie erhebt:

Im Jahre 1863 am 21. August zog das Zietensche Regiment mit fliegender Standarte zu Pferde vor diese Stätte – Am Grabe des alten Helden stand es mit Stolz gewürdigt zu sein noch jetzt seinen Namen zu führen – es stand hier in fester Hoffnung, dereinst wie seine tapfern Ahnen mit Gottes Hülfe für seinen König zum Tode oder zum Siege zu gehen.

Solche Aufmärsche hat es mehrfach gegeben; in etwas respektvollerem Abstand hält sich eine zweite Tafel, die schon Fontane erwähnt:

Im Jahre 1851 den 23. April stand an dieser Stelle das Blüchersche Husarenregiment, um den hier in Gott ruhenden Helden, den berühmten General der Cavallerie und Ahnherrn aller Husaren, Hans Joachim von Zieten, in Anerkennung seiner hohen Verdienste durch eine feierliche Parade zu ehren. Ruhe und Friede seiner Asche! Preis und Ehre seinem Namen! Er war und bleibt der Preußen Stolz.

Nun denn, warum nicht? Aber der Besucher vom Herbst 1990 hat seinen eigenen Stolz, weil er zu einer Generation gehört, der letzten vermutlich, die gelernt und behalten hat, was ihm jetzt einfällt:

Und als die Zeit erfüllet
Des alten Helden war,
Lag einst, schlicht eingehüllet,
Hans Zieten, der Husar:
Wie selber er genommen
Die Feinde stets im Husch,
So war der Tod gekommen
Wie Zieten aus dem Busch.

Fehrbelliner Legenden

Fehrbellin macht wenig her. Es wird zwar als der Hauptort des Ländchens Bellin genannt, das sich wie eine Insel aus dem Havelländischen und dem Rhin-Luch erhebt; das »Fehr-« vor »Bellin« stammt von der Fähre ab, die hier einst über den Rhin setzte. Als aber der Amtmann Fromme seinen Bericht über die königliche Besichtigungsreise schrieb, hat es sich gewiß nur um ein ödes Nest von wenigen hundert Seelen gehandelt.

Daran, mit Verlaub, hàt sich bis heute nicht viel geändert, trotz der inzwischen dreitausend Einwohner. Halbwegs ansehnlich nimmt sich nur die neugotische Kirche aus, 1867 erbaut. Strenggenommen gehört sie allerdings gar nicht zu Fehrbellin, sondern zu dem Dörfchen Feldberg, das bis 1928 seiner Eingemeindung getrotzt hat. Und von ihrer Anhöhe aus drückt sie den Ort noch mehr ins Unscheinbare hinunter. Was im übrigen Aufmerksamkeit fordert, ist das Kopfsteinpflaster, vom Lauf der Zeiten und der Lastwagen wunderbar krumm und schief gezogen. Man kann nur hoffen, daß in einer Zukunft, die sogar hier schon begonnen hat, der Drang zum Neuen und Schönen dieses Pflaster nicht im Teer ertränkt.

Und doch: Über dem Ort liegt ein Glanz, der nicht aus dem Sichtbaren, sondern aus der Legende stammt, aus den Büchern jener Schulmeister, von denen einmal gesagt worden ist, daß sie die Schlacht bei Königgrätz gewannen. Bei Fehrbellin schlug am 18. Juni 1675 die Stunde des Großen Kurfürsten; vom Feldzug weitab gegen Frankreich herbeigeeilt, ließ er gegen eine Überzahl der ins Land gedrungenen Schweden Attacke reiten und vertrieb sie. Auf dem langen Weg von der armselig ohnmächtigen Mark Brandenburg, dem Spielball der Stärkeren, zur europäischen Großmacht war dies der allererste Sieg. Darum hat er seinen Platz in den Büchern gefunden; darum ist er populär geworden gleich neben Roßbach und Leuthen, neben Waterloo und Sedan.

Ein Anfang, die erste der Stationen zum Kriegesruhm: Wenn der Spottvogel aus Frankreich, Mirabeau, behauptet hat, daß Preußen in einer Kanonenkugel ausgebrütet wurde, dann muß wohl hier das Nest gewesen sein, von dem aus der Jungadler – der rote, brandenburgische, noch nicht der ausgewachsen schwarze, preußische – seinen Höhenflug begann.

Eine Legende ist freilich, daß die Schlacht überhaupt bei Fehrbellin stattfand. In Wahrheit wurde sie einige Kilometer entfernt bei dem Dorfe Hakenberg geschlagen. Doch wie prosaisch würde sich eine »Schlacht bei Hakenberg« ausnehmen, gemessen am beinahe poetischen Klang von »Fehrbellin«! Die Einbildungskraft verbietet ohnehin unser Mäkeln, etwa in dem Sinne, daß es sich bloß um ein Reitergefecht statt wirklich um eine Schlacht gehandelt habe, wie vielleicht – an früheren oder späteren Ereignissen gemessen – die bescheidene Zahl der Beteiligten und der Opfer nahelegen könnte. (4200 Brandenburger griffen an und verloren 500 Mann.)

Ins Reich der Legenden gehört leider auch die Geschichte vom brandenburgischen Selbstopfer, vom treuen Stallmeister Froben, der den Kurfürsten dazu drängt, mit ihm das Pferd zu tauschen, weil der weithin sichtbare fürstliche Schimmel die Kugeln auf sich zieht – die dann, gleich nach dem Tausch, Froben treffen und ihn tot, aber als Helden zu Boden sinken lassen. Es ist wahr, der Stallmeister fiel nahe beim Kurfürsten, nur eben nicht nach einem Pferdewechsel und damit nicht als der Retter seines Herrn.

Schließlich und nicht zuletzt müssen wir jenes Lehrstück verabschieden, wonach Befehl und Gehorsam höher zu setzen sind als das Handeln aus eigener Verantwortung. Denn:

Prinz Friedrich von Hessen-Homburg war vor allem nicht der, als der er uns in dem Heinrich von Kleistschen Schauspiel entgegentritt. Der Heinrich von Kleistsche und der historische Prinz von Homburg verhalten sich zueinander wie der Goethesche und der historische Egmont. Sie waren in der Zeit, wo sie hervortraten, keine Liebhaber und Leichtfüße mehr, vielmehr ernste Leute von mittleren Jahren und reichem Kindersegen, überhaupt ebenso gute Ehemänner wie Patrioten.

Unser Prinz Friedrich ward am 9. Juni 1633 geboren … Er trat jung in schwedischen Dienst, war 1659 mit vor Kopen-

*hagen und verlor bei dieser Belagerung ein Bein. Dasselbe wurde künstlich ersetzt, weshalb er seitdem der ›Prinz mit dem silbernen Bein‹ hieß. Neben Götz von Berlichingen wohl der einzige Fall einer derartigen Namensgebung. Die Belagerung Kopenhagens fiel in die glänzende Regierungszeit Karl Gustavs von Schweden, nach dessen plötzlichem Tode, 1660, unser Homburger Prinz sich zurückgesetzt fühlte, weshalb er denn auch den Abschied nahm.**

Im brandenburgischen Dienst gab es die Zurücksetzung nicht; 1670 rückte der Prinz zum General der Kavallerie auf. Erst recht gab es die dramatische Figur eben nicht, die Kleist als seinen »Prinzen von Homburg« entwirft: keinen im Nachtschatten Schmachtenden, keinen Mondenscheinträumer – und kein Ungestüm des jugendlichen Helden im Konflikt mit Befehl und Gehorsam. Vielmehr berichtet von Tag zu Tag ein Gemahl seiner Gemahlin von den Ereignissen; am Vorabend der Schlacht heißt es in seinem Brief:

Meine Engelsdicke, wir seint braff auf der jacht mit den Herren Schweden, sie seint hier beim passe Nauen diesen morgen übergegangen; musten aber bei 200 Todten zurückelassen von der arrier guarde; jenseits haben wir bei Fer-Berlin alle Brücken abgebrannt und alle übriche paesse so besetzet, das sie nun nicht aus dem Lande wieder können. Sobald unsere infanterie kombt, soll, ob Gott wolle, die ganze armada dran …**

Sehr farbig erzählt der Prinz dann zwei Tage später vom Kampf und vom Sieg. Um nur zwei Passsagen zu zitieren:

*Auf unser seiten wurde mir der ehrliche Obrist Mörner an der Seiten knall und falle todt geschossen, der ehrliche Frobenius todt mit einem stücke, kein schrit vom Kurfürsten. Strauß mit 5 Schossen plessiert; Major Schlapperdorf blib diesen Morgen vor Ferberlin … Nachdeme alles nun vorbey gewesen, haben wir auff der Walstett, da mehr als 1000 Todten umb uns lagen, gessen und uns braff lustig gemacht.**

Zur Erinnerung an die Schlacht hat im Jahre 1800 ein Gutsherr bei Hakenberg den Gedenkstein setzen lassen, der, später vom Kriegerverein nachgebessert und von einem Eisengitter gesichert, heute noch zu sehen ist, mit der Inschrift: »Friedrich-Wilhelm der Grosse kam sah u. siegte.« Nicht mehr zu entziffern ist, was in lustigem Deutsch ursprünglich noch geschrieben stand: »Hier legten die braven Brandenburger den Grund zu Preußens Größe. Das Andenken an den Held und seiner Getreuen erneuert dankbar mit jedem Freunde des Vaterlandes Friedrich Eberhard von Rochow auf Rekahn, 1800.«

Nach Bismarcks Reichsgründung war der schlichte Stein den Freunden des Vaterlandes wohl nicht mehr gut genug. Einen Kilometer weiter errichteten sie 1879 eine stattliche Siegessäule, von einer Viktoria aus vergoldeter Bronze gekrönt. Man kann die Säule besteigen, und wen dann kein Schwindel befällt, der mag den Blick weit ins Erinnern schweifen lassen, sei es zum Donnern der Kanonen und Pferdehufe oder zum Kinder- und Volksfest, das samt patriotischen Reden in der guten alten Zeit alljährlich hier stattfand, sei es zum Grübeln über Größe und Grenzen all der Generationen, denen es aufgegeben wurde, den Gehorsam zu üben.

Die Schulmeister zumindest haben dafür getan, was sie konnten. Und nicht bloß das Kleistsche Drama lieferte ihnen den Lehrstoff; zu den sinnreich an- und ausgelegten Gedichten zählte zum Beispiel Schillers »Kampf mit dem Drachen«, das uns sagt, was *Tugend* bedeutet:

> *Mut zeiget auch der Mameluck,*
> *Gehorsam ist des Christen Schmuck.*

So gut christlich waren die Preußen womöglich nicht. Zu ihren Legenden gehört die von Königgrätz: Ein Major hat etwas Unsinniges getan und verteidigt sich gegen Vorwürfe mit dem Befehl, dem er folgte. Doch er bekommt zu hören: »Herr, dafür hat Sie der König von Preußen zum Stabsoffizier gemacht, daß Sie wissen, wann Sie einen Befehl *nicht* ausführen dürfen!«

Eine andere Geschichte erzählt von Seydlitz, Friedrichs des Großen Reitergeneral. In der Schlacht bei Zorndorf befiehlt

Friedrich ihm mehrfach den Angriff, zuletzt mit der Drohung, jedes weitere Zögern werde ihn den Kopf kosten. Seydlitz läßt ausrichten: Nach der Schlacht könne der König über seinen Kopf verfügen, aber jetzt müsse er ihn noch gebrauchen. Dank seines Abwartens rettet der eigenwillige General die Schlacht – und der König, auf ihn weisend, sagt dann zu seinem Gefolge: »Ohne diesen würde es schlecht um uns stehen.«

Den unbedingten Gehorsam hat die Wehrmacht, nach Hindenburgs Tod, allerdings dem Führer und Reichskanzler Adolf Hitler geschworen, mit verheerenden Folgen.

Um vom Turm wieder herabzusteigen: Sehr praktisch ist, daß im Wäldchen gleich unter der Siegessäule ein Gastwirt sich eingerichtet hat, der für wenig Geld ein gutes Essen und kühlendes Bier verspricht. Vielleicht können wir uns da niederlassen, in alten Geschichten kramen und erzählen – so wie am Abend seiner Besichtigungsreise, an der Tafel in Rathenow, Friedrich erzählte. Aus dem Hörensagen hat Amtmann Fromme davon berichtet:

*Von der Schlacht bei Fehrbellin bin ich so orientiert, als wenn ich dabeigewesen wäre! Als ich noch Kronprinz war, und in Ruppin stand, da war ein alter Bürger, der Mann war schon sehr alt! der wußte die ganze Bataille zu beschreiben und kannte den Wahlplatz sehr gut! Einmal setzt' ich mich in den Wagen, nahm meinen alten Bürger mit, welcher mir dann alles zeigte, so genau, daß ich sehr zufrieden war mit ihm. Als ich nun wieder nach Hause reiste, dacht' ich, du mußt doch deinen Spaß mit dem Alten haben! Da fragte ich ihn: »Vater, wißt Ihr denn nicht, warum die beiden Herren sich gestritten haben?« »O jo, Ihro Königliche Hoheiten, dat will ick Se wohl seggen. As unse Chorförst is jung west, da het he in Utrecht studeert, und doa is de König von Schweden as Prinz ok west. Doa hebben nu de beede Herrn sich vertörnt und hebben sich bi de Hoar' kricht. Un dat is nu de Pike davon!« – Ihro Majestät haben wirklich so plattdeutsch gesprochen.**

Ja, der Alte Fritz konnte erzählen, plattdeutsch sogar, sofern er nur wollte.

Adler aus der Asche

Wer in den Chroniken älterer Städte blättert, stößt früher oder später auf ein Schicksalsdatum, auf den Tag oder die Nacht des Unheils: die große Feuersbrunst. Weite Teile oder beinahe das Ganze der Stadt wurden zum Raub der Flammen.

Wie es dazu kam, läßt sich vorstellen. Auf engem Raum, gegen die Gefahren von außen durch Mauern oder Wallanlagen geschützt, aber damit auch eingeschnürt, drängten sich in schmalen Gassen die Häuser Wand an Wand. Hauptsächlich Holz war in ihnen verbaut worden als Fachwerkgerüst und Dachgestühl, oft sogar als Bedeckung mit Schindeln. Stroh oder Schilfrohr bildeten ein anderes Material. Man sah es auf vielen Dächern, und es steckte in den Hauswänden. Nicht einmal alle Schornsteine waren massiv gemauert. In Speichern lagerte Getreide, auf den Dachböden jener Urväterkram, der sich unwiderstehlich ansammelt, weil einst ein Herz daran hing. Und in den Hinterhöfen stapelte sich der Zunder erst recht, als Brennholz oder Torf, als Heu und als Stroh in Ställen und Scheunen. Denn viele der Einwohner verdienten als Ackerbürger ihr Brot oder Zubrot. So konnte eine einzige Unachtsamkeit, ein Versehen, ein Kinderspiel, ein Blitzschlag genügen, um die Katastrophe auszulösen, wenn ungünstige Winde den Glutregen und den Flammenfraß immer weiter vorantrieben.

Manchmal, keineswegs immer, blieben die Gotteshäuser verschont, weil sie solide aus Feld- oder Backstein erbaut waren und mit ihren Plätzen oder Kirchhöfen Abstand wahrten zu den Häusern ringsum. Den Feuersturm, in dem 1631 Magdeburg bei der Eroberung durch Tillys Truppen unterging, wie Dresden 1945, haben nur der Dom und die Liebfrauenkirche überstanden, so daß die Sieger ihr Tedeum singen konnten. In Friedenszeiten gab es zwar Vorkehrungen, zum Beispiel den Mann auf dem Turm, der nach verdächtigem Rauch Ausschau hielt, und den Nachtwächter mit seinem Horn, der dazu mahnte, das Herdfeuer zu hüten und die Lichter zu löschen. Aber mit Glockenläuten oder Tuten und Blasen war es schwerlich getan, und Gerätschaften einer Feuerwehr, die diesen Namen verdienten, besaß man kaum. Wie weit die Gefahren noch bis ins 19. Jahrhundert reichten, zeigt der große Brand von Hamburg 1842.

Für Neuruppin schlug die Schicksalsstunde am 26. August 1787. 401 von 714 Häusern, fast alle öffentlichen Gebäude und 38 Scheunen brannten nieder, der Hauptteil der Stadt. Ein Beobachter aus dem Abstand freilich, bis zu dem die Verzweiflung des Augenblicks nicht mehr brandet, möchte vom Glück im Unglück sprechen. Man lebte in Friedenszeiten und in Preußen, in einem Staat, der sich keineswegs als Nachtwächter, sondern als der Vormund und Fürsorger seiner Untertanen verstand. Zudem waren – beinahe auf den Tag ein Jahr nach dem Tod des großen Friedrich – die Kassen wohlgefüllt, und es handelte sich um einen wichtigen Garnisonsort. Darum sagte der König, Friedrich Wilhelm II., sofort seine Hilfe zu. Schon Tage später war der Kammerpräsident und Minister von Voß zur Stelle und bildete eine Retablissements-Kommission. Die Planung des Wiederaufbaus übernahm der Königliche Baudirektor Bernhard Matthias Brasch.

Viele Jahre gingen freilich ins Land, bevor der Aufbau ans Ende kam. Gewissermaßen den Schlußstein setzte die Einweihung der St.-Marien-Kirche am 23. März 1806, gerade noch rechtzeitig, bevor der Staat selbst in die Katastrophe geriet und Napoleon seine Kassen bis auf den Grund plünderte. Doch das Ergebnis kann sich sehen lassen: die preußischste aller preußischen Städte, jedenfalls seit Potsdam in der Kriegsnacht des 14. April 1945 so tief verwundet und dann oder erst recht in den Nachkriegsjahrzehnten so kleinmütig, so unsicher auftrumpfend entstellt wurde. Hier dagegen, in Neuruppin, ist aus der Asche von 1787 wenn schon nicht ein Phönix, dann doch ein brandenburgischer Adler, eine Einheit, im besten Sinne ein Ensemble erstanden – und erhalten geblieben. Bomben sind kurz vor dem Kriegsende allerdings auch auf »Klein-Potsdam« gefallen, aber ein paar nur, keine Teppiche des Todes. Inzwischen muß man hoffen, daß niemand die Einheit des Stadtbildes antastet und daß der Denkmalsschutz sich siegreich bewährt gegen die Mächte einer neuen Zeit, die gern ins Große hinaufbauen würden, wenn man sie ließe.

Der Adler aus der Asche: Man spricht vom Frühklassizismus, aber man gerät in Versuchung, von einem Garnisons- oder Paradestil zu reden. Denn schnurgerade sind die beiden parallelen Längsachsen gezogen, rechtwinklig die Querverbindungen, und die zwei- oder dreigeschossigen Häuser, obwohl sie als einzelne durchaus ihre Individualität haben, scheinen wie zum Appell angetreten: »Stillgestanden! Richt euch! Augen geradeaus!« Die drei Plätze, die zwischen die Längs- und Hauptstraßen gefügt wurden, sind freilich sehr groß geraten; an ihrer Weite gemessen fehlt den Häusern, die sie umgrenzen, ein Stockwerk an Höhe. Besonders gilt das für den einen, der allgemein der Paradeplatz genannt wurde, obwohl er amtlich der Königsplatz hieß. Fontane sieht das sehr kritisch. Er meint, daß auf solchem Areal »unsere Vorvorderen selbst wieder kleine Städte gebaut haben würden«, und sagt:

*Für eine reiche Residenz voll hoher Häuser und Paläste, voll Leben und Verkehr mag solche raumverschwendende Anlage die empfehlenswerteste sein, für eine kleine Provinzstadt aber ist sie bedenklich. Sie gleicht einem auf Auswuchs gemachten großen Staatsrock, in den sich der Betreffende, weil er von Natur klein ist, nie hineinwachsen kann. Dadurch entsteht eine Öde und Leere, die zuletzt den Eindruck der Langenweile macht.**

Aber die Weite war gewollt, und der Zweck füllte sie: Hier konnten die Bürger ihren Soldaten beim Exerzieren zuschauen. Darum die Bezeichnung als Paradeplatz. Auch

Fontane mildert das eigene Urteil: »Die Billigkeit erheischt hinzuzufügen, daß wir es unglücklich trafen: das Gymnasium hatte Ferien und die Garnison Mobilmachung.«

Wer heute an der militärischen Widmung Anstoß nimmt, mag einen anderen Titel wählen und mit ihm den Stil bezeichnen: friderizianische Spätaufklärung. Bewußt hat Direktor Brasch ins Zentrum seiner Planung weder das Rathaus noch eine Kirche gesetzt, sondern die Lateinschule, später das Friedrich-Wilhelms-Gymnasium, dessen Fries die Inschrift trägt: *civibus aevi futuri* – »Den Bürgern der kommenden Zeit«. Bei der Kirche hingegen muß man genau hinsehen, um ihren Zweck zu erkennen, statt sie mit dem Stadttheater, Konzerthaus oder sonst einer weltlichen Bestimmung des Guten, Wahren und Schönen zu verwechseln.

Karl Friedrich Schinkel

Zu denen, die in der Schule von Neuruppin ihre Zukunft vorbereiteten, hat einer der Großen unter den Baumeistern gehört: Karl Friedrich Schinkel. Und vielleicht galt diese Vorbereitung nicht nur für den Kampf um die Klassenziele des übrigens mittelmäßigen Schülers, sondern im Sinne seiner Berufung zum Bauen. Er wurde 1781 geboren und verließ die Stadt 1794, er war also am Schreckenstag des großen Feuers sechs Jahre alt und hat dann die sieben ersten und entscheidenden Jahre des Planens und des Wiederaufbaus unmittelbar miterlebt. – Fontane beginnt seine Hymne auf den Mitsohn der Stadt und den Mitschüler mit den Worten:

Unter allen bedeutenden Männern, die Ruppin, Stadt wie Grafschaft, hervorgebracht, ist Karl Friedrich Schinkel der bedeutendste. Der »alte Zieten« übertrifft ihn freilich an Popularität, aber die Popularität eines Mannes ist nicht immer ein Kriterium für seine Bedeutung. Diese resultiert vielmehr aus seiner reformatorischen Macht, aus dem Ein-

Auf seine Vaterstadt schaut Karl Friedrich Schinkel
so jugendlich hochmütig herab,
als wolle er sagen: »Was soll ich noch hier?«

*fluß, den sein Leben für die Gesamtheit gewonnen hat, und diesen Maßstab angelegt, kann der »Vater unsrer Husaren« neben dem »Schöpfer unsrer Baukunst« nicht bestehen. Wäre Zieten nie geboren, so besäßen wir (was freilich nicht unterschätzt werden soll) eine volkstümliche Figur weniger, wäre Schinkel nie geboren, so gebräch' es unsrer immerhin eigenartigen künstlerischen Entwicklung an ihrem wesentlichsten Punkt.**

Dabei lagen die Verhältnisse keineswegs günstig. In den Franzosen- und Kriegsjahren bis 1815 war an ein öffentliches Bauen nicht zu denken; Schinkel mußte sich mit dem Malen und Zeichnen begnügen. Auch später stieß er auf viele Beschränkungen.

*Wenn wir uns ein annähernd richtiges Bild davon entwerfen wollen, welcher Art und welchen Umfanges sein Schaffen war, so müssen wir nicht allein das im Auge haben, was er widerstrebenden Gewalten gegenüber aus Berlin wirklich machte, sondern vor allem auch das, was er daraus machen wollte; wir müssen in den Kreis seiner schöpferischen Tätigkeit alles das mit einbeziehen, was in hundert ausgeführten Blättern auf dem Papiere lebt, aber an der Ungunst der Zeiten scheiterte. An der Stelle, wo jetzt das Potsdamer Tor steht, sollte sich beispielsweise die große Friedenskathedrale zur Erinnerung an die Freiheitskriege erheben. Die Linden entlang gedachte er in Statuen und Denkmälern eine monumentale Siegesstraße zu ziehen, und an Stelle des alten Domes sollte ein wirklicher Dom hoch in die Luft steigen, glänzend genug, um sich den anderen Prachtbauten jenes Platzes würdig anzureihen. So waren die Pläne, aber nur die Mappen Schinkels geben Auskunft darüber, was damals alles gedacht, entworfen, erstrebt wurde. Das wenigste trat ins Leben. »Er diente einem sparsamen König in einer geldarmen Zeit.«**

Was dennoch gelang, war genug, um auf monumentale Siegesalleen schmerzlos verzichten zu können. Überall in der Mark Brandenburg stößt man auf Schinkels Spuren, auf seine Entwürfe oder doch Anregungen; wie kein anderer hat er einen preußisch-deutschen Klassizismus geprägt, der die Klarheit, das Strenge seiner Formen mit einem Zug zur Heiterkeit, einem Spiel des Lächelns verband – und die Größe der Gesten mit dem menschlichen Maß.

Für seine Vaterstadt hat der Baumeister, zusammen mit Christian Friedrich Tieck, ein Denkmal des königlichen Wohltäters geschaffen, Friedrich Wilhelms II., das im Zentrum, im Gegenüber zur Schule, seinen Platz fand. Die neueste Chronik sagt dazu knapp: »Das Denkmal wurde 1947 entfernt, die Figur 1949 eingeschmolzen.« Ein Akt der Barbarei, auch dann, wenn Fontane offenbar zögerte und diplomatisch formulierte, dieses Denkmal sei »gedanklich wenig bedeutend, aber in Form und Haltung jenes Maß bekundend, das, wo andere Vorzüge fehlen, selbst schon wieder als Vorzug gelten kann«*. Da sonst fürs Verändern und Umstürzen wenig Raum blieb, haben sich die Herren von der Einheitspartei mit um so mehr Eifer auf die Straßennamen geworfen. Aus den Hauptachsen, der Friedrich-Wilhelm- und der Friedrich-Straße, wurden die Karl-Marx- und die Friedrich-Engels-Straße; der Königsplatz wandelte sich zum Ernst-Thälmann-Platz, Rosa Luxemburg verdrängte die Markgrafen, ein Franz Künstler den Reichsgründer Bismarck, und so fort. Karl Liebknecht ist vertreten, auch Wilhelm Pieck, Otto Grotewohl oder Hermann Matern; der Zentralplatz wurde, gewiß ehrenwert, den Opfern des Faschismus – kurz OdF – geweiht. Thälmann-Pioniere, Weltjugend und Freie Deutsche Jugend marschieren auf, indessen Puschkin und Maxim Gorki »unsere Freunde aus dem Osten« begrüßen. Doch warte nur, bald wohl wird alles wieder anders heißen.

Armes Deutschland! Vier Regime für nur ein Jahrhundert und in der ehemaligen DDR nun gar fünf, ein jedes gegenüber seinem Vorgänger von der Radierwut befallen: Wer soll sich da noch zurechtfinden? Der Verfasser jedenfalls kann seinen Lesern nur raten, sich ihre Wege selber zu suchen. Für die Zukunft aber möchte man Richtlinien erfinden, etwa des folgenden Inhalts:

Erstens ist auf das Nützliche zu achten. Ausfallstraßen haben den Fremden zu sagen, wohin sie führen, wie die Bahnhof- und die Post-, die Schul- oder die See-Straße. Zweitens erweisen sich Amsel, Drossel, Fink und Star als ebenso krisenfest wie Nelken- und Narzissen- oder Birken- und Buchenwege. Drittens bleiben Personennamen gesperrt, bis ihre Träger schon ein Jahrhundert lang tot, also entsprechend »abgehangen« sind und halbwegs Gewähr dafür bieten, nicht mehr anrüchig zu werden. Dies gilt allerdings nur für Dichter, Komponisten, Gelehrte und ähnliche Berufe. Viertens sind Männer, die angeblich oder wirklich Geschichte machten, unbedingt zu meiden, denn man weiß nie, wohin unsere Wertungen sich wenden. Man denke, bloß zum Exempel, an Martin Luther. Im Gegensatz zum Revolutionshelden Thomas Müntzer galt er in der DDR lange als ein Verächter des Volkes, um nicht zu sagen als der Bauernschlächter, aber 1983 hat Erich Honecker die Schirmherrschaft des Gedenkjahres übernommen (indessen der damalige Bundespräsident leider nicht zum dialektischen Kontrapunkt zu bewegen war, zur Schirmschaft beim gleichzeitigen Karl-Marx-Gedenken).

Der Mann, dessen Werk man vernichtete, weil es einen König darstellte, ist selber gottlob nicht angetastet worden. Karl Friedrich Schinkel, wie der zu seiner Zeit bekannte Denkmalkünstler Max Wiese ihn nacherschuf*, steht am angestammten Platz. Und ein wenig, nein: durch und durch hochmütig schaut er auf die Bürger und Besucher von Neuruppin herab, teils weil sein Sockel zu hoch geriet, vor allem aber, weil er sehr jugendlich dargestellt ist. Sein Mund scheint zu schmollen, als wolle er sagen: »Was soll ich noch hier? Mein Feld ist die Welt.«

Aus Fontanes Kinderjahren

Fontane hat seine Kinderjahre in Neuruppin verbracht; darum ziemt es sich, ihn selbst erzählen zu lassen.*

An einem der letzten Märztage des Jahres 1819 hielt eine Halbchaise vor der Löwen-Apotheke in Neu-Ruppin, und ein junges Paar, von dessen gemeinschaftlichem Vermögen die Apotheke kurz vorher gekauft worden war, entstieg dem Wagen und wurde von dem Hauspersonal empfangen. Der Herr – man heiratete damals (unmittelbar nach dem Kriege) sehr früh – war erst dreiundzwanzig, die Dame einundzwanzig Jahre alt. Es waren meine Eltern …

Am 30. Dezember selbigen Jahres wurde ich daselbst geboren. Es war für meine Mutter auf Leben und Sterben, weshalb sie, wenn man ihr vorwarf, sie bevorzuge mich, einfach antwortete: »Er ist mir auch am schwersten geworden.«

In dieser bevorzugten Stellung blieb ich lange, bis nach achtzehn Jahren ein Spätling, meine jüngste Schwester, geboren wurde, bei der ich Pate war und sie sogar über die Taufe hielt. Das war eine große Ehre für mich, ging aber mit meiner Dethronisierung durch ebendiese Schwester Hand in Hand. Als jüngstes Kind rückte sie selbstverständlich sehr bald in die Lieblingsstellung ein.

Ostern 1819 hatte mein Vater die Neu-Ruppiner Löwenapotheke in seinen Besitz gebracht, Ostern 1826, nachdem noch drei von meinen vier Geschwistern an ebendieser Stelle geboren waren, gab er diesen Besitz wieder auf. Dieser frühe Wiederverkauf des erst wenige Jahre zuvor unter den günstigsten Bedingungen, man konnte sagen »für ein Butterbrot« erstandenen Geschäfts wurde später, wenn das Gespräch darauf kam, immer als verhängnisvoll für meinen Vater und die ganze Familie bezeichnet. Aber mit Unrecht. Das »Verhängnisvolle«, das sich viele Jahre danach – glücklicherweise auch da noch in erträglicher Form, denn mein Papa war eigentlich ein Glückskind – einstellte, lag nicht in dem Einzelakte dieses Verkaufs, sondern in dem Charakter meines Vaters, der immer mehr ausgab als er einnahm und von dieser Gewohnheit, auch wenn er in Ruppin geblieben wäre, nicht abgelassen haben würde …

Er war überhaupt eine ganz ungeschäftliche Natur, nahm ihm vorschwebende Glücksfälle für Tatsachen und überließ sich, ohne seiner auch in besten Zeiten doch immer nur bescheidenen Mittel zu gedenken, der Pflege »nobler Passionen«. Er begann mit Pferd und Wagen, ging aber bald zur Spielpassion über und verspielte während der sieben Jahre von 1819 bis 1826 ein kleines Vermögen. Der Hauptgewinner war ein benachbarter Rittergutsbesitzer. Als mir dreißig Jahre später der Sohn dieses Rittergutsbesitzers eine kleine Summe Geld lieh, sagte mein Vater: »Das stecke nur ruhig ein, sein Vater hat mir ganz allmählich zehntausend Taler in Whist en trois abgenommen.« Vielleicht war diese Zahl zu hoch gegriffen, aber wie's damit auch stehen mochte, die Summe war jedenfalls bedeutend genug, um sein Credit und Debet außer Balance zu bringen und ihn, neben andrem, auch zu einem sehr säumigen Zinszahler zu machen. Dies wäre nun unter gewöhnlichen Verhältnissen, wo man etwa zu Hypothekeneinschreibungen und ähnlichem hätte greifen können, eine Zeitlang ganz ertragbar gewesen; zum Unglück aber traf es sich so, daß meines Vaters Hauptgläubiger sein eigner Vater war, der nun Gelegenheit nahm, seinem nur zu berechtigten Unmute, sei's in Briefen, sei's bei persönlichen Zusammenkünften, Ausdruck zu geben. Das Bedrückliche der Situation zu steigern, sahen sich diese Vorwürfe durch meine ganz auf schwiegerväterlicher Seite stehende Mutter unterstützt, bzw. verdoppelt. Kurzum, je weiter die Sache gedieh, je mehr geriet mein Vater zwischen zwei Feuer, und lediglich um aus dieser sein Selbstgefühl beständig verletzenden Lage herauszukommen, entschloß er sich zum Verkauf eines Besitztums, dessen besondere Ertragsfähigkeit ihm, trotzdem er das Gegenteil von einem Geschäftsmanne war, so gut wie jedem anderen einleuchtete. Seine ganze Rechnung dabei stellte sich überhaupt – wenigstens zunächst und von seinem Standpunkte aus gesehen – als durchaus richtig und vorteilhaft heraus. Er erhielt nämlich beim Verkauf der Apotheke das Doppelte von dem, was er seinerzeit gezahlt hatte, und sah sich dadurch mit einemmal in der Lage, seine Gläubiger, die zugleich seine Ankläger waren, zufriedenstellen zu können … Aller lästigen Bevormundung überhoben, war er plötzlich so weit, »sich nichts mehr sagen lassen zu müssen«. Und das war recht eigentlich der Punkt, um den sichs sein Lebelang für ihn handelte. Danach dürstete er von Jugend an bis in sein Alter, weil ers aber nicht gut einzurichten verstand, so ist er zu dieser ersehnten Freiheit und Selbständigkeit immer nur tag- und wochenweise gekommen. Er war, um einen seiner Lieblingsausdrücke zu gebrauchen, beständig in der »Bredouille«, sah sich finanziell immer beunruhigt und gedachte deshalb der nun anbrechenden, zwischen Ostern 1826 und Johanni 1827 liegenden kurzen Epoche bis zu seinem Lebensausgange mit besonderer Vorliebe. Denn es war die einzige Zeit für ihn gewesen, wo die »Bredouille« geruht hatte …

Wir verlebten diese Zwischenzeit in einer in Nähe des Rheinsberger Tores gelegenen Mietwohnung, einer geräumigen, aus einer ganzen Flucht von Zimmern bestehenden

Beletage. Beide Eltern waren denn auch, was häusliche Bequemlichkeit angeht, mit dem Tausche leidlich zufrieden, ebenso die Geschwister, die für ihre Spiele Platz die Hülle und Fülle hatten. Nur ich konnte mich nicht zufrieden fühlen und habe das Mietshaus bis diesen Tag in schlechter Erinnerung. Es war nämlich ein Schlächterhaus, was nie mein Geschmack war. Durch den langen, dunklen Hof hin zog sich eine Rinne, drin immer Blut stand, während am Ende des einen Seitenflügels, an einer schräg gestellten breiten Leiter, ein in der Nacht vorher geschlachtetes Rind hing. Glücklicherweise war ich nie Zeuge der entsprechenden Vorgänge, mit Ausnahme der Schweineschlachtung. Da ließ sichs mitunter nicht vermeiden. Ein Tag ist mir noch deutlich im Gedächtnis. Ich stand auf dem Hausflur und sah durch die offenstehende Hintertür auf den Hof hinaus, wo gerade verschiedene Personen quer ausgestreckt über dem schreienden Tier lagen. Ich war vor Entsetzen wie gelähmt, und als die Lähmung endlich gewichen war, machte ich, daß ich fortkam, und lief die Straße hinunter durchs Tor auf den »Weinberg« zu, ein bevorzugtes Vergnügungslokal der Ruppiner. Ehe ich aber daselbst ankam, nahm ich, um zu verschnaufen, eine Rast auf einem niedrigen Erdhügel. Den ganzen Vormittag war ich fort. Bei Tische hieß es dann: »Um Himmels willen, Junge, wo warst du denn so lange?« Ich erzählte ehrlich, daß ich vor dem Anblick unten auf dem Hofe die Flucht ergriffen und auf halbem Wege nach dem Weinberge hin auf einem Erdhügel gerastet und meinen Rücken an einen zerbröckelten Pfeiler gelehnt hätte. »Da hast du ja ganz gemütlich auf dem Galgenberge gesessen«, lachte mein Vater. Mir aber war, als lege sich mir schon der Strick um den Hals, und ich bat, von Tisch aufstehen zu dürfen.

Um ebendiese Zeit kam ich in die Klippschule, was nur in der Ordnung war, denn ich ging in mein siebentes Jahr. Der Lehrer, der Gerber hieß, machte von seinem Namen weiter keinen Gebrauch und war überhaupt sehr gut. Ich zeigte mich auch gelehrig und machte Fortschritte; meine Mutter hielt es aber doch für ihre Pflicht, hier und da, namentlich im Lesen, nachzuhelfen, und so stand ich jeden Nachmittag an ihrem kleinen Nähtisch und las ihr aus dem »Brandenburgischen Kinderfreund«, einem guten Buche mit nur leider furchtbaren Bildern, allerlei kleine Geschichten vor. Ich machte das wahrscheinlich ganz erträglich, denn gut lesen und schreiben können, beiläufig im Leben etwas sehr Wichtiges, ist eine Art Erbgut in der Familie; meine Mutter war aber nicht leicht zufriedenzustellen und ging außerdem davon aus, daß loben und anerkennen den Charakter verdürbe, was ich übrigens auch heute noch nicht für richtig halte. Bei dem kleinsten Fehler zeigte sie die »rasche Hand«, über die sie überhaupt verfügte. Von Laune war dabei keine Rede, sie verfuhr lediglich nach dem Prinzipe, »nur nicht weichlich« ...

Ich wurde, wie schon erwähnt, während der Zeit, wo wir die Mietswohnung inne hatten, sieben Jahre alt, gerade alt genug, um allerlei zu behalten, weiß aber doch herzlich wenig. Nur zweier Ereignisse erinnere ich mich ... Das eine dieser Ereignisse war ein großes Feuer, bei dem die vor dem Rheinsberger Tore gelegenen Scheunen abbrannten ... Meine Eltern befanden sich an jenem Tag auf einem kleinen Diner, ganz am entgegengesetzten Ende der Stadt. Als die Tischgesellschaft von der Nachricht, daß alle Scheunen in Feuer stünden, überrascht wurde, stand es für meine Mutter, die eine sehr nervöse Frau war, sofort fest, daß ihre Kinder mit verbrennen müßten oder mindestens in schwerer Lebensgefahr schwebten, und von dieser Vorstellung ganz und gar beherrscht, stürzte sie von der Tafel fort die lange Friedrich-Wilhelms-Straße hinunter und trat, ohne Hut und Mantel und das Haar von dem stürmisch eiligen Gange halb aufgelöst, in das große Frontzimmer unserer Wohnung, darin wir, aus den Betten geholt und mit Decken zugedeckt, schon auf Kissen und Fußbänken umhersaßen. Unserer ansichtig werdend, schrie sie vor Glück und Freude laut auf und brach dann ohnmächtig zusammen. Als im nächsten Augenblicke verschiedene Personen, darunter auch die Wirtsleute, mit Lichtern in der Hand herzukamen, empfing das Gesamtbild, das das Zimmer darbot, eine grelle Beleuchtung, am meisten das dunkelrote Brokatkleid meiner Mutter und das schwarze Haar, das darüber fiel, und dies Rot und Schwarz und die flackernden Lichter drum herum, das alles blieb mir bis diese Stunde.

Das andre Bild, oder sag ich lieber die zweite kleine Geschichte, die mir noch im Gedächtnis lebt, entbehrte durchaus des Dramatischen ... Mein Vater machte während des Interimsjahres öfters Reisen nach Berlin. Einmal, es mochte Oktober sein, und das Abendrot schimmerte schon zwischen den Bäumen des Stadtwalls, stand ich unten in unserm Torweg und sah meinem Vater zu, der sich eben die Fahrhandschuhe mit einem gewissen Aplomb anzog, um dann mit einem Ruck auf den Vordersitz seines kleinen Kaleschwagens hinaufzusteigen. Auch meine Mutter war da. »Der Junge könnte eigentlich mitfahren«, sagte mein Vater. Ich horchte hoch auf, beglückt in meiner kleinen Seele, die schon damals nach allem, was einen etwas aparten und das nächtlich Schauerliche streifenden Charakter hatte, begierig verlangte. Meine Mutter stimmte meines Vaters Vorschlage sofort zu, was ich mir nur so deuten kann, daß sie von ihrem Lieblingskinde mit den schönen blonden Locken einen guten Eindruck auf den Großvater, zu dem die Reise ging, erwartete. »Gut«, sagte sie, »nimm den Jungen mit. Ich will ihm aber erst einen warmen Rock überziehen.« – »Nicht nötig; ich stecke ihn in den Fußsack.« Und wirklich, ich wurde hinaufgereicht und, wie ich da ging und stand, in den Fußsack gesteckt, der vorn auf dem Wagen lag, alles offen, nicht einmal eine Ledertrommel darüber gespannt. Kam ein Stein oder gabs einen Stoß, so konnte ich mit Bequemlichkeit herausfliegen. Aber diese Vorstellung störte meine Freude keinen Augenblick. In raschem Trabe ging es über Alt-Ruppin auf Kremmen zu, und lange bevor wir dieses, das ungefähr halber Weg war, erreicht hatten, zogen die Sterne herauf und wurden immer heller und blitzender. Entzückt sah ich in die Pracht, und kein Schlaf kam in meine Augen. Ich bin nie wieder so gefahren; mir war, als reisten wir in den Himmel ...

Ich bemerkte schon, daß solche Ausflüge nach Berlin

damals öfters stattfanden, aber noch häufiger waren Reisen in die Provinz, weil es meinem Vater oblag, sich nach einem neuen Apothekenbesitz umzutun. Wäre es nach ihm gegangen, so hätte er diesen Zustand der Dinge wohl nie geändert und das Interim in Permanenz erklärt; ... sein Lebelang in der Welt umherzukutschieren, immer auf der Suche nach einer Apotheke, ohne diese je finden zu können, wäre wohl eigentlich sein Ideal gewesen ...

Das Reisen dauerte ein dreiviertel Jahr und ging zuletzt in östlicher Richtung auf die Odermündung zu. Kurz vor Weihnachten fuhr er ... nach Swinemünde, das er bei sechsundzwanzig Grad Kälte erreichte. Der Kognak in seiner Flasche war zu einem Eisklumpen gefroren. Desto wärmer empfing ihn die verwitwete Frau Geißler, die, weil ihr das Jahr vorher der Mann gestorben war, ihre Apotheke so schnell wie möglich zu verkaufen wünschte. Dazu kam es denn auch. In dem diesen Geschäftsabschluß meldenden Briefe hieß es: »Wir haben nun eine neue Heimat, die Provinz Pommern, Pommern, von dem man vielleicht falsche Vorstellungen hat; denn es ist eigentlich eine Prachtprovinz und viel reicher als die Mark. Und wo die Leute reich sind, lebt es sich auch am besten. Swinemünde selbst ist zwar ungepflastert, aber Sand ist besser als schlechtes Pflaster, wo die Pferde ewig was am Spann haben ...«

Drei Tage nach Eingang dieses Briefes war er selbst wieder da. Wir wurden verschlafen aus den Betten geholt und mußten uns freuen, daß es nach Swinemünde gehe.

Mir klang das Wort bloß befremdlich.

Bilderbogen, »zu haben bei Gustav Kühn«

Städte schmücken sich mit ihren berühmten Söhnen und – weit seltener – Töchtern, als hätten die Einwohner samt vorausschauendem Bürgermeister und weisem Ratskollegium ein persönliches Verdienst daran, daß ebendieser Mann, -diese

Frau in ihren Mauern geboren wurden. Nicht selten freilich handelt es sich um zwiespältige Verhältnisse, und die Zuneigung stellt sich nur zögernd ein. Man denke an Lübeck und Thomas Mann, an Düsseldorf und Heinrich Heine, an Trier und Karl Marx. Spätestens dann aber, wenn der Ruhm dazu taugt, die eigene Bekanntheit und den Fremdenverkehr zu fördern, schwinden die Bedenken wie Schnee unter der Frühlingssonne; Gedenktafeln werden an dem Geburtshaus angebracht, Straßennamen benannt oder umbenannt, Museumsräume eingerichtet und Denkmäler geweiht.

Neuruppin hat Theodor Fontane und Karl Friedrich Schinkel – und, natürlich, seinen Regimentskommandeur, den Kronprinzen Friedrich. Doch was besagen solche Namen schon – neben Gustav Kühn? Er war es, der seine Vaterstadt zum Begriff, zu einem Markenartikel machte, der im 19. Jahrhundert so geläufig war wie in unserer Zeit »Volkswagen« oder »MacDonald's«. »Zu haben bei Gustav Kühn in Neu-Ruppin« hieß die Traumformel einer Epoche; zauberisch wirkten die gedruckten Bilderbogen, die – handkoloriert – vom Weltgeschehen berichteten und um die Welt gingen. Wer aber könnte davon besser berichten, mit dem gebührenden Lokalpatriotismus, als Fontane?

In der Mitte der Stadt ... (Friedrich-Wilhelm-/Karl-Marx-Straße Nr. 29) *erhebt sich ein kleines, nur drei Fenster breites Häuschen, dem ein neu aufgesetztes Stockwerk nur wenig zu gesteigertem Ansehen verhilft.* (Später war hier die »Germania-Drogerie Erich Eugen« zu Hause, bis heute als Drogerie Reymann weitergeführt.) *Auf dem schmalen Hofe des Häuschens aber drängen sich die Hintergebäude und jeder Zollbreit Erde ist benutzt. Hier erinnert die Beschränktheit und zu gleicher Zeit die sorgliche Ausnutzung des Raumes an den Geschäftsbetrieb englischer Zeitungslokalitäten. Aber was sind die Londoner Blätter im Vergleich zu jenen kolorierten Bättern, die aus dieser kleinen Ruppiner Offizin hervorgehen? Was ist der Ruhm der Times gegen die zivilisatorische Aufgabe der Ruppiner Bilderbogen? Die Times, die sich mit Recht das »Weltblatt« nennt, gleicht immer nur dem*

Friedrich-Wilhelm- oder Karl-Marx-Straße 29:
Hier waren einst die Bilderbogen zu Hause, die Neuruppin berühmt machten.
Rechts: »Zu haben bei Gustav Kühn« – Beispiel aus den Bilderbogen.

anglikanischen Geistlichen, dem hochkirchlichen Bischof, der, an schmalen Küstenstrichen entlang, in den großen, reichbevölkerten Städten der andern Hemisphäre seine Wohnung aufschlägt und seines Amtes wartet, der Gustav Kühnsche Bilderbogen aber ist der Herrnhutsche Missionar, der überall hin vordringt, dessen Eifer mit der Gefahr wächst

und der die eine Hälfte seines Lebens in den Rauchhütten der Grönländer, die andere Hälfte in den Schlammhütten der Fellahs verbringt. Chamisso erzählt in seiner »Reise um die Welt«, daß er, nach selbst gemachter Erfahrung, Kotzebue für den verbreitetsten Schriftsteller halten müsse, denn er sei demselben, und zwar einem Bande seiner Komödien,

1818 auf der Insel Tahiti begegnet. Aber noch einmal, was will eine solche Verbreitung sagen neben der Verbreitung jener Dreipfennigbogen, die mit der wohlbekannten Notiz: »Bei Gustav Kühn in Neu-Ruppin« über die Welt flattern. Gebiete, die Barth und Overweg, die Richardson und Livingstone erst aufschlossen – der Kühnsche Bilderbogen war ihnen vorausgeeilt und hatte längst vor ihnen dem Innersten von Afrika von einer Welt da draußen erzählt. Er flieht die Gegenden, drin der Kupferstich und das Ölbild vorwalten, aber wo die Glaskoralle und der Zahlpfennig ein staunendes Ah und die Begierde nach Besitz wecken, in den engeren und weiteren Bezirken des Königs von Dahomey – da ist er zu Haus. Den Maranon und den Orinoko aufwärts, wo die Kolibris wie Blüten und die Blüten wie Schmetterlinge sich schaukeln, dort, wo alles Glanz und Farbe ist, tritt er kühn und siegreich auf und stellt die Kolorierkunst seiner Schablone – die unbeeinflußt von den neuen Gesetzen der Farbenzusammenstellung ihre ehrwürdigen Traditionen wahrt – siegreich in die Zauber der Tropennatur hinein. Auf den Inseln der schottischen Westküste war es mir vergönnt, diese Landsleute, diese Boten aus der engeren Heimat zu begrüßen. Die Fingalshöhle, die Gestalt König Fingals selbst, die wie ein Nebelphantom auf der öden Klippe von Morven stand, war nicht mächtig genug gewesen, diese Sendboten abzuhalten, sie waren eingezogen in die Hütten der Macleans und Macdonalds.*

Lange bevor die erste »Illustrierte Zeitung« in die Welt ging, illustrierte der Kühnsche Bilderbogen die Tagesgeschichte, und was die Hauptsache war, diese Illustration hinkte nicht langsam nach, sondern folgte den Ereignissen auf dem Fuße. Kaum, daß die Trancheen vor Antwerpen eröffnet waren, so flogen in den Druck- und Kolorierstuben zu Neu-Ruppin die Bomben und Granaten durch die Luft; kaum war Paskewitsch in Warschau eingezogen, so breitete sich das Schlachtfeld von Ostrolenka mit grünen Uniformen und polnischen Pelzmützen vor dem erstaunten Blick der Menge aus, und tief sind meinem Gedächtnisse die Dänen eingeprägt, die in zinnoberroten Röcken vor dem Danewerk* *lagen, während die preußischen Garden in Blau auf Schleswig und Schloß Gottorp losrückten. Dinge, die keines Menschen Auge gesehen, die Zeichner und Koloristen zu Neu-Ruppin haben Einblick in sie gehabt, und der »Birkenhead«, der in Flammen unterging, der »Präsident«, der zwischen Eisbergen zertrümmerte, das Auge der Ruppiner Kunst hatte darüber gewacht. Andere, ähnliche Unternehmungen sind seitdem ins Dasein getreten, der Münchener Bilderbogen hat seine Welttour gemacht, Winkelmann und Söhne haben durch Abbildungen von Stauffacher, Franz Moor und der Jungfrau von Orleans der dramatischen Kunst die Schleppe getragen, aber was immer ihre Erfolge gewesen sein mögen, sie haben sich schlechter auf den Geschmack des großen Publikums verstanden und haben die rechte Stunde mehr als einmal versäumt. Da liegt es. In jedem Augenblicke zu wissen, was oben aufschwimmt, was das eigentlichste Tagesinteresse bildet, das war unausgesetzt und durch viele Jahrzehnte hin Prinzip und Aufgabe der Ruppiner Offizin. Und diese Aufgabe ist glänzend gelöst worden, so glänzend, daß ich Personen mit sichtlichem Interesse vor diesen Bildern habe verweilen sehen, die vor der künstlerischen Leistung als solcher einen unaffektierten Schauder empfunden haben würden. Aber die Macht des Stoffs bewährte sich siegreich in ihnen, und sie zählten (wie ich selbst) mit leiser Befriedigung die Leichen der gefallenen Dänen, ohne sich in ihrem künstlerischen Gewissen irgendwie bedrückt zu fühlen.*

Die Frage nach dem Recht dieser Bilder, »die den Geschmack mehr verwildern als bilden«, ist aufgeworfen und dabei hinzugesetzt worden, daß Leistungen der Art in künstlerisch gesegneteren Zeiten und bei feiner gearteten Völkern eine bare Unmöglichkeit sein würden. Vielleicht. Nach der künstlerischen Seite hin sind diese Dinge preiszugeben, aber sie haben eine andere, nicht minder wichtige Seite. Sie sind der dünne Faden, durch den weite Strecken unseres eigenen Landes, litauische Dörfer und masurische Hütten, mit der Welt draußen zusammenhängen. Die letzten Jahrzehnte mit ihrem rasch entwickelten Zeitungswesen, mit ihrer ins Unglaubliche gesteigerten Kommunikation haben *darin freilich viel geändert, aber noch immer gibt es abgelegene Sumpf- und Heideplätze, die von Delhi und Khanpur, von Magenta und Solferino nichts wissen würden, wenn nicht der Kühnsche Bilderbogen die Vermittlung übernähme. Seine Uhr ist noch nicht abgelaufen, und das schmale Haus in der Ruppiner Friedrich-Wilhelm-Straße hat noch immer seine Bedeutung.**

Entwicklungsgeschichtlich handelte es sich bei den Neu-Ruppiner Bilderbogen um die siegreichen Konkurrenten und Nachfolger der Moritatensänger und Guckkastenvorführungen, die einst auf Jahrmärkten ihr Publikum mit wohligem Schauder erfüllten, wenn sie die großen und kleinen Weltereignisse der Liebe und des Verbrechens, der Vulkanausbrüche, Überschwemmungen und Kriege zu Gehör und – mittels Schautafeln – zu Gesicht brachten. Von den Produktionen Walt Disneys und den »Comics« unserer Tage aber unterschieden sich die Bilderbogen durch ihre verblüffende Kombination: Sie stellten den Anspruch, das *wahre* Geschehen zu zeigen – so wie es sich in der freien Phantasie ihrer Zeichner und Koloristen malte. Auf seine Weise nahm Gustav Kühn das Fernsehen als einen Traum vorweg. Eben darum schlug allerdings die Sterbestunde des Ruppiner Ruhms, als die Fotografie sich durchsetzte und mit ihr die Illustrierten Zeitungen auftraten, die sich zur Behauptung vorwagten, sie könnten die Wirklichkeit zeigen, wie sie sei. Ob indessen unsere Vorstellungskraft mit dem Ansturm »realistischer« Bilder gewonnen oder verloren hat, steht dahin; der Fortschritt bleibt ein zwielichtiger Geselle.

Gustav Kühn führte die Bilderbogen zur Höhe ihres Weltruhms, aber mit der Herstellung hatte schon der Vater, Johann Bernhard Kühn, 1791 begonnen. 1823 betrug die Jahresproduktion etwa 7000 bis 8000 Blatt; 1832 wurde bereits die Millionengrenze überschritten. Kriegsbilderbogen waren besonders beliebt; vom Geschehen 1870/71 berichteten drei Millionen Exemplare. Manche Bogen erreichten Auflagen bis zu 200000 Stück. Der Erfolg ließ dann Nachahmer auf den Plan treten, zum Beispiel Oehmigke und Riemschneider oder Bergemann, die das ungeschützte Markenzeichen »Neu-Ruppin« geschäftsfördernd nutzten.

Nüchtern betrachtet handelte es sich um ein hartes Gewerbe. Bei der Hand- und Heimarbeit des Kolorierens wurden auch Kinder eingesetzt, meist in Gruppen und in eigens eingerichteten Kolorierstuben, um sie unter Aufsicht zu haben. Noch in einem Bericht aus dem Jahre 1890 stellte der Landrat von dem Knesebeck fest, daß die Kinder in Altruppin morgens von sechs bis acht Uhr, mittags von elf bis zwölf Uhr und am Nachmittag von ein bis sieben Uhr beschäftigt würden. Neun Stunden pro Tag, die Schulzeit und Schularbeiten nicht gerechnet: Der Landrat fügte hinzu, »daß die Kinder durch eine derartige ausgedehnte Arbeitszeit zwar überbürdet würden, doch hat die Polizeiverwaltung keinen Grund zum Einschreiten gehabt, da die Kinder die Schule seither regelmäßig besucht haben«. Besonders geschickte Kinder konnten es im Akkord auf fünf Pfennige pro Stunde bringen; die meisten verdienten weniger.

Bei den Erwachsenen sah es kaum besser aus. »Ein Beispiel kann das genau belegen. In Fehrbellin war der Kolorist Krüger vertraglich verpflichtet, für die Firma Oehmigke und Riemschneider zu arbeiten, und bekam für ein Ries = 480 Blatt... ganze 2,45 Mark.«* Natürlich muß man bedenken, daß hier wie überall Heimarbeit schlecht bezahlt wurde – und die Kinderarbeit noch schlechter. Ebendarum fand sie ja statt. Aber die Statistik besagt, daß im Jahre 1880 auch Industriearbeiter es nur auf einen durchschnittlichen Stundenlohn von 28 Pfennigen brachten; das Jahreseinkommen der Arbeitnehmer in Industrie, Handel und Verkehr betrug 545 Mark. Ein Kilo Roggenbrot kostete 33 Pfennige oder 71 Minuten Arbeitszeit.

Blickt man auf solche Verhältnisse zurück, so drängt sich der Gedanke auf, daß der Fortschritt vielleicht doch kein leerer Wahn geblieben ist und mitsamt der Schutzimpfung gegen die Kinderlähmung einiges zu bieten hat, womit er seinem Begriff Ehre macht.

Der Regimentskommandeur

Am 12. Juni 1733 heiratete Kronprinz Friedrich die Prinzessin Elisabeth Christine von Braunschweig-Bevern. Genauer: Er wurde verheiratet, sehr gegen seinen Willen. Zwar schrieb er an den König: »Und ist es mir lieb, daß mein allergnädigster Vater von der Prinzessin zufrieden ist. Sie mag sein wie sie will, so werde jederzeit meines allergnädigsten Vaters Befehle nachleben; und mir nichts Lieberes geschehen kann, als wenn ich Gelegenheit habe, meinem allergnädigsten Vater meinen blinden Gehorsam zu bezeigen.«

Aber selbst wenn man bedenkt, daß Fürsten- und Bauernhochzeiten nicht im Himmel geschlossen wurden, sondern handfest irdischen Interessen entsprangen, ergibt der blinde Gehorsam ein morsches Motiv. In Friedrichs Briefen an Grumbkow, den intrigenkundigen und nach dem König mächtigsten Mann im Staate, klang es denn auch anders: »Was die Prinzessin von Bevern betrifft, so kann man auf eins rechnen: Wenn ich gezwungen werde, sie zu heiraten, werde ich sie verstoßen, sobald ich der Herr bin ... Ich will keine Gans zur Frau haben.« Oder, noch dringlicher: »Ich bin mein ganzes Leben unglücklich gewesen. Doch komme, was da will. Ich habe mir nichts vorzuwerfen ..., und ich will mich nicht verpflichten, mein Leid bis in alle Ewigkeit auszudehnen. Ich habe noch Mittel, und ein Pistolenschuß kann mich befreien.« Und dann wieder, mit einer Wendung ins Zynische: Die größte Hure von Berlin sei ihm lieber – oder »Fräulein Jette ohne Geld und Gut«. Welch ein Taktgefühl! – dieses Fräulein war die Tochter Grumbkows. Der sollte nun helfen, die Ehe abzuwenden, dachte aber nicht daran, sondern arbeitete auf sie hin, wie er nur konnte, weil ihm zum Lohn 40000 Gulden winkten, vom österreichischen Gesandten Seckendorff aus Wien vermittelt. Die Prinzessin war nämlich eine Verwandte des Kaiserhauses, die einzige protestantische, die sich finden ließ.

Zweifel sind erlaubt, ob die Ehe jemals vollzogen worden ist. Seckendorff berichtete nach Wien: »Es schwebten allerlei Gerüchte, daß der König mit vieler Überredung und Drohung den Kronprinzen ins Brautbett habe bringen müssen, darin er nicht länger als eine Stunde geblieben.« Später machte Friedrich seine Ankündigung wahr. Die Haushalte wurden getrennt; Friedrichs Zuflucht in Sanssouci hat Elisabeth Christine nie betreten dürfen. Und um zu demonstrieren, was von der Ehe zu erwarten oder vielmehr nicht zu erwarten war, ernannte Friedrich seinen Bruder August Wilhelm zum Prinzen von Preußen, das heißt zum Thronfolger.

Diese sonderbare und fatale Geschichte hat durchaus etwas mit unserer Stadt zu tun. Solange Friedrich in Küstrin war, galt er der Welt noch als Staatsgefangener, den man schlecht mit einer Nichte der Kaiserin verloben konnte. Ein Zeichen schien nötig, daß er wieder in Gnaden als der Erbe angenommen war. Darum ernannte ihn der König zum Regimentskommandeur in Neuruppin. Zugleich stellte er den Sohn auf die Probe, ob er zum Soldaten tauge. Friedrich wiederum fügte sich und nahm »die Gans« nicht nur in Kauf, um seinen Gehorsam zu zeigen, sondern weil sich für ihn ein Tor zur Freiheit, zu einem eigenen Leben öffnete. Am 26. Februar 1732 traf er von Küstrin aus in Berlin ein, am 10. März folgte die Verlobung, im April besuchte er Neuruppin, um ein Quartier zu suchen, am 28. Juni hielt er feierlich Einzug. »Eine königliche Order hatte dafür gesorgt, daß zuvor der Kot aus der Stadt geschafft und der Abputz der Häuser vorgenommen wurde. Auch den Militärgalgen auf dem Neuen Markt, wo man die Deserteure zu hängen pflegte, hatte man aus der Stadt entfernt.«*

Ein zwanzigjähriger Regimentskommandeur, der noch nie wirklich kommandiert hatte und sich nach unseren Maßstäben allenfalls zum Leutnant eignete: Es ist leicht, sich Dilettantismus, Durcheinander, Disziplinlosigkeit als die Folgen auszumalen. Doch das Unwahrscheinliche gelang: Friedrich widmete der Aufgabe seine ganze Energie, wohl wissend, welch entscheidende Bedeutung der Soldatenprobe zukam. »Ich exerziere, ich habe exerziert, und ich werde exerzieren!« hieß, nur halb noch sarkastisch, sein Motto. Der Erfolg blieb nicht aus. Bei den jährlichen Besichtigungen schnitt das »Regiment Cronprintz« glänzend ab, zur Überraschung der Vaters, der – wohl zum erstenmal überhaupt – Achtung vor seinem Sohn gewann: »Es steckt ein Friedrich Wilhelm in dir.« Ein scharfäugiger Beobachter meldete unterdessen nach Wien, dieser Sohn, der einst die Uniform als »Sterbekittel« geschmäht hatte, liebe die Soldaten womöglich noch mehr als der Vater.

Daran war etwas – und nicht nur im Sinne des Sprichworts, daß der Appetit mit dem Essen kommt. Weil er so jung und vom Thron noch weit entfernt war, konnte Friedrich bei seinen Offizieren der Erste unter Gleichen sein. Diese Offiziere wiederum, durchweg aus dem märkischen Adel, »hatten noch ganz das eigentümlich sympathisch berührende Selbstgefühl all derer, die ›schon vor den Hohenzollern da waren‹«*. So entwickelte sich eine Unbefangenheit, im besten Sinne eine Kameradschaftlichkeit, die den Prinzen um so tiefer berührte, als sie im Gegensatz stand zum Unheil und Unglück, zu allen Demütigungen der vergangenen Jahre. Das Gefühl, im Bei- und Miteinander gleichsam ein Zuhause zu finden, legte vorbewußt einen Grund für den späteren Feldherrn von Rang, dessen größtes Kapital das Zutrauen seiner Soldaten war – wie später die Anekdoten es ausweisen, die es wert schienen, noch den Kindeskindern erzählt zu werden.

Friedrich 1760 beim Marsch durch die Lausitz: »Gerade, Kinder, gerade!« Dragoner: »Alter Fritz, auch gerade! Und die Stiefeln in die Höhe gezogen!«

Manches mag freilich das Mißfallen des gestrengen Vaters erregt haben, der sich sorgsam zutragen ließ, was in Neuruppin vorging, weil ihm dieser Sohn immer noch nicht geheuer war. Denn, wie Fontane von Friedrich sagt:

*Das Leben, das er mit seinen Offizieren führte, war frei von allen Fesseln der Etikette, ja ein Übermut griff Platz, der unseren heutigen Vorstellungen von Anstand und guter Sitte kaum noch entsprechen dürfte. Fenstereinwerfen, Liebeshändel und Schwärmer abbrennen zur Ängstigung von Frauen und Landpastoren, zählte zu den beliebtesten Unterhaltungsmitteln. Man war noch so unphilosopisch wie möglich.**

Friedrich selbst hat das später bestätigt. Am 15. Juli 1746 schrieb er seinem Bruder August Wilhelm, sich selber belächelnd, nachdem eine Reise ihn über Neuruppin geführt hatte: »Als ich wieder durch die Schauplätze meiner lärmenden Freunde kam, hörte ich die alten Bürgersleute sich ins Ohr flüstern: ›Gewiß ist unser guter König der größte Narr in seinen Staaten. Wir kennen ihn und wissen, was er taugt, unsere Fensterscheiben noch mehr. Gottlob haben wir jetzt ganze Fenster, seit dieser Narr sich aufgemacht hat, um der Königin von Ungarn die Fenster einzuwerfen.‹« – Mit der Königin von Ungarn war die Kaiserin Maria Theresia gemeint.

Um den Kronprinzen aus der Kumpanei fort in eine angemessene Distanz und endlich ins Eheleben zu bringen, für das in Neuruppin kein Platz war, kaufte Friedrich Wilhelm I. Schloß Rheinsberg, dessen Umbau sich allerdings bis 1736 hinzog. Und er diktierte seine Instruktionen – aus Anlaß einer Rheinreise Friedrichs ins Feldlager des Prinzen Eugen, aber gewiß nicht nur dafür –, die nach der Art des Königs in fünfundzwanzig Paragraphen alles regelten, was nur zu regeln war, etwa dies:

Wenn Er zu Hause speiset, so soll Seine Tafel nicht mehr als von 8 Schüsseln sein, jedesmal 4 und 4, des Abends aber soll weiter nichts als kalter Braten gegeben werden. In Sonderheit befehlen S.K.M. (Seine Königliche Majestät), *daß an seiner, des Kronprinzen Tafel, nichts gesprochen werde, so wider Gott und dessen Allmacht, Weisheit und Gerechtigkeit, noch wider dessen heiliges Wort läuft; desgleichen denn keine groben Scherze noch schmutzige Zoten gesprochen werden müssen ...*

Alle Sonntage soll der Kronprinz dem Gottesdienst beiwohnen, auch alle Woche zwei bis dreimal in die Betstunde mitgehn.

Und dieweilen nach dem göttlichen Wort Unzucht, Saufen und Spielen ernstlich verboten ist, wollen sich S.K.M. von dero Kronprinzen Liebden dergleichen weder versehen noch vermuten. Falls aber doch ein Exzeß und des Kronprinzen Liebden (was Gott verhüten wolle) in Sünde und Laster ver-

*fallen sollte, so befehlen S.K.M. denen beiden Generalmajors v. Schulenburg und v. Kleist, Ihm darüber sofort gehörige Erinnerung zu tun und Ihn aufs höchste zu bitten und zu ermahnen, davon abzustehen, zugleich aber alles an S.K.M. per Stafette zu melden. Auch sollen Kronprinzen Liebden nicht Karten noch Würfel spielen, auch nicht paar oder unpaar oder wie die Spiele sonst noch heißen mögen.**

Geholfen hat das schwerlich, aber Friedrich war sich der Gefahren eines zürnenden Vaters immer bewußt. Darum schrieb er an Grumbkow:

Ich lebe jetzt, weiß Gott so zurückgezogen, wie nur möglich; der Regimentsdienst, die Exerzitien, die ökonomischen Kommissionen, mit welchen mich der König bedacht, beschäftigen mich vollauf; darauf folgt das Essen, die Parole, und wenn ich dann nicht über Land reite, so zerstreue ich mich durch Lektüre und Musik. Gegen 7 Uhr bin ich mit den Offizieren … oder anderen zusammen und spiele mit ihnen. Um 8 Uhr soupiere ich, um 9 Uhr ziehe ich mich zurück, und lebe so einen Tag wie den anderen. Nur wenn die Post aus Hamburg kommt (mit Kapaunen, Austern, Steinbutt), *lade ich mir etwa drei bis vier Personen zu Gast und speise mit denselben in meinen Zimmern, da ich die Ausgabe, zehn Personen solch teure Leckerbissen vorzusetzen, nicht machen kann. Meine einzige Zerstreuung besteht im Wasserfahren, oder daß ich einige Schwärmer in meinem vor der Stadt liegenden Garten steigen lasse. Das sind meine Vergnügungen, und ich wüßte kaum, was man anders in einem so untergeordneten Orte anfangen könnte. Natürlich wünsch ich von ganzem Herzen, daß dem König über das Alles die Augen geöffnet würden. Ich glaube kaum, daß es etwas Unschuldigeres gibt und daß man stiller leben kann.**

Bei Seiner Königlichen Majestät selbst schmeichelte sich der Sohn ein, indem er dessen Liebe zu den »Langen Kerls« nutzte:

*Allergnädigster König und Vater! Ich habe die Gnade gehabt, jetzunt meines allergnädigsten Vaters Ordre mit dem neuen Werbe-Reglement in aller Untertänigkeit zu erhalten, und werde auch beim Regiment in allen Stücken suchen zu conformieren ... Auch habe aus dem Werbe-Reglement gesehen, daß wenn Offiziere große Kerls wissen so über 6 Fuß haben, sie solche angeben sollen, wenn sie nicht mit Gutem zu persuadieren wären. Hier unweit von Perleberg ins Mecklenburgische hält sich ein Schäferknecht auf, welcher 6 Fuß 4 Zoll gewiß haben soll. Mit Gutem ist nichts mit ihm auszurichten. Aber wenn er die Schafe hütet, so ist er allein auf dem Felde, und könnte man ihn mit ein paar Offiziers und ein paar tüchtige Unteroffiziers schon kriegen ... Ich habe Offiziers allhier, die sehr wohl dort bekannt sind; also wollte fragen, ob mein allergnädigster Vater befehlet, daß man ihn aufheben solle oder nicht, und wofern es mein allergnädigster Vater vor gut findet, so will ich schon praecautiones nehmen, daß die Sache gut gehen soll, und ohne daß sonderlich Lärm daraus wird. Denn ich kenne den Amtmann, unter welchem der Kerl steht, und kann man dem schon das Maul stopfen.**

Beiläufig ging es hier um Menschenraub und Bestechung. Darf man solche Delikte entschuldigen, indem man sagt, das sei eben der Zeiten und des Landes so Brauch gewesen? Ein immerwährendes Problem stellte indessen der Geldmangel dar, denn der allergnädigste Vater war und blieb ein Knauser. Darum schrieb Friedrich einen dritten Brief, diesmal an den Hofjägermeister und Königsgünstling von Hacke:

Das ist keine Kunst, daß des Fürsten (Leopold von Dessau) *und die magdeburgischen Regimenter schön sind, wenn sie Geld vollauf haben und kriegen danach auch noch 30 Mann umsonst! Ich armer Teufel aber habe nichts und werd' auch mein Tage nichts kriegen. Bitte, lieber Hacke, bedenk Er doch das. Und wo ich kein Geld habe, so führe ich künftiges Jahr Asmus allein als Rekrut vor, und wird mein Regiment gewiß Kroppzeug sein. Sonsten habe ich ein deutsches*

Sprichwort gelernt, das heißt: »Versprechen und Halten, Ziemt wohl Jungen und Alten« ... Ich verlasse mich allein auf Ihn, lieber Hacke. Wo Er nicht hilft, so wird es schlecht aussehn. Heute habe wieder angeklopft (an den König um Geld geschrieben) *und wo das nicht hilft, so ist es getan. Wenn ich noch könnte Geld geliehen kriegen, so wäre es gut. Aber daran ist nicht zu denken. So helft mir doch, lieber Hacke! Ich versichere, daß ich allzeit danken werde. Der ich jederzeit meines lieben Herrn Hauptmanns ganz ergebener Diener und Freund bin, Friedrich.**

Auf den Dank des Thronerben haben andere, die großen Mächte ringsum, zumindest spekuliert, und im Umgang mit ihnen bewies der junge Mann, ja der Halbwüchsige bereits alle Gaben eines künftigen Herrschers. Auf die Frage des englischen Gesandten, wie hoch die Schulden Seiner Königlichen Hoheit denn seien, die er begleichen wolle, hat Friedrich die Summe geistesgegenwärtig verdoppelt, um schon fürs künftige Schuldenmachen gerüstet zu sein. Erst recht ließ der Wiener Hof sich nicht lumpen; der Gesandte Seckendorff hat dem Herrn Regimentskommandeur etliche tausend Dukaten in die Tasche geschoben. Der allerdings blieb auf seine besondere Weise absolut unbestechlich: Nie hat er sich dankbar gezeigt, als er der König war. Was man ihm schlau gemeint zusteckte, erwies sich als eine miserable Investition. – Doch kehren wir nach Neuruppin zurück, lassen wir Fontane von Friedrich erzählen:

Die Stadtwohnung läßt viel zu wünschen übrig, aber es bedrückt ihn nicht, denn wenigstens die Sommermonate gehören dem »Garten am Wall«. Hier lebt er heitere, mußevolle Stunden, die Vorläufer jener berühmt gewordenen Tage von Rheinsberg und Sanssouci. Allabendlich, nach der Schwere des Dienstes, zieht es ihn nach seinem »Almathea« hinaus. Der Weg durch die häßlichen Straßen der alten Stadt ist ihm unbequem, so hat er denn für ein Mauerpförtchen Sorge getragen, das ihn unmittelbar aus dem Hofe seines »Palais« auf den Wall und nach kurzem Spaziergang* *unter den alten Eichen in die lachenden Anlagen seines Gartens führt. Da blüht es und duftet es; Levkojen und Melonen werden gezogen, und auf leise ansteigender Erhöhung erhebt sich der »Tempel«, der Vereinigungspunkt des Freundeskreises, den der Kronprinz hier allabendlich um sich versammelt. Das Souterrain enthält eine Küche, der »Tempel« selbst aber ist einer jener oft abgebildeten Pavillons, die auf sechs korinthischen Säulen ein flachgewölbtes Dach tragen und sich in den Parks und Gärten jener Epoche einer besonderen Gunst als Eßzimmer erfreuten. Der Mond steht am Himmel, und in dem dichten Gebüsch des benachbarten Walls schlagen die Nachtigallen, die Flamme der Ampel, die von der Decke herabhängt, brennt unbeweglich, denn kein Lüftchen regt sich, und keine frostig abwehrende Prinzlichkeit stört die Heiterkeit der Freunde.**

Im Jahre 1736 beginnt dann die Rheinsberger Zeit. Von ihr strahlt Heiterkeit aus; zu ihr gehört auch eine geistige und musische Dimension, die vorher noch fehlte. Die Neuruppiner Jahre sind dadurch verdunkelt worden, jedenfalls im Rückblick. Friedrich selbst hat zu solcher Sichtweise beigetragen, wenn er sagte, er sei sein Leben lang unglücklich und nur in Rheinsberg glücklich gewesen.

Aber davon einmal abgesehen, daß der Schloßherr von Rheinsberg zugleich doch der Regimentskommandeur in Neuruppin blieb und daß sich darum die Kronprinzenjahre zwischen Küstrin und der Thronbesteigung 1740 nicht einfach in zwei Hälften zerlegen lassen, die miteinander nichts zu tun haben – hiervon abgesehen kann man nicht die eine gegen die andere Zeit ausspielen, ohne Friedrich zu verfehlen. Hier wie dort ist etwas angelegt worden, das dann die Königsjahrzehnte bestimmte. In Neuruppin wurde der Soldat unter Soldaten, der Feldherr vorgeprägt, in Rheinsberg der aufgeklärte Monarch, der Freund des geistreichen Gesprächs und des Witzes, der Partner im Dialog und im Streit mit Voltaire. Es mag uns so scheinen, als passe die eine Figur nicht zur anderen, aber das gerade macht Friedrich aus, daß beide in ihm sich vereinen. Seine Kompliziertheit, ein Leben im Widerspruch und die

Lebensleistung in ihrem Gespanntsein bis ans Zerreißen: sie erst erklären, warum nicht nur der Monarch, sondern auch oder vor allem der Mensch, der er war, uns noch immer beschäftigt, verwirrt, in Schrecken versetzt – und fasziniert.

Herrliche Zeiten? Neuruppin um 1890*

Das Jahr 1890 markiert einen tiefen Einschnitt der deutschen Geschichte, Ende und Anfang zugleich; es ist beinahe wie das Jahr 1990 historisch zu nennen. Bismarck wurde entlassen. »Ein Glück, daß wir ihn los sind!« meinte Fontane. Und Wilhelm II., der junge »Volldampf voraus!«-Kaiser, verkündete wenig später – als Markgraf und als König von Preußen beim Festmahl des Provinziallandtages –: »Brandenburger, zu Großem sind wir noch bestimmt, und herrlichen Tagen führe Ich euch noch entgegen.«*

Von »unten« und speziell von Neuruppin aus betrachtet sah es ein wenig anders aus. Einerseits hielt man zu Bismarck und benannte ihm zu Ehren sogleich eine Straße. Zum Spendensammeln für ein Monument, das dem Reichsgründer gewidmet sein sollte, gründete man ein Komitee, das mit Honoratioren glänzte: Oberst und Regimentskommandeur von Schroetter, Erster Bürgermeister Trenckmann, Landrat von dem Knesebeck, Gymnasialdirektor Dr. Begemann, Fabrikdirektor Kühn. Der Ausgewogenheit und Volksnähe dienten Männer wie der Dachdeckermeister Kragemann und Briefträger Stegemannen.

Andererseits befand man sich in einer schwierigen Phase des wirtschaftlichen Umbruchs, um nicht zu sagen in einer Strukturkrise. Die ruhmreichen Bilderbogen hatten ihre beste Zeit bereits hinter sich. Noch weit schlimmer stand es mit der Tuchmacherei. Seit langem bildete sie die wichtigste Grundlage eines bescheidenen Wohlstands, besonders dank der Lieferungen fürs Militär; am Jahrhundertanfang hatte es in der Stadt nicht weniger als 180 Tuchmachermeister gegeben. Bei einer Einwohnerzahl – ohne das Militär – von kaum 4500

Seelen beschäftigten Tuchmacherei und Wollverarbeitung 858 Personen; erst in weitem Abstand folgte die Gilde der Ackerbürger mit 77 Mitgliedern. Jetzt aber ließ sich das Ende absehen. Immer mehr Betriebe stellten ihre Arbeit ein; die letzten verschwanden um die Jahrhundertwende. Man erlag einer moderneren, zur Industrialisierung drängenden Konkurrenz, besonders aus der Niederlausitz. Bereits vorher war die Torfproduktion untergegangen, weil preiswerte Kohle den Markt überschwemmte. Ersatz gab es kaum; daß man in der Dunkelheit seinen Weg besser fand, weil die alten Gaslaternen durch die neuen Elektrolampen ersetzt wurden, genügte schwerlich.

Irgendwie, so schien es, hatte man den Zug der Zeit, den Anschluß an die Zukunft verpaßt. Das galt buchstäblich. Die große Bahnstrecke von Berlin nach Hamburg, die ursprünglich Neuruppin berühren sollte, wurde dann weiter westlich über Neustadt geführt; eine andere – von Berlin über Neustrelitz entweder nach Rostock oder nach Stralsund – verlief im Osten über Löwenberg. Zwar dampfte ab 1879 die vielgescholtene und heimlich geliebte »stille Pauline« mit ihrer erlaubten Höchstgeschwindigkeit von 30 Stundenkilometern am Ländchen Bellin entlang nach Paulinenaue (zwischen Nauen und Neustadt). Um die Jahrhundertwende folgten weitere Anschlüsse; der wichtigste führte über Kremmen nach Berlin. Sonst aber handelte es sich um Nebenstrecken; wer die große weite Welt sehen wollte, mußte sich in Geduld üben und umsteigen.

Krisensignale gab es vielfach. 1890 fanden 19 Inventarauktionen und 17 Zwangsversteigerungen aus Konkursen statt: alarmierend hohe Zahlen für eine kleine Stadt von kaum 13000 Einwohnern. Ein anderes und drastisches Zeichen setzte der rote Hahn. Scheunen vor den Stadttoren brannten wie schon in Fontanes Kindertagen, und auch sonst mußten die Feuerwehren in Stadt und Land oft genug ausrücken, um die Flammen zu löschen, die keinem schadhaften Schornstein, keinem Funkenflug oder Blitzschlag zuzurechnen waren, sondern der verzweifelten Hoffnung, daß die Versicherung zahlen und man dadurch zu Geld kommen würde.

Von der Kinderarbeit und vom spärlichen Entgelt – auch für

Erwachsene – war am Beispiel der Bilderbogen schon die Rede. Übrigens wurden im Jahre 1897 die Löhne zum Teil noch gekürzt, weil der Absatz zurückging. Kinderarbeit ist immer und überall ein untrügliches Zeichen der Not; Eltern bringen ihren Nachwuchs ja nicht aus Mutwillen um die Freiheit zum Spielen, sondern weil sie sonst nicht wissen, wie die Familie satt werden soll. Ebenso oder erst recht muß man von einer Altersnot sprechen, die freilich nicht neu, sondern notorisch war. Diese Not sollten die Siechenhospitäler wenigstens lindern, an die bis heute die Siechenstraße mit ihrer eigenen Kapelle nahe bei der Klosterkirche erinnert. »Das Siechenhospital und besonders das Haus Nr. 4 wurde und blieb über Generationen hinweg das letzte Domizil verarmter alter Frauen, der Witwen und sogenannter ›Freiheitsbewohner‹. Im Jahre 1890 wohnten dort 14 Hospitantinnen.«* Weitere Einrichtungen dieser Art wurden teils öffentlich unterhalten, teils von Stiftungen getragen. »Die Räume in diesen und den anderen Hospitälern der Stadt waren einfach und schlicht eingerichtet. Ab und zu zierte ein Bild der Königin Luise oder des Kaisers die nüchternen Wände. Doch im Frühling und bis zum späten Herbst schmückten Blumen aus Gärten und Wiesen die kleinen, engen Räume.«*

Immerhin gab es eine Fürsorge, die nicht bloß in Beschlüssen der Stadtverordneten ihren treffsicheren Ausdruck fand: »Wie in den früheren Jahren, so werden auch in diesem Jahre dem Bademeister Sack auf Empfehlung des Magistrats und der Finanzkommission 100,– Mark für das Baden unbemittelter Frauen und Mädchen bewilligt.« Das Kaiserreich hatte seinen Weg zum Sozialstaat begonnen; 1883 führte Bismarck die Krankenversicherung für Arbeiter, 1884 die Unfallversicherung, 1889 die Invaliditäts- und Altersversicherung ein. Vorgesehen war nach 28 Beitragsjahren eine Rente von 84,60 Mark; zusammen mit einem Reichszuschuß von 50,– Mark ergab das einen Gesamtbetrag von 134,60 Mark – wohlgemerkt: nicht etwa pro Monat, sondern jährlich. Der Anfang war gemacht, aber wahrlich ein Anfang nur.

Zum Vergleich helfen Inserate aus der »Märkischen Zeitung«. Das Kaufhaus Ernst Müller pries »komplette Anzüge für Herren« à 15 bis 20 Mark, »elegante Kammgarnanzüge« ab 24 Mark, Anzüge für Kinder bis zu 14 Jahren von 4,50 bis 9 Mark. Wichtig, um durch den Winter zu kommen, war das Angebot der Kohlenhandlung en gros und en detail Hagen: »Bitterfelder und Senftenberger ›Briquettes‹ zu sehr billigen Preisen. Bei sofortiger Bestellung: Böhmische Braunkohle Ctr. 76 Pfg. So lange mein Vorrat reicht.« Ein Traum blieb für die meisten wohl, was der Gasthof zum Schwan verhieß: »Vorzügliches Restaurant, Garten, Kegelbahn, Billard. Großer Mittagstisch von 12.00 bis 2.00 à Couvert 1,00 Mark (im Abonnement billiger). Fremdenzimmer, saubere Betten, billige Preise.«

Die kargen Löhne und noch kargeren Renten fanden ihre negative Ergänzung in überlangen Arbeitszeiten. Zwar war ihr Höhepunkt überschritten, und das Kaiserreich nach Bismarck unternahm einen Anlauf zu sozialen Verbesserungen. Für Kinder unter vierzehn Jahren wurde die Fabrikarbeit – nicht die Heimarbeit – verboten; Jugendliche unter sechzehn Jahren sollten nicht mehr als zehn Stunden pro Tag arbeiten, Frauen nicht mehr als elf Stunden. Sonntagsarbeit sollte sich auf die notwendigen Ausnahmen beschränken. Wie es aber in der Praxis der Dienstleistungen tatsächlich aussah, zeigt der Aufruf, den Ruppiner Kolonialwarenhändler am 8. Juni 1890 unter der Überschrift »Unterstützt den Kampf um die Sonntagsruhe!« in der »Märkischen Zeitung« veröffentlichten. Sie luden zu einer Versammlung ein und schrieben: »Die Besitzer der Geschäfte und Lokale sind sich einig, ihre Lokale im Interesse ihrer Beschäftigten und ihrer eigenen vom 15. Juni bis zum 15. September ab 3.00 Uhr nachmittags zu schließen. Wir wollen, daß sich sämtliche Geschäfte dieser in bescheidenen Grenzen gehaltenen Sonntagsruhe anschließen.« Man muß das genau lesen. Es handelte sich erst einmal nur um die drei Sommermonate und nicht etwa um den Samstag – der hier gut norddeutsch natürlich Sonnabend hieß –, sondern tatsächlich um den Sonntag. Ein freies Wochenende im heutigen Sinne überstieg noch die Vorstellungskraft, vom Urlaub nicht zu reden.

Aber alles hat bekanntlich seine zwei Seiten. Den Anschluß an die Zukunft verpassen hieß zugleich: den Charakter einer königlich preußischen Behörden-, Schul- und Soldatenstadt bewahren und sich den Verwüstungen entziehen, die das Industriezeitalter mit sich brachte. Das galt für die Bausubstanz ebenso wie für die Gesellschaft. Natürlich gab es sogar hier ein paar unruhige »Elemente«. Am 1. Mai 1890 fand – nein, keine Demonstration, so weit war man denn doch noch nicht, aber eine Arbeiter- und Gewerkschafterversammlung statt – übrigens nach Feierabend –, an der in der Gaststätte Gantschow beinahe zwanzig Leute teilnahmen. Und gegen Ende des Jahres wurde ein Verband der Handlungsgehilfen gegründet. War es vielleicht voreilig gewesen, Bismarcks Sondergesetze wider die »gemeingefährlichen Bestrebungen« der Sozialdemokratie aufzuheben, beziehungsweise sie nicht mehr zu verlängern? In Neuruppin allerdings handelte es sich – kaltblütig betrachtet – um Randerscheinungen. Die Armut, die man kannte, hatte mit jenem »Proletariat« wenig gemein, von dem August Bebel und Genossen immerfort redeten. Und so blieb es bei einem Ort, der für das behagliche Leben seiner Honoratioren wie gemacht schien.

Etwas Wichtiges und tatsächlich Neues trat noch hinzu, gerade weil es Fabriken nicht oder nur im Kleinformat gab: Neuruppin entwickelte sich zu einem Anziehungspunkt für Besucher, bis hin zu Luftkuren und zur Sommerfrische. Von einer systematischen Werbung für den Fremdenverkehr wußte man allerdings noch wenig; jeder Gastwirt mußte mit Inseraten oder Plakaten für sich selbst sorgen. Aber die schöne Umgebung und die idyllische Lage am Ruppiner See sprachen für sich. Allein zu den Pfingsttagen zählte man an die tausend Gäste, vorwiegend aus Berlin.

Daß es sich um einen bedeutenden Wirtschaftsfaktor handelte, zeigen weitere Zahlen. Man verzeichnete dreißig Gaststätten, die zum Teil auch Zimmer vermieteten, und sieben Hotels, darunter das vornehme Hotel du Nord und das traditionsreiche Hotel zur Krone, das schon 1743 König Friedrich mit dem Privileg »begnadigt« hatte, »daß in diesem Gasthofe zu ewigen Zeiten Reisende aufgenommen, beherbergt und gut gespeist werden können«. Dreißig Gaststätten und sieben Hotels: Von solchen Verhältnissen hat sich das Neuruppin der sozialistischen Errungenschaften leider weit entfernt.

Ganz erstaunlich wuchs die Flotte der Ausflugsdampfer, die den See durchpflügten bis nach Wustrau oder Altfriesack hinunter – und, versteht sich, im Bündnis mit Ausflugslokalen, an deren Seestegen die Passagiere an Land komplimentiert und später wieder abgeholt wurden. 1863 war mit mehr Qualm und Tuten als Gewinn ein Anfang gemacht worden, jetzt aber, nur drei Jahrzehnte später, betrieben mehrere Unternehmer fast ein Dutzend Schiffe mit klangvollen Namen: Undine, Elisabeth, Hildegard, Freya, Möwe, Neptun, Graf Ziethen, Kaiser Friedrich, Kyffhäuser.

Weitaus am wichtigsten war und blieb indessen die Garnison. Das 24. Infanterieregiment mochte in der Rangordnung der Vornehmen nicht auf einem Spitzenplatz zu finden sein wie das 1. Garderegiment zu Fuß oder die Leibgardehusaren. Um eine gute Adresse handelte es sich dennoch – wie auch später, in den Zeiten der Wehrmacht, beim Panzerregiment Nr. 6. »Von Sechs« wurde es genannt, nur halb im Scherz und einen knappen Schritt wiederum hinter »Graf Neun«, dem Infanterieregiment Nr. 9 in Potdam. Erst recht waren natürlich im Jahre 1890 fast alle Offiziere von Adel, bis hin zu 17 von 19 Leutnants, und mit Namen wie Zastrow, Bredow, Bothmer oder Wartenberg hatte sich seit den Tagen Friedrichs wenig verändert. Wie prestigeträchtig in einer uniformgläubigen, vom »Sedan«-Patriotismus überstrahlten Gesellschaft für zivile Honoratioren der Verkehr mit solchen Offizieren war, wie begehrt für höhere Töchter das Tanzen mit den Leutnants, kann man sich heute kaum noch vorstellen. Im Grunde aber lebte Schicht um Schicht die ganze Stadt mit ihren Soldaten, selbst wenn es manchmal Verstimmungen gab, wie gerade jetzt im Kampf um einen Bauplatz für das Offizierskasino. Die wirtschaftliche Bedeutung der Garnison ließ sich ohnehin nicht übersehen; für viele Lieferanten und Kaufleute, Wirte und Handwerker war sie existenzbestimmend.

Genug! Es wird Zeit, daß wir innehalten oder vielmehr uns in Marsch setzen, um aus den materiellen Niederungen und Nöten endlich zu den lichten Höhen der Kultur aufzusteigen. Das bietet sich um so mehr an, als sogar dort schon das Militär uns erwartet. Das Regiment verfügte über seine Regimentskapelle und diese über ihren weithin bekannten, um nicht zu sagen berühmten Kapellmeister Heinichen. Die Bürger von Neuruppin liebten Musik – und nicht etwa bloß Marschmusik oder die Platzkonzerte, bei denen die Soldaten sozusagen als Kurorchester auftraten. Auch in der Operettensaison diente die Regimentskapelle dem »Zigeunerbaron«, der »Fledermaus« und dem »Bettelstudenten« als das musikalische Fundament. Ja selbst an Symphoniekonzerte wagten die Künstler in Uniform sich heran, an Mozart, Beethoven, Brahms, Chopin, Weber und Wagner.

»Die Aufzählung dieser Namen läßt erkennen, hier wurde erlesene Musik geboten«, sagt der Chronist. Und dem ist wohl nichts mehr hinzuzusetzen.

Spazierwege in der Gegenwart

Neuruppin liegt nicht mehr abseits wie in der Eisenbahnzeit um 1890. Nahe genug, mit eigener Zufahrt, führt im Westen die Autobahn von Berlin nach Hamburg vorüber, noch als »Transit«-Strecke neu erbaut und meist nur mäßig befahren. Tagesbesuche von der einen oder der anderen Millionenstadt aus sind darum ohne Anstrengung möglich. Wir allerdings nähern uns diesmal aus dem Osten, auf der Bundesstraße 167 von Löwenberg her.

Schon in Wulkow, dem Dorf ein paar Kilometer vor der Stadt, grüßt oder droht die Garnison. Auf der linken Seite wohl die Kommandantur, rechts hinter einer Mauer und Erdwällen die Depots, von Wachtürmen überragt, als handle es sich um ein Straflager, aus Sibirien herversetzt. Wenige Kilometer später, längs der stoßdämpferzehrenden Betonplattenstraße zwischen Alt- und Neuruppin, folgen dann die Kasernen. Sie wurden in den dreißiger Jahren errichtet, als man hier das Regiment »von Sechs« aufstellte, den Panzerschlachten eines Weltkriegs vorweg. Was soll folgen, wenn die Sieger abgezogen sind, die inzwischen beinahe als Geschlagene erscheinen? Hinter einer schier endlosen weißen Mauer läßt sich der Ruin ahnen. Wird, nach den notwendigen Renovierungen, die Bundeswehr diesen traditionsreichen Standort wieder in Besitz nehmen? Die Russen mögen ungeliebte Freunde gewesen sein und, karg gehalten, mehr Geld gekostet als eingebracht haben. Deutsche Soldaten aber könnten Arbeitsplätze sichern und Kaufkraft schaffen.

Wichtig wäre es, allen Friedensträumen zum Trotz. Denn wie vor hundert Jahren, oder vielmehr weit schlimmer, steht den Bürgern von Neuruppin die Krise ins Haus. Angst geht um; »Belegschaft besetzte das Leiterplattenwerk«, hieß die Schlagzeile in der »Märkischen Allgemeinen« vom 20. Februar 1991, mit dem nachfolgenden Text: »Die Belegschaft der EPW AG Neuruppin, einst sechstgrößter Leiterplattenproduzent Europas, besetzte gestern ihren Betrieb. Mehr als 1000 Kollegen entschlossen sich zu dieser spontanen Aktion während einer Betriebsversammmlung im Neuruppiner ›Stadtgarten‹, bei der bestätigt wurde, daß allen 2980 Arbeitnehmern per 30. Juni gekündigt wird. Lediglich etwa 300 Kollegen werden in der modernen Leiterplattenfertigung, die von der niederländischen Firma City Print übernommen werden soll, Arbeit finden.« Oder wie das vornehme Hamburger Wochen- und Weltblatt DIE ZEIT am 1. März meldete, als Meinung von Grete Fritsche, einer Mitarbeiterin der Elektro-Physikalischen Werke: »Haste Kinder, biste in den Arsch gekniffen, als Frau über vierzig sowieso.«

Im Bogen um den Stadtkern herum gelangen wir zum Parade- oder Ernst-Thälmann-Platz. Dort findet man Parkraum, und vorläufig genügen die Randstreifen an den Fahrbahnen. Mit zunehmendem Verkehr wird sich womöglich der Platz selbst mit Blech füllen. Schön wäre das nicht, aber die weite und leere Fläche lockt, sie zu nutzen. An die tausend Autos ließen sich hier unterbringen, in bequemer Nähe zum Zentrum, dessen Straßen dann entlastet und zur Fußgängerzone erklärt werden könnten.

Ebenfalls nur wenige Schritte entfernt, am ehemaligen Stadtwall, sitzt der Entdecker der Mark auf seinem Denkmalsockel. Genauer gesagt: Er ruht, wie Goethe auf Tischbeins bekanntem Bild in der Campagna, bloß seitenverkehrt und barhäuptig. Neben dem Dichter haben sich gerade ein weißhaariger Herr aus Holstein und seine Tochter aufgestellt, die aus den »Wanderungen« vorliest. Wem eigentlich, dem Vater oder Fontane? Jedenfalls handelt es sich um eine Huldigung eigener Art, die den Autor gewiß überrascht und vielleicht angerührt hätte.

Die Haupt- und Friedrich-Wilhelm- oder Karl-Marx-Straße entlang: Hier quirlt das Leben, es ist die wichtigste Einkaufsstraße; überraschend viele Läden zeigen sich bereits neu eingerichtet. Hier findet man auch die Drogerie, die einst das Hauptquartier der Kühnschen Bilderbogen war – und die ruhmreiche Apotheke.

»Da bist du geboren«, sagte meine Mutter und wies hinüber nach dem hübschen Hause mit dem Löwen über der Eingangstür. Und dabei traten ihr die Tränen ins Auge. Sie mochte denken, daß alles anders hätte verlaufen müssen, wenn »das und das« anders gewesen wäre. Und dies »das und das« war – er. *Sie war nicht gern von dieser Stelle weggegangen und ist als eine Frau von über fünfzig, äußerlich getrennt von ihrem Manne, dahin zurückgekehrt, um dort, wo sie jung und eine Zeit lang auch glücklich gewesen war, zu sterben.**

Unglücklich oder mehr noch griesgrämig schaut inzwischen Karl Marx drein, verständlich durchaus: Genau gegenüber liegt das ehemalige Gymnasium. Nach 1945 wurde es als »Theodor-Fontane-Schule« weitergeführt, dann allerdings vom Volksmund zur »Baumschule« umgetauft, weil Altersschwäche Einzug hielt und die Decken der Klassenzimmer mit Rundhölzern abgestützt werden mußten. Nach langwieriger Restaurierung beherbergt das Haus jetzt Bibliothek und Musikschule.

Was dem Mann aus Trier zu schaffen macht, ist wohl die Inschrift über dem Portal: »Civibus aevi futuri«. So tief der Kritiker lotete, so bedeutsam die Empörung des Moralisten über bestehendes Unrecht war und sich auswirkte, die Zukunft mit ihren dialektischen Bocksprüngen hat den Propheten

Fontane und seine Verehrer, 1991.

widerlegt. Karl Friedrich Schinkel dagegen – etwas weiter, hinter der unkirchlichen Pfarrkirche von St. Marien, die wegen Baufälligkeit geschlossen ist – blickt so jung und so herablassend hochmütig wie je über uns hinweg, seiner Mission schon sicher. Wir jedoch in unserer Gegenwart, von Zweifeln geplagt: Dürfen wir über die Schatten hinwegsehen, über die Grautöne ringsumher, hundertfach abgestuft, die Wundmale des Verfalls in den Kreuz- und Querstraßen?

»Aber nein«, meint abends im Schloßhotel von Liebenberg Peter Coulmas, der Weitgereiste und Weltbürger, »Neuruppin ist eine Enttäuschung, alles wirkt nur trist und schäbig heruntergekommen.« Was soll man dazu sagen, wie antworten, außer gleich wieder mit Fontane?

Wer in der Mark reisen will, der muß zunächst Liebe zu »Land und Leuten« mitbringen, mindestens keine Voreingenommenheit. Er muß den guten Willen haben, das Gute gut zu finden, anstatt es durch krittliche Vergleiche tot zu machen.

Der Reisende durch die Mark muß sich ferner mit einer feineren Art von Natur- und Landschaftssinn ausgerüstet fühlen. Es gibt gröbliche Augen, die gleich einen Gletscher oder Meeressturm verlangen, um befriedigt zu sein. Diese mögen zu Hause bleiben. Es ist mit der märkischen Natur wie mit vielen Frauen. »Auch die häßlichste – sagt das Sprichwort – hat immer noch sieben Schönheiten.« Ganz so ist es mit dem »Lande zwischen Oder und Elbe«; wenige Punkte sind so arm, daß sie nicht auch ihre sieben Schönheiten hätten. Man muß sie nur zu finden verstehen. Wer das Auge dafür hat, der wag' es und reise.

*Drittens. Wenn du reisen willst, mußt du die Geschichte dieses Landes kennen und lieben. Dies ist ganz unerläßlich. Wer nach Küstrin kommt und einfach das alte graugelbe Schloß sieht, das, hinter Bastion Brandenburg, mehr häßlich als gespensterhaft aufragt, wird es für ein Landarmenhaus halten und entweder gleichgültig oder wohl gar in ästhetischem Mißbehagen an ihm vorübergehen; wer aber weiß: »hier fiel Kattes Haupt; an diesem Fenster stand der Kronprinz«, der sieht den alten unschönen Bau mit andern Augen an. – So überall.**

So auch in Neuruppin. Geschichte ringsumher: Muß sie denn, wie vielleicht am Mittelmeer, stolz die Jahrtausende zählen, statt bescheiden nach Jahrhunderten? Brauchen wir, um beeindruckt zu sein, ägyptische Pyramiden, hellenische Tempel, römische Wasserleitungen oder Amphitheater? Zugegeben, daß der Putz bröckelt und die Zeichen des Verfalls in den Seitenstraßen allgegenwärtig sind. Aber wie eigentlich, nur zum Vergleich, sieht es in griechischen, sizilianischen, portugiesischen Landstädten aus? Imponiert uns Syrakus, weil dort die Welt noch in Ordnung ist? Oder verlockt – als Urlaub vom deutschen Ich – gerade die Unordnung? Mindert sich die Kritik mit dem Maß der Entfernung (so wie wir den heimischen Kitsch verachten, aber in der Fremde ihn kaufen)? Und, lieber Herr Coulmas: Warum können die dunklen Schattierungen, diese Grautöne unter einem nördlichen Himmel nicht ebenso stimmungsvoll wirken wie die helleren unter südlicher

Sonne? Ist es ausgemacht, daß unsere Faszination wachsen wird, wenn in fünf oder acht Jahren das Erbleiden des Sozialismus, der Mangel an Farbe, überwunden ist und Neuruppin, frisch herausgeputzt, mit den Schmuckkästlein von Rothenburg oder Dinkelsbühl zu konkurrieren versucht? Fragen über Fragen.

Manche von ihnen, besonders die gar nicht gestellten, mag das Heimatmuseum beantworten, das etwas abseits in der August-Bebel-Straße liegt. Der Name sollte keineswegs schrecken; hier waltet nicht das Imponiergehabe so vieler »Heimat«-Institutionen, sondern Beschränkung und Gediegenheit. Hinter den vor- und frühgeschichtlichen Stationen mit ihren allerorts ähnlichen Markenartikeln begegnet man Fontane und Schinkel in einer Atmosphäre von Intimität, gleichsam in ihren »guten Stuben«. Und eine Mappe mit den Nachdrucken von Kühnschen Bilderbogen kann man für stolze 49,90 DM schwarz auf weiß, vielmehr bunt auf bunt nach Hause tragen. Zur Erholung und zum Mittagessen bietet sich danach – wieder am »Parade«-Platz, frisch renoviert, in makellosem Glanz – der »Märkische Hof« an. Dort könnte man sogar wohnen; jedenfalls im ersten Stock verfügen die Zimmer jetzt über ein eigenes Bad und WC: winzig freilich, eher als »Naßzellen« zu bezeichnen, indessen die Preise, solchem Luxus entsprechend, steil angestiegen sind. Aber wer darf klagen, wenn er es mit ehrwürdiger Überlieferung zu tun bekommt?

Wenn du das Wagstück wagen willst – »füll deinen Beutel mit Geld«. Reisen in der Mark ist alles andere als billig. Glaube nicht, weil du die Preise kennst, die Sprache sprichst und sicher bist vor Kellern und Vetturinen, daß du sparen kannst; glaube vor allem nicht, daß du es deshalb kannst, »weil ja alles so nahe liegt«. Die Nähe tut es nicht. In vielbereisten Ländern kann man billig reisen, wenn man anspruchslos ist; in der Mark kannst du es nicht …* Ohnehin fehlt vorläufig ein Wettbewerb der Hotels, *und die märkische Art ist nicht so alles Kaufmännischen bar und bloß, daß sie daraus nicht Vorteil ziehen sollte.**

Zwei Spazierwege bleiben noch, die dringend anzuraten sind. Der eine führt zum Seeufer hinunter. Hier findet man die Kirche St. Trinitatis und die ältesten Häuserzeilen der Stadt, denen Randlage und Windrichtung beim großen Feuer von 1787 Schonung gewährten. Die Kirche erinnert an das ehemalige Kloster, das um 1246 von den Dominikanern begründet wurde, als erste Niederlassung dieses Ordens in der Mark. Das Kloster verfiel seit der Reformation, nur die Kirche blieb. Ihre innere Wiederherstellung begann 1834, übrigens nach Plänen Schinkels, der damit in der Vaterstadt die einzige Spur seines Wirkens hinterließ. Die Türme sind allerdings erst 1906 angefügt worden, wohl weil sonst die Silhouette der Stadt nicht mehr eindrucksvoll genug wirkte.

Gleich nebenan beginnt die Siechenstraße, in der die Häuser durch Miniaturformate beeindrucken. Die Laurentius-Kapelle ist frisch eingedeckt und wird von der Neuapostolischen Gemeinde genutzt. Unmittelbar angrenzend das Siechenhaus, leider als Ruine. Man kann nur hoffen, daß die Denkmalpflege sich des Wertes bewußt wird und eingreift, bevor es zu spät ist. Denn hier läßt sich eine Anschauung von der vormodernen Armen- und Altenpflege gewinnen; man sieht, wie winzig die Maße und damit die Unterkünfte bei »St. Lazarus« einst waren.

Groß dagegen bietet sich der Ruppiner See dar. Der Märzwind rauht seine Fläche, und das Gegenufer scheint weit entfernt, obwohl es sich um die Schmalseite handelt. Der Vorsatz keimt, im Sommer zurückzukehren, um sich – wie vor einem Vierteljahrtausend der Herr Regimentskommandeur Friedrich – beim »Wasserfahren« zu vergnügen. Die Ausflugsdampfer warten bereits, und sie heißen, wie sie müssen: »Karl Friedrich Schinkel« und »Theodor Fontane«.

Dem Friedrich zu Lande gilt unser zweiter und letzter Spa-

»Ein Loblied auf Leben und Liebe«: Friedrichs Freundestempel in seiner heutigen Form.

zierweg. Er führt durch die Präsidenten- oder Wilhelm-Pieck-Straße zum alten Stadtwall hinaus in den »Tempelgarten«: dorthin, wo der Kronprinz im Kreis seiner Freunde die Sommerabende verbrachte. Natürlich haben Ablauf und Umsturz der Zeiten viele Veränderungen gebracht, selten zum Guten; keine Levkojen und Melonen werden mehr gezogen, immer bloß Stiefmütterchen, wie überall im Lande. Aber es gibt diesen Garten noch, hinter Mauern geborgen. Unter Bäumen, zwischen Hecken, Sträuchern und seltsamen Figuren kann man in ihm umhergehen, sitzen, nachdenken.

Sogar den Tempel treffen wir auf seiner Erhebung noch an, freilich nicht mehr mittelmeerisch offen, sondern – dem märkischen Klima mit Fug angepaßt – als einen Rundbau mit Wänden und Fenstern. Er müßte nur zum Leben erweckt, außen frisch gestrichen, drinnen mit Feingefühl restauriert, neu ausgemalt und alt möbliert werden. Handfest ausgedrückt: Sogar für den Stadtkämmerer dürfte es sich rentieren, dafür das Geld herzugeben, falls man sich aufs tägliche oder abendliche Vermieten einließe. Bis zu sechs Gäste würden hier Platz finden. Und welch ein Ort wäre das zum Pokulieren und Plaudern, fürs Schweifen der Phantasie, für unsere späten Träume von der Jugend oder ein weises Kopfschütteln, ein Lächeln des Erinnerns …

Wir sind die glücklich Geladenen. Der Wein lacht in den Gläsern, die Girandolen brennen und vom Garten her durch die offene Tür treffen Mondlicht und Abendkühle den froh versammelten Kreis. Es ist, als wäre die alte Zeit wieder da, und ungesucht wird unser Beisammensein zu einer Darstellung aus: »Kronprinz Friedrich in Ruppin.« Unsere Kostüme freilich lassen viel vermissen (denn an was erinnerten unsere Reiseröcke weniger als an die silbergestickten Uniformen der Offiziere des kronprinzlichen Regiments), aber was den Kostümen fehlt, wird aufgewogen durch die künstlerische Treue der Kulissen und Requisiten. Die Spiegel mit ihren Rahmen in Barock, die Tische mit ihren ausgeschweiften Füßen, die Atlasgardinen, endlich das die »Geburt der Venus« darstellende Deckenbild – alles erinnert an jenes aus prosaischen und poetischen Elementen so reizvoll und so wunderlich gemischte Stück Zeit, das sein Kleid in den Schlössern der Ludwige, seinen historischen Gehalt aber in den Schlössern der Friedriche empfing. Und dort ist er selbst, der seinem Jahrhundert den Namen gab. Aus der Nische hervor leuchtet sein Auge, um ihn her aber, an den Wandpfeilern entlang, schließt sich ein bunter Kreis von Zeitgenossen: Prinz Heinrich und Voltaire, Zieten und Lessing, Gluck und Kant.*

Unsere Gläser klingen zusammen.

»Es lebe die alte Zeit.«

*Aber draußen schlugen die Nachtigallen, und ihr Schlagen klang wie ein Protest gegen die »alte Zeit« und wie ein Loblied auf Leben und Liebe.**

Ein deutscher Gral

Schloß Liebenberg und seine Bewohner

An der Grenze der Grafschaft Ruppin, aber mit ihrem Hauptbesitzstande schon der Uckermark angehörig, liegt die große, mehr als 20000 Morgen umfassende Herrschaft Liebenberg.

Über die Vorgeschichte von Dorf und Schloß Liebenberg, die der Herrschaft den Namen gaben, ist wenig bekannt. Aller Wahrscheinlichkeit nach war es, in der wendischen Zeit, ein von den Ukranern ausersehener Verteidigungspunkt, der dann, als die deutsche Sache gesiegt hatte, eben dieser wieder als Stützpunkt diente. Dafür sprechen noch ein paar Ortsbezeichnungen. Insonderheit eine: mitten auf einer schmalen Landzunge, die sich in einen Waldsee, die »große Lanke«, hinein erstreckt, erhebt sich der nach drei Seiten hin von Wasser umgebene »Burgberg«, dessen vierte Seite, nach Art eines heranführenden Passes, leicht zu verteidigen war. Die Verteidiger desselben waren zuletzt Deutsche, wie der Name »Burgberg« andeutet, aber Deutsche, die sehr wahrscheinlich ein bloßes Erbe hier angetreten hatten. Ausgrabungen würden unschwer Gewißheit darüber geben.

Um die Mitte des 15. Jahrhunderts finden wir Liebenberg im Besitz der Bischöfe von Brandenburg, die sich desselben jedoch um eben diese Zeit entäußerten. Und zwar kam es, in Gemeinschaft mit dem gesamten »Lande Löwenberg«, an die Bredows ...

Schloß Liebenberg wurde von den Bredows erbaut, die, beinahe zwei Jahrhunderte lang, von 1460 bis 1652, an dieser

Stelle saßen. Von diesem ursprünglichen Bredowschlosse sind nur noch die Souterrains übrig, prächtige Kellergewölbe, darin sich bis diesen Tag die Küchen-, Wasch- und Wirtschaftsräume befinden.

Was ums Jahr 1652, als das verwüstete Liebenberg in den Besitz Jobst Gerhard von Hertefelds kam, an bewohnbaren Oberräumen aus der unmittelbar voraufgegangenen Epoche noch existierte, hat sich im einzelnen nicht feststellen lassen. Aus Aufzeichnungen des von stattgehabten herrschaftlichen Trauungen und Taufen erzählenden Kirchenbuches geht aber zur Genüge hervor, daß solche Räume wenigstens überhaupt vorhanden gewesen sein müssen und daß man sich mit diesen Resten aus der Bredowzeit bis zu Beginn des 18. Jahrhunderts begnügte. 1711 erst wurde das Unzureichende der überkommenen Wohnstätte lebhafter empfunden und der Oberjägermeister Samuel von Hertefeld entschied sich …, unter Beibehaltung der alten Fundamente, für Errichtung eines Neubaues. Aber auch dieser Neubau, Hochparterre mit Mansarde, besaß immer mehr noch den Charakter eines Herrenhauses, als eines Schlosses und nur das Treppenhaus und die Korridore zeigten einigermaßen große Verhältnisse.

*Dieser Bau des Oberjägermeisters blieb über hundertundzwanzig Jahre lang unverändert, und erst unter dem »letzten Hertefeld«, dessen Gastlichkeit mehr Fremdenzimmer erforderte, wurde, zwischen Erdgeschoß und Mansardendach, ein erster Stock eingeschoben. Es war das Anfang der dreißiger Jahre (*des 19. Jahrhunderts*), wonach wieder Ruhe folgte, bis Anfang der siebziger Jahre Graf Eulenburg immer deutlicher und immer unbequemer die Wahrnehmung machte, daß es dem Schloß, all seiner Räumlichkeiten unerachtet, oder vielleicht auch um dieserwillen, an einem großen Raume gebrach. Und daraufhin entstand 1875 ein Anbau, der, rechtwinklig auf die Mitte des alten Baues gerichtet, aus dem einfachen Langhaus ein Haus in Form eines lateinischen T herstellte.*

Der Anbau selbst empfing mittlerweile den Charakter einer einzigen großen Halle, die, soweit meine Kenntnis mär-

Das Haus, das Fontane freundlich empfing, später der Ort einer fürstlichen Tafelrunde und danach des Unheils: Schloß Liebenberg.

kischer Landsitze reicht, in unserer Provinz ihresgleichen kaum finden dürfte. Vielmehr gleicht sie, soweit Dimensionen mitsprechen, einer mittelalterlichen englischen »hall« und unterscheidet sich von einer solchen nur dadurch, daß ihr, unter Wegfall alles Steifen und Feierlichen, umgekehrt ein heiteres und anheimelndes Ansehen gegeben wurde. Dies geschah einerseits mittels Aufstellung einer 12000 Bände zählenden Bibliothek, aber wohl mehr noch dadurch, daß man eben diesen Raum, unbekümmert um seine Größe, zum eigentlichsten Versammlungs- und Aufenthaltsraum, kurzum zum gemeinschaftlichen Wohnzimmer machte. Hier sitzen die Damen am Schreib- und Maltisch, hier wird gelesen und musiziert, geplaudert und Billard gespielt, oft alles zur gleichen Zeit, und eben dadurch allem jener warme Ton gegeben, ohne den es eine wahre Wohnlichkeit nicht gibt. Ein vorgebauter Pavillon und ein Blick auf den Park unterstützen diesen Eindruck.

Außer diesem Neubau, darin sich das Leben im Schloß

oder doch seine gesellige Seite konzentriert, ist es besonders das aus den Tagen des Oberjägermeisters herrührende Treppenhaus, was ein Interesse weckt. Es findet sich hier, auf Podesten und Korridoren, all jener »Urväter Hausrat« zusammen, jener Nipp im großen Stil, der den Besuch alter Schlösser so lehrreich und anziehend zu machen pflegt: Uhren mit und ohne Schlag, alte Rüstungen, die dann und wann einen Handschuh oder eine Beinschiene verlieren, Antiquitäten und Kuriositäten, und vor allem große, bunte und prächtig geschriebene Stammbäume, die keiner recht liest, als fürchte jeder die Stelle zu finden, wo sein eigener Name hinkommen und zu Zukunftsgeschlechtern sprechen wird …

Der Park, der sich in einen inneren und einen äußeren teilt, ist durch Umfang und Schönheit ausgezeichnet, und stammt in seiner ursprünglichen Gestalt aus den Tagen des Oberjägermeisters.

Ich beginne mit dem Innenpark. Er ging, wie das Schloß selbst, durch allerhand Phasen und verwandelte sich allmählich aus gradlinigen, französisch geschnittenen Gängen in einen Park im englischen Stile. Sein gegenwärtiges Aussehen empfing er durch Lenné, der übrigens einige Reste der ursprünglichen Anlagen fortbestehen ließ und durch diesen Akt der Pietät auch der Schönheit einen Dienst leistete. Zu dem, was blieb, gehören unter andern einige der schönsten Hecken, insonderheit eine dichte, zehn Fuß hohe Buchsbaumhecke, die, wegen ihrer zwei-armstarken Stämme, die Bewunderung aller Gartenkünstler zu sein pflegt. Überhaupt ist der Park reich an alten und eigenartigen Bäumen, unter welch letzteren wiederum eine Trauerhasel (die in Paris prämiiert wurde) den ersten Rang einnimmt… Auf das Ganze hin angesehen, erkenn' ich indessen die Schönheit des Parkes nicht in einer Reihe dieser oder ähnlicher Einzelheiten, sondern in seiner Terrassierung und Perspektive. Das in Schräglinie nur mäßig ansteigende Terrain ist durch Abstechung in drei große Stufen umgewandelt worden, auf deren jeder wieder ein quadratischer Teich aufblitzt. In einer Umrahmung oft seltener und jedenfalls* *immer schöner Bäume gewähren diese Wasserflächen einen großen Reiz.*

Unmittelbar an die letzte Terrasse schließt sich der Außenpark, ein Waldhügel, der mit seinen hohen Eichen und Weißbuchen den Innenpark überragt und beherrscht. Er hat die Form eines Topfkuchens, von dessen höchstem Punkt aus eine Menge heller gefärbter Linien nach allen Seiten hin niederlaufen. Dies sind die Wege. Das Ganze führt den Namen »das Kapphölzchen« oder auch der Obristenberg, weil »Sa Majesté, le Colonel de Cocceji« hier zu sitzen und zu meditieren liebte. Zugleich befindet sich hier auch das unterirdische, von Blumen überwachsene Gewölbe, darin derselbe beigesetzt wurde.*

Noch ein Anderes spricht und mahnt an dieser Stelle: das Monument, das die treue Seele, die Neumann, in Erinnerung an die Schreckenstage von Anno 1806 selbständig und aus eigenen Mitteln errichten ließ. Es trägt folgende Inschrift:*

Als in den unglücksvollen Jahren,
Der Feind den Herrn vom Herde trieb
Und unter tödtlichen Gefahren
Ihm nichts von seiner Habe blieb,
Als ihm und die ihm treu ergeben
Des Schmerzes bittre Thrän' entfiel,
Da diente unter Furcht und Beben
Uns diese Stelle zum Asyl.

Für Euch, die Ihr's empfinden könnt',
Erbaute man dies Monument,
1806 (???) 1810.

Die drei Fragezeichen in Parenthese sind mit in den Stein eingegraben und sollen sehr wahrscheinlich einen stillen Protest gegen die französische Wirtschaft ausdrücken. Etwa die Frage: »Wie lange noch?«

Die Kirche, nach Art einer Hauskapelle, steht nur wenige Schritte vom Schloß entfernt. Es ist ein einfaches Gebäude, wie die Reformierten (und die Hertefelds waren reformiert) es immer zu halten pflegten. Erst in allerneuester Zeit, unter den Eulenburgs, ist einiges geschehen, um die Nüchternheit zu bannen und die bekannte »weiße Tünche« durch Farbe zu beleben. An die Stelle der sozusagen immer »mehr Licht« fordernden einfachen Scheiben sind fünf Fenster mit Glasmalereien getreten ... Auch an Gedächtnistafeln und Inschriften fehlt es nicht, von denen eine hier ihre Stelle finden mag: »Aus freyem Antrieb ging für's Vaterland Carl Freiherr von Hertefeld; kehrte in das väterliche Haus zurück den 2. August 1814. Joachim Schulz.« So schlicht und unbedeutend das klingt, so hat es doch seine Bedeutung, und erzählt uns, im Zusammenhange mit der oben zitierten Steininschrift im Park, von jener Patriarchalität und Humanität, die hier allezeit ihre Stelle hatten. Es gab da nichts von Hochfahrenheit und strengem Regiment, alles war Milde, Wohltun und Freundlichkeit, und durch mehr als zwei Generationen hin wurd' ein schönes Beispiel gegeben, wieviel, wenn sie nur echt ist (und nicht zu kirchlich auftritt), die Liebe zu den Untergebenen vermag...

Und wenn die Betrachtung des Lebens wechselte, die Temperatur des Lebens wechselte nicht. Es erkühlte sich nichts in den Herzen, und jene Hilfsbereitschaft und schöne Gastlichkeit, die hier alle Zeit heimisch und das alte Vorrecht der Hertefelds war, sie lebt fort bis diese Stunde. Die »japanische Zimmerreihe« wird nicht leer und nicht müde wird der Eifer, alles, was zu Besuch und Sommerfrische kommt, in die wechselvoll entzückende Landschaft oder auf die Höhen- und Aussichtspunkte hinaufzuführen.

Unter diesen am liebsten auf die Burgbergstelle, die, zugleich voll historischem und landschaftlichem Reiz, auf Wald und Wiesen und die von Mummeln überblühte »große Lanke« niederblickt.

*Hierher geht es in Sommerzeit, um in einem Borkenhäuschen den Tee zu nehmen und sich unter neckischem Spiel, als wär' es im »Sommernachtstraum«, über Wald und See hin zu verteilen, zu haschen und zu suchen. An dem Schilfgürtel entlang schiebt sich das Boot, unter den Uferbäumen ist es wie Flüstern und leises Lachen, und nun geht der Mond auf und gießt sein Licht über die stillbewegte Flut.**

Fontane, man spürt es, hat sich hier wohl gefühlt. Man hieß ihn willkommen, und man wußte den Schriftsteller zu würdigen. Denn dies war ein Haus, in dem musiziert und gelesen wurde. Immer strömten die Bücher herbei; bis 1945 hat sich die Bibliothek der 12000 Bände mehr als verdoppelt. Solche Aufgeschlossenheit war vor allem der Hausherrin zu verdanken, der Gräfin Alexandrine Eulenburg. Vielleicht hat Fontane auch ihren Sohn Philipp kennengelernt, den vielversprechenden jungen Mann mit seinen Neigungen zur Kunst, der selbst schon schrieb und komponierte. Übrigens läßt sich feststellen, daß das Liebenberger Gastspiel kaum vor dem Ausgang der siebziger Jahre stattfand. Jene »hall«, die Größe mit Gemütlichkeit verband und den Mittelpunkt des Familienlebens bildete, ist 1876 fertig geworden. So kannte man bei den Eulenburgs nicht nur den Dichter der Preußenlieder und Balladen, sondern auch den Autor der »Wanderungen«.

Die Liebenberger Gastlichkeit dürfte um so nachhaltiger gewirkt haben, als sie durchaus nicht die Regel war. In den meisten Gutshäusern bildeten Roggenpreise und Rehböcke ein weit wichtigeres Gesprächsthema als die Literatur. Und nun gar von einem Literaten heimgesucht und porträtiert zu werden, hielt man wohl eher für anstößig. Fontane jedenfalls hat bitter vermerkt, daß gerade die seine Hingabe, die Liebe kaum erwiderten, denen sie galt; davon zeugt sein berühmtes Geburtstagsgedicht »An meinem Fünfundsiebzigsten«:

Hundert Briefe sind angekommen,
Ich war vor Freude wie benommen,
Nur etwas verwundert über die Namen
Und über die Plätze, woher sie kamen.
Ich dachte, von Eitelkeit eingesungen:
Du bist der Mann der »Wanderungen«,
Du bist der Mann der märk'schen Gedichte,
Du bist der Mann der märk'schen Geschichte,
Du bist der Mann des Alten Fritzen
Und derer, die mit ihm bei Tafel sitzen,
Einige plaudernd, andre stumm,

Erst in Sanssouci, dann in Elysium;
Du bist der Mann der Jagow und Lochow,
Der Stechow und Bredow, der Quitzow und Rochow,
Du kanntest keine größeren Meriten,
Als die von Schwerin und vom alten Zieten,
Du fandst in der Welt nichts so zu rühmen,
Als Oppen und Groeben und Kracht und Thümen;
An der Schlachten und meiner Begeisterung Spitze
Marschierten die Pfuels und Itzenplitze,
Marschierten aus Uckermark, Havelland, Barnim,
Die Ribbecks und Kattes, die Bülow und Arnim,
Marschierten die Treskows und Schlieffen und Schlieben –
Und über alle hab ich geschrieben.

Aber die zum Jubeltag kamen,
Das waren doch sehr, sehr andre Namen,
Auch »sans peur et reproche«, ohne Furcht und Tadel,
Aber fast schon von prähistorischem Adel:
Die auf »berg« und »heim« sind gar nicht zu fassen,
Sie stürmen ein in ganzen Massen,
Meyers kommen in Bataillonen,
Auch Pollacks, und die noch östlicher wohnen;
Abram, Isack, Israel,
Alle Patriarchen sind zur Stell,
Stellen mich freundlich an ihre Spitze,
Was sollen mir da noch die Itzenplitze!
Jedem bin ich was gewesen,
Alle haben sie mich gelesen,
Alle kannten mich lange schon,
Und das ist die Hauptsache … »kommen Sie, Cohn«.

Die Frage drängt sich auf, warum ausgerechnet Juden ihr Interesse, ihre Zuneigung, womöglich ihre Liebe einer Welt zuwandten, in der ein Hauch von Hochmut, das spröde Abweisen, eine Spielart von Antisemitismus – wenn schon nicht in seiner modernen, mörderischen Form – seit je zu Hause war. Woher stammten denn die Standesproteste gegen Hardenbergs Reformedikt zur Judenemanzipation vom

11. März 1812? Woher die Klagen – so im Text einer Eingabe des Lebusschen, Storkow- und Beeskowschen Kreises –, daß »das ehrliche, brandenburgische Preußen ein neumodischer Judenstaat werden solle«*? Doch dies wäre ein eigenes, abgründiges Thema; wir kehren nach Liebenberg zurück.

Fontanes Urteil ist durch die Gastfreundschaft, die ihm zuteil wurde, man muß nicht sagen getrübt, aber womöglich beeinflußt und zum Gutreden eingefärbt worden. Heute zumindest fällt es schwer, der Idylle noch ganz zu glauben, die der Dichter uns malt. Natürlich verdunkelt der Wechsel der Umstände unser Bild. Teile des Schlosses – darunter die große »Nordische Halle«, die erst 1906 eingeweiht wurde – hat 1945 ein Feuer vernichtet, das Brandstifter legten, um einen Mord zu vertuschen.* Was blieb, wirkt heruntergekommen. Das gilt erst recht für die Kirche. Sie steht noch, doch fast als Ruine, vom Unkraut umwuchert, durch das der Besucher sich mit Mühe seinen Weg bahnt und dabei über Trümmern von Grabsteinen strauchelt, bis er an das aufgebrochene Gewölbe stößt, auf dem verstreutes Gebein makabre Merkzeichen setzt. Nicht besser sieht es im Park aus. Er verwilderte; viele der alten Bäume und die stolzen Hecken verschwanden; der Rasen gleicht einem Sturzacker, von Wildschweinen zusätzlich umgewühlt. Exotische Enten auf dem noch immer quadratischen Teich wirken nicht als Zierde, sondern seltsam verloren, als wollten sie sagen, daß sie hier fehl am Platze seien.

Der Augenschein und Abbildungen aus der älteren Zeit stimmen freilich in einem wichtigen Punkt überein: Bei einem Schloß, das von den wechselnden Bedürfnissen vieler Generationen mit Um- und Anbauten geplagt wurde, kann man von klaren Linien und harmonischer Gliederung schwerlich reden. Auch seine Lage im Talgrund, eingeklemmt zwischen dem Wirtschaftshof und der Straße von Löwenberg nach Liebenwalde oder, weiter gefaßt, von Neuruppin nach Eberswalde-Finow – diese Lage ist alles andere als ideal zu nennen. Sie erlaubte keine Blickführung ins Weite, und immer schon mußte sich der Park »seitwärts in die Büsche« schlagen. Wahrhaftig, die Bedeutung des Ortes erschließt sich nicht ästhetisch, sondern historisch. Geschichte aber verträgt sich mit der Idylle nur selten und nie auf die Dauer.

Familiengeschichte, in die politische gefügt: Daß die Hertefelds von ihrem Stammsitz im niederrheinischen Kleve nach Brandenburg kamen, hatte mit dem Jülisch-Kleveschen Erbfolgestreit zu tun, in dem sich zu Beginn des 17. Jahrhunderts, schon vorausdeutend auf die Katastrophe des Dreißigjährigen Krieges, Machtansprüche mit den Glaubensfragen vermischten. Als Hauptgegner traten der Pfalzgraf von Neuburg, Wolfgang Wilhelm, und der Kurfürst von Brandenburg, Johann Sigismund, in die Arena. Beide waren Lutheraner, aber beide taten, was ihnen nützlich schien: Für wittelsbachische und spanische Hilfe wechselte der Pfalzgraf zur katholischen Kirche, für niederländische Unterstützung der Kurfürst – 1613 – zum Calvinismus. Ein Jahr später wurde ein Vergleich geschlossen, mit dem das Herzogtum Kleve an Brandenburg fiel. Da nun die Hertefelds zur reformierten Minderheit ihres Landes gehörten, ist es kein Zufall, daß sie früh und entschieden auf die Hohenzollern setzten, mit denen sie der Glaube – und eben damit ein handfestes Interesse verband. Was aber ihre rheinische Herkunft, ihre Nähe zu den Niederlanden der Mark Brandenburg eintrug, zeigen Beispiele, die Fontane schildert.

Jobst Gerhard von Hertefeld
1652–1659

Dieser Jobst Gerhard von Hertefeld erwarb ... um das Jahr 1652 einerseits durch Tausch, andererseits durch Kauf ein großes Gutsareal, das aus den seit längerer oder kürzerer Zeit in Devastation übergegangenen Feldmarken von Häsen und Liebenberg und aus hundert Hufen ebenfalls wertlos daliegendem Havelbruchland bei Liebenwalde bestand.*

Aus diesem Wertlosen einen Wert zu schaffen, lag ihm ob. Und er war der Mann, sich dieser Aufgabe zu unterziehen.

Was er für Häsen und Liebenberg getan, darüber liegen keine bestimmten Meldungen vor, aber die Art und Weise, wie er hundert Hufen Havelbruchland in Angriff nahm, muß als epochemachend für die Kulturgeschichte der Mark bezeichnet werden. Er zog nämlich clevisch-holländische Landarbeiter heran und gründete, nach vorgängiger Errichtung von Deichen und Dämmen, eine auf Viehzucht und Molkerei gegründete Kolonie, der er den Namen Neu-Holland gab.

Er gab dadurch, und das war das Wichtigste, das erste Beispiel von Urbarmachung wertloser Bruchgegenden, ein Beispiel, das später am Rhin, an der Oder und Warthe befolgt und eine Quelle nationalen Wohlstandes geworden war…

Oberjägermeister Samuel von Hertefeld bis 1730

Samuel von Hertefeld wurde 1667 geboren. Er trat mit fünfzehn Jahren in die Dienste des Kurprinzen Friedrich, der nachmals als der erste König von Preußen den Thron bestieg. Der junge Hertefeld war einer seiner Jagdpagen und bildete als solcher eine solche Fertigkeit in dem damals noch ganz unbekannten Schießen im Lauf und im Fluge aus, daß er bei den älteren Jägern in den Verdacht der Zauberei kam. Erst als er die feierliche Versicherung gegeben, daß alles natürlich zugehe, traute man ihm und ließ sich von ihm förmlich in der Fertigkeit des im Fluge Schießens unterrichten. Als Ziele dabei dienten rollende Kegelkugeln.

Samuel von Hertefeld folgte dem Kurfürsten übrigens nicht nur auf seinen Jagden, sondern auch auf den Kriegszügen desselben gegen Frankreich und wohnte namentlich der bekannten Belagerung von Bonn bei. Im Jahre 1697 wurde er Clevescher Jägermeister, 1704 aber, wie vor ihm sein Oheim Jobst Gerhard, Oberjägermeister in den brandenburg-preußischen Landen überhaupt.*

Um eben diese Zeit, oder doch nicht viel später, war es auch, daß er die durch eben diesen Oheim begonnene Kolonisation von Neu-Holland beendete.

Dieses, wie schon angedeutet, überaus ersprießliche Werk entging nicht der Aufmerksamkeit König Friedrich Wilhelms I., der, die Bedeutung derartiger Arbeiten erkennend, bald nach seinem Regierungsantritt den Oberjägermeister mit der Entwässserung des großen Havelländischen Luches beauftragte. Die sinnreiche Methode, durch welche Samuel von Hertefeld das Gefälle des anscheinend immer waagerecht und geradezu bewegungslos dastehenden Wassers entdeckte, verdient eine besondere Erwähnung. Bei hohem Wasserstand und an windstillen Tagen befuhr er in einem kleinen Kahn das überschwemmte Luch und streute Papierschnitzel aus. Die Richtung, in welcher die Papierschnitzel mit der Strömung fortschwammen, gab ihm die Richtung des richtigen Gefälles an, und mit Hilfe dieses ebenso einfachen wie sinnreichen Verfahrens entdeckte er den höchsten Punkt, die Wasserscheide der in Frage kommenden Gewässer. Wobei sich's einem unwillkürlich aufdrängt, welche Summen jetzt wohl für die Auffindung dieses Punktes liquidiert werden würden! Auf dem Boden, der durch die Abzugsgräben innerhalb des Luchlandes gewonnen worden war, entstand das einträgliche Amt Königshorst, das so wichtig für die ganze Viehwirtschaft der Mark geworden ist.

Späterhin leitete der Oberjägermeister, unterstützt durch den geschickten Baumeister, Kriegs- und Domänenrat Stolzen, ähnliche Urbarmachungen in Ostpreußen und Litauen... Samuel von Hertefeld starb am 16. Januar 1730 zu Liebenberg und wurde den 22. desselben Monats in dem daselbst befindlichen Gewölbe beigesetzt.**

Wir überspringen die weiteren Generationen und kommen zu den Eulenburgs, die Liebenberg erbten, als im Jahre 1867 der letzte Hertefeld starb. Die Grafen dieses Namens waren mit großem Besitz in Ostpreußen ansässig. Hier allerdings handelte es sich um eine verarmte Nebenlinie. Philipp Conrad Eulenburg (1820–1889) verfügte über kaum mehr als das preußische, also sehr karge Gehalt eines Majors im 3. Ulanenregiment zu Potsdam. Was sich zutrug, hat sein Urenkel erzählt.

Es lag nahe, daß Karl Hertefelds Schwester, die mit einem schlesischen Grafen Dankelmann verheiratet war, die Erbin ihres kinderlosen Bruders sein würde. Und so begab sie sich *zur Trauerfeier und zur Eröffnung des Testamentes nach Liebenberg in der sicheren Annahme, sich als neue Besitzerin bestätigt zu finden. Die zweite ihrer vier Enkeltöchter – Alexandrine Gräfin zu Eulenburg –, deren Erziehung sie nach dem frühen Tode ihrer Tochter ... geleitet hatte und die sich als Kind oft bei ihrem geliebten Großonkel Karl Hertefeld in Liebenberg aufgehalten hatte, war von dem beamteten Notar ebenfalls zur Testamentseröffnung zitiert worden, ohne zu ahnen, aus welchem besonderen Grund dies geschehen war. Wer beschreibt aber die Verblüffung aller Anwesenden, als der Notar mit feierlicher Miene den Letzten Willen des Verstorbenen bekanntgab, in dem er als Universalerbin seine Lieblingsgroßnichte, Alexandrine Eulenburg, einsetzte.* Nach einigen Augenblicken verblüfften Schweigens erhob sich die Schwester Karls mit hochrotem Gesicht, deutete mit ausgestrecktem Zeigefinger auf ihre sprachlose Enkeltochter und stieß nur ein einziges Wort hervor: »Erbschleicherin!« Danach raffte sie ihre Robe zusammen und verließ wütend ihr Heimathaus, um es nie wieder zu betreten.*

Der so plötzlich vom Himmel gefallene Reichtum schlug denn auch wie ein Blitz in das Leben meiner Urgroßeltern ein. Während sich Alexandrine offenbar rasch in die neuen Verhältnisse hineinfand, ist mein Urgroßvater Philipp Conrad zeitlebens nie ganz mit dieser Wende fertig geworden und hat mit seiner Knauserigkeit und der ständigen Angst, die »Fata morgana« müsse sich eines Tages genauso wieder ins Nichts auflösen, wie sie unbegreiflicherweise entstanden war, Frau und Kindern oft das Leben in Liebenberg schwer gemacht. In der damaligen Zeit hatten die Frauen, auch wenn sie – wie Alexandrine – reich waren, keinerlei Verfügungsrecht über ihr Geld oder Besitztum; das wurde patriarchalisch allein vom Ehemann verwaltet. Aus vielen Briefen meines Großvaters Philipp, der, jung verheiratet, in diplomatischen Diensten stand, klingt immer wieder die Bitte um etwas mehr finanzielle Unterstützung heraus. Im Gegensatz zu heute mußten die jungen Diplomaten damals nicht nur ihren privaten, sondern auch dienstlich bedingten Aufwand zum größten Teil aus eigener Tasche bestreiten. Man setzte als selbstverständlich voraus, daß die fast ausnahmslos dem grundbesitzenden Adel entstammenden »Diener des Staates« ihren Beruf als eine besondere Ehre und Verpflichtung dem Staat und der Krone gegenüber betrachteten …

*Liebenberg war also nun plötzlich eulenburgisch geworden und der Name seiner jahrhundertelangen Vorbesitzer war zunächst erloschen. Daß mein Großvater, als er selbst Besitzer wurde, alles getan hat, um das Andenken an die Hertefelds nicht nur wach, sondern auch lebendig zu erhalten, sei ihm hier dankbar nachgetragen. Als zur Jahrhundertwende Kaiser Wilhelm II. ihm den Fürstentitel verleihen wollte, hatte Philipp die Bitte geäußert, dem neuen Titel auch den Namen seiner Vorgänger anfügen zu dürfen, was dann auch geschah, damit dieser Name und die Tradition der Hertefelds sichtbar weitergeführt werden konnte.**

1945 hat sich dann ein Kreis geschlossen; aus Liebenberg vertrieben, kehrten die Eulenburgs zum Ausgangspunkt der Hertefelds zurück: auf den niederrheinischen Besitz bei Kleve.

Im Jahre 1904 heiratete der Sohn des Fürsten Philipp, Friedrich Wend, die Baronesse Marie Mayr von Melnhof, die aus der Steiermark stammte. Für das junge Paar wurde aus der Mitgift der Braut für 250000 Goldmark zwischen 1906 und 1908 ein Nebenschloß erbaut, nahe bei dem Ort, an dem Fontane einst seinen märkischen Sommernachtstraum ansiedelte: das »Seehaus« auf einer Anhöhe über dem Große-Lanke-See. Im Gegensatz zum Hauptschloß befindet es sich in der denkbar schönsten Lage, unter alten Bäumen mit dem Ausblick aufs Wasser, das weitläufig der Wald umrahmt. In bescheidenen Dimensionen errichtet, aber mit großzügigen Räumen im Inneren, nach außen fast klassizistisch wohlproportioniert, kann man von einer wirklich gelungenen Anlage sprechen.

Als Gästehaus der Regierung und Jagdsitz für Parteigrößen hat dieser Bau den Umsturz der Verhältnisse wohlbehalten überdauert; schon der frühe Staatspräsident der DDR, Wilhelm Pieck, war hier – und dann der Mann mit dem Spitzbart,

Das »Seehaus« von Liebenberg, in der DDR-Zeit ein Jagdschloß für Parteigrößen, heute Hotel.

der ihn in den Schatten drängte, Walter Ulbricht. Später hatte sich das Mitglied des Politbüros Alfred Neumann hier eingerichtet, fast als sei das Schloß sein Privateigentum. An diese nun wiederum vergangene Zeit erinnern Reste von Sperranlagen, die gewöhnliche Menschen, gleich ob SED-Genossen oder bloß Bürger, zuverlässig abwiesen – und Jagdtrophäen. Heute dient das Seehaus mit noch ungewissen Besitzverhältnissen als Hotel, in dem man, je nach Geschmack, wie ein Fürst oder eben wie ein Mitglied des Politbüros wohnen kann. Wer indessen genau hinschaut, findet noch anrührende Zeichen der ursprünglichen Bewohner, zum Beispiel am Türrahmen zwischen der Halle mit dem Kamin und dem Eßzimmer, wo Striche mit Jahreszahlen von 1916 bis 1922 das Wachstum eines Kindes markieren.

Bei der Hochzeit von 1904 war auch der Freund des Hauses zur Stelle, Seine Majestät Kaiser Wilhelm II., und hat bei dieser Gelegenheit eine Rede gehalten:

Mein lieber Phili! Deinem Wunsche entsprechend ist es mir eine freudige Pflicht, dem lieben Brautpaare die Glück-

und Segenswünsche der hier versammelten Gäste darzubringen.

Dieser Wunsch deinerseits und die freundlichen Worte, die du soeben gesprochen hast, entsprechen den Beziehungen, die unsere Häuser seit Jahrhunderten verbanden.

Sie, meine verehrteste Gräfin, heiraten in ein Haus, welches seit dem ersten Augenblicke, da meine Vorfahren das dornenvolle Amt übernahmen, die schwer darniederliegende, aus tausend Wunden blutende Mark aufzurichten, zu heilen und ihr neues Leben zu geben, treu zu meinen Vorfahren gestanden hat. Das Haus Eulenburg hat mit dem Hause Hohenzollern in Kriegs- und Friedenszeiten, in Zeiten der Not und Prüfung und in Zeiten der Freude zusammengehalten und ihm in fast 500 Jahren stets Treue bewahrt. Wie die Eulenburgs, so auch die Hertefelds; und Liebenberg ist ein Denkstein in der märkischen Geschichte.

Sie heiraten einen märkischen, einen brandenburgischen Mann – und ich hoffe, daß Sie im Verlaufe Ihres ehelichen Lebens erkennen werden, was der Mann für uns hierzulande zu bedeuten hat!

Mein lieber Büdi, indem ich Gottes reichsten Segen für dich erflehe, hoffe ich, daß dir beschieden werde, der alten Tradition deiner Vorfahren gerecht zu werden.

Ihr habt geheiratet in einer Zeit, die in voller Bewegung ist, und euer Hausstand wird vor allem mit Arbeit ausgefüllt sein müssen; und da hoffe ich, daß du, wenn du auch noch jugendlich bist, ein Vorbild für deine Standesgenossen sein wirst im Arbeiten und Schaffen wie dein Vater. Denn gerade in der jetzigen Zeit, in der leider gerade so viele aus unseren Ständen nicht die ihnen von oben verliehenen Anlagen anwenden und ihre günstige Lebenslage leider nicht zum Wohle der Mitmenschen verwerten, ist es doppelt wichtig, daß du, schon in jungen Jahren einen Hausstand gründend, auch hierin ein gutes Vorbild für andere werdest.

Sie, meine Gnädigste Gräfin, werden – das bin ich fest überzeugt – nicht nur im Rahmen des Hauses, sondern weit darüber hinaus für unser Land eine werbende und treibende Kraft werden.

»Arbeiten«, das muß über jedem Hausstande stehen, arbeiten, solange es Tag ist, denn »es kommt die Nacht, da niemand wirken kann«. Die Arbeit ist auch dasjenige, was dem Leben seinen Wert verleiht und es köstlich macht. Wenn du abgearbeitet nach Hause kommst, dann wird deine Frau dir die sorgenvolle Stirne glätten, und die Ruhe häuslichen Friedens wird dich umfangen; dann wirst du erkennen, was du an deiner Frau hast.

Schöne Tage und Gottes Segen auf euch – ruhen aber mögt ihr im Hinblick auf unsern Herrn und Heiland, dessen gesamte Zeit seines Erdenlebens eine *große Arbeit gewesen ist. Möge er euch stützen und leiten auf euren Lebenswegen.**

Die Rede verdient zwei Anmerkungen. Zum einen bildete das Hohe Lied der Arbeit ein kaiserliches Leitmotiv. »Ich kann wohl sagen, daß die Arbeit und das Leben in der Arbeit Mir zur zweiten Natur geworden ist«, hieß es in einer anderen Rede.* Oder: »Das feste Bewußtsein Ihrer Meine Arbeit treu begleitenden Sympathie flößt Mir stets neue Kraft ein, bei der Arbeit zu beharren und auf dem Wege vorwärtszuschreiten, der Mir vom Himmel gewiesen ist.«* In Wahrheit war es ein Problem Wilhelms II., daß er sich zu der systematischen Arbeit nie bequemte, die ihn vielleicht hätte wachsen und reifen lassen. Wie auf der Flucht vor einem geregelten Pensum war er fast ständig unstet unterwegs, so daß sein Hofmarschall klagte: »Neun Monate reisen, nur die Wintermonate zu Hause! Wo aber bleibt auch da bei fortgesetzter Geselligkeit Zeit für ruhige Sammlung und ernste Arbeit?«* Reisen und Reden, Jagden und Feste: »Ich habe keine Zeit zum Regieren«, erfand dafür der Berliner Witz die treffende Formel.

Zum anderen muß gesagt werden, daß die fast halbtausendjährige Treue und Freundschaft nicht mehr lange gedauert hat. Nur vier Jahre später, 1908, war Philipp Fürst von Eulenburg-Hertefeld ein vom Kaiser verstoßener, ein geächteter und gebrochener Mann. Damit allerdings geraten wir schon mitten hinein in das wilhelminische Drama, das sich mit Liebenberg verbindet.

Die Liebenberger Tafelrunde

Robust und geradegerichtet, so stellt man sich den märkischen Junker gemeinhin und durchaus zu Recht vor. Denn wie der Kriegsminister der Bismarckzeit, Albrecht von Roon, einmal sagte: »Einseitigkeit der Bildung macht schneidig für den Zweck«* – nämlich Soldat zu sein, als Offizier dem König von Preußen zu dienen und, wenn nötig, für ihn zu sterben. Im mißratenen Fall entstand der Kasino-Schnösel, im gelungenen wuchsen knorrige Gestalten heran, die dann als Rittmeister oder Landräte den Abschied nahmen, einen ererbten Besitz verwalteten, patriarchalisch für die Ihren sorgten – den Diener, den Kutscher, die Gutsleute eingeschlossen – und mit Skepsis in eine Welt hinausblickten, die sich anschickte, anders und »modern« zu werden. Dem gelungenen Charakter hat Fontane das Denkmal geschaffen:

Dubslav von Stechlin, Major a. D. und schon ein gut Stück über Sechzig hinaus, war der Typus eines Märkischen von Adel, aber von der milderen Observanz, eines jener erquicklichen Originale, bei denen sich selbst die Schwächen in Vorzüge verwandeln. Er hatte noch ganz das eigentümlich sympathisch berührende Selbstgefühl all derer, die »schon vor den Hohenzollern da waren«, aber er hegte dieses Selbstgefühl nur ganz im stillen, und wenn es dennoch zum Ausdruck kam, so kleidete sich's in Humor, auch wohl in Selbstironie, weil er seinem ganzen Wesen nach überhaupt hinter alles ein Fragezeichen machte. Sein schönster Zug war eine tiefe, so recht aus dem Herzen kommende Humanität, und Dünkel und Überheblichkeit (während er sonst eine Neigung hatte, fünf gerade sein zu lassen) waren so ziemlich die einzigen Dinge, die ihn empörten. Er hörte gern eine freie Meinung, je drastischer und extremer, desto besser. Daß sich diese Meinung mit der seinigen deckte, lag ihm fern zu wünschen. Beinah das Gegenteil. Paradoxen waren seine Passion. »Ich bin nicht klug genug, selber welche zu machen, aber ich freue mich, wenn's andere tun; es ist doch immer *was drin. Unanfechtbare Wahrheiten gibt es überhaupt nicht, und wenn es welche gibt, so sind sie langweilig.«* Er *ließ sich gern was vorplaudern und plauderte selber gern.**

Die Anfechtung ewiger Wahrheiten konnte man sich um so freier leisten, als man noch in Traditionen, in einem eigenen, selbstverständlichen Wertgefühl und Lebensstil zu Hause war. »Wir glauben doch alle mehr oder weniger an eine Auferstehung«, läßt Fontane seinen Dubslav sagen und fügt in Klammern hinzu: »Das heißt, er persönlich glaubte eigentlich nicht daran.« (Zu den Lieblingsanekdoten des »Stechlin«-Autors gehörte: »Meine Herren, es hat zu allen Zeiten Völker gegeben, die an einen Gott glauben. Und es hat zu allen Zeiten Völker gegeben, die an keinen Gott glauben. Meine Herren, die Wahrheit wird wie immer in der Mitte liegen.«) Jene Erweckungsbewegung des 19. Jahrhunderts, ein Pietismus nach der Gutsherrenart, wie er in Pommern so mächtig wurde und, von den Thadden, Kleist, Below, Blanckenburg, Senfft von Pilsach getragen, noch Bismarck am Rande berührte, hat nach Brandenburg kaum hinübergewirkt. Vielleicht läßt sich das daraus erklären, daß hier der große Friedrich immer so nahe und als ein Vorbild der Skepsis wirksam blieb.

Vom Stechlin zum Große-Lanke-See von Liebenberg ist es nicht weit; die Bahnstationen Gransee und Löwenberg liegen an der gleichen Strecke nur ein Dutzend Kilometer auseinander. Darum ließe sich der Nacherbe von Liebenberg, den der letzte Hertefeld in seinem Testament benannte, nicht bloß seinem Alter nach als ein Bruder von Dubslavs Sohn Woldemar vorstellen. Doch Philipp Eulenburg, 1847 geboren, paßt in kein märkisches Schema. Zwar begann er als Offizier, wie Herkommen und die zunächst kargen Verhältnisse es geboten, aber er wechselte in den diplomatischen Dienst, sobald die Umstände das erlaubten – und als nach dem ersten, sozusagen standesgemäßen Scheitern die Examensklippen umschifft waren. Vor allem fühlte er sich zum Künstler berufen – und zum Freundesbund mit Auserwählten, den Bernhard von Bülow, der spätere Reichskanzler, in einem Brief an Eulenburg beschrieb:

*Als Du mich mit dem brüderlichen Du anredetest, kamst Du den Wünschen wie dem Gefühl meines Herzens entgegen... Als schwesterliche entstiegen einst unsere Seelen dem rätselhaften Born alles Daseins; nur andere Hüllen und verschiedenfarbige Flügel wurden uns gegeben ... Die höhere Einheit, in welcher wir uns begegnen, ist das volle gegenseitige Verständnis, welches zur Sympathie führt und zu jener Harmonie zwischen zwei Menschen, die das Köstlichste ist, was dieses arme Leben bieten kann. Seit ich Dich kenne, warst Du mir sympathisch und habe ich Dich von Herzen lieb ...; möchtest Du mir lange, lange erhalten bleiben, solange ich lebe, mein lieber Philipp, wirst Du an mir einen treuen Freund haben.**

Das war voreilig und falsch beschworen, wie sich noch herausstellen sollte. Eulenburgs Schicksalsstunde aber schlug 1886, bei einer Jagdgesellschaft im ostpreußischen Prökelwitz*, als er dem um zwölf Jahre jüngeren Prinzen begegnete, der so bald schon DER KAISER sein sollte. Es war, so scheint es, eine Liebe auf den ersten Blick. »Prökelwitz« mag zwar nicht gerade an Petrarcas Vaucluse oder auch nur an König Ludwigs Neuschwanstein erinnern. Aber was liegt an den Namen? Durchaus poetisch ging es da zu.

*Wir unterhalten uns herrlich ... Prinz Wilhelm ist begeistert für meine Balladen und alles Nordische. Er steht stets bei mir und blättert die Seiten um ... »Atlantis« ist seine Lieblingsballade, jeden Abend muß ich sie singen ... Man muß diesen Menschen gern haben.**

Weil er dichtete, komponierte und seine Lieder selbst vortrug, wurde »Philli« Eulenburg bald »der Barde« genannt, indessen einige aus dem Freundeskreis – nicht Eulenburg – wenig respektvoll »das Liebchen« sagten, wenn sie Seine Majestät meinten. Es hätte wohl auch »Phillis Liebchen« heißen können, falls man aufs Raunen und auf den Klatsch hörte: »Er ist eben zu nett und zu gut geblieben, unser alter Philly. Mit welch halb verlegener Freude und Begeisterung zeigte er mir die zahllosen von Kistler aufgenommenen Photographien seiner Nordlandfahrt – Dein geliebter Kaiser und er immer im innigsten Vereine. S.M., wie Dörnberg sagt, sieht leider meist recht dick und kommun aus – aber ich konnte es nicht übers Herz bringen, es Philly zu sagen.«*

Leider muß man feststellen, daß die romantische Kunstauffassung der Freunde mehr mit der Vergangenheit als mit der Gegenwart oder der Zukunft zu tun hatte; zum zeitgenössischen Aufbruch in die Moderne fanden sie keinen Zugang. Eulenburg behauptete, daß moderne Maler ihre »Wahrheit« im Schmutz oder im Pessimismus suchten*; der Kaiser prägte das Wort von der »Rinnsteinkunst« – und löste damit einen Sturm der Entrüstung aus. Doch was er selbst anbefahl, etwa die Sieges- oder, wie die Berliner bald sagten, die »Puppen«-Allee brandenburg-preußischer Herrscherfiguren, erwies sich als wertlos und »byzantinisch«.* Sei's drum: Das Bessere ist der Feind jenes Schlechten, das Eulenburg beim Namen nennt:

Kaiser Wilhelm II., der im Gegensatz zu seinem hochgebildeten Elternhaus seine Erziehung im Offizierkorps des I. Garderegiments »vollendet« hatte, sog wie ein Kind an den Mutterbrüsten die Tradition ein, daß jeder preußische Offizier nicht nur die Quintessenz aller Ehrenhaftigkeit, sondern auch aller guten Sitten, aller Bildung und geistigen Begabung sei. Daß ein Mann von hellem Blick wie Wilhelm II. auch die beiden letzteren Eigenschaften jedem *Garderock zuzurechnen vermochte, ist mir stets ein Rätsel gewesen. Wir wollen es eine Mischung von militärischer Hohenzollerninzucht und Selbsthypnose nennen.**

In solcher Atmosphäre gedieh freilich das Banausentum, jene dümmliche Kasino-Schnöselei, die dann eine politisch-satirische Wochenschrift wie der 1896 in München gegründete »Simplicissimus« zu ihrer Zielscheibe machte. Jetzt aber fand der Kaiser etwas Neues, eine andere, die geistige Dimension. Und er fand, was noch mehr und weit wichtiger war, eine Zuwendung des Herzens, die er bisher entbehrte. Eulenburg zeichnete auf, was der Freund ihm anvertraute:

Vor einiger Zeit, bei einem Spaziergang mit dem Kaiser in Odde, kam er auf die bei ihm angewendete Erziehungsmethode zu sprechen. Er wurde in Erinnerung daran bitter. Die mangelnde Liebe der Mutter bildete den Grundton. Die verfehlten Experimente Hinzpeters (seines Erziehers) *verurteilte er scharf … »Er wollte aus mir sein Ideal eines Fürsten machen, und mit seiner harten, charaktervollen Energie* zwang *er mich ohne Rücksicht auf meine Individualität in dieses Bild hinein. Das war der Fehler. Was in mir fest saß, wurde durch die angewendete Gewalt noch starrer. Er wollte mich ›eisern‹ machen, was ich eigentlich schon war, und so ging die Harmonie verloren. Denn ich hatte keine ausgleichende Mutterliebe. Ich gehöre zu den Naturen, die Lob brauchen, um angefeuert zu werden und Gutes zu leisten. Tadel lähmt mich.* Niemals *habe ich aus Hinzpeters Mund* ein *Wort der Anerkennung erfahren. Als ich einmal in Kassel in einer Anwandlung von Fleiß abends ein großes Pensum gut gearbeitet hatte – mehr als ich brauchte –, beherrschte mich ein Gefühl der Befriedigung, eine Art Stolz. Ich wußte, daß ich ein Wort der Anerkennung verdiente. Ich* brauchte *es in jenem Augenblick. Aber Hinzpeter verzog keine Miene. Es war, als ob nichts vorgefallen sei. Das hat mich unaussprechlich verletzt, war wie ein Wendepunkt. Ich tat* nichts *mehr freiwillig. Die Härte meines Wesens wurde gewissermaßen geweiht. So kommt es, daß ich absolut nichts empfinde, wo andere leiden. Der Abschied von Frau und Kindern ist mir gleichgültig, – aber ich mache mir Vorwürfe darüber. Und doch kann ich es nicht ändern … Es fehlt mir etwas, das andere haben. Alle Lyrik in mir ist tot.«**

Welch ein Bekenntnis, welch ein Anruf um Beistand! Philipp Eulenburg hat sich anrufen lassen. Er hat, bis an oder über die Grenzen seiner Kräfte, dem Freund geholfen – das Eingeständnis sogar eingeschlossen, »daß ich ihn deshalb so lieb habe, weil ich ein grenzenloses *Mitleid* für ihn empfinde«. Unter »der furchtbarsten Verblendung völlig unzureichender General- und Flügeladjutanten« wie später unter »der ganzen verdrehten Marinetollheit« leidend, möchte er sich zurückziehen – »wenn ich nicht immer das Bild meines geliebten Kaisers, seine leuchtenden Freundesaugen vor mir sähe!« Im übrigen hat Eulenburg versucht, Folgerungen zu ziehen und Ratschläge zu formulieren, wie für Bernhard von Bülow:

Vergiß niemals, daß S.M. ein Lob hin und wieder braucht. Er gehört zu den Naturen, die ohne eine Anerkennung, hin und wieder, aus bedeutendem *Munde* mißmutig *werden. Du wirst immer Zugang zu allen Deinen Wünschen haben, wenn Du nicht versäumst, Anerkennung zu äußern, wo S.M. sie* verdient. *Er ist dankbar dafür wie ein gutes kluges Kind. Bei fortgesetztem Schweigen, wo er Anerkennung verdient, sucht er schließlich* Übelwollen. *Die Grenze zum Schmeicheln werden wir immer genau einhalten!**

Das war freilich leichter gesagt als getan. Und was wohl konnte aus dem Rezept werden, was ist daraus geworden, wenn karrierekluge oder vielleicht bloß geschmeidige Männer wie Bülow es zur Anwendung brachten! Eulenburg selbst hat in Formen geschrieben – und gewiß auch geredet –, die das Mißtrauen wecken. »Unbeschreiblich beglückt«, in einem »Taumel von Freude« wendet sich der ältere Mann dem jüngeren zu und trägt ihm seinen Dank, seine Verehrung an.*

Dennoch, keine Zweifel: Philipp Eulenburg *liebte* den Kaiser. Er suchte ihn zu leiten und zu schützen, wie er es verstand und vermochte. Er versuchte auch, ihn vor Illusionen zu warnen und von unklug übereilten Entschlüssen zurückzuhalten. Sogar Friedrich von Holstein, die immer krittelnde »Graue Eminenz« des Auswärtigen Amtes, später Eulenburgs Todfeind, hat das anerkannt: »Lieber Freund. Einstmals wird man jedenfalls sagen können, daß *einer* da war, der Wilhelm II. die Wahrheit sagte. Aber ich glaube wirklich, daß es auch *nur einer* war.«* – Im Mai 1887 schickte der Barde seinem Prinzen eine Einladung:

Welches Glück es für mich wäre, wenn Eure Königliche Hoheit Zeit für einen kleinen Ausflug in meine Heimat finden könnten, brauche ich nicht zu versichern … Wenn Ew.

*Königliche Hoheit mir wirklich die unbeschreibliche Freude machen wollten zu kommen, so darf ich wohl bitten eine Büchse mitzubringen. Bei einem Spaziergang im Walde begegnet man leicht wilden Tieren und es würde mir sehr erfreulich sein, wenn Ew. Königliche Hoheit einige Rehböcke und Keiler umlegten ... Welche Seligkeit wäre es, Ew. Königliche Hoheit meine geliebte Heimat zeigen zu können! – wenn das Wetter gut ist, wird es Ew. Königlichen Hoheit gut gefallen! – Wir schwärmen ja beide für unsere Mark.**

Der Besuch fand am 8. und 9. Juni statt, der erste von vielen. Gewiß spielte die Jagd ihre Rolle, wichtig aber wurden die Gespräche im Freundeskreis, musisch untermalt. Bald sprach man von der »Liebenberger Tafelrunde«. Doch ein Herrscher von Gottes Gnaden im Kreis seiner Ritter, dieser Anhauch von Mystik und Mittelalter, mit Beiklängen aus dem »Parsifal«, legt die andere Bezeichnung nahe: ein deutscher Gral.

Natürlich gab es die Begegnungen nicht nur in Liebenberg, sondern an verschiedenen Orten, in Rominten zum Beispiel und nicht zuletzt an Bord der »Hohenzollern« bei den Nordlandreisen, zu denen Eulenburg den Kaiser seit 1889 alljährlich begleitete. Es versteht sich, daß die Spekulationen ins Kraut schossen: Was wohl wurde in der hehren Runde beredet, was womöglich beschlossen?

Ein deutscher Gral und sein Hüter: So ungefähr hat der Schwärmer aus Liebenberg die eigene Rolle wohl tatsächlich erträumt. Aber es läßt sich nicht übersehen, daß im Ablauf der Zeit die Bilder und die Klänge sich verdunkeln, daß das Hochgefühl in Unbehagen, Mißstimmung, Schmerz, am Ende in die Verzweiflung abstürzt. Das jugendlich ungestüme Wesen des Kaisers erwies sich je länger je mehr als Unreife, die nicht weichen wollte, und gegen die Sprunghaftigkeit der Majestät war auf die Dauer so wenig auszurichten wie gegen seine alltägliche, bloß servile und bornierte Umgebung. Die Ritterrunde des Grals verzerrte sich zum Kasino. Man kann den Wandel der Eindrücke an Eulenburgs Briefen und Aufzeichnungen von den Nordlandreisen ablesen.

1889:
*Sonntag. Um zehn Uhr versammelten wir uns auf dem Vorderdeck. Über einen Kasten war die Kriegsflagge gedeckt, und der Kaiser nahm seinen Platz am Altar ein ... Nach Verlesung des Evangeliums und der Epistel las der Kaiser eine kurze Predigt und schloß den Gottesdienst mit dem »Vaterunser« und dem Segen. Der Tag war hell und klar. Wir fuhren zwischen herrlichen Felseninseln hin, während der geliebte Kaiser in seiner schlichten, geraden Art uns Gottes Wort vortrug. Welcher deutsche Kaiser hat wohl je in solcher Form und Umgebung seines priesterlichen Amtes gewaltet? Es hatte etwas außerordentlich Bewegendes, diesen in Jugend und Frische strahlenden Herrn so schlicht und einfach seine Glaubensüberzeugung, seine Zugehörigkeit zum Christentum bekennen zu sehen.**

1894:
*Die Orchestermusik von früh bis abends ist auf die Dauer recht ermüdend, um nicht zu sagen »unerträglich«. Aber der Kaiser gehört zu den Menschen, denen Lärm einen angenehmen Eindruck macht. Man weiß nicht, wohin man fliehen soll, um den Trompeten zu entgehen.**

1900:
*S.M. hat sich nicht mehr in der Gewalt, wenn ihn die Wut erfaßt. Gestern sah er nicht einmal, daß Matrosen in der Nähe standen, als er tobte, die jede Silbe hören konnten ... Ich halte den Zustand für sehr gefährlich, in dem wir uns befinden, und weiß keinen Rat.**

1903:
*Der Kaiser ... saß viel in seinem Zimmer, scherzte laut mit den Fahrtgenossen, die er manchmal in die Beine zu kneifen oder zu kitzeln liebt.**

Der Widerspruch der Jahre zu der verkrampften Heiterkeit verletzt mich am meisten. Die Fahrtgenossen sind ohne Ausnahme zu hohen Würden gestiegen: Fürsten, Exzellenzen, Geheime Räte und Professoren sind aus den Grafen, Majo-

*ren und Malern geworden, und sie sind alle recht verbraucht. Aber es bleibt doch noch genug Energie, um heiter, frisch, witzig – ja geistreich zu erscheinen. So frisch, daß alles morgens turnen kann. Mich ekelt das sehr. Ich kann diese Exzellenzen, die die Kniebeugen machen, nicht mehr ertragen – auch nicht Witze vor morgens 9 Uhr. Bisweilen frage ich mich, wie es der Kaiser erträgt, der doch auch fünfzehn Jahre älter wurde – und er stiftet oft selber das alles an.**

*Mit ganz verzerrtem Gesicht erschien der arme Herr nach der Lektüre der Berichte im Eßsaal, und jede harmlose Unterhaltung war ausgeschlossen. Krieg, Rache, Ohnmacht, und ein grimmiger Zug verletzter Eitelkeit … stand auf dem blassen, nervösen Gesicht geschrieben.**

*Ich stehe so sehr unter dem Eindruck der Trauer, daß ich gerne sofort das Schiff verließe. Ich fühle die Tränen in mir aufsteigen, wenn ich den lieben, gütigen Herrn … in maßlosen Ausfällen gegen allerhand Windmühlen höre und sein in Heftigkeit ganz entstelltes Gesicht sehe.**

*Der arme, arme Kaiser! – wie zerstört er alles um sich, was sein Halt, sein Stolz sein sollte!**

»Auf loderndem Drachen, im rauschenden Meer / versank König Helge mit Schild und Speer« – so hatte der Barde Eulenburg nach dem Tod Friedrichs, des 99-Tage-Kaisers, 1888 gesungen, um dann den jungen, den sieghaften Herrscher zu feiern. Nun lasen sich die Zeilen auf einmal, als redeten sie nicht vom Vergangenen, sondern als Menetekel von den kommenden Dingen.

Eulenburg war ein Hypochonder; schon früh und immerfort berichten seine Briefe von Krankheiten, von Fieber, Schmerz und Erschöpfung. Aus dem Abstand ist freilich leicht zu sehen, daß es sich nicht bloß um Plagen des Körpers handelte, sondern ebenso oder in erster Linie um Leiden der Seele. In einem Leben, das die Widersprüche zwischen Herkommen und Anlagen, Karriere und Künstlertum, zwischen Pflichten und Neigungen bis zum Zerreißen spannte (und immer eines das andere beschädigte, um nicht zu sagen ruinierte) – in solch einem Leben geriet das Krankwerden zum Fluchtweg. Als im

Jahre 1902 die Mutter starb, an die er noch als gereifter, selbst schon an der Schwelle des Alters stehender Mann tiefer gebunden blieb als an sonst einen Menschen, reagierte der Sohn mit Zusammenbruch und Rückzug. Um in Liebenberg endlich Ruhe zu finden, nahm er Abschied vom diplomatischen Dienst – immerhin vom Botschafterposten in Wien, dem wichtigsten, der im Kaiserreich neben St. Petersburg und London zu vergeben war; zur Nordlandreise fand er sich nur noch einmal, 1903, bereit. Aber wahrscheinlich kam noch etwas anderes ins Spiel, ein dunkles Gefühl der Verstörung, eine Ahnung der Vergeblichkeit und des Scheiterns: Der Gral zerfiel, weil Wilhelm II. dem Bild nicht entsprach, das sein Ritter der Tafelrunde sich erträumt hatte.

Die Ruhe indessen, auf die Eulenburg hoffte, erwies sich als trügerisch. Zu lange schon und viel zu nahe hatte er als Freund und Berater am Thron gestanden, zu deutlich war er ausgezeichnet und demonstrativ sogar in den Fürstenstand erhoben worden, zu sehr erschien er noch immer als das Haupt einer unverantwortlichen »Kamarilla«, um nicht den Neid und den Haß, ein Gelüst nach Rache auf sich zu ziehen. Hatte er denn nicht – zumindest vordergründig erfolgreich – auf das »persönliche Regiment« des Kaisers hingearbeitet, dessen Handlanger Bernhard von Bülow sein sollte, Leiter der auswärtigen Politik seit 1897, Reichskanzler seit 1900? So begann im November 1906 der Journalist Maximilian Harden – einst ein Sprachrohr des gestürzten Bismarck, jetzt der Verbündete Friedrich von Holsteins – das »Präludium« seiner Angriffe:

Der Romantiker ... hat für alle seine Freunde gesorgt. Ein Moltke ist Generalstabschef, ein anderer, der ihm noch näher steht, Kommandant von Berlin, Herr von Tschirschky Staatssekretär im Auswärtigen Amt; und für Herrn von Varnbüler hofft man auch noch ein warmes Eckchen zu finden. Lauter gute Menschen. Musikalisch, poetisch, spiritistisch; so fromm, daß sie vom Gebet mehr Heilswirkung erhoffen als vom weisesten Arzt; und in ihrem Verkehr, mündlichen und brieflichen, von rührender Freundschaftlichkeit. Das alles wäre ihre Privatangelegenheit, wenn sie *nicht zur engsten Tafelrunde des Kaisers gehörten ... Heute weise ich offen auf Philipp Friedrich Karl Alexander Botho Fürsten zu Eulenburg und Hertefeld, Grafen von Sandels, als auf den Mann, der mit unermüdlichem Eifer Wilhelm dem Zweiten zugeraunt hat und heute noch zuraunt, er sei berufen, allein zu regieren, und dürfe, als unvergleichlich Begnadeter, nur von dem Wolkensitz, von dessen Höhe herab ihm die Krone verliehen ward, Licht und Beistand erhoffen, erflehen; nur ihm sich verantwortlich fühlen. Das unheilvolle Wirken dieses Mannes soll wenigstens nicht im Dunkel fortwähren.**

Es folgten, von Mal zu Mal unverhüllter, Anspielungen auf sexuelle, homosexuelle Verfehlungen; es folgten Skandal und Prozesse, höchst geschickt inszeniert. Eulenburg beschwor seine Unschuld, aber Gegenzeugen die Schuld; er schien und er war verloren. Es blieb ihm nur, einmal mehr und unwiderrufbar, die Flucht in die Krankheit, der Zusammenbruch als Ausweis seiner Verhandlungs- und Haftunfähigkeit.

Die Prozeßakten sind vernichtet, und die Frage nach Schuld oder Unschuld mag ruhen, die sich heute ohnehin abwegig ausnimmt. Etwas anderes aber ist wichtig. Der Traum vom deutschen Gral war ein Traum vom Männerbund, der die Frauen ausschloß. Worauf beruhte denn auf den Nordlandreisen die »ungezwungene«, vielmehr pubertär anmutende Atmosphäre gealterter Exzellenzen nebst jugendfrischen Matrosen*, die den sensiblen Sänger zunehmend abstieß? (Übrigens war es Eulenburg, der es übernahm, für die Kaiserin Berichte zu schreiben, um sie wenigstens aus der Ferne teilnehmen zu lassen, indessen er vom Kaiser Intimes über Eheprobleme zu hören bekam.*)

Sieht man sich weiter um, so erkennt man ein Grundmuster unserer neueren Geschichte; man denke an das Tabakkollegium des »Soldatenkönigs« oder an Friedrichs berühmte Tafelrunde von Sanssouci. Derb mochte es im einen Fall zugegangen sein, geistreich im anderen. In der wilhelminischen Runde kam bloß das Geschmacklose noch hinzu, etwa im Jahre 1908 jene fatale Szene, in der ein General und Chef des Militärkabinetts, um seinen Herrn zu erheitern, im Baströckchen als »Ballettratte« tanzte – um dann, von der Anstrengung und vom Schlag getroffen, tot auf den Boden zu stürzen.

In der preußisch-deutschen Gesellschaft und Kultur ist ohnehin stets und sehr einseitig das männliche Element betont worden, ein »hartes« Tugendprofil der Leistung, des Einsatzes und der Opferbereitschaft, gipfelnd im Soldatischen samt der Liebe zur Uniform, wie die Schul- und Geschichtsbücher sie verherrlichten und wie sie auch oder gerade die wilhelminische Zeit bestimmte – bis hin zur erhellenden Posse, zum »Hauptmann von Köpenick«, der (in Carl Zuckmayers Worten) das Prinzip formuliert: »Naja, in Uniform, da gehts ja, da macht man Figur, das gibt'n kollossalen Halt, da is man'n ganz anderer Kerl. Wissen S' – in Staatsbürjerkluft – da komm ick mir immer vor wie 'ne halbe Portion ohne Mostrich.«

In der Tiefendimension geht es um eine Begründung des Selbstbewußtseins aus dem Privilegiertsein zum Kampf und zum Sterben, in dem man mit seinesgleichen unter sich und darum »der Mann noch was wert« ist. Diese Art von Selbstbewußtsein sähe sich durch die Anerkennung des Weiblichen als gleichberechtigt und gleichgewichtig gefährdet, weil damit das Zivile, eine unheroische Tapferkeit im Alltäglichen, die Bewahrung des Lebens in den Mittelpunkt rücken, eine eigene Würde beanspruchen und womöglich den Idealismus der »heldischen« Opferbereitschaft als hohl entlarven würde. Jene Angst vor dem Weiblichen, die sich schon beim »Soldatenkönig« so charakteristisch bemerkbar macht, ist darum in Untergründen angelegt, die in ihrer eigenen Perspektive durchaus verständlich sind: Das Ewig-Weibliche zieht uns hinab.

Nur folgerichtig fehlt in der preußisch-deutschen Kultur das sänftigende, zivilisierende Gegenelement, sogar als Symbol: keine Mutter Gottes als Schutzheilige der Nation wie in Polen und keine Landesmutter wie Maria Theresia in Österreich, kein Mütterchen Rußland, das seine bedrängten Kinder umfängt, nirgendwo Königinnen, die Zeitalter prägen wie das elisabethanische in England. Und nur in rasch wieder verwelkten Ansätzen gibt es eine Salonkultur, wie sie sich in Frankreich um Frauen von Geist und von Grazie entwickelt. – Als

Spielart eines deutschen Themas kennt der männerbündische Traum vom Gral viele Variationen, zum Beispiel – zeitgleich beinahe zur Liebenberger Tafelrunde – den Dichter- und Jünglingsschwarm um Stefan George, der sich auf seine Weise ebenfalls als ein Kreis um den Gral, als Elite der Erwählten verstand. Doch je anspruchsvoller und geschlossener sich ein Männerbund darstellt, je deutlicher daher ein eigener und besonderer Eros ihn durchherrscht, desto weniger darf beim Namen genannt werden, daß das Leibliche einbezogen statt ausgeschlossen sein könnte. Denn sonst bricht sofort der Skandal los, der alles zerstört. *Zur Sache* gehört darum nicht etwa die Toleranz, sondern ein wütendes Verdrängen der Homosexualität – und das unerbittliche Verfolgen, falls sie sich zeigt.

Eben darum war Eulenburg verloren, als Harden ihn nannte. Welch eine Existenz seither: vom Kaiser verstoßen*, von den Freunden verlassen, von der Gesellschaft geächtet, in Liebenberg lebendig begraben bis zum Tod am 17. September 1921 – und bis dahin ans Kranksein als Bedingung einer beschränkten Freiheit gefesselt, weil alle paar Monate Ärztekommissionen erschienen, um die Verhandlungs- und Haftfähigkeit zu prüfen; selbst nach dem Umsturz 1918 drohte noch eine Wiederaufnahme des Verfahrens. Ein Enkel hat sich später erinnert:

*Für uns Kinder war das alles noch nicht verständlich. Später habe ich dann immer bedauert, daß ich diesen Großvater nicht anders denn als einen immer gütigen, heiteren, für uns Kinder amüsanten, aber alten und kranken Mann, meist an Krücken oder an zwei Stöcken gehend, im Gedächtnis behalten habe ... Wir wußten nichts von den Widerwärtigkeiten der Welt; wir liebten ihn, und er liebte uns, und darüber konnte er dann wohl auch manchmal alles andere vergessen. – Wenn wir die Großeltern besuchten (*vom Nebenschloß, dem »Seehaus« aus*) – und das war mehrmals in der Woche –, war einer unserer schönsten Späße, daß sich der Großvater mit uns auf ein Sofa setzte, sich eine dicke blaue Kladde und einen Bleistift geben ließ und eine aufregende*

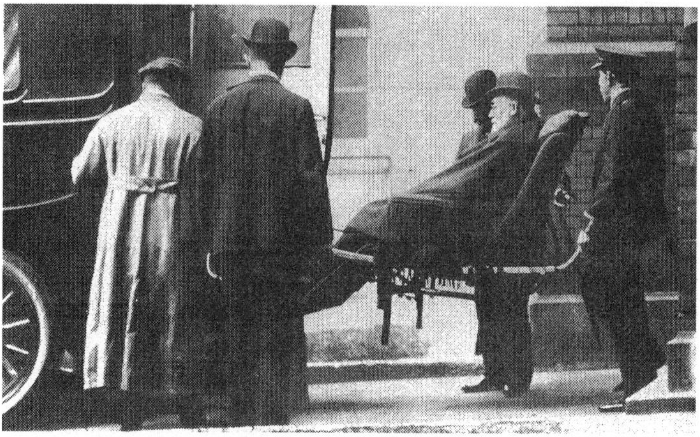

Ans Kranksein als Bedingung seiner sehr beschränkten Freiheit gefesselt: Philipp Fürst Eulenburg auf dem Weg zum Gericht.

*Geschichte von zwei Kindern erfand, deren Abenteuer dann während der Erzählung von ihm mit gekonnten Strichen illustriert wurden. »Rudolf und Anna« hießen die beiden Helden, die immer neue Streiche verübten oder gefahrvolle Dinge erlebten. Und während der Großvater langsam und bedächtig erzählte, entstanden die erstaunlichsten Zeichnungen, die uns fast noch mehr als die Geschichten selbst zu fesseln vermochten. Er war ein Meister der Erzählkunst.**

Was den alten und kranken Mann aber bewegte, war die Zuwendung, die er ab 1909 trotz allem und ganz und gar unerwartet von einem württembergischen Reichstagsabgeordneten, dem Liberalen Conrad Haussmann, erfuhr. Ein Briefausschnitt zeigt Eulenburgs Gefühle:

Was ich gewonnen habe, sind Sie, lieber verehrter Freund. Sie kamen mit Glauben an mich zu mir, während ich unter dem furchtbaren Eindruck lebte, daß niemand mehr an mich glaube. Sie kamen mit der Herzenswärme eines guten Menschen zu mir, und Sie weckten durch Ihren Geist das geistige Leben wieder in mir, das in fürchterlicher Monotonie, wie eine aufgescheuchte Fledermaus, ruhelos Tag und Nacht nur um den Scheiterhaufen flatterte, den man für mich aufgerichtet hatte. Sie haben ein wahres, edles, menschenfreundliches Werk an mir getan, und Ihr Lohn muß in dem vollen schönen Bewußtsein liegen, es vollbracht zu haben. Denn ich *vermag es Ihnen in meiner Ohnmacht nicht zu entgelten, was Sie an mir taten.*

Es ist eine seltsame, verkehrte Welt, in der ich lebe. Diejenigen, denen ich in schwerer Arbeit wohlgetan, geholfen habe, an mich glauben müßten, *weil sie meine Gesinnung kennen, verließen mich, und ein Fremder reicht mir die Hand, als hätte ich ihn immer gekannt, hilft mir auch und gibt mir Mut.*

*Zu dieser Seltsamkeit muß ich aber auch zählen, daß Sie mir und den Meinen für die freundliche Aufnahme danken, die Sie bei uns gefunden haben. Ist das nicht gleichfalls eine verkehrte Welt, lieber Freund? – Wer hat wohl eigentlich zu danken?**

Solch einem Freund konnte Eulenburg sogar bekennen, was sonst verschlossen blieb:

Es wäre ein Mangel an Logik oder eine Selbsttäuschung, wenn ich mich noch zu den königstreuen Preußen zählen wollte. Kaum ist es mir möglich, die monarchische Regierungsform mit Gleichmut hinzunehmen … Ich habe den Wunsch, meinen Standesgenossen die Augen zu öffnen über die Möglichkeit, denen sie durch einen »König von Gottes Gnaden« ausgesetzt sind, der in der Lage ist, im Rahmen einer bestehenden Verfassung autokratische Gelüste in die Tat umsetzen zu können. Und ich verbinde damit die Absicht, meine Standesgenossen nicht in radikaler, wohl aber in liberaler Form darauf hinzuweisen, daß ohne eine gesetzlich festgelegte Kontrolle des deutschen Kaisers und Königs von Preußen nicht eine ruhige und sachliche Regierung des Reiches erwartet werden kann. – Eine solche Überzeugung hat mich stets erfüllt. Sie steht in schroffem Widerspruch zu der bösartigen Legendenbildung, wonach ich *nicht nur die autokratischen Gelüste Wilhelms II. gestärkt, sondern geradezu wachgerufen hätte.**

Da allerdings erwachen wieder die Zweifel. Gewiß, nur eine Parlamentarisierung, die Abhängigkeit der Regierung von Mehrheiten, die aus Wahlen hervorgehen, eine Verbindung also von Monarchie und Demokratie – wenn man so will eine englische (oder belgische, niederländische, skandinavische) Entwicklung – hätte Kaiser und Reich vor dem Sturz in den Abgrund bewahren können. Doch der Verfassungswandel wurde erst vollzogen, als es zu spät und alles verloren war: am 28. Oktober 1918. Eulenburg indessen ist zur parlamentarischen Konsequenz gar nicht durchgedrungen. Und im Jahre 1899 hatte er als politischer Ratgeber und als Künstler, als Ästhet notiert, was er damals glaubte: »Ein König, der sich zum Träger demokratischer Ideen macht, wird seine Dynastie ebenso zugrunde richten, wie der Maler, der nicht das Ideale vertritt, die Kunst zugrunde richtet.«*

Ähnlich war es beim zweiten Schicksalsthema der Epoche, beim Weltmachtstreben mit den Mitteln der Marine. Eulenburg hat über den »Wassermilitarismus« gespottet und – 1912 – in einer hellsichtigen Studie nachgewiesen, daß der Schlachtflottenbau nicht dem Frieden diene, sondern unaufhaltsam zum Krieg treibe.* Wie aber hat der Reisebegleiter Seiner Majestät an Bord der »Hohenzollern« gesprochen? Nur als ein Lustspiel skizzierte er – 1898 – die wilhelminische Leichtfertigkeit und notierte seinen ebenso knappen wie symbolträchtigen Dialog mit dem Steuermann:

*»Na«, sagte ich, »wohin geht die Fahrt des Kaisers? – Norden? Süden? Osten? Westen?« »Nee«, sagte er gedehnt, »ick fahre nur man so drauflos.«**

Doch wer darf sich erhaben dünken, bloß weil er den Ausgang und sogar den Abgrund schon kennt? 1945, im Angesicht des Todes, kurz bevor die Schergen des deutschen Wahns ihn ermordeten, hat Albrecht Haushofer seine »Moabiter Sonette« geschrieben. Eines spricht von der Schuld:

Ich trage leicht an dem, was das Gericht
mir Schuld benennen wird: an Plan und Sorgen.
Verbrecher wär' ich, hätt' ich für das Morgen
des Volkes nicht geplant aus eigner Pflicht.

Doch schuldig bin ich anders, als ihr denkt,
ich mußte früher meine Pflicht erkennen,
ich mußte schärfer Unheil Unheil nennen –
mein Urteil hab ich viel zu lang gelenkt...

Ich klage mich in meinem Herzen an:
Ich habe mein Gewissen lang betrogen,
ich hab mich selbst und andere belogen –

ich kannte früh des Jammers ganze Bahn –
ich hab gewarnt – nicht hart genug und klar!
*und heute weiß ich, was ich schuldig war...**

Hätte Eulenburg dieses Sonett als das seine gelesen? Wir wissen es nicht.

Wer aber heute durch Liebenberg wandert, mit einem Erschauern an der zerbrochenen Grabstätte vorüber, der findet vielleicht den Dorffriedhof und auf ihm das granitene Kreuz, auf dem gerade noch lesbar geschrieben steht:

In Dankbarkeit seinem getreuen Leibjäger
Emanuel Bartsch
geb. 7. VI. 1867 † 30. XI. 1910
Ph. Fürst Eulenburg Hertefeld
1919

Wie denn? möchte man ausrufen. Hat der Mann nicht bedacht – nach allem, was ihm geschehen war –, wie sehr er die Mißdeutung, das hämische Tuscheln herausfordern könnte? Doch hier zumindest glauben wir die Antwort zu kennen: Es hat ihn nicht mehr berührt. Worauf es ihm ankam, war genau das, was die Inschrift sagt: Dankbarkeit zu erweisen für die Treue im Dienst. Darum handelt es sich um den Gedenkstein eines märkischen Edelmanns.

REVIERGÄNGE

Schattenfiguren eines deutschen Jahrhunderts

Nacht über dem Seehaus von Liebenberg, Mitternacht. Draußen ruft der Waldkauz die Gespenster und die Toten: »Komm mit! Komm mit!« Drinnen ist das Kaminfeuer längst schon niedergebrannt; nur ein Widerschein letzter Glut läßt Umrisse erkennen, Schattengestalten, Gesichter am Ende: vier Männer, in ihren Sesseln zu später Runde versammelt. Erst allmählich, da die Augen sich eingewöhnen, wird erkennbar, um wen es sich handelt.

Der erste, in unruhig schroffer Bewegung, ist der Markgraf von Brandenburg, besser bekannt als König von Preußen und noch besser als Seine Majestät der Kaiser, Wilhelm II. Neben ihm, noch im Sitzen sehr groß, gewissermaßen sein Nachfolger. Jedenfalls wurde er »der ungekrönte König von Preußen« genannt: Otto Braun, Sozialdemokrat und Ministerpräsident in der Zeit der Weimarer Republik. Auf dem dritten Platz, träge hingestreckt, wie seine Leibes- und Titelfülle es gebieten, wieder ein preußischer Ministerpräsident – der letzte überhaupt –, der Reichsjäger- und Reichsforstmeister, der Beauftragte für den Vierjahresplan, der Oberbefehlshaber der Luftwaffe, Generalfeld- oder Reichsmarschall Hermann Göring. Am Ende dann, schmalschultrig und starr, bloß immerfort seine Brille zurechtrückend: der Vorsitzende des Staatsrats und Generalsekretär der SED Erich Honecker.

Welch ein Gaukelspiel der Phantasie und welche Kontraste! Jede dieser Schattenfiguren verkörpert eine politische Epoche, eine Form von Herrschaft, die des Vorgängers und aller ande-

Der Kamin im »Seehaus« von Liebenberg.

ren Todfeind war. Müßten sie darum einander nicht verachten oder beschimpfen – oder sich anschweigen? Nein, keineswegs. Sie finden das Thema, das bis weit über die Mitternacht Männer vereint wie seit Urzeiten schon, das über alle Umbrüche eines deutschen Jahrhunderts hinweg die Mächtigen verbindet: ihre Leidenschaft für die Jagd. Zur Anregung dienten wahrscheinlich die Wahrzeichen – der Elchkopf, die Geweihe, Gehörne und Keilerwaffen –, die in der Vorhalle aufgehängt sind, eine Hinterlassenschaft des Genossen Alfred Neumann; als Mitglied des Politbüros hatte er hier, vor kurzem noch, hofgehalten. (Inzwischen wurden die Trophäen an den Wänden verdübelt, weil Hotelgäste sie als Souvenirs mitgehen ließen.)

Betrachten wir die Figuren genauer, den Markgrafen zunächst. Von ihm hat der Sohn des Fürsten Eulenburg in seinen Erinnerungen berichtet:

Jeden Herbst kam Kaiser Wilhelm auf zwei bis drei Tage zu den Saujagden. Diese Besuche brachten natürlich allerhand Aufregungen mit sich, war es doch sehr verantwortungsvoll, den Kaiser zu beherbergen, und dies um so mehr, da er den ausdrücklichen Wunsch hatte, in diesen Tagen nichts von Polizei oder anderem Bewachungspersonal in seiner Nähe zu sehen. Mein Vater holte den Kaiser meist im offenen Wagen oder bei schlechtem Wetter in einem Coupé auf dem Bahnhof in Löwenberg ab, wo der kaiserliche Hofzug bis zur Abreise des Kaisers abgestellt blieb. Das Gefolge des Kaisers folgte in anderen Wagen hinter dem Kaiser mit meinem Vater. Als einziger Schutz galoppierte ein Feldjäger an der Tête des Wagenzuges, der auch die Ankunft des Kaisers auf dem Liebenberger Schloßhof meldete, wo die Arbeiter, Angestellten und Schulkinder versammelt waren und den Kaiser mit Hochrufen begrüßten. Meine Mutter und wir Kinder empfingen den Kaiser am Schloßportal.

Diese Kaiserbesuche sind mir besonders stark im Gedächtnis geblieben, war es doch etwas Besonderes, den deutschen Kaiser einige Tage als Gast in unserem Hause zu haben, wo er sich sichtlich wohlfühlte. Zu uns Kindern war er immer besonders nett, mit jedem von uns unterhielt er sich. Abends wurde immer Musik gemacht. Mein Vater sang aus seinen eigenen Kompositionen, und mein Bruder Sigwart spielte Klavier, ebenfalls meist eigene Stücke. An den Saujagden, die an zwei aufeinander folgenden Tagen stattfanden – meist den einen Tag im »Bruch«, den der Kaiser besonders schätzte mit seinen alten Eichenbeständen, den zweiten Tag im Kiefernrevier an den Liebenberger Seen in den Lankebergen –, nahm *ich bis zum Jahr 1898 noch nicht teil. Meine Mutter und wir Kinder fuhren aber häufig zum Jagdfrühstück hinaus und erwarteten abends voller Spannung die zurückkehrende Jagdgesellschaft. Es gelang meist, den Kaiser auf besonders starke Keiler zum Schuß zu bringen. Einige der stärksten ließ er ausstopfen und nach Liebenberg schicken, wo sie jahrelang im Jagdsaal beim großen Kamin hingen.**

Im November 1906, kurz bevor der Skandal losbrach, den Maximilian Harden mit seinen Artikeln auslöste, war der Kaiser zum letztenmal in Liebenberg. Damals führte der Sohn Philipp Eulenburgs bereits selbst die Regie.

*Ich war in begreiflicher Aufregung darüber, ob meine Anordnungen erfolgreich sein würden. Dies war zu meiner Befriedigung der Fall. Bei einem der Haupttriebe stand ich hinter dem Kaiser in dem aus Tannenreisig geflochtenen Schirm, der in der Mitte einer ca. fünf Meter breiten Schneise innerhalb des Triebes aufgestellt war. Der Kaiser hatte, wie immer, zwei Büchsenspanner bei sich, zwei große Männer in Jagduniform mit langen Vollbärten. Er schoß mit Doppelbüchsen, und da sein linker Arm bekanntlich gelähmt war, hielt er das Gewehr beim Schießen nur mit der rechten Hand. Auffallend war, daß er, wenn Sauen über die Schneise kamen, immer beide Schüsse auf das gleiche Stück abgab, bevor es die Schneise passiert hatte. Fehlschüsse waren äußerst selten, die meisten Sauen roulierten im Feuer. Es war für mich ein Genuß, dieser Schießfertigkeit des Kaisers zuzusehen. In diesem Trieb erlegte er fünf Sauen und einen Damschaufler, unter den Sauen einen ganz besonders starken Keiler, der ihm sichtlich Freude bereitete.**

Natürlich schoß Seine Majestät nicht bloß in Liebenberg, sondern auch oder erst recht in der Schorfheide, dem alten Großrevier der Hohenzollern, das nur wenige Kilometer entfernt hinter Zehdenick beginnt – und überall dort, wo sich namhafte Strecken erwarten ließen, sei es im ostpreußischen Rominten oder in der hannoverschen Göhrde.

Zweierlei wird deutlich. Zum einen erwies sich Wilhelm II. trotz seiner Behinderung als ein guter Schütze. Zum anderen zeigen die beiden Büchsenspanner, daß er viel schießen wollte. Drastisch sagt es ein Bericht aus der Göhrde:

*Der Kaiser war ein wilder und ehrgeiziger Schütze. Auf dem Schreibtisch in seinem Zimmer im Schloß lag ein Briefbeschwerer mit der Inschrift: »Nächst den fremden Fehlschüssen erfreuen Uns am meisten die eigenen Treffer. 12. Dezember 1897.« Er schoß nur auf die besten Stücke Wild, die an seinem Schießstande vorübergetrieben wurden; darum weist seine Abschußliste nur wenig weibliches Wild auf und wenig geringes Schwarzwild. Die übrigen Jagdgäste waren gemäß der Rangordnung nach dem Kaiser aufgestellt, und sie hatten auch ein weit engeres Schußfeld. Bei dieser Anordnung kam der letzte Jagdgast in der Reihe natürlich nur sehr selten zum Schuß. In dem Aufbau und in der Ausstattung des Kaiserstandes entfalteten die Forstbeamten eine wahre Künstlerschaft. Der Kaiser dankte den Forstbeamten für ihre Mühe bei der Jagd durch die Verleihung mancher Orden; auch von anderen fürstlichen Jagdgästen wurden sie reichlich mit Hausorden bedacht.**

So in der Tat hatte alles seine Ordnung – an die in der Schorfheide ein Gedenkstein erinnert, der heute noch zu sehen ist. Er sagt auf seine bemüht altdeutsche Weise, was den kommenden Geschlechtern zum Staunen, zur Ehrfurcht bewahrt werden soll:

Unser durchlauchtigster
Markgraff und Herre Kaiser
Wilhelm II.
faellete allhier am 20. IX.
a. d. 1898 Allerhöchst Seinen
1000. edel Hirschen
von XX Enden.

Vier Jahre später – nach einer Mitteilung des Hofjagdamtes an die Presse vom 31. Oktober 1902 – hatte es der Herre Kaiser auf insgesamt 47443 Stücke Wild gebracht. Siebenundvierzig-

Den kommenden Geschlechtern zum Staunen und zur Ehrfurcht:
Gedenkstein in der Schorfheide.

tausend erlegte Tiere! Das wurde mit Stolz, ohne eine Spur von Verlegenheit verkündet, vielleicht zum Beweis dafür, daß die Majestät mit dem verkümmerten Arm sogar als Jäger ein ganzer Mann war. Inzwischen, *unseren* Enkeln zum Staunen, ließe sich ein Gedenkstein vorstellen, der nie gesetzt werden wird. Auf ihm stünde geschrieben:

Am Tag vor dem Fall seiner Mauer,
am 8. November 1989,
schoß der Vorsitzende des Staatsrats a. D.
Erich Honecker
hier seinen letzten Hirsch.

Zum Nachdenken müßte vielleicht noch angefügt sein: Buch Daniel, Kapitel 5, Vers 20. Wer dann die Bibel aufschlüge, bekäme zu lesen: »Da sich aber sein Herz überhob und er stolz und hochmütig ward, ward er vom königlichen Stuhl gestoßen und verlor seine Ehre.« Kaum minder freilich könnte das als Anspielung auf Wilhelm II. verstanden werden.

Nicht der Sieger von Tannenberg fand hier den Tod, sondern der Hirsch, den er schoß.

Was es tatsächlich gibt, ist ganz in der Nähe des kaiserlichen Gedenksteins der andere, der mit seiner knappen Inschrift beinahe mißverständlich wirkt:

Generalfeldmarschall
v. Hindenburg
26. 9. 1932

Doch nicht der deutsche Heldengreis, der Sieger von Tannenberg fand hier den Tod, sondern der Brunfthirsch, den er erlegte. Seltsam ist im übrigen, daß der Reichspräsident verschwiegen wird, die Amtsstellung mithin, ohne die Hindenburg an diesem Ort schwerlich zum Schuß gekommen wäre. Wahrscheinlich ist das daraus zu erklären, daß man sonst des Vorgängers im Staatsamt und auf der Pirsch hätte gedenken müssen, des »Sattlergesellen« und »Sozis« Friedrich Ebert. Zur Ehre Hindenburgs sei angefügt, daß er sich durch Bescheidenheit auszeichnete. Er freute sich über die zwei oder drei Hirsche, die ihm freigegeben wurden – und erkundigte sich besorgt, ob man sich tatsächlich in den Reviergrenzen befinde, die ihm angewiesen seien.

Es versteht sich fast von selbst, daß nichts in der Schorfheide an Otto Braun erinnert, der zunächst als Landwirtschaftsminister, dann mit kurzen Unterbrechungen von 1920 bis zum Staatsstreich Papens am 20. Juli 1932 mit starker Hand als Ministerpräsident in Preußen regierte und das Land zu einem Bollwerk der Republik ausbaute. Dabei ging es für den Mann aus Königsberg, den Aufsteiger aus ärmlichen Verhältnissen, um etwas ganz Besonderes und Persönliches, wie sein Biograph Hagen Schulze erzählt:

Die Jagd: für Braun eine Passion. Um zu ermessen, was sie ihm bedeutete, muß man sich das Leben vergegenwärtigen, das er seit frühester Jugend gekannt hatte: eine nie abreißende Kette drückender Pflichten und harter Arbeiten, die Braun selten mit Freude, immer unter Aufbietung seiner Willenskraft und Disziplin bewältigt hatte. Ein freudenarmes Dasein im Grunde, sehr angestrengt, sehr willensbetont, von einer felsenharten Ethik untermauert ... Das Glücksgefühl, das er bei der Jagd empfand, war viel tiefer als für einen, der sie beruflich oder bei gesellschaftlichen Anlässen betrieb. Wenn er mit der Büchse auf dem Rücken in der Rominter Heide ... oder in der Schorfheide ... pirschte, fühlte er sich frei; je drückender und ungeliebter die amtlichen Geschäfte wurden, desto mehr wurde die Jagd für Braun eine private Gegenwelt, die kaum noch etwas mit den Beschwernissen der Berliner Politik verband. Kein Wunder also, daß seine Freunde Jagdgenossen, keine Politiker waren; selbst Carl Severing, mit dem ihn mehr verband als mit den übrigen Kabinettskollegen, duzte Braun zwar, aber er hielt Abstand zu ihm: Severing ging nicht auf Jagd. Umgekehrt wußten Brauns Jagdgefährten von einem heiteren, aufgeschlossenen, umgänglichen Mitmenschen zu berichten, wie man ihn in den Berliner Ministerien kaum kannte. Die Jagd wurde Brauns Zuflucht im eigentlichen Sinne; er selbst benutzte das Wort in diesem Zusammenhang selbst öfter und notierte auch in seinen Erinnerungen: Die Jagd »entrückte mich *jeweilen den Widerwärtigkeiten, die einen republikanischen Minister jener Zeit reichlich umgaben«.**

Widerwärtigkeiten in der Tat. Gegen die angeblichen »Novemberverbrecher« von 1918, die dann als Sozialdemokraten die Republik verteidigten, brandete der Haß. Und was man dem Kaiser nachgesehen oder sogar zur Ehre angerechnet hatte, gab nun Anlaß zu Verleumdungen. Braun reagierte entsprechend:

*Wenn seine Freude an der Jagd öffentlich zur Debatte stand, verließ ihn der Humor. Gewiß hatte er dazu gelegentlich Anlaß, denn da ihm sonst nichts nachgesagt werden konnte – »ihm Korruption nachzuweisen ist bis heute nicht gelungen«, schrieb im März 1925 bedauernd der Herausgeber der »Preußischen Jahrbücher« –, fand sich hier für Kritiker, die Braun persönlich ans Leder wollten, ein bescheidener Ansatzpunkt. Braun klagte: gegen das »Deutsche Signal«, das Braun als »Jagdminister« bezeichnet und behauptet hatte, er sei 160 Tage im Jahr auf der Jagd; gegen den »Tag«, in dem zu lesen stand, dem »Nimrod Braun« sitze der Finger »ziemlich locker am Abzug. Was ihm vor die Flinte kommt, das knallt er nieder«; gegen das Essener »Freie Wort«, das ihn der Wilddieberei beschuldigt hatte; gegen den nationalsozialistischen Funktionär Otto Voß, der behauptet hatte, Braun habe in sein »Jagdschloß« Marmorböden und -badewannen im Wert von 250000 Mark einbauen lassen; gegen die »Niersteiner Warte«, die geschrieben hatte, er habe Elche während der Schonzeit erlegt – mindestens dreizehn Klagen zwischen 1924 und 1931 allein in diesem Zusammenhang. Vor allem der Vorwurf unwaidmännischen Verhaltens, der von der deutsch-nationalen Opposition sogar im Landtag vorgebracht wurde, veranlaßte Braun zu langen und erregten Erwiderungen, »und seine Freunde«, so ein sozialdemokratischer Abgeordneter, »wohnten dann, leicht befremdet und leise schmunzelnd, einer Debatte bei, über deren Zusammenhang mit politischen oder wirtschaftlichen Problemen sie sich nicht ganz im klaren waren ...«**

Doch es entstanden auch unerwartete Verbindungen, nicht zuletzt zu dem Nachfolger Friedrich Eberts im Amte des Reichspräsidenten, gegen den die Sozialdemokraten Braun als ihren Kandidaten aufgeboten hatten. Eigentlich schien Feindschaft angesagt:

*Hindenburg stand für alles, was Braun zuwider war: Er war ostelbischer Junker, er war Militarist, er hatte als Chef des Generalstabes des Feldheeres im Oktober 1918 den Waffenstillstand gefordert und es den Sozialdemokraten überlassen, die Verantwortung zu tragen, er hatte kräftigen Anteil an der Erfindung der Dolchstoßlegende, er war Monarchist und das Idol aller Feinde des Weimarer Staats und seiner Verfassung, die Kommunisten ausgenommen.**

Umgekehrt galt Braun den Kreisen, denen sich Hindenburg verbunden fühlte, als eine Art Gottseibeiuns, denn in seinen jüngeren Jahren war er der Führer der ostpreußischen Landarbeiterbewegung gewesen, die ihre Spitze gegen den großen Grundbesitz richtete. Indessen stellte sich bald heraus, daß es Gemeinsames gab.

Die größte Überraschung erwartete Braun …, als er seinen Antrittsbesuch bei Hindenburg machte, um wenigstens »mit ihm auf einen gewissen amtlichen Verkehrsfuß« zu kommen. Einer, der dabei war, erzählte den Verlauf des Gesprächs später dem links-pazifistischen Schriftsteller Helmuth v. Gerlach: Braun habe nebenbei die Bemerkung fallengelassen, es dürfte den Reichspräsidenten vielleicht interessieren, daß der ostpreußische Elchbestand sich dank der Bemühungen der preußischen Forstverwaltung seit dem Krieg verdoppelt habe; Hindenburg, der seit jeher ein leidenschaftlicher Elchjäger gewesen war, horchte auf und verwikkelte Braun in ein lebhaftes Jagdgespräch, wodurch die für den Empfang festgesetzte Zeit beträchtlich überschritten wurde. Am Abend, berichtet v. Gerlach, habe Hindenburg seinem Gewährsmann gegenüber bemerkt: »Wie man doch manchmal über einen Menschen falsch unterrichtet wird.

*Meine Freunde in Hannover hatten mir gesagt, der Otto Braun sei ein fanatischer Hetzer. Jetzt sehe ich, daß er ein ganz vernünftiger Mensch ist, mit dem man über alles sprechen kann.« – In der Folgezeit entwickelte sich zwischen Braun und v. Hindenburg eine sonderbare, durchaus persönlich gefärbte Beziehung, die allgemein Aufsehen machte und die Boulevardpresse zu abenteuerlichen Kombinationen inspirierte.**

Die Jagd spielte ihre eigene und wesentliche Rolle:

*In der Schorfheide ... war dem Reichspräsidenten ein Jagdrevier reserviert; zwar pirschte man nicht gemeinsam, denn Braun konnte keine Begleitung gebrauchen, »am wenigsten die des alten Herrn, der ja schon infolge seines hohen Alters und körperlicher Schwerfälligkeit sehr schlecht zu Fuß war«, aber die Nachbarschaft, fern aller Pflichten, verband doch.**

Hindenburg selbst sprach gelegentlich von seinem »Freund« Braun. Diese Bindung, so sie denn ernstlich eine war, ist bald am Wechsel der politischen Umstände zerbrochen. Aber man sieht: Nicht bloß in Liebenberger Schattenrunden schafft die Jagd merkwürdige Genossen.

Das half freilich nicht, natürlich nicht, als 1933 Deutschland »erwachte«. Während Braun, ein kranker und resignierter Mann, vor der Gewalt floh – zur Empörung seiner Parteifreunde um ein paar Wochen zu früh – und sich je länger desto unerbittlicher der Vereinsamung, dem Vergessensein des Exils preisgegeben sah, war der neue Herr schon zur Stelle. Hermann Göring richtete sich in der Schorfheide ein, als sei sie sein Eigentum, weiträumig für alle »Unbefugten« gesperrt. Da Hubertusstock, das Jagdhaus der Hohenzollern, nicht gut genug schien, begannen bald die Arbeiten an »Karinhall« als dem wahrhaft fürstlichen Landsitz. Im Grunde sah Göring die Schorfheide wohl schon als Dotation an, als Königs- oder vielmehr als die Führergabe, die ihm früher oder später persönlich zufallen sollte – wie einst Bismarck der Sachsenwald bei Hamburg.

Um die Gabe so üppig wie möglich zu machen, betrieb der

Waldfürst die Ausweitung der Schorfheide. Nur zum Exempel: Am östlichen Rande der Staatsforsten lag das Gut Parlow. Der Besitzer, ein Herr von Wedel, bekam eines Tages dürre Botschaft zugestellt: »Der Herr Ministerpräsident Generalfeldmarschall Göring möchte durch den Kauf Ihres Gutes erreichen, daß durch die Erträgnisse dieses Gutes eine Wildfutterbasis geschaffen wird.« Der Einwand, daß man diese Basis ja auch mit Anbau- und Lieferverträgen sichern könne, verblüffte zwar, aber er verfing nicht. Denn nicht darum ging es in Wahrheit, sondern um die Besitzgier. Ein politisch einflußreicher Jurist aus altpreußischer Familie, den Herr von Wedel um Rat und um Hilfe bat, entzog sich mit dem Hinweis, es sei eben des Landes so Brauch: »Einem seiner Vorfahren habe Schloß Rheinsberg gehört, das als Residenz Friedrichs des Großen während seiner Kronprinzenzeit und des Prinzen Heinrich bekannt ist. Diesem Vorfahren habe Friedrich Wilhelm I. eine knappe Order zugehen lassen, er habe Rheinsberg gegen eine niedrige Entschädigung, die der König in dem Schreiben auch gleich festgesetzt habe, abzutreten – dergleichen sei in solchen Zeiten ganz üblich.« Davon, daß die Größe Preußens nicht nur durch die Macht und das Schwert, sondern auch durch die Entwicklung zum Rechtsstaat gegründet worden ist – als eine Art Testament des großen Friedrich 1794 vom Preußischen Allgemeinen Landrecht gekrönt –, davon hatte dieser Jurist wohl nie etwas gehört. So half alles Sträuben nicht: 1939 mußte Herr von Wedel auf Parlow verzichten und sich mit neuem Besitz in dem gerade für das Großdeutsche Reich gewonnenen Sudetenland abfinden lassen.*

Die alte, immer neue Erfahrung: Nahe bei der Macht kann man Karriere machen, aber gemütlich kaum wohnen; mit Talleyrand zu reden: »Die Bajonette, Sire, taugen zu allem, nur nicht, sich darauf zu setzen.« Wie aber sah die jagdliche Nähe aus? Darüber mag wieder der persönliche Bericht aus Liebenberg Aufschluß geben:

Eines Tages berichtete mein Vater, er habe vom Sohn unseres Oberförsters Schade, der als junger Forstmeister in dem ehemaligen Hof-Jagdrevier Schorfheide angestellt war, einen

Brief bekommen, in dem dieser berichtete, daß er von Hermann Göring ... zu dessen Leibjäger bestimmt worden war. Er bäte um eine persönliche Besprechung in einer geheimen Angelegenheit. Vater bestellte also Willi Schade zu sich und erfuhr dabei, daß Göring, der sich auf den großen Jagdausstellungen gut umgesehen habe, die kapitalen Liebenberger Damschaufler aufgefallen seien. Bei Gelegenheit wäre zwischen ihm und Göring zur Sprache gekommen, daß sein Vater in Liebenberg als Oberförster tätig sei. Göring habe ihn daraufhin beauftragt, »in taktvoller Weise« dort, also in Liebenberg, vorzufühlen, ob er, Göring, mit einer Jagdeinladung zur Brunftzeit rechnen könne, wohl wissend, daß man in damaliger Zeit kaum einen solchen Wink des Reichsjägermeisters unerfüllt lassen konnte.

Vater schrieb also persönlich an Göring, daß es ihm »eine Freude« sei, wenn er zu noch zu vereinbarender Zeit nach Liebenberg käme, um auf einen Brunftschaufler zu pirschen ...

Ende Oktober 1934 war es dann soweit, daß man über das Reichsjagdamt den Tag des Besuches bestimmte. Gefolgt von einer größeren Wagenkolonne erschien Göring, entsprechend bestaunt von den auf dem Schloßhof wartenden »Volksgenossen«, vor denen man das Ereignis natürlich nicht hatte verheimlichen können. Er bestieg sofort neben meinem Vater den wartenden Pirschwagen zur Fahrt in den Wald ...

Bald nach Einbruch der Dunkelheit rollte der Wagen wieder auf den Hof; zur allgemeinen Erleichterung wurde aus der hinten angebrachten Wildraufe des Wagens ein I.A-Schaufler ausgeladen und beim Schein der von den Gärtnern entzündeten Kienfackeln von unseren Förstern zünftig verblasen. Jagdherr und Gast waren gleichermaßen beglückt (und ersterer erleichtert), daß alles wie geplant funktioniert hatte. Sehr aufgeräumt erschien Göring dann zum Dinner in einem elchledernen Wams, das er von der Verwandtschaft seiner verstorbenen Frau Karin in Schweden geschenkt bekommen hatte. Unsere Familie – auch unsere damals über 80jährige Großmutter – hatte sich vollständig eingefunden, um das »Spektakel« mitzuerleben. Man mußte einräumen, daß sich unser Gast in unserem Kreise in jeder Weise tadellos benommen hat...

*Diese Jagdbesuche wiederholten sich in den folgenden Jahren bis zum Krieg fast regelmäßig. Aus dem Ministerpräsidenten war inzwischen der »Reichsmarschall« geworden. Bei der Jagd erwies sich Göring sowohl als guter Jäger als auch als ein überdurchschnittlich guter Schütze, der auch den Zeigefinger gerade lassen konnte, wenn nicht alle Voraussetzungen für einen sicheren Schuß auf das richtige Stück Wild geboten schienen.**

Den Finger am Abzug auch gerade lassen können: Nicht von jedem unter den großmächtigen Jägern ließ oder läßt sich das sagen. »Nur einmal hat Göring in den Anfängen seiner Jägerei 1933 an einem Tag mehr als ein Dutzend geringe Damhirsche erlegt. Der ihn führende Forstbeamte erklärte darauf, die ›Jagd‹ sei zu Ende und er gehe jetzt nach Hause. Es gelang dennoch, den Beamten bald danach zum Oberförster zu ernennen.«* Übrigens stammt aus Görings Zeiten – obschon aus der Feder des Oberjägermeisters Scherping – ein in vielem vorbildliches, in seinen Grundzügen noch heute gültiges Jagdgesetz, das die Hege des Wildes betont.

Selbstredend lud sich der Reichsjägermeister nicht nur in Liebenberg zu Gast, sondern überall dort, wo er auf Trophäen von Rang hoffen konnte, der kapitalen Rehböcke wegen zum Beispiel auf pommerschen Gütern. Von einem, im Besitz der Veltheims, stammen viele Anekdoten, die der energischen, im Baltikum geborenen Gastgeberin zu verdanken sind, etwa diese:

Der Jagdwagen ist vorgefahren, und der Reichsjägermeister hat in ihm Platz genommen. Der Jagdhund folgt in den Wagen, schnuppert an den Stiefeln des Gastes – und springt gegen alle Gewohnheit sofort wieder ab. Kommentar von der Freitreppe her: »Er vermißt den Aasjeruch der Reaktion.« Oder: Der Gast hat sich schon zum Essen niedergelassen, aber er wird noch einmal zum Aufstehen genötigt, mit den gestrengen Worten: »Herr Jöring, wir beten!«

Um die Perspektiven zurechtzurücken, sei eine dritte Anekdote erzählt. Der verspätete Gast entschuldigt sich: er sei eben erst von der Jagd zurückgekehrt. »Auf *Tiere*, wie ich hoffe«, entfährt es daraufhin dem Gastgeber.*

Die Szene spielte 1934, in den Tagen des »Röhm-Putsches«, der ersten ganz großen und unverhohlenen Mordserie des »Dritten Reiches«. Gastgeber war der britische Botschafter Sir Eric Phipps, sein verspäteter Gast Hermann Göring. Als Herr der preußischen Polizei hatte er schon 1933 öffentlich erklärt: »Volksgenossen, meine Maßnahmen werden nicht angekränkelt sein durch irgendwelche juristische Bedenken. Meine Maßnahmen werden nicht angekränkelt sein durch irgendwelche Bürokratie. Hier« – im Kampf gegen die Kommunisten – »habe ich keine Gerechtigkeit zu üben, hier habe ich nur zu vernichten und auszurotten, weiter nichts!«*

Deutsche Jagd-Szenen... Nochmals der Reichsjägermeister: »Wenn Sie sagen, da und dort ist einer abgeholt und mißhandelt worden, so kann man nur erwidern: Wo gehobelt wird, fallen Späne ... Wenn wir auch vieles falsch machen, wir werden jedenfalls handeln und die Nerven behalten. Lieber schieße ich ein paarmal zu kurz oder zu weit, aber ich schieße wenigstens.«*

Zu denen, die von den Schergen des Menschenjägers verfolgt und gefangen wurden, gehörte Erich Honecker. Zum Zeitpunkt seiner Verhaftung, 1935, war er dreiundzwanzig Jahre alt. 1937 verurteilte ihn der Volksgerichtshof wegen »schweren Hochverrats« zu zehn Jahren Zuchthaus, und erst 1945 erlöste die Rote Armee ihn aus der Haftanstalt von Brandenburg-Görden.

Wovon träumt solch ein junger Mann in seinen Kerkernächten? Von Frauen wahrscheinlich – und gewiß von der Freiheit. Oder von Rache. Vielleicht hat er, der gläubige Kommunist, manchmal, heimlich und leise den einen seiner Träume sogar gesungen: »Die Internationale erkämpft das Menschenrecht.« Daß er aber je daran gedacht hat, als ein Gebieter über die Schorfheide Hermann Göring zu beerben, das kann man sich wirklich nicht vorstellen.

Doch gerade so ist es gekommen. Honecker ist zum Jagdherrn aufgerückt, wie mit ihm Genossen aus dem Politbüro und Bezirkssekretäre der Einheitspartei, wie Minister, der Gewerkschaftsvorsitzende oder Generale der Nationalen Volksarmee; hinter den Kulissen hat sich der Sieg des Sozialismus verblüffend feudal dargestellt. Und wenn schon »Karinhall« zu einem verrufenen Ort geworden war, dann hat sich der Vorsitzende des Staatsrats und Generalsekretär der SED eben in Hubertusstock eingerichtet, dem Jagdschloß der Hohenzollern, das Friedrich Wilhelm IV. erbauen ließ.

Hinter den Kulissen: Dies zu betonen bleibt freilich wichtig. War da ein schlechtes Gewissen am Werke? Alles vollzog sich heimlich, unter Ausschluß der Öffentlichkeit, für die es ohnehin kein Organ mehr gab, weder in der Presse noch – wie gegen Otto Braun – in einer parlamentarischen Opposition. Die Jagdresidenzen wurden durch Zäune und Wachtposten abgeschirmt; niemand bekam Zutritt, der nicht zu den Auserwählten oder zum Personal gehörte. Auf der Chaussee, die in ein paar hundert Metern Entfernung am Seehaus von Liebenberg vorüberführt, bestand ein Halteverbot; viele, die in der Nähe wohnten, haben überhaupt nicht gewußt, was sich in dem Sperrbezirk befand. Um so neugieriger strömen seit der deutschen Wende die Wochenendbesucher herbei, um das einst Verbotene zu erkunden.

Von Hubertusstock erfuhr man nur, wenn der Vorsitzende des Staatsrats dort, statt die Büchse zu führen, Gäste wie den Bundeskanzler Helmut Schmidt zu Gesprächen empfing. Und von »personenbezogenen Sonderjagdgebieten« war amtlich erst die Rede, als am 16. November 1989 die Zeitungen meldeten, daß der zuständige Minister ihre Aufhebung verfügt habe. Im Gegensatz zu seinem rumänischen Kollegen Ceauşescu, der – dem Reichsjägermeister vergleichbar – auf Jagdausstellungen seine Trophäen präsentierte, als seien sie die Zeichen einer triumphalen Herrschaft, hat Erich Honecker auch niemals Geweihe vorzeigen lassen. Sie wären es durchaus wert gewesen; sein Spitzenhirsch hat den noch übertroffen, den Göring am 20. September 1939 im Forstamt Zehdenick erlegte* – für den Oberbefehlshaber der Luftwaffe bemerkenswert genug kurz nach Kriegsbeginn, mitten im Feldzug gegen Polen.

Zur Heimlichkeit gesellte sich, sei es vorbewußt, die Höhenangst vor dem Absturz. Diese Angst, die im Wuchern der »Staatssicherheit« ihren Ausdruck fand, nahm auf dem Felde der Jagd groteske Züge an: Gewöhnliche Jäger* blieben meist auf Leihwaffen angewiesen, doch auch Revierförster und Forstmeister durften bloß Flinten führen, allenfalls Kipplaufwaffen mit einem Büchsenlauf, sogenannte Drillinge oder Bockbüchsflinten. Aber keine Repetierbüchsen! Flinten sind dazu da, aus ihnen mit Schrot auf »Niederwild«, auf Kaninchen und Hasen, auf Rebhühner oder Wildenten, zu schießen; fürs »Hochwild«, für Hirsche und Sauen, aber braucht man die Kugel, also in erster Linie die Büchse. Kugelgeschosse, aus Flinten verfeuert, bieten höchstens auf vierzig oder fünfzig Meter Entfernung eine halbwegs ausreichende Treffsicherheit. Dabei ging es in den Revieren, von denen hier die Rede ist, vorwiegend um den Hochwildabschuß. Wahrlich ein absurdes Schauspiel: Lehrt etwa die Geschichte – oder der Marxismus-Leninismus –, daß Forstbeamte notorisch zu denen gehören, die sich in der Finsternis ihrer Wälder zusammenrotten, um Konterrevolutionen anzuzetteln? Haben sie es irgendwann im Vorfeld der deutschen Wende getan?

Nur wer über besondere Beziehungen verfügte, konnte sich angemessen ausrüsten, etwa ein Revierförster dank der Generalität der Nationalen Volksarmee, deren Revier er in Boitzenburg verwaltete, oder der Forstmeister, der dazu auserkoren war, ein Leibjäger Honeckers zu sein. Aber selbst der, gewiß gründlich überprüft, brauchte Jahre, bis er seine Waffe mitführen durfte, wenn er den hohen Herrn auf der Pirschfahrt begleitete. Was Wunder insgesamt: Als nach der Währungsunion vom Juli 1990 die Bürger der DDR in Scharen nach Westen zogen, um sich »richtige« Autos anzuschaffen, gaben viele der Jäger ihr Geld erst einmal für die richtigen Jagdwaffen aus.

Doch blenden wir zurück, um den Jäger zu beobachten.* Wenn der Vorsitzende des Staatsrats sich angesagt hatte, begannen für den zuständigen Forstmeister mindestens so aufregende Tage wie einst für den jungen Eulenburg bei der Vorbereitung einer Kaiserjagd. Honecker wurde häufig von anderen Männern der Macht begleitet, zum Beispiel von dem Herrn der Wirtschaft Günter Mittag und dem Herrn der Staatssicherheit Erich Mielke. Wie aber ließ sich garantieren, daß nach der Zahl der erlegten Stücke und nach der Stärke der Trophäen die Rangordnung gewahrt blieb? Geriet sie aus dem Lot, so gab es saure Mienen, und nur mit Maßen ließ sich mogeln, indem man die Punktezahl der Geweihe herauf- oder herunterrechnete.* Eine Rangordnung galt bereits für die Autos; für den Vorsitzenden und Generalsekretär stand ein Mercedes-Geländewagen bereit, ein Geschenk aus der westdeutschen Wirtschaft, gefolgt vom Range Rover – jeweils mit Sonderausstattungen wie den besonders starken Suchscheinwerfern. Vor allem aber ging es um die Sicherheit; in Absprache und Zusammenarbeit mit den »zuständigen Organen« mußte für eine ebenso strikte wie weiträumige Absperrung der Reviere gesorgt werden.

Wenn Honecker dann erschien, sah er auf Pünktlichkeit, sogar gegen sich selbst: Bei drei Minuten Verspätung entschuldigte er sich bereits. Die Kehrseite dieser Pünktlichkeit wäre freilich als Nervosität, schärfer noch als Gehetztheit zu beschreiben. In möglichst kurzer Frist möglichst viel zu schießen: darauf kam es an. Der schwer gehbehinderte Mittag mochte seinen ebenerdigen Ansitz brauchen, aber wer denn sonst? Einen Hochsitz zu besteigen, um zur Ruhe zu kommen, der Natur zu lauschen und auf den Austritt des Wildes zu warten: Zeitverschwendung. So bestand die Jagd häufig aus Pirschfahrten im Auto samt eilig kurzen Fußwegen, und die Unterhaltung beschränkte sich auf Floskeln: »Wie steht es mit den Wildschäden?« Aber eine genaue, womöglich kritische Antwort erwies sich als unerwünscht. Ähnlich beim Schußgeld, das den Jägern für die Verwertung des Wildbrets zustand – und nur ja keine Nähe: »Machen Sie es damit, wie Sie wollen, vielleicht für Weihnachtsgeschenke ...« Andere unter den prominenten Vielschießern haben das Geld durchaus für sich eingefordert – bis zu etlichen zehntausend Mark im Jahr.

Nervosität: Beim Beginn der Jagd verfehlte Honecker oft sein erstes Ziel; vielleicht brauchte er einen Anfangsärger, um sich zu konzentrieren. Dann allerdings erwies er sich als ein sicherer Schütze, dem auch das flüchtige Wild keine Schwierigkeiten bereitete.

Schwierig oder unmöglich war es indessen, den Genossen Generalsekretär zur Zurückhaltung, zum Verzicht zu bewegen. Der Ausweg, der zu Görings Zeiten einmal lautstarke Auseinandersetzungen und peinliche Untersuchungen verursachte – als hinter dem Rücken des Schützen, des Gauleiters Koch, ein Förster den Hirsch mit dem Taschentuch fortwinkte –, dieser Ausweg blieb versperrt, weil die Zeugen im Jagdwagen und in den Begleitwagen immer dichtauf folgten. »Das ist ein junger Hirsch, gut veranlagt, erst in drei oder vier Jahren wird er sein stärkstes Geweih tragen« – das half nicht; schon lag dieser Hirsch im Feuer. Und keine Zeit dann zum Herantreten, für die Besinnung oder zum Brauchtum, zum Überreichen eines »Bruchs« und zum »letzten Bissen«. Weiter, bloß weiter an die nächste Gelegenheit heran, mit der Weisung übers Funksprechgerät an den zuständigen Begleitwagen – im Allzweckbegriff des realsozialistischen Sprachgebrauchs –: »das Objekt« aufzunehmen. Man kann es anders kaum sagen: Der Vorsitzende des Staatsrats und Generalsekretär der SED war, darin Seiner Majestät dem Kaiser verwandt, weniger ein Jäger als ein Schießer.

Erst zum großen Halali, im Dunkel der Nacht, fand vor der Jagd-Residenz das Zünftige seinen Platz. Aus eigens dafür gefertigten Eisengestellen loderten Feuer, und die Gebieter der Jagd wurden wie ihre Vorgänger vom Chor der Jagdhörner mit dem »Fürstengruß« empfangen – jetzt klassenlos zur »Begrüßung« erklärt –, um sodann ihre »Strecke« zu betrachten und sie »verblasen« zu lassen.

Die Jagdhörner sind verklungen und die Feuer niedergebrannt. Auch in Liebenberg ist die letzte Glut längst erloschen. Kein Widerschein mehr und keine Schattenfiguren; der Kaiser und der Ministerpräsident, der Reichsmarschall und der Vorsitzende des Staatsrats sind verschwunden. Nur von draußen her, irgendwo aus dem Geäst alter Bäume, tönt es noch immer: »Komm mit! Komm mit!« Am Ende aber ist es nicht mehr der Waldkauz, der uns ruft, sondern der Herr der Geschicke, den Fontane beschwor:

Ich kenn einen Jäger, man heißt ihn »Tod«:
Sein Wang ist blaß, sein Speer ist rot,
Sein Forst ist die Welt, er zieht auf die Pirsch
Und jaget Elen und Edelhirsch.

Im Völkerkrieg, auf blutigem Feld
Ists, wo er sein Kesseltreiben hält;
Haß, Ehrsucht und Geizen nach Ruhmesschall
Sind Treiber im Dienste des Jägers all.

Nicht fürcht ich ihn selber, wie nah er auch droht,
Doch wohl seine Rüden: Gram, Krankheit und Not,
Die Meute, die stückweis das Leben zerfetzt
Und zögernd *uns in die Grube hetzt.**

Über den Jagdeifer

Warum gehen Menschen auf die Jagd? Für Buschmänner in der Kalahari scheint die Antwort klar zu sein: Sie tun es nicht zum Spaß, sondern um zu leben; neben den Knollen oder Früchten, die sie einsammeln, bildet das Wildfleisch einen zweiten und elementar wichtigen Teil ihrer Nahrung. Für Jahrzehntausende, für den bei weitem längsten Teil der Menschheitsgeschichte dürfte ähnliches gelten. Zu den ältesten Kulturzeugnissen, die wir besitzen, gehören Höhlenzeichnungen, zum Beispiel die von Altamira; sie beschwören das Wild und erzählen von der Jagd.*

In der modernen Zivilisation gibt freilich die steinzeitliche Antwort wenig oder nichts mehr her, nicht einmal für ihren Luxus; um den gastronomischen Speisezettel mit Wildbret anzureichern, würde unsere arbeitsteilige Gesellschaft es eigentlich nahelegen, sich auf ein paar Jägermeister zu verlassen, seien sie freiberuflich, als Beamte oder gewerkschaftlich organisiert. Was also fasziniert Menschen des 20. Jahrhunderts an der Jagd? Und was vor allem lockt die Männer der Macht schier unwiderstehlich in ihren Bann?

Wer die Jäger befragt, bekommt meist Unbestimmtes, eher Verlegenes zu hören. Man möchte dem Gewühl der Städte, dem lärmigen Alltag, dem Druck der Termine wenigstens auf Zeit entfliehen, um »in Gottes freier Natur« zur Entspannung und zu sich selbst zu finden. Doch solche Erklärungen, so wortreich und so einleuchtend sie sein mögen, unterliegen einem Einwand: Es brauchte die Büchse nicht. Beim Besteigen des Hochsitzes könnte man sich mit dem Fernglas begnügen oder bloß mit der Kamera »schießen«.

Wahrscheinlich muß man tiefer loten, womöglich bis hinter die Steinzeit- oder die Urmenschen zurück. Denn die Jagd *ist* Natur, und das Töten der Beute eine Grundform des Lebens. Löwen und Füchse jagen, wie Haie oder Hechte, wie Falken oder der Waldkauz. In der Vielfalt der Arten herrscht zwischen Jägern und Gejagten ein empfindsames Gleichgewicht, »der Wettstreit oder das Aufeinandertreffen zweier Systeme von Instinkten«*. Dabei passen die jeweiligen Formen des Angriffs genau zur Beuteart mit ihren Tarn-, Verteidigungs- oder Fluchtmöglichkeiten.

Die Bedeutung des Gleichgewichts wird an den Störungen sichtbar: Bei einem Übermaß an Erfolg würde der Jäger die eigene Lebensgrundlage vernichten. Fehlt aber der Jäger – vielleicht weil der Mensch ihn ausrottete –, so wird die Beuteart nicht mehr um ihre kranken und schwächlichen Exemplare bereinigt, und nicht selten gerät sie bei explosiver Vermehrung gewissermaßen aus den Fugen, mit verheerenden Folgen für wiederum andere Tier- oder Planzenarten. Kurzum, die Jagd stellt im Wechselverhältnis der Arten einen Kunstgriff der Natur dar, mit dem sie sich stabil erhält und dennoch dynamisch entwickelt.

Zur *conditio humana*, zum Wesen des Menschen gehört nun, über die reine Natürlichkeit unwiderruflich hinauszusein; künstlich, als Kulturwesen, müssen wir nach einer Stabilität suchen, die immer nur vorläufig ist und stets gefährdet bleibt. Eben damit gehört zu unserem Wesen, daß wir handelnd eingreifen in die Natur – und schuldig werden: schuldig, indem wir, was wir auch tun, natürliche Gleichgewichte stören und womöglich zerstören. Wovon sonst erzählt die biblische Urgeschichte vom Sündenfall und von der Vertreibung aus dem Garten Eden?*

Stammt daher vielleicht die Sehnsucht zurück nach der verlorenen Sicherheit und Unschuld? Ist es ein Zufall, daß in den Träumen, den Mythen der Völker das Glück aus den Anfängen aufscheint, der Abglanz von Heimat aus dem Paradiesgarten, in dem es Schuld noch nicht gab? Meinen die Höhlenzeichnungen in ihrem offenbar kultischen Kern tatsächlich bloß ein Beutemachen als das greifbar Nützliche oder Notwendige? Zielen sie nicht weiter und tiefer auf Heimkehr, wie die Totemtänze, von denen wir überall aus der Frühzeit der Völker hören: Rituale, bei denen die Tänzer als Büffel, Bären, Hirsche auftreten, um die Stärke und Schnellkraft, die Geborgenheit des Tieres im Instinkt zu beschwören – und selber geborgen zu sein?

Und wie sieht es in der modernen Zivilisation aus? Lange genug war die Natur übermächtig, und die menschlichen Möglichkeiten, ihr zuzusetzen, blieben eng begrenzt. Inzwischen haben wir die Triumphe unserer Weltbemächtigung gefeiert; überall haben wir damit die Sicherheit des Natürlichen durch die Unsicherheit unseres eigenen Handelns ersetzt oder zumindest überlagert; selbst das Klima gerät womöglich aus dem Gleichgewicht. Eine Ahnung von den Folgen springt uns unversehens an, Ängste werden wach – und auf neue Weise die Sehnsüchte zurück nach der verlorenen Unschuld, die wir allenfalls beschwichtigen, wenn wir »Paradiese aus Menschenhand« anlegen, um die bedrohte Natur als unser Kunst-Werk zu retten.

In solchen Zusammenhängen gewinnt die Jagd eine besondere Bedeutung. Sie führe in die Natur und sei eine Annäherung an das Glück, behaupten die Jäger, denen die Fragen nach den Triebkräften ihrer Leidenschaft zusetzen. Wir indessen können jetzt sagen, in welcher Weise das zutrifft. Die Jagd ist eine Form von Utopie, die Utopie einer Heimkehr zur verlorenen Natürlichkeit.

Wenn aber die Fährte, der der Jäger nachspürt, zurückführt zum Ursprung, wie soll er unsere Fragen »vernünftig« beantworten? Er flieht auf Zeit aus der Zeit, er läßt das Wiegen und

Wägen hinter sich, um dafür alle seine Sinne anzuspannen, so sehr er es vermag; auf besondere Weise ist ein Jäger der ganz gegenwärtige und darum der wache Mensch*. Da allerdings sein Sinnesvermögen begrenzt bleibt, hat er sich den Gefährten auserkoren, der ihm auf die Fährte hilft: seinen Hund. Er pfeift ihm, der freudig erregt schon aufspringt, zum Gang ins Revier. Falls er wohlberaten ist, pfeift er sogar darauf, die eigene Erregung mit den zivilisierten Begründungen zu versehen, die ohnehin wenig taugen.

Indessen heißt eine Fährte suchen noch nicht und vielleicht niemals am Ziel sein; selbstverständlich findet kein Jäger aus seiner menschlichen Haut wirklich heraus. Darum mischt sich in sein Tun das Allzumenschliche ein, wie vermutlich seit den Urzeiten schon: Wie kaum etwas sonst taugt die Jagd dazu, eine Arbeits- und Rollenverteilung der Geschlechter zu begründen. Frauen werden schwanger und nähren die Kinder. Darum gehören sie ans heimische Feuer und dürfen die nähere Umgebung nach den Knollen und Früchten absuchen. Der Mann aber will schweifen. Auf der Jagd, da ist er was wert, da kann er seinen Spürsinn, seine Ausdauer, seinen Mut noch beweisen.

Diese Sonderstellung wird betont und befestigt, wenn sie sich in einer eigenen Sprache, in geheiligten Handlungen darstellt. Die heutige Jägersprache und das jagdliche Brauchtum dürften wohl nur im fernen Abglanz andeuten, was einmal war. Ähnlich läßt sich vermuten, daß das Jäger-»Latein« weit ältere Ursprünge hat als das römische Weltreich. Denn was liegt näher, als nach der Heimkehr gehörig mit bestandenen Abenteuern zu prahlen und wortreich auszuschmücken, wie kühn und wie listenreich man wieder einmal des wehrhaften Wildes Herr wurde? Daß oft Göttinnen statt Götter der Jagd verehrt worden sind – Artemis oder Diana –, widerlegt nicht, sondern bestätigt eine insgeheim erotische Qualität, die die Männer verbündet.

Als Ausweis der Männlichkeit spielt die Jagd übrigens auch in das Preußendrama hinein, von dem wir erzählt haben. Friedrich Wilhelm I., der »Soldatenkönig«, war ein leidenschaftlicher Jäger. Der Sohn und Erbe Friedrich aber wollte vor allem eines sein: anders als der Vater. Darum verabscheute er die Jagd; viel lieber las er französische Romane und übte das Flötenspiel. Dieser Abscheu trug dazu bei, den Vater in Wut zu versetzen und den Sohn als weichlich, als weibisch zu verachten. Als nun Friedrich nach der Wende von Küstrin den Vorsatz faßte, koste es was es wolle sich zu unterwerfen, um wieder aufzusteigen, da tat er kaltblütig alles, was nützlich schien, um sich in die Königsgnade zurückzuschmeicheln. Also überwand er sich zur Jagd und zählte in seinen Berichten an den Herrn Vater Stück um Stück die Wildschweine auf, die er erlegte. Doch natürlich dauerte dieses Interesse am Waidwerk keinen Tag länger, als es mußte.

Friedrich war eine Ausnahmefigur; nicht er, sondern der »Soldatenkönig« verkörpert die Regel. Blicken wir uns in der Geschichte um, so hören wir aus allen Kulturen und Epochen von der Jagdleidenschaft der Fürsten und Vornehmen – und von den Privilegien, die sie sich schufen. Denn seitdem, diesseits der Steinzeit, nicht nur die Männer sich von den Frauen scheiden, sondern Edelleute von Bauern und Bürgern, Städte von Dörfern, Herrschende von Beherrschten – seitdem geht es immer auch darum, wer jagen darf und wer nicht. Und kaum ein anderes Vorrecht ist unerbittlicher durchgesetzt, kaum eines so hartnäckig verteidigt worden.

Aus dem Vorrecht wachsen gegensätzliche Interessen und mit ihnen die Konflikte. Jeder Edelmann wollte ein möglichst wildreiches Revier haben; jeder kapitalkräftige Besitzer oder Pächter will das noch heute. Aber je mehr Hirsche oder Keiler sich dem Schützenstolz und Trophäeneifer darbieten, desto größer die Schäden; es ist kaum zu glauben, welches Unheil eine einzige Rotte Sauen in nur einer Nacht auf dem Acker anrichten kann, welchen Schaden ein Rudel Rotwild in Waldkulturen. In der älteren Zeit kam oft noch hinzu, daß die Jagd selbst – als Hetzen des Wildes zu Pferde – zu Verwüstungen führte. Wer Anschauung sucht, lese Gottfried August Bürgers einst populäre Ballade »Der wilde Jäger«. Im Gedicht übernimmt es ein himmlischer Rächer, den Frevel zu strafen. In der Realität blieb den Bauern meist nur, Wildscheuchen in ihre Äcker zu pflanzen, mit zweifelhaftem Erfolg. Denn sehr bald werden Rehe, Rotwild und Sauen mit dem Anblick vertraut. Es blieb auch, verschwiegen Schlingen zu legen, um sich einen Anteil an der Beute zu sichern. Und verständlich genug rückte oftmals ein »Freischütz« zum heimlichen Volkshelden auf, der Obrigkeit zum Trotz, deren Gebote er kühn mißachtete.

Wenn aber die Jagdleidenschaft zum Menschen als Menschen gehört, weil in ihr eine Sehnsucht nach der verlorenen Natürlichkeit mächtig wird, dann geht es noch um mehr als bloß um die Flurschäden. Dann stellt sich die Jagd als ein unterdrücktes Natur- und Menschenrecht dar, das von denen zurückerobert werden muß, die es ins Privileg verkehrten. »Darum ist es, als hätten wir einen empfindlichen Nerv gereizt«, heißt es bei Ortega y Gasset.* »Von überall, das heißt von allen revolutionären Zonen der Geschichte, bricht der wilde Haß der unteren Klassen gegen die oberen hervor, weil diese die Jagd beschränkt hatten. Dies zeugt von dem gewaltigen Drang zu jagen, den die unteren verspürten. Eine der Ursachen der Französischen Revolution war der Groll der Bauern, weil man sie nicht jagen ließ; aus diesem Grunde war dies auch eines der ersten Vorrechte, auf das die Adligen verzichten mußten. Bei jeder Revolution war es immer das erste, daß das ›Volk‹ über die Einfriedigungen der Gehege sprang oder sie niederriß und im Namen der sozialen Gerechtigkeit den Hasen und das Rebhuhn verfolgte.«

Je stärker freilich der allgemeine Drang zum Jagen sich bemerkbar macht, desto unmißverständlicher begründet ein erfolgreich durchgesetztes und verteidigtes Privileg das Herrenbewußtsein. Man gehört zu den wenigen, die auserwählt sind. Jeder Blattschuß und jede Trophäe dient der Bestätigung, auf die man, vorbewußt, gerade dann angewiesen ist, wenn die Fundamente der Macht bereits Risse zeigen und ihre Mauern morsch werden. Findet hier vielleicht die hektische Vielschießerei moderner Regenten ihre Erklärung?

Kein Zweifel, für die Hege und Pflege des Wildes sind feudale Verhältnisse weitaus besser geeignet als Freiheit und Gleichheit. Wo jedermann jagen darf und alljährlich zur Jagdsaison Hunderttausende sich in Bewegung setzen, ihre Flinten schultern, die Wälder und Felder durchkämmen und auf alles feuern, was sich bewegt, da gibt es bald keine Hasen und Rebhühner mehr, vom Rot- oder Schwarzwild und von den Rehen zu schweigen. Da kann man bald bloß noch den Drosseln nachstellen, zur Empörung der Deutschen, von denen man im Kontrast freilich sagen müßte, daß es bei ihnen offenbar nie eine wirkliche Revolution und statt dessen immer nur die politischen Umbrüche oder Zusammenbrüche gegeben hat. Um einen Satz Stalins abzuwandeln: Die Regime kommen und gehen, aber die deutschen Jagdprivilegien bleiben bestehen.

Zu den Folgen gehört, daß das Wild nicht etwa abnimmt, sondern sich vermehrt. Das gilt zwar nicht für das Niederwild, dem die pestizidreichen, kräuterarmen und heckenfeindlichen Monokulturen der Landwirtschaft unerbittlich zusetzen, um so stärker aber für das Schalenwild. Ein Bericht aus dem Jahre 1883* nennt für die Staatsforsten des Regierungsbezirks Potsdam – ohne die fünf Oberförstereien der Schorfheide mit ihren für die Zwecke der Hofjagd erhöhten Beständen – auf einer Fläche von 179271 Hektar 1618 Stücke Rotwild, also 0,9 Stück pro hundert Hektar. Inzwischen gelten für die Lüneburger Heide, einem nach den Boden- und Waldverhältnissen mit der Mark Brandenburg vergleichbaren Gebiet, zwei bis drei Stücke als der Richtsatz, der möglichst nicht überschritten werden sollte; Reh-, Dam- und Muffelwild kommen noch hinzu.*

Geradezu explosionsartig haben sich die Wildschweine vermehrt. Und sie kennen keine Pietät, wie eine Meldung der »Berliner Zeitung« vom 26. April 1991 demonstriert: »Die Potsdamer Friedhofsverwaltung hat Probleme mit einer besonderen Art von Besuchern des Neuen Friedhofs. Wildschweine dringen in das Gelände ein, bedrohen die Besucher und zerstören Grabstellen. Treibjagden führten kurzfristig zum Erfolg. Nun wurden die Nebeneingänge bis zur Installation sicherer Schließtechnik geschlossen. Eine nochmalige Treibjagd soll heute das Schwarzwild vertreiben.«

Nach dem Bericht von 1883 besaß das Schwarzwild Seltenheitswert; die Schorfheide eingeschlossen, wird für eine Gesamtfläche von 217612 Hektar ein Bestand von 173 Stükken aufgeführt. Heute schießt man in der Lüneburger Heide an die zehntausend Sauen jährlich, und die DDR meldete 1988 den Abschuß von 150000 Stücken Schwarzwild. Für den Gatterbezirk der Schorfheide mit 21150 Hektar wurden für 1978 als Bestandszahlen angegeben: Rotwild 2550, Damwild 1850, Rehwild 980, Muffelwild 1240, Schwarzwild 1730. Das sind 39,4 Stücke Schalenwild auf 100 Hektar!*

Doch nicht nur in Staatsforsten und Sonderjagdgebieten, sondern ebenso oder erst recht in den »gewöhnlichen« Jagdbezirken des Ostens wie in den Privatrevieren des Westens trifft man auf weit überhöhte Bestände; sie sind überall in Deutschland außer Kontrolle geraten. Denn eine stets aufwendiger betriebene Fütterung vermehrt die Fruchtbarkeit und bringt noch das schwächste Stück Wild durch den Winter. Dagegen hat man Jäger wie den Luchs und den Wolf längst schon ausgerottet, die einst zu Hütern des Gleichgewichts bestellt waren. Eine natürliche Waldverjüngung findet kaum mehr statt, weil jeder junge Trieb verbissen wird, sofern nicht Gatter ihn schützen. Die Waldschäden, über die man so viel und mit Recht klagt, sind daher nicht nur Zivilisationserscheinungen wie der Lust am Autofahren zuzuschreiben, sondern auch dem Nimrodlaster, über möglichst viel Wild gebieten zu wollen.

»Eine gewisse Seltenheit des Wildes ist für das Jagen wesentlich«, heißt es bei Ortega y Gasset.* Dies in der Tat sollte ein waidmännischer Grundsatz sein. Wenn weder die Geduld noch die Anspannung aller Sinne gefordert sind, um das Wild zu Gesicht zu bekommen, dann verflacht die Erregung, und die Glücksgefühle verkümmern. Ohnehin steht und fällt die Jagd mit ihrer Utopie, mit dem Versuch einer Heimkehr zum Gleichgewicht der Natur. Wo wir dieses Gleichgewicht mutwillig zerstören, statt es zu schützen, da bleibt folgerichtig bloß die Schieß- und Trophäengier, die einem unsicher flackernden Selbstbewußtsein aufhelfen soll.

Aber wie eigentlich steht es uns zu, über Seine Majestät den Kaiser oder den Genossen Staatsratsvorsitzenden als Vielschießer den Stab zu brechen, wenn es in Wahrheit um den Geist oder Ungeist eines Zeitalters – und das heißt doch wohl: um uns selber geht?

In der Schorfheide

*Nur fünfzig Kilometer nördlich von Berlin liegt, umkränzt von mehreren großen Seen, die Schorfheide. Seit Jahrhunderten haben hier nacheinander Markgrafen, Kurfürsten, Könige und Kaiser sowie Staatsoberhäupter und Würdenträger ihre mehr oder weniger prunkvollen Jagden geübt. Alle anderen bekannten deutschen Jagdreviere (Rominten, Göhrde, Elchwald, Darß) werden sowohl nach ihrem Umfang als auch nach ihrer geschichtlichen Vergangenheit von der Schorfheide übertroffen. In Europa gibt es nur ein Jagd- und Naturschutzgebiet, welches nach Ausdehnung, Wildreichtum und geschichtlicher Bedeutung mit der Schorfheide verglichen werden kann, das ist der Urwald Bialowies, das ehemalige Jagdgebiet litauischer Großfürsten, polnischer Könige und russischer Zaren, heute noch der bekannte Hort der Wisente.**

Wir nähern uns mit der gehörigen Ehrfurcht, das heißt historisch. Allerdings läßt sich kaum vermeiden, daß wir in Verwirrung geraten. Auf die schlichte Frage: Wie groß ist die Schorfheide? bekommen wir vielerlei, bloß keine eindeutige Antwort. Denn im Laufe der Zeiten haben die Zurechnungen wie die forstlichen Ordnungen oftmals gewechselt; daher schwanken die Angaben zwischen weniger als 40000 und weit mehr als 60000 Hektar. Erst recht schafft der Name Verwirrung: In älteren Darstellungen kommt er überhaupt nicht vor. 1847 redet der vortreffliche Direktor Klöden von einer »ehemaligen« großen Heide – *magna merica* – Werbellin*, die dann sozusagen in ihre Einzelreviere zerfiel. Die »Schorfheide« wird nicht vor 1713 als ein Teil des Forstamtes Grimnitz aktenkundig. An diesem Standort ließ im Jahre 1849 König Friedrich Wilhelm IV. das Jagdschloß Hubertusstock errichten, von dem aus der Name dann für das gesamte Wald- und Jagdgebiet in Gebrauch kam. Aber noch Fontane kennt »die sogenannte Schürf- oder Schorfheide« nur als ein Teilstück des Werbelliner Forstes. Bei Klöden erfahren wir, wie in alter Zeit die Reviere aussahen:

Der Groß-Schönebecker Forst bildet den südwestlichsten Teil des Werbellinwaldes ... Der nördliche und größere Teil heißt die Kienheide und hat sandigen Boden. In ihr liegen der Glassow-See und der Trammer-See. Sie besteht aus lauter Kiefern, deren mächtigen Wuchs in alter Zeit man sich kaum mehr vorstellen kann. Der südliche Teil heißt die Eichheide, hat lehmigen Boden und trägt Eichen, Buchen und Birken. Die erhabene Einsamkeit dieses Waldes, das freudige Leben der Natur und des Wildes, wurde nur durch die fürstlichen Jagdzüge unterbrochen, welche von Zeit zu Zeit mit tobendem Lärm das Echo des Waldes wachriefen, oder durch den leisen Fußtritt des Wilddiebes und Vogelstellers, der sich aber hütete gehört zu werden.

Der Reiersdorfer ist die Fortsetzung des vorigen und des Grimnitzer Forstes. Das Döllenfließ, dessen Ufer bis zum 18. Jahrhundert völlig unangebaut waren, durchzieht ihn. Der Große Döllen-See ist sein größter See. Die Kienheide mit sandigem Boden setzt sich in ihm fort und bildet seinen mittleren Teil. Der westliche Teil heißt die düstere Lake, hat lehmigen und moorigen Boden und trägt Eichen, Kiehnen, Birken und Elsen. Sie war besonders an Schwarzwild sehr reich. Der östliche Teil heißt die Eich- und Buchheide, hat lehmigen und sandigen Boden, auch mehrere Hügel, und besteht aus Laubholz. Auch hier war das Wild reichlich vorhanden ... Das geheimnisvolle Leben der Natur waltete hier frei und ungehemmt, die Bäume und der dichte Unterwuchs entstanden ohne den Menschen und starben ohne sie ab, es war das Leben des Urwaldes, wo das Vorhandene im Gewesenen wurzelt, das sich im tiefen Schatten verbirgt. Das Brüllen und Heulen des Windes, der laute Gesang der Vögel, das Rufen des Kuckucks, das Hämmern der Spechte, das Summen der Bienen und von Zeit zu Zeit das Pfeifen des Zeidlers, – das waren die Laute, welche in der weiten Einsamkeit des Waldes hörbar wurden.*

Es folgen Beschreibungen des Pechteicher Reviers und des Grimnitzer Forstes. Hier lagen Jagdschlösser der Markgrafen, schon im 13. Jahrhundert durch Urkunden nachgewiesen, später verfallen und vergessen. Geblieben sind, halb zur Sage entrückt, Berichte von Mutproben und Unfällen.

*Grimnitz wurde besonders von den beiden Kurfürsten Joachim I. und dem II. sehr geliebt. Namentlich hat Kurfürst Joachim II. hier viele Abenteuer erlebt ... Noch als Kurprinz hatte ihm auf der Jagd bei Grimnitz im Jahre 1522 ein großer Hauptbär mit der Tatze sein Samtwams nebst dem Hemde und den Hosen bis auf den Sattelknopf aufgerissen, ohne ihn am Leibe zu beschädigen. Haftiz, der dies erzählt, beruft sich auf ein zu seiner Zeit im Schloß vorhandenes Gemälde, das den Vorgang darstellt. Es kann dies nicht, wie vermutet worden ist, ein Eber gewesen sein. In älteren Schriften wird der Eber wohl auch Bär genannt, aber nicht in so später Zeit. Außerdem schlagen Eber nicht »mit der Tatze« oder reißen damit, sondern nur Bären, und somit ist das Wort im jetzigen Sinne zu nehmen. Die Erzählung aber beweist, daß es damals noch Bären in Werbellin gab.**

»Die Hosen des Herrn von Bredow«, die durch Willibald Alexis berühmt wurden, haben mit diesem Vorfall zu tun. Denn, so der Dichter am Ende seines Romans:

*Da hätte der Fürst ohne Hosen nach Hause reiten müssen, ohne Hans Jürgen von Bredow, der der erste war, der zugestürzt kam. Ein guter Vasall tut alles für seinen Fürsten, und Joachim ritt heim aus dem Grimnitzer Forst mit großen Ehren und mit den Lederhosen des Herrn von Bredow. Hans Jürgen aber war seine Hose los. Joachim trug sie unterweilen zuerst zum Spaß, daß es ihn erinnerte an sein Ritterstück mit dem Bären, nachher zum Trotz und Hohn für seine Hofleute, die damals gewaltige Pluderhosen trugen. Aber seine schöne Freundin Anna Sydow hatte ein großes Ärgernis dran und schwatzte ihm die Lederhosen ab. Diese wurden in der Rüstekammer aufgehängt. Aus der Rüstekammer kamen sie später ins Zeughaus zu Berlin, wo sie vielleicht noch heutzutage hängen und für jedermann zu sehen sind.**

Ach, lang ist's her: Wo wohl findet man noch solch eine Vasallentreue, die sogar ihre Hosen opfert und die eigene Blöße nicht scheut, um die des Herrn zu decken? Daß Joachim die Hosen nicht an den Vorbesitzer zurückgab, sollte übrigens nicht zu falschen Schlüssen verleiten, denn gewissermaßen sein liebstes Kleidungsstück waren Spendierhosen. »Man beschuldigte ihn, die Freigebigkeit bis zur Verschwendung zu treiben«, schrieb Friedrich der Große in seinen »Denkwürdigkeiten zur Geschichte des Hauses Brandenburg«* mit deutlicher Mißbilligung. Immerhin ergab sich auch Gutes. So half der Kurfürst den Bürgern von Potsdam beim Wiederaufbau ihrer Stadt, die 1536 und 1550 von Feuersbrünsten verheert worden war. Einmal mehr hatte dabei wohl die schöne Anna Sydow ihre Hand im Spiel; sie war die Witwe eines Potsdamer Gießmeisters. Aber das Unglück schreitet schnell:

Kurfürst Joachim II. war ... im Herbste 1549 mit seiner Gemahlin Hedwig, einer polnischen Prinzessin, und seinem Hofe nach Grimnitz zur Schweinejagd gegangen, besonders, um seiner Gemahlin ein Vergnügen zu machen. Das kurfürstliche Paar befand sich auf dem alten Schlosse ... Es war morgens 8 Uhr, und beide gingen in dem Zimmer auf und ab. Dieses Zimmer war von der im unteren Geschosse liegenden Hofstube nur durch einen sogenannten Spundboden, das heißt eine Decke, die nur aus Dielen über Balken liegend bestand, getrennt. Als sie sich der Wand näherten, brach der Fußboden an einer verfaulten Stelle, der Kurfürst blieb mit den Armen im Fußboden hängen, die Kurfürstin aber fiel hindurch und zwischen die zahlreichen und mächtigen Hirschgeweihe, mit welcher die Wände der Hofstube verziert waren, auf eine darunter stehende Siedelbank. Leider hatte sie sich so sehr beschädigt, daß man für ihr Leben fürchtete. Es waren besonders die Füße und die Hüften, welche teils durch die Geweihe, teils durch die Bank gelitten hatten. Das Übel aber wurde dadurch ganz unheilbar, daß die Kurfürstin den Schaden, teils aus Schamhaftigkeit, teils aus Furcht vor den Schmerzen, keinen Arzt besichtigen lassen wollte, und so mußte sie, so lange sie noch lebte, an Krücken gehen. Sie *fürchtete von da an ganz besonders eine Schwangerschaft und mied die Veranlassung, was auf des Kurfürsten Haltung gegen andere Frauen von großem Einflusse war und die ganze fürstliche Hausordnung änderte.**

Mitten im Forst, zwischen Werbellin- und Grimnitzsee, gründete Kurfürst Joachim Friedrich im Jahre 1604 eine eigene, seine Stadt: Joachimsthal. Denn der Landesherr wünschte sich eine Fürstenschule nach sächsischem Vorbild, »und da man allgemein der Meinung war, die Schule müsse in einer Gegend liegen, fern von den Zerstreuungen und Verführungen der Städte, so glaubte der Kurfürst, keinen geeigneten Ort wählen zu können, als Joachimsthal«.* Das Lehren und Lernen begann 1607, und so kurios wie konsequent gehörte die Stadt dem Schuldirektorium. Das galt für zwei Jahrhunderte bis 1808, obwohl die Hauptanstalt schon 1650 nach Berlin verlegt wurde und es dort zu Ruhm brachte, den städtischen Verführungen zum Trotz. Erst 1912 wich man nach Templin zurück.

In hohem Grade interessant ist es, die Schilderungen des Aufenthaltes in der neuen, von dichtem Walde umgebenen Stadt in der Zeit ihres Beginnens zu vernehmen ... Die hier so viele Jahrhunderte ungestört waltende Natur produzierte in reicher Fülle Gutes und Böses und konnte das in der ersten Zeit der neuen Stadt nicht so leicht lassen. Hören wir die Schilderung des Rektors Dresemius, die er 1617 von dem Aufenthalte in Joachimsthal gibt: »wo Quellen, Gärten, Seen, wo Oreaden, Napeen, Hamadryaden, die nichts sind, wenn sie nicht die Vergnügungen der Musen bezeichnen, die benachbarten Wälder zieren, wo die Luft freier, wo Rosenhecken und Veilchenpläne zwischen wogenden Saaten und nickenden Bäumen das Auge erfreuen, eine mit lieblichen Düften geschwängerte Luft in das Hirn dringt und als linder Hauch erfrischt. Was soll ich sagen von den wie mit vielfarbigen Sinnbildern gewirkten Wiesen, vom Schatten der höchsten Bäume, der zwischen dem Laube und den Zweigen umherirrt, vom Wispern schmeichelnder Winde, von der* *süßen Harmonie des Vogelsanges? Solche Schätze bezeichnen die Heimat und das Vergnügen des Liebhabers der Natur.«*

Dagegen klagt der Rektor Gerson Vechner in seiner 1707 gehaltenen Jubelrede gar sehr, zuerst über den Ort, der zwischen Sümpfen und Wäldern giftigen Ausdünstungen ausgesetzt sei, welche sich weder den Lehrenden noch den Lernenden heilsam erwiesen, woraus dann verschiedene Krankheiten, besonders aber die schlimme und juckende Krätze entstünden und sie so gequält habe, daß selbst die Familien der Lehrer nicht verschont geblieben seien ... Überdies erzeuge sich zwischen den Sümpfen und Dornhecken eine solche Menge Schlangen und Vipern, daß sie nicht allein auf dem Schulplatze, wie er selbst gesehen habe, in Menge herumkröchen und sich sonnten, sondern daß sie auch in den Gebäuden, in den Küchen, in der Streu und in den Betten sich wärmten und aufhielten, was nicht ohne Schrecken und Beschädigung gesehen würde.

*Man hat diese Nachrichten für unvereinbar miteinander gehalten; das sind sie aber nicht. Es sind die Erfahrungen aller Ansiedler in den nordamerikanischen Urwäldern, bis die Kultur heimisch geworden ist. Große Pflanzenfülle, schmeichelnde Luft voller schädlicher Ausdünstungen, eine reiche Produktion von Amphibien und Insektenschwärmen, – das ist es, woran sich die Natur in den Wäldern gewöhnt, die ihr selber überlassen bleiben. Weder die Tier- noch die Pflanzenwelt räumt dem Menschen ohne Widerstand den Boden, den sie so lange behauptet, und die Eroberung des Menschen fordert erst einen Krieg mit ihr.**

Inzwischen gilt die Stadt aus dem Urwald als ein Luftkurort, und unser Krieg wider die Natur scheint fast schon gewonnen zu sein. Was das allerdings bedeutet, dessen sind wir auf einmal nicht mehr so sicher. Wehe den Siegern! wird es womöglich heißen. Vielleicht gilt nur noch auf Abruf, was im 19. Jahrhundert einer der Schulmeister von Joachimsthal, der Heimatdichter Friedrich Brunold*, gesehen hat und aufschrieb:

Wie ein Gottesauge glänzet,
Drüber dunkle Brauen glühn,
Liegt von Wald und Berg umkränzet
Märchenhaft der Werbellin.

Man könnte auf den Gedanken verfallen, daß es ehemals ein Kunstgriff der Natur war – um die eigene Niederlage zumindest zu verzögern –, von Zeit zu Zeit die Menschen untereinander Krieg führen zu lassen. Der große, der Dreißigjährige Krieg jedenfalls machte viele Siedlungen wüst und den Wald wieder zur Wildnis, zum Inbegriff des Schreckens, von dem die Märchen berichten: Weglosigkeit, in der die Kinder sich verirren und verlieren, wenn nicht ein Wunder sie rettet, Behausung nur für Getier und Gesindel.

Im Grunde war es erst Friedrich der Große, ohnehin kein Jäger, der mit Rodungen und Kolonistensiedlungen der Schorfheide energisch zu Leibe rückte. Es setzte sogar ein Ansturm auf die Siedlerstellen ein, besonders unter den alt- oder ausgedienten Soldaten. Ein Gesuch hat sich erhalten, das dazu einlädt, sorgsam erwogen zu werden:

Tausend Guter Lieber König,
Höre doch nur ein Klein wenig,
Wie du andern auch gethan,
Deines Knechtes Vortrag an,
Du Er Hörst mich ohne zweifel,
Den ich bin ein armer Teufel,
und bin bey den Soldaten Orden,
18 Jahr commandiret worden.
Es hat mich ein großes Ungelück trofen,
Weil meine Frau in die 6 Wochen
nicht hat können wieder genesen,
Ist Jahr und Tag sehr krank gewesen,
Die Doctor und die Medicin
Die kosten mich ein schwer Termin
wodurch ich meine Wirthschaffts-Sachen
Dem Juden habe bekannt müssen machen.
nun wolt ichs gerne lösen ein.

Es ist aber ein schwerer Stein
und ist das größte Ungelücke
Keinen Pfennig in unser Ficke
Drum Grosser König laß mein Pflehen,
Dir zu Hertz und Ohren gehen
Ich weiß mein Noth sonst nicht zu stillen,
muß mich in Deine Gnade hüllen,
ich will es an jtzo Wagen
Dich großer König vor zutragen.
ich bitte um ein stück wüstes Land
Es wird das Hirthen-Bruch genannt.
Es liegt im Grimnitzschen Refier,
Liebster König schenk es mir
Es dienet wenig zu Deinem nutzen
und mich ist es ein großer stutzen
Oder wirff von Deinem Hohen Trohn
Hundert thaler Deinem Sohn,
Landes Vater Gnädig hin
weil ich sehr bedürftig bin.
Ach liebster König diese Gnade
Ist ja vor Dich ein kleiner Schade
Wenn ich mich vor Deine Gaben
Lebenslang erfreuet habe,
und mein Weib und arme Kinder
Großer König Dich erinner
daß Du Hast Gnade Erwiesen
denen die Dich angepriesen
drum will ich der Hoffnung leben
Daß mein Bitten nicht vergeben
und die feste tröstung faßen
Du wirst mich nicht Hülffloß laßen
Nun liebster König will ich Schliessen
Laß die Schrifft dich nicht verdrießen
Ich dein Knecht und auch dein Sohn
Wünsche daß dein König Trohn
möge Fest und Herrlich stehen
bis die Welt wird unter gehen
Ich bleibe bis mich der Todt hin reist

Großer König dein Knecht Leist
Wie mein Anfang ist mein Schluß
Pauper Sum Diabolus.

Ch. Fr. Leist
Soldate von Heßen Darmstädtschen Regiment.
Häger-Mühle, den 16. Sept. 1753

Von der Rechtschreibung seines armen Teufels, lateinisch gar am Ende, hätte der liebe gute König noch etwas lernen können. Gleichwohl darf man bezweifeln, ob er das Dichtergesuch literarisch gewürdigt hat. Denn, wie es bei einem anderen und bekannteren unter den Poeten, bei Abraham Gotthelf Kästner heißt:

Dem Könige, dem großen Geist,
den alle Welt aus einem Munde preist,
den alle Völker wohl zum König haben wollten,
dem alle Könige nachahmen sollten,
der Held ist, Philosoph und Dichter und zugleich
der beste Mensch in seinem Reich,
der alles Lob verdient, das man nur geben kann,
auf den fing ich ein Loblieb an:
»Monarch!« sang ich – und weiter nicht,
*er liest ja doch kein deutsch Gedicht.**

Wie dem auch sei, bis heute erinnert der Name »Leistenhaus« am Nordufer des Grimnitzsees an die Siedlerstelle, die der brave Soldat tatsächlich erhielt. Leider konnte er sich seines Glücks nicht lange erfreuen; ein schon wieder großer Krieg, der Siebenjährige, riß ihn fort. Am 12. August 1759 ist er »in der Bataille bey Kunersdorff geblieben«.*

Bescheidenen Wohlstand in Ruhe zu genießen gehörte ohnehin nicht oder nur ausnahmsweise zu den brandenburg-preußischen Lebensqualitäten. In der Schorfheide galt das erst recht, sogar für die Forstbeamten. »Die Antworten auf im Jahre 1821 gestellte dienstliche Fragen nach Gesundheit und Vermögen der Forstbeamten sind kennzeichnend für die Verhältnisse in der damaligen Zeit. Der Oberförster zur Megede beantwortete die Frage nach seinem Wohlbefinden mit ›zu viel Blut‹, der Unterförster Muhme ›laboriert an Hämorroides‹, einige andere leiden unter Rheumatismus. Die Vermögensumstände bezeichnen alle Bediensteten ohne Ausnahme als ›schlecht‹, ›miserabel‹, ›sehr miserabel‹, ›dürftig‹. Die meisten geben einen Familienstand von 5 bis 8 Kindern an. Es war damals jedenfalls kein leichtes Leben für die Grünröcke.«* Und noch ein Jahrhundert später nahm es sich bescheiden aus.* Wie es bei gewöhnlichen Leuten ohne feste Besoldung zuging, läßt sich ermessen; die Berichte von grassierender, manchmal überhandnehmender Wilddieberei* erzählen ja nicht bloß von verwegenen Schützen, sondern sehr unromantisch auch oder vor allem von Armut und Not.

Die bedrängte Natur weckt unser Gewissen, ihr zu Hilfe zu kommen. Darum gehört es zu den Wahrzeichen unserer Zeit, daß die Nationalparks, die Naturschutzgebiete und Tierreservate Konjunktur haben. Früh bereits, im Jahre 1929, ist die Schorfheide auf Anregung Otto Brauns zum Schutzgebiet erklärt worden. 1936 folgte – dank Görings Besitzgier auf wesentlich weiterer Fläche* – die Einrichtung einer »Stiftung Schorfheide«. Sie sollte, hieß es in der Präambel, »der Erholung des Deutschen Volkes dienen, dem Gedanken des Reichsnaturschutzes folgend den Sinn für Naturverbundenheit vorwiegend bei der großstädtischen Bevölkerung wecken und vertiefen sowie den von den Fortschritten der Kultur bedrohten Tier- und Pflanzenarten ein Schutzgebiet schaffen«. Zum löblichen Zweck gehörte die Anlage von Wildgattern und nicht zuletzt von Schaugehegen für die Besucher.

Wildzäune waren zwar keineswegs neu. Im Norden, zur Uckermark hin, hatten die Kurfürsten schon im 16. Jahrhundert einen solchen Zaun errichten lassen; er erreichte zwischen Havel und Oder eine Länge von 50 oder nach anderen Angaben sogar von 80 Kilometern. Aber es versteht sich, daß er keinem Naturschutz im heutigen Sinne diente, sondern der Jagd. Die Herren der Schorfheide wollten sich »in erster Linie gegen die Jagdübergriffe benachbarter ritterlicher Grundbesitzer schützen und das Überwechseln des Hochwildes nach der Uckermark verhindern, auch eine sichere Grenze durch den

Zaun kennzeichnen. Sie erhoben den Anspruch, daß die Jagd auf Hochwild im ganzen Lande ausschließlich dem Landesfürsten als ein Hoheitsrecht zustehe, was die adeligen Grundbesitzer nicht zulassen wollten.«*

Der moderne Wildzaun von 1937 umspannte eine Fläche von fast 50000 Hektar; im Süden, dem Werbellinsee verbunden, lagen die Schaugehege. Zu den Besonderheiten, die sie boten, zählten Wisente, deren Zucht zum Teil in der Rückkreuzung mit amerikanischen Bisons erfolgte. Während forstliche Fachleute im Zusammenwirken mit dem Berliner Zoodirektor Lutz Heck die sachliche Arbeit leisteten, malten Görings Visionen, als seien sie von Karl May und für Prärien entworfen, »brausende« Urwildherden.

Wohl damit hängt die Geschichte zusammen, die in den dreißiger Jahren in Umlauf kam. Zwei Berliner, Wisente betrachtend, lehnen am Schutzgatter. »Was sind denn det für Unjetüme?« fragt der eine den anderen. Antwort: »Det sind Jörings olle Jermanen.«

Die bittere Pointe folgte 1945: Auf Geheiß des Reichsjägermeisters wurde Germaniens Urgetier abgeschossen, um es nicht in Feindeshand fallen zu lassen.* Doch das war nur ein Auftakt zum Unheil.

Auf den Wildbestand der Heide veranstalteten die Russen großangelegte Treibjagden. Man umstellte dabei die Einstände mit leichten Kampfwagen und ließ im Treiben Panzer durch die Dickungen fahren. Das austretende Wild wurde dann von den Kampfwagen aus mit Maschinengewehren beschossen. Was zusammenbrach, wurde eingesammelt und in den auf den Forstgehöften eingerichteten Küchen wie in großen Schlachtereien für die Truppenverpflegung verwertet. Nachsuchen gab es nicht. So konnte die hungernde Bevölkerung das krankgeschossene und verendende Wild buchstäblich »mit tiefer Nase« suchen und für sich verwerten. – Der mehr als zweihundert Kilometer lange große Außenzaun wurde abgebaut und sein Draht für militärische Zwecke benutzt. Die Bevölkerung verheizte dann die gut brennenden imprägnierten Pfosten. – Alsbald einsetzende Auflagen zur

*Lieferung umfangreicher Holzsortimente hatten riesige Kahlschläge zur Folge.**

Wer heute durch die Schorfheide fährt – oder besser noch wandert –, sieht sich zum Guten überrascht. Schon 1954 wurde das Gebiet wieder unter Naturschutz gestellt, und der Jagdeifer der neuen Herren ließ auch ein Wildgatter neu erstehen. Inzwischen, so muß man freilich hinzufügen, schafft der abermalige Umbruch Gefahr: Nicht mehr Russen, sondern Deutsche machen sich über den Zaun her, um ihn für sich zu verwenden, und da die staatlichen Zuwendungen fürs Füttern ausbleiben, drängen Rotwild und Sauen durch die Lücken hindurch; es ist absehbar, daß die Wald- und Flurschäden stark anwachsen werden. Wahrscheinlich müßte der brandenburgische Ministerpräsident bald ein Machtwort sprechen. Außerdem sollte er die neuesten Herren, die aus Bonn, zur Jagd laden, um sie zu verführen – sei es zum Umzug nach Berlin oder dazu, sich spendabel zu zeigen. Die zahlungskräftigen Herren aus dem Westen sind ohnehin schon zur Stelle; ein Bericht aus der »Märkischen Allgemeinen« vom 23. März 1991 gehört zu den Mosaiksteinen, aus denen das Bild unserer Tage gemacht ist. Zunächst wird einer der Verantwortlichen zitiert:

»Wir standen im August 1990 vor der Frage, die Tiere verhungern zu lassen oder eine Möglichkeit zu finden, die Tiere wie früher mit zusätzlichem Wildfutter über den Winter zu bringen.« – Ohne groß dafür zu werben, wurden Gastjäger eingeladen und Trophäenträger, also jagdbares männliches Schalenwild mit ansehnlichem Geweih, zur Jagd freigegeben. Bei den Rehluch-Jägern 30 Stück, von denen 29 erlegt wurden; im Gebiet von Hubertusstock 30 Stück, wobei dort aber 37 Stück, darunter Rot- und Damhirsche und Muffelwild erlegt wurden. Im Gebiet Wildfang verzeichnete man bei 41 Trophäenträgern, die von Gastjägern aus den Altbundesländern gestreckt wurden, einen Erlös von 75281 DM. Die Jäger machten in den Gebieten Rehluch und Hubertusstock auf diese Weise mit 38624 DM und 43990 DM nicht

ihr Geschäft, wie bis gestern vermutet wurde. Das Geld wurde vor allem für Mais, Hafer und Heu an den Forstwirtschaftsbetrieb bezahlt. Und wenn da im Blätterwald von 50 DM für den Pirschführer die Rede war, so sind damit gerade die Kilometergelder für den privaten Trabi bezahlt, mit denen die Gastjäger vorlieb nehmen mußten. Ein Vorwurf, ein Jäger sei mit einer Spanienreise bestochen, wurde von Anwalt Seidler begründet zurückgewiesen.

Um Anwärter auf die Nachfolge Wilhelms II., Hermann Görings oder Erich Honeckers braucht also niemandem bange zu sein. Der Andrang wird wachsen; bis zur nächsten Saison dürfte sich unter den Herren aus dem Westen herumgesprochen haben, welche Aussicht auf Trophäen der Sieg über den Sozialismus ihnen eröffnet, und sie werden schon Wege finden, um ans Ziel zu gelangen. Aber vielleicht kommt ja alles anders und besser als erwartet; vielleicht entsteht tatsächlich, was es mit stolzem Namen auf dem Papier bereits gibt: das »Biosphärenreservat Schorfheide – Choriner Endmoränenbogen«. Mit einer vorgesehenen Fläche von 1258 Quadratkilometern würde es alles bisher Gekannte weit übertreffen.

Im Blick auf die Waldbestände ist Entscheidendes den Forstleuten zu danken. Unter allen politischen Vorzeichen bilden sie eine eigene Zunft; ihre Arbeit wird von der anvertrauten Natur, vom Lebensrhythmus der Bäume geprägt, der über den menschlichen weit hinausreicht. Dabei mag es sein, daß ihnen die Illusionen geholfen haben, an die andere sich verloren. Die Herren der Deutschen Demokratischen Republik träumten vom »unwiderruflichen« Sieg des Sozialismus, wie die Herren zuvor von ihrem »tausendjährigen« Reich; auf ihre besondere Weise dachten auch sie nicht an den schnellen Gewinn, sondern langfristig. Vielleicht hat dies dazu beigetragen, daß jedenfalls dort die Wälder sich in erfreulichem Zustand zeigen, wo ihnen keine oder nur wenig industrielle Mißwirtschaft samt Umweltverpestung zusetzte. Zwar sieht man – außerhalb der Naturschutzgebiete – überall in den Kiefernbeständen die Runenzeichen einer Harzgewinnung, die vom Devisenmangel erzwungen und bis 1990 betrieben wurde, um Terpentin und Kolophonium herzustellen. Aber Kiefern sind zäh; sie scheinen dem Eingriff zu trotzen. Und die Forstleute haben getan, was in ihrer Macht stand, um die Wunden des Nachkriegs zu heilen.

Der Besucher, hingerissen von den Bildern, die die Schorfheide bietet, darf freilich nicht der Illusion verfallen, daß er das Ursprüngliche zu sehen bekommt. Das gibt es nicht mehr; überall in Deutschland haben die Wälder ihre eigene Kultur- und Wirtschaftsgeschichte. Mit Robert Musil zu reden: »Ich vermute, man könnte den Blick gar nicht ins Grün tauchen, wenn es nicht schon mit schnurgeraden Spalten dafür angelegt wäre. Die schlauen Förster sorgen bloß für ein wenig Unregelmäßigkeit, für irgendeinen Baum, der hinten etwas aus der Reihe tritt, um den Blick abzufangen, einen querlaufenden Stamm, den man sommersüber liegen läßt. Denn sie haben ein feines Gefühl für die Natur und wissen, daß man ihnen mehr nicht glauben möchte. Urwälder haben etwas höchst Unnatürliches und Entartetes.«*

Jener »Urwald« am Rande des Reinhardswaldes zum Beispiel, der nahe bei der Sababurg unweit von Kassel mit seinen uralten Eichen und Buchen überm wuchernden Farn uns beeindruckt, als sähen wir das Land zu Zeiten Widukinds und Kaiser Karls oder gar der Cherusker und Römer – dieser Wald hält nur den Zustand fest, wie er vor Beginn einer modernen Forstwirtschaft im 19. Jahrhundert vorherrschte. Holz war über größere Entfernung kaum zu transportieren, sofern nicht Wasserwege sich zum Flößen anboten. An Ort und Stelle konnte man allenfalls in Meilern Holzkohle herstellen oder eine Glashütte befeuern.

Am wichtigsten war die Weidewirtschaft. Auf die Eichen oder Buchen kam es an, weil von der herbstlichen »Mast« ihrer Eicheln und Eckern die Schweine sich den Speckbauch anfraßen, mit dem sie zur Schlachtreife gediehen. Als etwa im Jahre 1658 der Große Kurfürst die »Lande« Lauenburg und Bütow – an der Ostgrenze Pommerns – in Besitz nahm, wurde Inventur gemacht: »Piaschen, ein Wald nach Damsdorf und Zerrin, darin meistenteils Eichen von guter Mast, so können 300 Schweine fett werden. – Von Stepnitz bis Czarn-Damerow, Klontzen gegen Bernsdorf, teils Eichen, teils Buchen, von guter Mast, es könnten 360 Schweine fett werden. – Lupowske und Lipientze, wenig Mastholz – vier Schweine.« Vom Brennholz und Bauholz ist nicht die Rede. Das hat man zum Hausgebrauch, aber sonst läßt sich in dem abgelegenen Gebiet kaum etwas damit anfangen.

In der älteren Zeit sahen also Wälder keineswegs so aus, wie wir sie gewohnt sind. Ein Name wie »Eichheide«, im Kontrast zur »Kienheide«, erinnert daran. Die Verhältnisse ändern sich, seit einerseits die Einführung der Kartoffel eine neue Futtergrundlage für das Mastvieh schafft und seit andererseits mit dem Eisenbahnbau neue Möglichkeiten für den Holztransport entstehen. Erst seitdem rücken die dichten Fichtenbestände in den Vordergrund – oder die »dunklen Kiefernwälder«, die der Märker besingt, als seien sie von Ewigkeit zu Ewigkeit; erst dieser Wandel »hat den Bäumen jene schöne, reihenförmige, gekämmte Anordnung gegeben, die uns so entzückt, wenn wir aus der wilden Unregelmäßigkeit der Großstädte kommen«*. Zur Sache gehört im übrigen, daß zugleich mit der nüchtern rationellen Forstwirtschaft und als ihr Gegenstück, statt des alten Schreckens, von dem die Märchen berichten, eine moderne Waldesromantik beginnt, wie Joseph von Eichendorff sie uns eingepflanzt hat:

O Täler weit, o Höhen,
o schöner, grüner Wald,
du meiner Lust und Wehen
andächt'ger Aufenthalt!
Da draußen, stets betrogen,
saust die geschäft'ge Welt,
schlag noch einmal die Bogen
um mich, du grünes Zelt!

Die Ausrichtung auf den größtmöglichen Ertrag hat freilich Gefährdungen entstehen lassen, die in älterer Zeit zumindest in ihrem Umfang kaum vorstellbar waren. In dichtem Nadelholz und besonders in Kiefernbeständen breitet sich ein Feuer viel schneller aus als im lichten Mischwald mit feucht-grünem

Unterwuchs. Daher findet man überall in den Forsten der Mark Brandenburg Wachtürme, die in den Trockenperioden ständig besetzt sein müssen, um Waldbrände so früh wie möglich zu entdecken und die Abwehr zu alarmieren. Zahlreiche Brände sind in den letzten Jahrzehnten auf den Truppenübungsplätzen entstanden. Verursacher waren oft »die Freunde aus dem Osten«, die freilich nie genannt werden durften.

Als Jagdrevier der Landesherren und als Naturschutzgebiet ist die Schorfheide den Einseitigkeiten zwar nie ganz verfallen; länger als andere Forsten hat sie gemischte Bestände behalten oder früher zu ihnen zurückkehren können. Aber da sie stets auch ein bewirtschafteter Wald war, ist sie nicht verschont geblieben, wie ein Bericht aus dem Jahre 1942 zeigt: »Das Feuer war von außen über die Grenze in die Bestände der Heide gelaufen. Es war in kürzester Zeit zu einem Flammenmeer geworden, nachdem es selbst alte Kiefernhölzer bis in die Wipfel hinein erfaßt hatte. Auf viele Kilometer hörte es sich wie ein Artillerietrommelfeuer an.«

Zu den zeittypischen Episoden gehört, daß der Reichsjägermeister erschien, als die größte Gefahr schon gebannt war. »Das Gatter des Wisentzuchtgeheges war durch das Feuer auf eine Länge von 600 m in Mitleidenschaft gezogen. Göring war nicht davon zu überzeugen, daß die Wisente sich in die entfernteren Teile des 600 ha großen Geheges zurückgezogen hätten. Er malte seinen Zuhörern mit vielen Worten aus, daß die anwesenden Forstbeamten zur Schußwaffe greifen müßten, wenn die Wisentherde ›angebraust‹ käme und die Löschmannschaften annehmen sollte. Noch manches Mal danach hat Göring geschildert, welches Unglück durch das Feuer und die Wisente hätte eintreten können, wenn er nicht persönlich eingegriffen hätte.«*

Eine weitere, womöglich noch größere Gefahr bildet der Schädlingsbefall. Auch dafür das Beispiel: »Ältere Forstleute, die in den Jahren 1922 bis 1925 in der Neumark, Pommern, Grenzmark Posen-Westpreußen sowie in der Mark Brandenburg und Schlesien tätig waren, werden sich noch des katastrophalen Forleulefraßes dieser Jahre erinnern, von denen die gleichaltrigen reinen Kiefernbestände betroffen wurden. Von der Tucheler Heide und den angrenzenden Gebieten kommend fielen die Falter zu Millionen weiter westwärts in Kiefernwälder ein und verursachten durch die milliardenfach ausgeschlüpften Raupen zum Teil zwei- bis dreifachen Kahlfraß. Wer das nicht miterlebt hat, macht sich keine Vorstellung von dieser gewaltigsten Raupenplage des Jahrhunderts in diesen Gebieten. Neben anderen Revieren wurden damals auch die Schorfheide-Forstämter stark in Mitleidenschaft gezogen. Erst ein wolkenbruchartiger Regen machte dem Spuk ein Ende. Unter manchen Kiefern lagen die leblosen Raupen in Klumpen bis zu 15 cm hoch.«* Eine interessante Beobachtung ergab sich nebenher: »Wenn man unter den trostlos kahlgefressenen Kiefernbeständen ab und zu einen grün erhaltenen Baum fand, so konnte man an dessen Stamm mit Sicherheit einen Ameisenhaufen vorfinden.«

Zu den Attraktionen der Schorfheide zählen die zu ihrer Zeit oder Unzeit verschlossenen Orte, die vom Aufstieg und mehr noch vom Sturz der Herrscher berichten. Hubertusstock zunächst, der Jagdsitz für Könige und Staatsratsvorsitzende: Das bescheidene Haupthaus, ein Schloß kaum zu nennen, war nach dem Kriege vom Schwamm zerfressen und wurde neu erbaut. In seinem Innern erfreut ein alter Kamin; sonst allerdings herrscht eine Kleinbürgereleganz, wie sie Versandkatalogen zur Zierde gereicht. Dem Haupthaus zur Seite wurden vier Gästebungalows errichtet – quadratisch klobige Kästen, häßlich zumal in ihrem Unterbau. Und häßlich erst recht sind die kasernenartigen Anlagen für das Dienst- und Wachpersonal. Neu entstanden ist auch ein Fischteich, in dem nie jemand gefischt hat. Vielleicht am eindrucksvollsten wirkt der wilhelminische Bronzehirsch, der an der Auffahrt zum Jagdhaus naturgetreu aus dem Gebüsch tritt. Er erinnert an Prachtgemälde, wie sie »altdeutsch« gestaltete Wohn- oder Schlafzimmer zieren, seit Engelsreigen und der segnende Jesus aus der Mode gerieten. Kurzum, was wir hier vom Wesen moderner Macht erfahren, ist ihre Banalität. Inzwischen hat die Bundesvermögensverwaltung Hubertusstock zum Kauf angeboten; wahrscheinlich wird ein Hotel entstehen.

Bronzehirsch an der Auffahrt zum Jagdschloß Hubertusstock.

Und dann der verwunschene Ort: Karinhall. Kaum eine schönere Lage läßt sich denken als die Landenge zwischen Wuckersee und Großem Döllnsee, einst ein Brunftplatz der Rothirsche. Die anfangs nur unscheinbare Jagdhütte wuchs bald zu einer weitläufigen Anlage heran. Wie sie wirkte, zeigt ein Bericht vom Liebenberger Gegenbesuch bei dem Jagdgast Göring.

Es war eine wirkliche Überraschung, die uns hier erwartete. Die ganze Anlage war geschickt in die leicht hügelige Landschaft hineinkomponiert: niedrige, breitbedachte, nordische Häuser, aus denen am Ende eines weiten baumbestandenen Hofes das Hauptgebäude mit einer breiten, sanft ansteigenden Granittreppe den Abschluß bildete. Zwei große, von riesigen bronzenen Hirschgeweihen umschlossene fackelartige Ampeln begrenzten den Aufgang, vor dem uns unser Gastgeber und seine Frau, Emmi Sonnemann, erwarteten. Göring im Jagdanzug, seine Frau in einem weiten, fließenden Gewand begrüßten uns herzlich und führten uns durch eine weite Vorhalle in den riesigen Jagdsaal. Im Zentrum der fast quadratischen Halle brannte auf einem altarartigen Podest ein loderndes, offenes Feuer, über dem ein von der Decke herabhängendes, riesiges Kupferdach Rauch und Hitze auffing. Davor lag auf einem Elchfell ein halbwüchsiger, junger Löwe, der sich bei unserem Eintreten gähnend erhob, streckte und dann langsam auf uns zukam ... Den weitläufigen, offenen Dachstuhl trugen schwere Eichenbalken, an denen fast vorsintflutlich wirkende Hirsch- und Elchgeweihe hingen, während die Wände hinter dem Placement, auf dem man uns bat, Platz zu nehmen, mit Fellen behängt waren. Von hier fiel der Blick am Kamin vorbei auf die schönsten flämischen Gobelins mit Jagddarstellungen, die ich je gesehen habe. Bei aller überdimensionalen Größe, die eher an einen Kirchen- denn an einen Wohnraum erinnerte, hatte der Architekt dennoch am Rande für eine warme Atmosphäre Sorge getragen, die einen aus den Nischen und von Stützbalken umschlossenen Ecken einladend ansprach...

Anschließend wurden wir in den Park geführt. Durch die reizvolle Landschaft mit ihren Sanddünen, Hügeln, Seen und Wachholdergruppen, zwischen riesigen granitenen Findlingsteinen führte ein Weg zu dem beeindruckenden Höhepunkt der ganzen Anlage, der Gedenkstätte für Karin Göring. Von hier aus hatte man einen weiten Blick über die Heide und Moorlandschaft der Umgebung.

*Als wir das Haus verließen, hatte sich uns der Löwe wieder angeschlossen. Für einen Moment stand Frau Göring, einer griechischen Göttin gleich, auf der steinernen Plattform der Gedenkstätte, neben sich den Löwen, den sie am Kopf kraulte, und mit über die Augen erhobener Hand in die Ferne blickend.**

Was hat die Hohe Frau dort wohl gesehen? 1945 wurde Karinhall von SS-Kommandos gesprengt. Ein paar Gesteinsbrocken auf dem halb schon überwachsenen Platz und die Torhäuser vor der Zufahrt mit Wappen – gekreuzte Marschallstäbe, vom Eichenlaub unterlegt –: nichts sonst ist geblieben von der Stätte der Zuflucht, die der zweite Mann des Reiches unauf-

Marschallstäbe als Sinnbilder der Macht: Die Wappenzier vor dem Zugang zu Hermann Görings »Karinhall«.

hörlich mit geschenkten oder geraubten Kunstschätzen füllte, in der er weltverloren mit seiner elektrischen Eisenbahn spielte, als biete nur der Kindertraum Schutz vor Abgründen, vor den Ahnungen des Untergangs.

Geblieben ist das Unheimliche: Am Anfang war der Tod, das Mausoleum für Karin, Görings erste, aus Schweden stammende Frau. Bei der Einweihung war Hitler zum einzigen Mal hier zu Gast, denn er mochte die märkische Landschaft nicht; seine Zuflucht lag in den bayerischen Bergen. (Dafür wurde er, weil das Abenteuer im Osten, das »Unternehmen Barbarossa«, nicht so ablief, wie es sollte, für fast ein Drittel seiner Herrschaftszeit unter ein ostpreußisches Walddach verbannt.) Nach Kriegsende haben Schatzsucher das Grabmal von Karinhall erbrochen; danach lagen die Gebeine verstreut umher. Hastig haben Forstleute sie in eine Kiste gesammelt und bestattet. Aber nach ein paar Jahren fand man den Platz wiederum aufgegraben, und ein Revierförster war plötzlich verschwunden. Hat sich dieser Grünrock mit einem Rucksack voll Knochen nächtlich davongestohlen? Ein verwunschener Ort, die verrufene Zeit:

Nun tanzten wohl bei Mondenglanz
rundum herum im Kreise
die Geister einen Kettentanz
und heulten diese Weise:
»Geduld! Geduld! Wenn's Herz auch bricht!
Mit Gott im Himmel hadre nicht!
Des Leibes bist du ledig;
*Gott sei der Seele gnädig!«**

Inzwischen gibt es bei Drottningholm, auf dem Familienfriedhof, eine Grabplatte für die geborene Baronin Fock. Liegt etwas oder jemand darunter?

Ach, zum Teufel mit den Gruselgeschichten. Wenden wir uns lieber den heiteren Seiten des Daseins zu; lesen wir, was Fontane berichtet:

Im Werbelliner Forst befinden sich dreitausend Hirsche. Nur um die Brunstzeit, etwa von Mitte September bis Mitte Oktober, umschließt er noch tausend mehr. Dann erscheinen die Wanderhirsche. Sie kommen aus den benachbarten Landesteilen, aus Mecklenburg, Pommern, Schlesien, selbst aus Polen und Ostpreußen, also bis hundert Meilen weit. Alle diese Gegenden, namentlich die nordöstlich gelegenen, haben weniger Weibchen in ihren Wäldern, und dieser Umstand treibt die männlichen Hirsche westwärts und speziell an das Seeufer des Werbellin. Hier ist dann Rendezvous, »Konvivium«, wie die Leute es nennen. Weil der Weg weit und die Fährlichkeit der Reise groß ist, so machen sich nur die stärksten Tiere auf den Weg, wissen auch wohl, daß sie als Eindringlinge kommen und daß es ohne schwere Kämpfe, ohne den ganzen Zorn erwachter Eifersucht, nicht abgehen wird. Diese Kämpfe finden denn auch jedesmal statt, aber überraschender Weise selten mit den eigentlichen Herren des Forstes, sondern gemeinhin unter den Herbeigekommenen selbst. Sie fechten Eindringling gegen Eindring-

Das Denkmal, das die Natur sich schuf: eine vierstämmige Kiefer.

ling, etwa Pole gegen Ostpreuße, oder Schlesier gegen Pommer, und das Resultat ihrer Streitigkeiten pflegt in den meisten Fällen das zu sein, daß, während die beiden fremdländischen Heroen miteinander kämpfen, auch wohl sich töten, der einheimische Märker den Liebespreis davonträgt.

Die fremden Hirsche bleiben etwa vier Wochen. Dann kehren sie wieder heim.

*Seit einem Menschenalter hat sich dieser Zuzug von außen her etwas verringert. Wahrscheinlich infolge des Jahres 1848. Die Jagdfreiheit machte damals den Marsch von Polen und Preußen bis in die Mark noch erheblich gefährlicher als in ruhigeren Zeiten, und die Gefahren jenes Jahres scheinen wenigstens bei den Wanderhirschen unvergessen zu sein.**

Waldkönige, die alljährlich bis zu 750 Kilometer weit reisen, um Liebesabenteuer zu suchen – als seien es Besucher der Berliner Ballsaison oder der Grünen Woche –, die sich von keinem Mißerfolg, jedoch von Revolutionen abschrecken lassen: Was sollen wir davon halten? Man hört förmlich das Gelächter der Förster aus dem Märchenwald nachhallen, als der Wanderer durch die Mark mit dem Bären, vielmehr mit dem Hirsch davonzog, den sie ihm aufgebunden hatten. Doch was immer man uns erzählt, eines bleibt wahr: Die Schorfheide lebt und bietet ihre Schönheiten dar. Die weiten, immer wechselnden, im Auf und Ab sanft bewegten Waldformationen, von Lichtungen aufgehellt, von den Seen durchschimmert, wildreich und menschenarm: Wo sonst findet man das?

Wenn übrigens Herr Direktor Klöden schon vor anderthalb Jahrhunderten von den Kiefern behauptete, daß »man sich deren in alter Zeit mächtigen Wuchs kaum mehr vorstellen kann«, dann ist Widerspruch einzulegen. Die staunenswert alten, hochragenden und starken Exemplare gibt es bis in die Gegenwart. Standfest und genügsam, tolerant gegen das andere Leben, das unter ihr heranwächst, in der Jugend sehr gerade gerichtet, charaktervoll im Alter: Die Kiefer bleibt ein märkisches Wahrzeichen. Sie ist Preußens Baum.

Über Geld, Erziehung und Außenseiter

Im Jahre 1834 veröffentlichte Hermann Fürst von Pückler-Muskau seine heute noch lesenswerten »Andeutungen über Landschaftsgärtnerei«. Sie beginnen freilich mit Klagen, die sich von einer Publikumsbeschimpfung kaum unterscheiden.

Wir sind, man muß es gestehen, in einem großen Teile von Deutschland, kaum noch zur zweckmäßigen Verfolgung des eigenen Nutzens aufgewacht, und nur wenige haben ihren Sinn und ihr Bestreben vorzugsweise, ohne Rücksicht auf Vorteil, bloß dem Schönen zugewendet; eine allgemeine verständige Verbindung beider Zwecke wird noch seltener angetroffen.

Am meisten gilt dies für jede Art des Landbesitzes, und es ist gewiß, daß England hierin unserem Grade der Zivilisation beinahe um ein Jahrhundert vorausgeeilt ist. Was daher dort jetzt mit Leichtigkeit hergestellt wird, bleibt hier noch lange fast unausführbar. Zeit ist es aber, daß wohlhabende Gutsherren wenigstens die Annäherung häufiger versuchen, wenngleich ohne sklavische Nachahmung, mehr im Geiste als in der Form, und stets der Örtlichkeit angemessen. Wenn ich hier England besonders hervorhebe, so geschieht dies weder aus Mode noch Anglomanie, sondern aus der festen Überzeugung: daß in der Kunst eines würdigen und (man erlaube mir den Ausdruck) gentlemanartigen Lebensgenusses, besonders in bezug auf Landleben, so wie des allgemeinen Komforts, verbunden mit voller Befriedigung eines edlen

Schönheitssinnes in jeder Beziehung, und gleich weit entfernt von weichlicher asiatischer Schwelgerei, wie von jener kontinentalen unsaubern Dürftigkeit, die nicht in Armut, sondern in schlechter Gewohnheit und vernachlässigten häuslichen Sitten ihren Grund hat – England uns noch lange ein unerreichtes Vorbild bleiben wird…

Muß nicht ein wahres Schamgefühl in uns aufsteigen, wenn wir das Gegenstück hierzu bei uns aufsuchen, und hier immer noch *eine große Mehrzahl der Edelhöfe finden, deren Hauptaussicht auf den Düngerhof geht, an deren Pforte sich den größten Teil des Tages über Schweine und Gänse belustigen, und deren Inneres oft, als einziger Versuch zur Reinlichkeit, nur mit Sand bestreute Dielen aufweisen kann.*

Sehr wohlhabende Personen, ja Besitzer von Hunderttausenden sah ich sehr häufig in unserem Vaterlande Nord-Deutschland in solchen Pseudoschlössern, wie sie sie betitelten, hausen, die ein englischer Pächter in dubio unbedenklich für einen Stall ansprechen würde.

Ist nun bei einem solchen Rittersitz!! *der, gewöhnlich neben dem Hause liegende, Gemüsegarten auch verziert, so schmücken ihn doch höchstens nur einige Federnelken, und einzelne Lavendelpflanzen, die seine Zwiebel und Kohlbeete einfassen; Alleen krummgewachsener Obstbäume umzingeln traurig Kraut und Rüben, und haben ja von den Vorfahren her noch einige alte Eichen oder Linden dem Zahne der Zeit widerstanden, so ermangelt der gute Wirt selten, sie jährlich für seine Schafe zu entlauben, so daß sie gleich nackten Opfern dastehen, die ihre kahlen Äste, wie um Rache flehend, gegen Himmel strecken.**

Pückler hatte leicht reden oder schimpfen. Von Hause aus war er ein großer Herr mit ausgedehntem Besitz; darum darf man seinen Lebenszuschnitt nicht als typisch ansehen, in der Mark Brandenburg schon gar nicht. Der adlige Gutsbesitzer mochte seine Bauern und Gutsleute als ein »König im kleinen« regieren, aber Kartoffeln und Kiefern boten geringen Ertrag. Woher also sollten die Mittel für den »Komfort« stammen – oder für Reisen, die den Weltmann heranbilden? Die Ansprüche an »Zivilisation« kann man sich kaum schlicht genug vorstellen. Als Herr von Arnim, Besitzer mehrerer Güter, im Jahre 1930 – ein Jahrhundert nach Pückler! – seine spätere Frau Clara auf Schloß Wiepersdorf einführte, bat sie, städtisch und großbürgerlich verwöhnt, um eine Gelegenheit zum Händewaschen. Daraufhin wurden ihr aus der Küche herauf feierlich Schüssel, Wasserkaraffe und ein Handtuch herbeigetragen. Nach dem »stillen Ort« wagte sie gar nicht erst zu fragen; darin befand sich »ein Holzpodest mit Loch und Holzdeckel und außerdem eine große Messingkanne zum Nachgießen«.*

Ein Kopfschütteln ist unangebracht, der Hohn erst recht. Zur »vollen Befriedigung eines edlen Schönheitssinnes in jeder Beziehung« gehört zunächst einmal, banal genug: Geld, ein Mindestmaß an Wohlstand. Eben daran fehlte es, darin lag der Unterschied zu England begründet. General Yorck, der mit der Konvention von Tauroggen die preußische Erhebung gegen Napoleon eigenwillig in Gang setzte, hat als konservativer Reformgegner vom Freiherrn vom Stein gesagt: »Der Mann ist zu unserm Unglück in England gewesen und hat von dort seine Staatsweisheit hergeholt; und nun sollen die in Jahrhunderten begründeten Institutionen des auf Seemacht, Handel und Fabrikwesen beruhenden reichen Großbritanniens unserm armen, ackerbautreibenden Preußen angewöhnt werden.«* Ins Ästhetische gewendet, hätten genau dies märkische Gutsherren gegen Pückler vorbringen können. Übrigens sah es in den Städten kaum besser aus; bis weit ins 19. Jahrhundert hinein kann man von »Komfort« kaum reden. Wirklicher Wohlstand und mit ihm ein Großbürgertum nicht in Einzelfiguren, sondern als erkennbare Schicht entwickelten sich erst im Kaiserreich.

Zum fehlenden Geld trat ein anderer Umstand noch hinzu, womöglich der ausschlaggebende: Die preußische Erziehung kannte keine ästhetischen Maßstäbe; was man »Haltung« nannte, zielte auf die Pflichterfüllung im Dienst, darauf, des Königs Rock in Ehren zu tragen, Mut zu beweisen und um keinen Preis wehleidig zu sein. Auf ihre eigene Weise stellte sie hohe und harte Ansprüche, aber sie hatte wenig gemein mit den Idealen des »honnête homme« in Frankreich und des »gentleman« in England, die ihre Gebote der Ritterlichkeit oder der Fairneß mit dem Sinn für das Schöne, mit einem zur Form geführten Lebensgenuß verbanden.

Was das Bürgertum der preußischen Erziehung entgegenstellte, war »Bildung«, vorab als Lese- und Buchkultur. Daraus sind eigene Leistungen und durchaus imponierende Institutionen entstanden: das humanistische Gymnasium und ein Universitätswesen, das seit Wilhelm von Humboldts Berliner Gründung Weltgeltung erlangte. Immer aber machte diese Bildung aus ihrer Not, aus materiellem Mangel und politischer Ohnmacht die Tugend des »rein Geistigen«; von einer Lebensform, die die Gesellschaft insgesamt hätte prägen können, blieb man weit entfernt.

Nicht einmal der wirtschaftliche Aufschwung seit der Reichsgründung konnte daran etwas ändern. Ganz im Gegenteil. Die preußische Erziehung feierte ihren »Sedan«-Triumph. Denn der alte, schlagkräftige Staat im Glanz seiner siegreichen Waffen erreichte die nationale Einheit, die den Bildungsbürgern 1848 mißlungen war. So paßte man sich an; Reserveoffizier in einem möglichst feudalen Regiment und Mitglied einer »schlagenden« Verbindung zu sein, mißriet zum Renommier-»Standes«-Ideal. Wie Bernhard Guttmann im Rückblick auf die Zeit vor 1914 gesagt hat: »Verglichen mit dem Reichtum und der realen Macht der rheinisch-westfälischen Industrieherren nahm sich jetzt der Adel in Brandenburg und Pommern kümmerlich aus. Aber Kohle und Stahl bezogen von Roggen und Zuckerrübe die Maßstäbe der Vornehmheit. Sich dem freiheitlichen Gedanken zuliebe Richtungen anzuschließen, die ihren Söhnen den Eintritt in das Offizierkorps der Reserve und ihren Töchtern das Tanzen mit Leutnants verwehrte, waren die großen Bürgerlichen nicht geneigt.«* Fontane sprach als Außenseiter, wenn er sich über eine verkehrte Welt empörte: »Je mehr wir verassessort und verreserveleutnantet werden, je toller wird es.«*

Als Außenseiter erwies sich freilich schon Pückler. Nicht einmal seine Mittel reichten aus, um das Leben zu finanzieren, zu dem er sich berufen fühlte. Die Standesherrschaft von Muskau versank hoffnungslos in Schulden. Um sie zu retten, verabredete er mit seiner Frau – der Tochter des Fürst-Kanzlers Hardenberg – die formelle Scheidung und reiste nach England, um die Erbin eines großen Vermögens zu finden und heimzuführen. Daraus wurde nichts, vielleicht weil er an seiner »lieben Schnucke« hing und ihr in Briefen schilderte, was sich zutrug. Zwar entstand aus den Schilderungen ein Buch, ein Bestseller sogar, die »Briefe eines Verstorbenen«. Aber Muskau mit dem Lebenswerk einer zur Schönheit gestalteten Parklandschaft mußte verkauft werden. Fast zwangsläufig geriet Pücklers Protest gegen eine häßliche Umwelt mehr und mehr ins Bizarre. Oder wie sonst soll man es nennen, wenn er aus Ägypten eine fünfzehnjährige Sklavin mitbrachte, um sie neben seiner lieben Schnucke und in der Gesellschaft zu etablieren? Nur die Tatsache, daß das Mädchen nach wenigen Monaten an der Tuberkulose starb, milderte den Skandal. Vom Bizarren kann man heute noch im Schloßpark von Branitz, am Rande von Cottbus, etwas zu sehen bekommen: Als Pückler 1871 starb, ließ er sich in der Pyramide bestatten, die vorsorglich schon 1856 in einen See gesetzt worden war.

Wenn nun über den Mangel an Geld und die Macht der Erziehung gesagt worden ist, was gesagt werden muß, dann heißt das doch nicht, daß niemand vom schöneren Leben geträumt hat. Dieser Traum konnte nur dort sich nicht ansiedeln, wo man war, sondern er mußte in die Ferne, die Fremde verlegt werden. Die Sehnsucht nach Italien, nach dem Süden überhaupt, »das Land der Griechen mit der Seele suchend«, hat hier eine ihrer Wurzeln. Ein armer Außenseiter wie Johann Joachim Winckelmann (1717–1768) hat diese Sehnsucht geweckt, ein Außenseiter wie August Graf von Platen (1796–1835) sie gesungen. Wenige allerdings konnten sich die Reise nach Italien leisten, wenn sie die Mittel besaßen wie Goethe oder so anspruchslos waren wie Seume, der mit wenig mehr als dem Wanderstab in der Hand seinen »Spaziergang nach Syrakus« unternahm.* Zum Ruhme Preußens muß immerhin gesagt werden, daß der sparsame Staat nicht wenige junge Künstler mit Stipendien versorgt hat, um sie das Schöne suchen und heimtragen zu lassen, was sie fanden.

Manchmal hat die Sehnsucht nach dem Süden sogar ihre eigene, märkische Form gefunden, zum Beispiel in Hardenbergs Neuhardenberg, das Schinkel – einer der Heimkehrer aus Italien – gestaltete: »Kein märkischer Adelssitz, kein englisches Landhaus, kein aus der Landschaft gewachsenes Château, das noch seine Steine aus den umliegenden Bergen geholt hat. Ganz Schloß, sentimentalischer Wille zur Klassik, fremd in die Äcker gebaut, strenge Gesimse, heller Putz, nichts von draußen aufnehmend, alles stolz verneinend und überhöhend, draußen der Barnim, drinnen Athen ... Welche Anstrengung der Empfindung und des Gedankens, wie verlangend das Sehnen nach der Antike, Traum in die Rüben gestellt.«* Übrigens starb Hardenberg nicht in Neuhardenberg, sondern in Genua.

Unwillkürlich wandern die Gedanken zurück nach Rheinsberg. Ist etwa das stolze Verneinen auch dort am Werk, müßten wir seine Fremdheit entdecken, wenn wir die Klischees hinter uns ließen? Prinz Heinrich jedenfalls hat sich, in Rheinsberg lebend, fortgeträumt, wenn nicht in den Süden, dann nach Westen. Hätte sein Schloß nicht in Frankreich liegen sollen, vielleicht an der Loire? Und wie wäre in solcher Perspektive Friedrichs Sanssouci zu sehen?

Seltsame Fragen. Vor ihrem Hintergrund wird die Leistung Fontanes erkennbar, uns hinzuführen zur heimischen Schönheit. Und vielleicht läßt sich ermessen, welche Mühe zu dieser Leistung gehörte, welche Enttäuschung sogar. Denn erst einmal waren es nicht die Selbstzufriedenen, also die vielen, die seine Bücher lasen und liebten, sondern die wenigen, die Außenseiter, die sich danach sehnten, heimisch zu werden.*

Besuch bei Achim von Arnim

Ich sah in Wiepersdorf alte Frauen
Pfingstrosen über den Kirchhof tragen
Die roten Blätter fielen schon ab
Und blieben auf den Steinplatten liegen.

Sarah Kirsch hat das geschrieben.* Um Grabsteine zu sehen und den zu besuchen, der hier einmal lebte, fahren wir nach Wiepersdorf, dem unscheinbaren Ort, von Berlin etwa 60 Kilometer nach Süden entfernt. Um genau zu sein – denn ein zweites Wiepersdorf liegt ganz nahe, und mancher hat sich dorthin

schon ratlos verirrt – : Wir fahren, die Autobahn nach Dresden in Duben verlassend, über Luckau und Dahme auf der Bundesstraße 102, Jüterbog entgegen bis Nonnendorf, dort links ab und dann noch zwei Kilometer bis zum Ziel, das sich in einer Senke verbirgt.
Die erste Grabplatte, die wir sehen wollen, sagt:

Hier ruht
Ludwig Achim
Freiherr von Arnim
geboren
den 26. Ianuar 1781
gestorben
den 21. Ianuar 1831
Deutscher Dichter

Eine zweite Grabplatte, dem Dichter nicht zur Seite, sondern zu Füßen, trägt die Inschrift:

Hier ruht
Bettina
Freifrau von Arnim
geb. Brentano
geboren
den 4. April 1788
gestorben
den 20. Ianuar 1859
vermaelt mit Ludwig
Achim von Arnim

Gab es da weiter nichts zu vermerken, als daß diese Bettina Achims Ehefrau war? Nur ein paar Schritte entfernt kann man an der Seite der Kirche einen dritten Text lesen:

Gieb Liebe mir und einen frohen Mund,
Dass ich dich Herr der Erde thue kund,
Gesundheit gieb bei sorgenfreiem Guth;
Ein frommes Herz und einen festen Muth;
Gieb Kinder mir, die aller Mühe werth,

Verscheuch die Feinde von dem trauten Heerd;
Gieb Flügel dann und einen Hügel Sand,
Den Hügel Sand im lieben Vaterland,
Die Flügel schenk dem abschiedsschweren Geist,
Dass er sich leicht der schönen Welt entreisst.

Achim von Arnim, Die Kronenwächter
1817, Seite 239.

Die Kirche selbst mißriet gegen Ende des 19. Jahrhunderts zum turmlosen, neo-romanischen Putzbau, der weder die Altersaura noch die schlichte Schönheit märkischer Feldstein- oder Fachwerkkirchen bewahrte. Zu ihren Gunsten läßt sich eigentlich nur feststellen, daß sie, von alten Bäumen gnädig umschirmt, nicht allzusehr stört. Um so anziehender wirkt das Schloß. Seine Erhaltung, statt der Preisgabe an Verfall und Vernichtung, ist dem Geiste derer zu danken, die hier zu Hause waren. Denn bald nach dem Krieg entstand der Gedanke, eine Heimstatt für Dichter zu schaffen. Wo sonst, wenn nicht an diesem Ort? Ein Beschluß vom November 1946 sprach es aus: »In Wiepersdorf lebten Bettina und Achim von Arnim und liegen dort bestattet. Das Schloß ist durch seine Tradition wie kaum ein anderes in der Mark Brandenburg geeignet, für den gedachten Zweck eingerichtet zu werden.«*

Das Ergebnis darf sich sehen lassen. Zwar mag mäkeln, wer will: Die meisten Möbel stammen nicht aus Arnims Zeit, sondern sind »zweites« oder »drittes« Biedermeier, bei der Anlage von Badezimmern scheinen die Sanitärtechniker an die Grenzen ihrer Fähigkeiten gelangt zu sein, und so fort. Ohnehin ist man sozialistisch gemächlich ans Werk gegangen; die Arbeiten zur Umgestaltung und Wiederherstellung haben mehrfach, mitunter für Jahre, zur Schließung des Hauses geführt. Doch das zierliche Schloß mit seinen einstöckigen Seitenflügeln, die Orangerie und der Garten stellen sich insgesamt stilvoll in jener barocken Formgebung dar, zu der im 19. Jahrhundert ein Enkel Bettinas und Achims die Vorlage gab.* Man kann nur hoffen, daß die bisherige »Arbeits- und Erholungsstätte für Schriftsteller und Künstler ›Bettina von Arnim‹« künftig die Zuwendung erfährt, die ihr gebührt, daß sie – natürlich in neuen Formen, mit anderen Inhalten – ein Ort des Geistes bleibt, statt bloß noch als Ferienhotel genutzt zu werden.

Zum Wohlbefinden trägt die Umgebung, die Landschaft ebenso bei wie eine unaufdringliche Gastlichkeit. Zwar gibt es nirgendwo größere Seen, keine Spielart von »Schweiz«, aber nach Westen hin gleich hinter dem Park, nach Osten in geringer Entfernung ist Wiepersdorf von Wald umgeben. Märkische Heide, Kiefernbestände im Wechsel junger Schonungen und lichter Altbestände, stets neue Perspektiven, Ausblicke in die Felder – Bilder kurzum, als seien sie von Leistikow gemalt: Hier kann man Stunde um Stunde, Tag für Tag wandern, ohne zu ermüden. Und unversehens gerät man zum halb überwachsenen Waldesgewässer, das an Frühlingsabenden ein vielstimmiger und eben darum ununterscheidbar geeinter Gesang der Kröten verzaubert.

Liebe Hildegard Rauchfuss!

Mir geht es wie Dir. Ich habe große Sehnsucht nach Wiepersdorf und war auch schon lange nicht mehr dort. Soll ich Dir eine Karte oder ein Telegramm schicken, wenn wir zufällig hinfahren? Heute kommt es mir vor, ich sei nie so sorglos und froh gewesen, beides ohne besonderen Grund, wie in der Zeit, in der wir dort waren und im Wald herumliefen.

7. April 1969 *Viele herzliche Grüße*
*Deine Anna Seghers**

Aufs »Laufen« sollte verzichten, wer das Wild beobachten will, das es zahlreich gibt. Aber man versteht, was gemeint war. Man versteht hier sogar die seltsam hölzerne Brautwerbung des letzten Arnim auf Wiepersdorf und Zernikow: »Wollen Sie mit mir zusammen meinen Wald pflegen?«*

Indessen gilt unser Besuch dem Vorfahren. »Gieb Flügel dann«: Wie eigentlich sind sie nicht erst für den Abschied, sondern zum Aufbruch ins Träumen einem Mann zugewachsen, den Geburt und Tradition zur Erdenschwere bestimmten? Man mag – altmodisch – die Ahnen mustern oder – modern –

die Umstände einer Kindheit prüfen; alles Erklären wirkt freilich einleuchtend nur, weil es das Ergebnis schon voraussetzt. Im Grunde bleibt das Rätsel einer Anlage, die der ihr zugemessenen Begegnung bedarf, um geweckt zu werden. Vielleicht sollte man es bei dem belassen, was Ina Seidel schön erzählt hat:

Der Juni 1802 war für Arnim und durch ihn für Clemens und Bettine Brentano von einer Bedeutung, die das ganze zukünftige Leben dieser drei Menschen bestimmte. Arnim hatte einmal Clemens und die ganze Familie auf eine »Verbindung von Feuer und Magnetismus« zurückgeführt; nachdem er Bettinen kennengelernt, erklärte er sie als »die höhere Vereinigung dieser beiden«. Durch die enthusiastische Beschreibung des Bruders war er wohl vorbereitet auf etwas Besonderes; die eigentümlich »sinnlich-unsinnliche« Liebschaft zwischen den Geschwistern, die in Bettines »Frühlingskranz« später zur Dichtung wurde, stand auf ihrem Höhepunkt, als durch die persönliche Berührung mit Arnim wie durch einen Katalysator eine Umschaltung und Wandlung der Elemente sich vollzog. Zunächst war es Clemens, dessen Wesen dem Freunde überschwenglich zuströmte und durch ihn die wohltätigste Wirkung empfing. Nach Tagen des Zusammenseins in Frankfurt begaben sich die Freunde auf eine Rheinfahrt … Zwei fahrende Schüler, zwei Wanderburschen, benutzten sie zuerst das Frankfurter Marktschiff und zogen dann zu Fuß stromabwärts bis Koblenz. Der ganze Zauber dieser Junitage ist in einem Brief Brentanos enthalten, den er in der Erinnerung an das Zusammensein ein Jahr später an Arnim nach Paris richtete: »… da wir miteinander in den Turm von Rüdesheim gestiegen waren, da stelltest Du Dich an das einzige Fenster im Turm und sahest den Rhein sehr ernsthaft hinaus. Ich aber stand im dunklen Turm und spielte Guitarre, sehr einsam fühlte ich mich da, als wärest Du hundert Meilen von mir … Ich wollte Dir noch ein Lied machen, aber es wird zu spät, ich will den ersten Vers hierher schreiben:

Es setzten zwei Vertraute
Zum Rhein den Wanderstab,
Der braune trug die Laute,
Das Lied der blonde gab –

*mit diesen Worten benenne ich das Liebste, Teuerste meines Lebens.«**

Eine doppelte Traumerfüllung schien sich nun anzubahnen. In den folgenden Jahren, zwischen 1805 und 1808, gaben die Freunde in drei Bänden ihre Sammlung und Nachdichtung von Volksliedern heraus, »Des Knaben Wunderhorn«, die Aufsehen, um nicht zu sagen Epoche machte und zur Freundschaft mit den Brüdern Grimm führte, die dann mit ihren »Kinder- und Hausmärchen« nachfolgten. Zugleich entwikkelte sich die Beziehung zwischen Achim und Bettina, im Briefwechsel dokumentiert*, die 1811 zur Heirat, 1814 zum Hausstand der Eheleute und Eltern in Wiepersdorf führte.

Aber ist es womöglich so, daß wir unsere Träume zerstören, wenn wir sie verwirklichen? Clemens Brentano, des Halts an dem Freund und der Schwester beraubt, deren Zusammenführung er fast wie ein Kuppler betrieb, flüchtete in den Schoß der Kirche; für Jahre widmete er sich der Pflege einer stigmatisierten Nonne und der Aufzeichnung ihrer Gesichte. Bettina hielt es in der Stille des ländlichen Lebens nicht aus. Sie flüchtete nach Berlin und begründete dort ihren eigenen Hausstand; nur als Sommergast kehrte sie zurück. Gerade das ist also das Schloß in Wiepersdorf kaum geworden, als das man es ausgab und vor dem Ruin bewahrte: »Bettines Haus«.

Entscheidend war wohl, daß Bettina sich aus der Ferne ihr Traumbild von dem Dichter gemalt hatte, als sei er eine Lerche, die nur die Flügel des Gesanges trugen. Darum fror sie in der nüchternen Nähe, neben dem Landedelmann, der seinen Wald und die Jagd und das Gärtnern liebte, den die Pflichten und Sorgen des Gutsherrn plagten. Darum versuchte sie, Arnim noch weiter fort und zum Reisen zu drängen, vielleicht in der Hoffnung, daß dann die Verzauberung wiederkehren werde, die einst auf der Rheinreise mit dem Bruder Clemens gelang. In diesem Sinne spricht ein Brief Bettinas an Arnim vom September 1820:

Lieber Freund, hätte mich einer vor meiner Verheiratung gefragt, glaubst Du, daß Arnims Geschick und Glück innerhalb Deiner Kinderstube, Deiner Küche und dem bornierten Kreis Deiner Gedanken begründet ist?, so hätte ich mit einem bestimmten Nein geantwortet; schon in der Zeit in Frankreich sah ich Dich mit einer Art Behagen Abschied nehmen, weil mir deuchte, die weite Welt gehöre jetzt Dein und Deine Lebensbahn gehe weit über die kleinen Beschränkungen der meinigen hinaus, und für Dich würde die lächerliche Vorurteilskette der Umständlichkeit im Leben nie existieren, ja Du kamst mir vor wie ein rechter Phönix von Lebensfreude, der bei jedem Sonnenstrahl es nicht lassen konnte, mit ausgespannten Flügeln ihm entgegen zu schweben, jetzt mache ich mir Vorwürfe, daß ich die schwersten Gewichte an diese Schwingen gehängt habe, aber nicht ich, sondern die Vorurteile und die Schwachheit, zu tun und zu lassen, was andere loben und tadeln, und endlich Deine schwankende Meinung über Dein Verhältnis zur Welt, über Dein Verdienst, über die Anerkenntnis desselben (und über das, was Du in der Welt, und für sie werden könntest) haben das Blei zu diesen Gewichten geliefert. Die rechten Dichter sind geistiger Weise, was die Kron- und Erbfürsten irdischerweise sind und repräsentieren, sie sind nämlich als das geboren, was sie der Welt einst werden sollen, verzweifeln sie aber an ihrer inneren Macht, so legen sie die Krone nieder, noch ehe sie ihnen öffentlich verliehen ist … Wenn aber je ein Dichter ein geborener war, so bist Du es, ich will Dir hier keine Worte machen, Du wirst selber fühlen, wie doppelt wahr diese Wahrheit ist, ja selbst Deine Schwächen (deren Du wirklich hast und die im Zunehmen sind) verleugnen Dich als solchen nicht, sondern sind vielmehr das echte Beglaubigungssiegel; ach, und darum wünsch und will ich Deine Reise, insofern mein Wille etwas durchzusetzen vermag (und der gute Wille soll ja immer alles durchsetzen können), die herrliche Natur, die freundlichere Aufnahme und

Anhänglichkeit, der jugendliche, ja ich möchte sagen Kindheitsgenuß im vollen Herbst, wird ein Bad sein für den Lichtleib, daß ihm der Schlamm und die Kruste, die durch anteillose, frostige Verhältnisse angesetzt haben, wieder losweichen, die innere Wärme, die entsteht durch das Gefühl der Überlegenheit, die den Schmeichelnden und Verehrenden sich milde ergiebt und aufopfert, die wird Dir wieder zur Begeisterung werden, und Du wirst neu bekehrt und neu begeistert, neu geboren zurückkehren.

Ein Traumbild noch immer. Aber halb schon resigniert fügt Bettina hinzu:

*Wenn es nur wahr wäre, was ich jetzt sage: diese Zeit ist eine Probezeit zwischen dem echten und falschen Dichter, und Du wirst diese Zeit noch durchbrechen – warum ich nur heute meinen Gedanken den Zügel schießen lasse, da ich Dir nichts zu sagen weiß, da ich Dir mit meinen Reden doch nur die Faust auf's Aug passen kann! Aber ich will auch garnicht was gesagt haben, ich hab schon so lange verlernt, mein inneres Interesse öffentlich Dir zu zeigen.**

Diesem Brief begegnet einer von Arnim an Bettina, vom 19. September 1820, in dem es aufs Ende zu heißt:

Ich denke nirgends so oft an Dich wie hier, wo wir miteinander recht schöne Tage lebten, die Du leider vergessen hast. Schimpfe nicht auf mein armes Gut bei den Leuten und verhöhne es nicht, es tut mir wehe, ich habe keine Eitelkeit darauf, aber ich weiß doch, daß Gras und Bäume grün und der Himmel blau ist, und das Gefühl von Eigentum soll niemand kränken, denn es hängt im Menschen mit dem Heiligsten zusammen, mit Treue und Glauben. Darum ist es auch nicht recht, daß Du Bärenhäuterfreuden die großen Ereignisse nennst wie Erntefeste, um die sich das Leben dieser Erde in seinen großen Erscheinungen wendet. Ich küsse Dich und die Kinder.

*Achim Arnim.**

Was blieb da noch weiter zu sagen? Es ist bezeichnend, daß Bettina nach Arnims Tod 1831 wie aus einem Bann erwachte. Erst jetzt begann sie ihre eigene Karriere als Schriftstellerin, von »Goethes Briefwechsel mit einem Kinde« (1835) bis zu »Gespräche mit Dämonen« (1852). Und vielleicht war Bettina im Blick auf den Einsiedler von Wiepersdorf doch im Recht; vielleicht traf ein, was lange zuvor schon, im September 1802, Clemens Brentano den Freund in banger Vorahnung fragte: »Wird Dich der Staat und der Stand gefangennehmen? Werden Dich nicht die toten Finger Deiner Ahnen festhalten? Wird Dir Deine Familie, der es wie aller Familie wohl im Ganzen gleichgültig ist, nicht so freundschaftlich die Hand drücken, daß Du Dich in den Sessel von jeher setzest, etwa so poetisch bist, als es geschmackvoll ist, so wirkend, als man absehen kann ...«*

Dabei beharrte Achim von Arnim bei seiner poetischen Arbeit; er schrieb und schrieb. Aber wie er keine neuen, anregenden oder gar mitreißenden Freundschaften mehr schloß, so zeigt auch das Werk einen seltsamen Stillstand. Es wucherte mehr, als daß es sich entwickelte. Ans bloß Geschmackvolle hat es sich niemals verloren, ganz im Gegenteil: Es wagte sich weiter und immer weiter ins Phantastische und Unheimliche hinaus, in die Träume, die zu Alpträumen geraten. In gewissem Sinne erweist sich dieses Werk als sehr modern: eine Fundgrube für die Seelendeuter und die Surrealisten. Selten jedoch, immer seltener fand es zur Form, die wir als Beschwörung des Phantastischen und als seine Bändigung zugleich bei E.T.A. Hoffmann bewundern.

Hat Arnim das eigene Ungenügen gespürt? Ist er darum, in Wiepersdorf vergraben, nicht alt geworden? Eine Traumerfüllung im Sinne des Glücks ist ihm jedenfalls nicht zuteil geworden. »Trösteinsamkeit« war seine Schöpfung – von der er dann, in einem Brief vom Juni 1827, gesagt hat: Das »ist freilich ein Wort, das ich erfunden habe, aber Tausende verstehen die Sache besser als ich, der statt ihrer das Wort nur finden konnte. Ich suche die Einsamkeit mit all ihrer Sehnsucht, aber selten finde ich in ihr, was mich trösten kann.«*

Indessen redet von dem Mann in Wiepersdorf mit all seinem

Zwiespalt ein Gedicht wie kaum eines sonst, unter dem Titel *Stolze Einsamkeit*.

Im Walde, im Walde, da wird mir so licht,
Wenn es in aller Welt dunkel,
Da liegen die trocknen Blätter so dicht,
Da wälz ich mich rauschend daunter,
Da mein ich zu schwimmen in rauschender Fluth,
Das thut mir in allen Adern so gut,
So gut ist's mir nimmer geworden.

Im Walde, im Walde, da wechselt das Wild
Wenn es in aller Welt stille,
Da trag ich ein flammendes Herz mir zum Schild,
Ein Schwerdt ist mein einsamer Wille,
Da steig ich, als stieß ich die Erde in Grund,
Da sing ich mich recht von Herzen gesund
So wohl ist mir nimmer geworden.

Im Walde, im Walde, da schrei ich mich aus,
Weil ich vor aller Welt schweige,
Da bin ich so frey, da bin ich zu Haus.
Was schadt's, wenn ich thörigt mich zeige,
Ich stehe allein, wie ein festes Schloß,
Ich stehe in mir, ich fühle mich groß,
So groß als noch keiner geworden.

Im Walde, im Walde, da kommt mir die Nacht,
Wenn es in aller Welt funkelt,
Da nahet sie mir so ernst und so sacht,
Daß ich in den Schoß ihr gesunken,
Da löschet sie aller Tage Schuld,
Mit ihrem Athem voll Tod und voll Huld,
*Da sterb ich und werde geboren.**

Ballade von den nützlichen und den unnützen Dichtern

Die »Arbeits- und Erholungsstätte für Schriftsteller und Künstler ›Bettina von Arnim‹« führte in ihren Anfängen einen anderen Namen. Wer ihn fand, war nicht mehr zu ermitteln, aber eindrucksvoller hätte man ihn schwerlich ersinnen können: »Schaffensstätte der Deutschen Dichterstiftung e.V. Schloß Wiepersdorf.« Aus diesen Anfängen, aber auch aus späteren Jahren haben sich Gäste- und Meldebücher erhalten, die eine anregende, manchmal aufregende Lektüre bilden; sie könnten den Rohstoff für Romane oder theatralische Sendungen liefern.

Die Meldebücher wurden in einem fürsorglichen Überwachungsstaat mit Ernst und Exaktheit geführt – gottlob, möchte man in diesem Falle fast meinen. Denn ihnen läßt sich entnehmen, wann wer hier zu Gast war. Anna Seghers ist oft in Wiepersdorf gewesen, zum Beispiel vom 20. bis zum 28. Juli 1955 und vom 24. Dezember 1955 bis zum 4. Januar 1956, wie zuvor schon im Dezember 1953 und im Oktober 1954. Für Erwin Strittmatter findet man die entsprechenden Daten im Sommer, für Ludwig Renn im November 1953; Alfred Kurella gehörte mit Gattin Elfriede im April 1955 und wieder vom 28. Dezember 1956 bis zum 4. Januar 1957 zu den Besuchern.

Die Gästebücher liefern Proben von der Schaffenskraft deutscher Dichter. Im Jahre 1948 entstand der Beitrag von Käthe Kamossa, Schriftstellerin und Schauspielerin, »Niemandsland«, der es wert ist, aus dem Vergessen gehoben zu werden.

Wir gehen
Und wissen nicht, wohin.
Wir leiden
Und sehen keinen Sinn.

Wir tasten
Und finden nirgends Halt.
Wir fühlen
sogar die Sonne kalt.

Wir beten
Und glauben dabei nicht.
Wir warten
Und Gott hat kein Gesicht.

Wir schauern
In hoher Sommerzeit.
Wir sterben
Und sind noch nicht bereit.

Eine Anmerkung sagt, daß das Gedicht am 19. August 1948 von Professor Doehring im Dom zu Berlin gesprochen und am 14. September 1948 von Professor Martin Grabert vertont wurde.

Typisch ist dieser Beitrag allerdings nicht. Sozialistische Glaubenskraft und eine lichte Gestimmtheit, das optimistische »Vorwärts!« überwiegen. Nach der Nacht des Faschismus ist ein neuer Morgen gekommen; eine bessere Welt soll entstehen. Wie Arnold Zweig am 21. November 1948 reimt:

So baun wir in der Jahre Lauf
das Heim des Geistes wieder auf!

Oder wie Peter Nell im Juni 1949 schreibt:

Die Schlösser hatten ihren Sinn verloren.
Doch diese Zeit macht es hier schöner offenbar,
was je die Besten träumend sich erkoren:
Das Heute erst hat wirklich uns geboren,
was gestern schon im Sinne auch Bettinens war.

Daß die Dichter in den Nachkriegsjahren vom schöneren Leben geträumt haben, vom neuen Menschen in einer endlich gerechten Gesellschaft: Wer verstünde es nicht? Und wer will bezweifeln, daß vom Glauben an die Zukunft sprach, was man beschwor? Manchmal wird auch Dankbarkeit spürbar angesichts der Fürsorge, die man erfährt. Eine Eintragung vom 27. März 1949 – mit unleserlichem Namen – sagt von den Dichtern:

Die Schädlichen unter ihnen waren einst
die besten; man sagte zu ihnen: Ihr
sollt unter Brücken schlafen; und
manchmal scheinen die Sterne freundlich.
Die dürft ihr andichten.

Die Nützlichen unter ihnen werden die
besten sein. Man sagt zu ihnen: Ihr
sollt ein Dach haben und einen Tisch;
denn ihr werdet eine Welt fordern, die
für alle Dach und Tisch hat. Von
dieser werdet ihr singen.

Ein wenig klingt das freilich, als sei sehr direkt der Nutzen gemeint. Und düstere Fragen drängen plötzlich herbei: Was geschieht mit den Dichtern, die vom Unnützen nicht lassen wollen? Oder die gar entdecken, daß noch immer, sogar im Sozialismus, unter den Sternenbrücken Menschen leben, deren Sehnsüchte ungestillt bleiben? Werden sie nun zu Schädlingen erklärt, weil sie sich weigern, von den Siegen des Fortschritts zu singen? Nie sind diese Fragen wirklich beantwortet worden, stets aber, vom Anfang bis zum Ende, haben sie die Geschichte der DDR begleitet und verfinstert.

Zum unbeschwerten und ganz gewiß nützlichen Dichterschaffen gehört, was ein Otto Fromm 1949 ins Gästebuch schrieb:

Ballade von Schloß Wiepersdorf!

Umgeben von uralten Bäumen
liegt im Park das alte Schloß.
Verwitterte Steinfiguren erinnern
an Minnesang und der Raubritter wilden Troß.

Im Schloßpark herrscht himmlische Ruhe,
nur in den Wipfeln spielt sacht der Wind
und trägt der Vögel Gezwitscher zu mir,
die versteckt in den Bäumen sind.
Hier läßt es sich gut schaffen und träumen

und des Dichters Gedanken geh'n
zu längst vergangenen Zeiten,
zu Werden und Vergeh'n.

Denn die einst hier residierten,
sind verweht vom Geschehen der Zeit,
das die gequälten Bauern
von ihrem Joch befreit.
Nun gibt's keine Herren und Knechte mehr,
empor strebt ein neues Geschlecht,
das frei auf seinem Boden schafft
und verteidigt sein Gut und sein Recht.

Auch im Schlosse ist neues Leben,
froh tummelt sich Mann, Frau und Kind
und fröhliches Lachen verkündet,
daß hier wieder Menschen sind.
Doch sind es nicht Ritter und Grafen,
die Intelligenz der demokratischen Republik
erholt sich hier und schafft neue Werke
für die Heimat, für Frieden und Glück.

Aber nachts, zur Geisterstunde,
da spukt der Vertriebenen Chor.
Es steigen die Ritter und Grafen
aus ihren Grüften hervor,
sie schwingen die Schwerter und rufen:
»Was wollt ihr in unserem Haus?
Ihr ungebetenen Gäste,
schert euch zum Teufel, hinaus!
Denn unser ist alles, was hier ist,
soweit der Blick nur reicht,
das Schloß, die Wälder, Felder und Menschen
und was da fleucht und kreucht.«

Doch da treibt ein vielstimmiges Echo
die Geister wieder zurück.
»Eure Zeiten kehren nie wieder!
Es lebe die Einheit Deutschlands,
die Deutsche Demokratische Republik!«

Hierzu wäre vielleicht noch anzumerken, daß der letzte Besitzer von Wiepersdorf, Friedmund Freiherr von Arnim, 1945 beim Einmarsch der Roten Armee bei seinen »gequälten« Bauern und Gutsleuten blieb, weil er sie in kritischer Stunde nicht im Stich lassen wollte. Obwohl er kein Nationalsozialist war, ja als »roter Baron« galt, wurde er verhaftet und nach Neubrandenburg gebracht, dann ohne Urteil nach Osten verschleppt. Im Januar 1946 starb er in einem Lager bei Tula an den Folgen der Unterernährung.* Der Dichter muß das nicht gewußt haben, aber etwas weniger Plumpheit wäre ihm doch wohl zu wünschen gewesen. Immerhin gab es Kritik. Auf die ungestüme Ballade folgen mit ein paar Seiten und Monaten Abstand die Zeilen, die E. R. Greulich im März 1950 schrieb:

Nicht jeder war ein Dichter,
der hier gelebt im Haus,
das weisen wie Gesichter
des Buches Seiten aus.

Kein Wort zu unsern Tagen,
Niveau: Poesie-Album.
Sie haben nichts zu sagen,
sie »dichten« und sind stumm.

Dies wiederum, so scheint es, hat Aufruhr erzeugt. Mit einem Pfeil auf »Sie haben nichts zu sagen« hat jemand an den Rand geschrieben: »Der ›Greulich‹ erst recht nicht!« Eine zweite Randbemerkung widerspricht: »Er hat recht!« Dann herrscht für ein ganzes Jahr Stille, ein geducktes Schweigen. Erst am 19. März 1951 folgt die nächste Eintragung – und hinter einem Gedicht als Zusatz: »Was sonst noch zu sagen ist, hat E. R. Greulich bereits gesagt!«

Ein Problem von Wiepersdorf lag darin, daß die »Dichter« oder später die »Schriftsteller und Künstler« selten oder niemals auf die Weise unter sich sein konnten, die den Namensgebungen entsprochen hätte. Die Meldelisten weisen als überwiegende Mehrheit das Publikum eines Tagungsbetriebes aus. Teils bunt gemischt, teils in speziellen Gruppen findet man

Arbeiter und Sekretärinnen, Schüler und Studenten, Ärzte und Apotheker, Landwirte und Bürgermeister, Kaderleiter, Hersteller und Herstellerinnen (von Büchern). Der Ungeist des Tagungsgewerbes (nicht bloß im real oder irreal existierenden Sozialismus) spricht aus dem folgenden Text:

Die in der Zeit vom 14. bis 16. September 1980 zu einer Schulungsmaßnahme in der Arbeits- und Erholungsstätte für Künstler und Kulturschaffende »Bettina von Arnim«, Wiepersdorf, weilenden Funktionäre des Ministeriums für Kultur der DDR, aus Räten der Bezirke, Betrieben und Nachfolgeeinrichtungen danken dem Leiter des Objektes, seinem Kollektiv und den Helfern, für die verantwortungsvolle Vorbereitung der Schulung und für die vorzügliche Betreuung. – Diese Ihre Arbeit, liebe Genossen und Kollegen, hat wesentlich zum erfolgreichen Verlauf unserer Zusammenkunft beigetragen.

Kurt Löffler
Wiepersdorf, 16. 9. 1980. *Staatssekretär im MfK*

Über der Kritik sollte dennoch nicht vergessen werden, daß Wiepersdorf für viele etwas bedeutet hat, vielleicht gerade dann, wenn die großen Worte ausblieben. Manchmal fanden tatsächlich die Träumer hier ihren Ort. In solchem Sinne spricht – nicht im Gästebuch, sondern aus der Erinnerung – Sarah Kirsch von der Reisezehrung, die sie mitnahm auf einen Weg, der von den Freunden fort in die Fremde führte.

Als die Eulen zu fliegen begannen, die Käuze
Einladend riefen, lief ich im Park hin und her
Traf die Dichter rings in den Tannen.
Czechowski kam klagend den Hauptweg entlang
O meine Leber rief er fressen die Geier
Ich weiß nicht wo ich fürderhin bin
Auf der Harfe des kopflosen Orpheus
Hörte Edi das Sirren und nickte.
Leising und Mickel lehnten am steinernen Söller
Als eben der Mond über Jüterbog makellos aufging

»Die Dichter rings in den Tannen«: Schloß Wiepersdorf, Parkseite.

Sie tranken spanischen Rotwein von Fries
Und skandierten herrliche Stücke, Grabbe
Hatte den Finger ins Windlicht gesteckt
Und machte Elke eine lange Erklärung. Braun
Dachte einesteils andrerseits und erwog den Gedanken
Sein Schauspiel zum siebten Mal zu verändern
Da trieben uns die reinsten Akkorde
Die Stufen hinunter und ich riß die Tür auf.
Bobrowskis schöner Pferdekopf
Sah uns übers Harmonium an, ihm gehörte
Der Wintergarten mit den litauischen Bäumen
Er warf den Schneesturm an, spielte
Wolfsgeheul mit zerbrochnen Registern und Hymnen
Auf Texte von Brockes. Die flackernden Lichter
Die schaukelnden Bäume zerspringenden Gläser
Fliegenden Stimmen in dieser einzigen Nacht
in Bettines Haus. Die Schatten der Freunde
*Zerstreuten sich in alle vier Winde.**

Ein realistischer Träumer

Der Traum, den die nützlichen Dichter einmal geträumt haben, ist verweht wie ein Nebel, und sie selbst sind verschwunden. Fast gleichen sie jetzt den Gespenstern, von denen ihre Ballade vorschnell erzählte, daß sie besiegt und vertrieben seien.

Das Scheitern läßt sich erklären, gut materialistisch sogar. Karl Marx hatte vorausgesetzt, daß mit der Entwicklung zum Kommunismus »alle Springquellen des genossenschaftlichen Reichtums voller fließen«*. Die Steigerung der Produktivkraft sei »auch deswegen eine absolut notwendige praktische Voraussetzung, weil ohne sie nur der *Mangel* verallgemeinert, also mit der *Notdurft* auch der Streit um das Notwendige wieder beginnen und die ganze alte Scheiße sich herstellen müßte«*.

Genau das ist geschehen. Die Springquellen flossen nicht voller, sondern dürftiger; im wirtschaftlichen Wettbewerb blieb die DDR hinter ihrem Konkurrenten Bundesrepublik weit und immer weiter zurück. Der Streit um das Notwendige ließ sich nur durch eine Zwangsverwaltung des Mangels schlichten; um die Menschen am Abwandern zu hindern, mußte man sie einmauern und überwachen. Aber die vordergründige Stabilisierung, die damit erreicht wurde, förderte Illusionen, indessen die Produktionsanlagen verrotteten wie die moralischen Maßstäbe. Stefan Heym hat gesagt: »Im Schatten des antifaschistischen Schutzwalls ließ sich's gut träumen, daß das sozialistische Leben in der DDR heil sei und in Ordnung; die da die Partei und den Staat führten, verschlossen Augen und Ohren gegenüber den Gedanken und Gefühlen der Menschen im Lande und beharrten auf ihren verfehlten Methoden und Schlagworten.«*

Jetzt, nach dem Ende der Illusionen, scheinen nicht mehr die Dichter und Träumer gefragt zu sein, seien sie nützlich oder unnütz, sondern die Realisten. »Ohne Gerhard Seehausen läuft hier in der Gegend gar nichts«, haben wir in Wiepersdorf zu hören bekommen; mit diesem Mann führen wir darum am Abend vor unserer Abreise ein Gespräch. Er war der Vorsitzende der Landwirtschaftlichen Produktionsgenossenschaft.

Die gibt es nicht mehr, sie wurde in zwei Teile zerlegt. Doch nun ist er im Nachbarort Meinsdorf der Vorsitzende einer neu gegründeten Agrargenossenschaft; ins Amt wurde er mit einem Stimmenanteil von 94 Prozent gewählt – »geheim natürlich!«.

Gerhard Seehausen stammt aus Meinsdorf, sein Vater war dort der letzte noch selbständige Bauer. Der Sohn allerdings besuchte in der kritischen Zeit eine Fachhochschule. Erst 1967 kehrte er zurück und übernahm schon zwei Jahre später den Vorsitz der LPG. Seither hat sich vieles verändert, aber Energie, Selbstbewußtsein und Entschlossenheit kennzeichnen den gedrungenen Mann. Ein Optimismus wird sogar spürbar, der im Gegensatz steht zur Verwirrung und Verzagtheit, die das Land überzieht. »Warum denn nicht? Früher mußte man sich mit unsinnigen Anweisungen vom grünen Tisch herumschlagen; jetzt kann ich auf eigene Verantwortung entscheiden. Früher gab es achtzehn Vorstandsmitglieder, von denen viele bloß Schwierigkeiten machten, weil sie von der Sache nichts verstanden; jetzt habe ich zwei Stellvertreter. Und 1800 Hektar besten Kartoffelboden.«

Und die Absatzschwierigkeiten, die Überproduktion? »Davon reden alle, und niemand will mehr Kartoffeln anbauen. Genau da finde ich meine Marktlücke.«

Aber wie gelingt die Vermarktung, von der es doch heißt, daß sie zusammengebrochen ist, zum Beispiel beim Vieh, besonders bei den Schweinen? »Man muß sich eben umschauen. Ich habe einen Vertragspartner in Dinslaken gefunden, der das übernimmt.«

Nein, Herr Seehausen läßt sich nicht bange machen. Dem Übel zu vieler Arbeitskräfte ist er gleich bei der Gründung seiner neuen Genossenschaft begegnet: »Jeder, der beitreten wollte, mußte einen Anteil von tausend D-Mark einzahlen. Das hat als natürliche Auslese gewirkt. Etwa die Hälfte blieb draußen, die Mutigen und Interessierten haben mitgemacht.«

Gilt das auch für die aufgeblähte Verwaltung? »Ja. Zwei Leute interessierten sich immer schon für Computer; ich habe ihnen ihr Spielzeug besorgt, und die machen das nun. Was mir noch fehlt, ist ein guter Steuerberater, auf die Landwirtschaft spezialisiert. Kennen Sie einen?«

An Mißstimmungen, zum Beispiel wegen steigender Mieten, glaubt Herr Seehausen nicht. »Die meisten Leute wohnen bei uns in eigenen Häusern. Wenn nun die Mieten steigen oder die Preise fürs Haus- und Grundeigentum: um so besser! Dann haben wir endlich einen Wert in den Händen. Andere können bauen; ich lasse einen Fachmann von der Sparkasse kommen zu Vorträgen und zur Beratung. Er zeigt, wann es sinnvoll ist, einen Kredit aufzunehmen.«

Zum Teufel, gibt es denn gar keine Probleme? Der Vorsitzende lächelt: »Es gibt dreitausend Probleme, ein Dutzend pro Tag. Aber wozu habe ich denn mein Amt, wenn nicht dazu, sie zu lösen, eines nach dem anderen?«

Wäre es abwegig, Gerhard Seehausen einen Träumer zu nennen, einen von der neuen Art, wie die Zukunft ihn braucht, den Träumer vom Erfolg? Er selbst würde sich wohl nicht so sehen, da er doch ein Realist sein will, und zum Träumen bleibt ohnehin keine Zeit. Als wir im fortgeschrittenen Abend das Gespräch mit dem Hinweis beenden wollen, daß der Vorsitzende gewiß schon um sechs Uhr morgens wieder aufstehen müsse, lächelt er noch einmal: »Da bin ich längst aus dem Haus.«

Abschied und Heimkehr

Grabsteine im Oderland

Das alte Stadtsiegel von Eberswalde deutet auf die Idylle hin, auf den Reichtum an Wald und an Wild: Ein Baum wird von zwei Ebern angesprungen. Die Waldgebiete des Choriner Endmoränenbogens beginnen gleich nördlich der Stadt, und die Schorfheide liegt kaum weiter als einen Ebersprung entfernt. Diese Lage machte es sinnvoll, im Jahre 1830 hier eine preußische Forstakademie zu gründen. Ihr Ruf, ja ihr Ruhm als Stätte der Forschung und Lehre reichte über Brandenburg und Preußen, über Deutschland bald schon hinaus.

Aber für die Herren des SED-Staates verbarg sich hinter dem Ansehen bloß eine Brutstätte der Reaktion; die Akademie, inzwischen forstwirtschaftliche Fakultät der Humboldt-Universität, wurde 1963 geschlossen. Und die Altstadt von Eberswalde ist kurz vor dem Kriegsende im Bombenhagel zerstört worden – nicht so freilich, wie man vermuten möchte. Es war die *deutsche* Luftwaffe, die – vom nahen Neuruppin aus – gegen Eberswalde einen ihrer letzten Angriffe flog, als wolle sie wahrmachen, was zum Auftakt des Unheils, vor den Bildern des polnischen Untergangs, die Stimme der Wochenschau im Triumph und im Frevel geschrien hatte: »Mit Mann und Roß und Wagen hat sie der Herr geschlagen!«.

Was blieb oder neu erstand, ist keine Idylle mehr, sondern drückt aufs Gemüt wie ein Alptraum: heruntergekommene Vorstadt, Kilometer um Kilometer an die Durchgangsstraße gelagert, auf die man angewiesen ist, wenn man von Westen, von Löwenberg und Liebenwalde her ins Oderland fährt.

Kahle Flächen, triste Wohnblocks und noch tristere Fabriken: Hört das denn gar nicht mehr auf? Hinweistafeln laden dazu ein, den Tierpark zu besuchen. Nein, nein, nur weiter und fort; was gäbe man jetzt für das liebenswerte Bochum, das behagliche Duisburg, um vom Mondenglanz über Wanne-Eickel, vom romantischen Wattenscheid nicht erst zu reden. Doch vielleicht handelt es sich um die angemessene Einstimmung; wir nähern uns dunklen Zonen, einem Totenreich, in dem Grabsteine mehr zu erzählen haben als die Lebenden.

Eines der Dörfer jenseits von Eberswalde heißt Hohenfinow. Gibt es das Schloß noch? »Nein«, meint ein älterer Mann, »schon lange nicht mehr.« – »Erst war es verfallen, und dann haben *die* es vernichtet«, fügt ein zweiter vielsagend hinzu. So bleibt nur der Weg auf den Friedhof.

Auf seinem älteren, nicht mehr genutzten Teil wuchert unter Bäumen fast kniehoch der Efeu; viele Gräber und Kreuze sind in ihm versunken. Ein Gedenkstein, der sich noch aufrecht hält, trägt eine seltsame Inschrift:

Ruhestätte
des Bauerngutsbesitzers
Christian Bisdorf
geb. d. 25. Dec. 1793.
gest. d. 7. Nov. 1860.

Entweder Bauer oder Gutsbesitzer, möchte man meinen. Ging es etwa darum, sich als wohlhabend auszuweisen und im Tod noch eine Grenze zu setzen gegen die armseligen Krauter? Erst recht wirkt seltsam, was auf dem Sockel geschrieben ist:

Ich war mit Gott
von 1813–1815.

Und mit wem waren die anderen, um die ihre Mütter dann weinten? Aber die Inschrift nimmt nur vorweg, was im Zeitalter der Weltkriege auf deutschen Koppelschlössern zu lesen war, sei es bei Lebenden oder bei Toten: »Gott mit uns«. Der Angerufene jedoch, falls er denn mitlas, erwies sich als unbestechlich.

Nur wenige Meter vom Stein des Christian Bisdorf entfernt sind in die Friedhofsmauer Tafeln eingelassen. Sie reden unversehens vom versunkenen Schloß, von den Menschen, die in ihm einst lebten und starben. Einer gehörte zu ihnen, der Geschichte gemacht hat – oder, zumindest, deutsches Schicksal verkörpert:

Hier ruhet in Gott
THEOBALD
von BETHMANN-
HOLLWEG
geb. 29. 11. 1856, gest. 2. 1. 1921.
Selig sind die da hungert
und dürstet nach der
Gerechtigkeit.
Matth. 5, 6.

Der Reichskanzler am Vorabend des Ersten Weltkriegs und in ihn hinein bis 1917! Man hat ihn des Zauderns geziehen, seine Führungsschwäche beklagt, gar als den »Philosophen von Hohenfinow« verspottet oder mit Verachtung gestraft, der das Unheil kommen sah und es doch nicht verhinderte. Max Weber, indem er das Fehlen politischer Führung aufrechnete, die Ursachen erforschte und auf Abhilfe sann, hatte diesen Kanzler vor Augen, als er schrieb: »Wenn ein *leitender* Mann dem *Geist* seiner Leitung nach ein ›Beamter‹ ist, sei es auch ein noch so tüchtiger: ein Mann also, der nach Reglement und Befehl pflichtgemäß und ehrenhaft seine Arbeit abzuleisten gewohnt ist, dann ist er weder an der Spitze eines Privatwirtschaftsbetriebes noch an der Spitze eines Staates zu brauchen. Wir haben leider innerhalb unseres eigenen Staatslebens das Exempel darauf zu machen gehabt.«*

Bethmann Hollweg ist schuldig gesprochen worden, weil er den Krieg nicht aufgehalten, also – so die keineswegs zwingende Folgerung – ihn gewollt hat. Von der Gegenseite aber brandete Haß wider den Mann, der siegesdeutscher Forschheit stets im Weg war. Das Hungern und Dürsten nach Gerechtigkeit scheint darum verständlich, und vielleicht wäre es an der Zeit, sich vom Vergessensein dieses Grabes anrühren, von sei-

ner Schlichtheit versöhnen zu lassen. Übrigens ist der verspottete Philosoph mit weit tieferen Ahnungen umgegangen als seine Feinde: »Um 1910 hatte Bethmann Hollweg, Kanzler des machtvollen Wilhelminischen Reiches, müde abgewinkt, als der Verwalter seines Gutes zu Hohenfinow neue Linden pflanzen ließ, das lohne sich nicht mehr: ›In ein paar Jahren stehen doch die Russen hier.‹«*

Die Straße zum Oderbruch führt nach Bad Freienwalde. Vom Berg herab grüßt das Schloß. König Friedrich Wilhelm III. ließ es durch David Gilly erbauen, und Peter Joseph Lenné gestaltete den Park. Im Jahre 1909 hat ein Mann das Schloß gekauft, der vielleicht mehr noch als Bethmann Hollweg Geschichte und Schicksal verkörpert: Walther Rathenau. Ob er hier – oder irgendwo sonst – wirklich zu Hause war, das ist freilich die Frage. Pflichterfüllung und Einsamkeit ohne Glück prägten preußisch sein Leben. Ein Großindustrieller, der ein Intellekueller mit sehr eigenen Gedanken war, schien denen verdächtig, die keine hatten. Beinahe niemand würdigte den deutschen Patrioten, der die Kriegswirtschaft organisierte und damit dem Reich über vier Jahre hin das Durchhalten ermöglichte; als er gegen die drohende Niederlage eine »levée en masse« setzen wollte, traf Hohn den »Massen-Levi«; dem Reichsaußenminister, der Verständigung und Frieden suchte, galt die Feme. Und auf den Mann, der sich zu den Blonden hingezogen fühlte, die dann sich als die Bestien erwiesen, zielte die Mordlust: »Knallt ab den Walther Rathenau, die gottverfluchte Judensau!«

Was allerdings dem Attentat vom 24. Juni 1922 folgte, kam unerwartet: »Ungeheure Demonstrationszüge, wie sie Deutschland noch nicht gesehen hatte, durchzogen geordnet unter republikanischen Fahnen alle deutschen Städte. Über eine Million Menschen in Berlin, hundertfünfzigtausend in München, in Chemnitz, hunderttausend in Hamburg, Breslau, Elberfeld, Essen. Nie hatte Deutschland einen seiner Bürger so geehrt. Den Widerhall, den Rathenaus Leben und Denken nicht gefunden hatte, fand jetzt sein Tod.«* Nein, der Weg nach Auschwitz war noch nicht vorgezeichnet; Freiheit und Recht mußten nicht sterben, wie Rathenau starb. Die Geschichte ist ein offenes Feld unseres Handelns; eben darum spricht sie von der Verantwortung – und von der Schuld.

Im April 1991 meldete die Zeitung, daß man Rathenaus Schloß restaurieren möchte; später soll dem Andenken an den Hausherrn eine ständige Ausstellung gewidmet sein. Aber bis zu ihrer Eröffnung wird wohl viel Zeit vergehen.

Die Straße von Bad Freienwalde nach Seelow führt an einer

Scheidelinie entlang. Nach links, in östlicher Richtung, blickt man weit in die Ebene des Oderbruchs hinaus, nach rechts aber steigt das Gelände, manchmal unmerklich oder sehr sanft, manchmal fast schroff, zu Anhöhen auf. Doch es handelt sich nicht nur um die Grenze zwischen verschiedenen Bodenformationen, sondern um eine historische Linie. An sie krallte sich im April 1945 die deutsche Verteidigung; es war ihre entscheidende und praktisch ihre letzte Stellung.

Denn schon in der Nacht zum 31. Januar hatten sowjetische Vorhuten bei Kienitz die Oder überschritten; weitere Brückenköpfe entstanden Anfang Februar. Sie wurden in erbitterten Kämpfen nach und nach ausgeweitet und miteinander verbunden. Nur auf Küstrin zu gab es bis zum 22. März noch einen deutschen Korridor. »Im Ergebnis der Kampfhandlungen verfügte die 1. Belorussische Front nunmehr über einen 44 km breiten und 7–10 km tiefen Brückenkopf für den Aufmarsch der Stoßgruppierung der Front zur Schlacht um Berlin. In der Vorbereitung zur Operation wurden in diesem Brückenkopf 636 km Schützengräben, 4500 Feuerstellungen für die Artillerie, ca. 7000 Bunker und Unterstände, mehr als 5000 Deckungen für Panzer und Kraftfahrzeuge ausgehoben.«*

Am Morgen des 16. April hob sich der Vorhang zum Finale des Zweiten Weltkriegs. Ein Bomben- und Granatenhagel brach über die deutschen Stellungen herein, wie es ihn noch nicht gegeben hatte: »Die ganze Oderniederung scheint zu schwanken. Eine Wand aus hochgewirbeltem Staub und Rauch reicht bis in den Himmel. Im Streifen unserer Armee war die vom Artilleriefeuer hervorgerufene Helligkeit so grell, daß wir auf dem Gefechtsstand im ersten Augenblick gar nicht bemerkten, daß auch die Scheinwerfer das Schlachtfeld beleuchteten.«* Im Zentrum des Angriffs im Oderbruch stand der Sturm auf die Seelower Höhen. Beim Rückzug aus Seelow, so berichtet ein Verteidiger, »waren wir mit 13 Mann die vorläufig stärkste Kompanie, d.h. nur jeder 10. Soldat von uns hatte die letzten 37 Stunden überstanden«.* Bereits am 19. April sprach der Wehrmachtbericht nicht mehr vom Kampf an der Oder, sondern von der »Abwehrschlacht vor Berlin«.

Am Ostrand von Seelow, neben der alten Reichsstraße 1,

»Gedenkstätte der Befreiung« auf der Seelower Höhe.

ragt eine Anhöhe ins Oderbruch vor, und wenig Zeit verging nach dem Ende des Krieges, bis man damit begann, hier Erinnerung zu stiften. »Am 27. November 1945 wurde das von dem Verdienten Volkskünstler der RSFSR, Lenin- und Staatspreisträger Lew Kerbel auf Befehl Marschall Shukows geschaffene Ehrenmal eingeweiht. Viele Bürger Seelows, unter ihnen Maurer Helmut Schröder und Otto Kuhnz, halfen mit, den für unsere Befreiung vom Faschismus hier gefallenen Sowjetsoldaten ein bleibendes Denkmal zu schaffen. Seitdem blickt die Bronzestatue eines Sowjetsoldaten auf das Oderbruch, auf diesen so historischen Landstrich, wo ein bedeutendes Kapitel der Geschichte der Befreiung unseres Volkes geschrieben wurde. Seit November 1945 ist dieses Denkmal ein Ort der Mahnung und Verpflichtung, der Besinnung und Begegnung, eine Stätte des proletarischen Internationalismus und des sozialistischen Patriotismus.«*

Später ist das Ehrenmal mehrfach umgestaltet und erweitert worden zur »Gedenkstätte der Befreiung«. Auf dem Vorplatz sind Waffen des Sieges ausgestellt: Geschütze, Granat- und Raketenwerfer, ein Panzer vom Typ T 34. Im Museum, das bunkerartig in die Anhöhe eingelassen ist, kann man eine Broschüre erwerben, die von der Nutzung des Ortes erzählt: »Zu einer festen Tradition an dieser historischen Stätte gehören heute Treffen der Waffenbrüderschaft mit befreundeten Armeen, Vereidigungen von Soldaten der Sowjetarmee und der Nationalen Volksarmee, Sterntreffen der verteidigungsbereiten Jugend und Jugendweihestunden ebenso wie die Übergabe von Partei-, FDJ-, Komsomol- und DSF-Dokumenten und das Niederlegen von Brautsträußen durch Jungvermählte.«* Inzwischen muß man das »heute« freilich als ein Gestern lesen.

Wandert man zur eigentlichen Gedenkstätte hinauf, an den Gräbern der Gefallenen vorüber, so gerät man vor Worte, die groß in den Stein gemeißelt sind:

Ewig unvergessen seid ihr, Sowjetsoldaten!
Eingemeißelt den Steinen
Dauern die Namen.
Eingeprägt dem Gedächtnis
Leben die Taten.
Ihr gabt euer Leben,
Uns von Faschismus und Krieg zu befrein.
*Was in euch brannte, soll in uns Fackel sein.**

Was eigentlich klingt in diesen Worten so schrill – und am Ende gar falsch? Bleibt denn nicht wahr, daß es um eine Befreiung von der Gewaltherrschaft ging? Prüfen wir uns, lesen wir weiter, das Gedicht zum Beispiel, das in der Broschüre abgedruckt ist unter dem Titel »Ich, Jahrgang 1925, auf der Seelower Höhe«*:

Ich steh auf der Seelower Höhe,
um mich die Gräber,
blicke hinunter,
über die baumlose Ebene,
weiß im Osten die Oder.

Zwanzig Kilometer breit
ist das Tal.
Da sind sie gestürmt,
die hier liegen,
im April fünfundvierzig,
über die baumlose Ebene
sind sie gestürmt,
zwanzig Kilometer weit sichtbar,
sind sie hineingestürmt
in den Kugelregen der Scharfschützen,
in die Salven der Artillerie.
Achtmal Angriff, siebenmal
liegengeblieben im Feuer,
und über die dreißigtausend
Gefallnen hinweg
sind sie gestürmt
ein achtes Mal …

Ich steh auf der Seelower Höhe,
denk mir die Sturmwellen, denke
mich in die Stellungen, mich
auf diese Höhe –
neunzehn war ich und feldgrau –
so denke ich mich
an ein Maschinengewehr
in diese Stellungen
über die Ebene,
durch die sie stürmen,
die Moskowiter, die Schlitzaugen,
Iwans, die schrecklichen –
ach, was weiß ich! –
weiß nur die Lügen,

hab Angst,
und ich schieße,
ich schieße, ich schieße...

Ewige Last,
daß es hätte
sein können!

Ich steh auf der Seelower Höhe,
um mich die Gräber,
blicke hinunter, über die Ebene,
weiß im Osten die Oder,
die Weichsel, die Wolga,
weiß die Freunde
in jenen Städten,
aus denen sie kamen,
die Sowjetsoldaten,
über die Wolga, die Weichsel,
die Oder,
über die Ebene, vor diese Höhe,
um gegen
unseren wölfischen Widerstand
zu erzwingen:
den endlichen Anfang
der menschlichen Zeit
auch für uns.

Ich steh auf der Seelower Höhe.
Groß ist die Trauer,
groß ist das Glück.

Endlich der Anfang einer menschlichen Zeit: Darauf mochte man hoffen. Aber ist er gelungen? Mischte sich zur Befreiung nicht gleich wieder Gewalt, Unterdrückung statt Freiheit? Oder zum Aufbau die Zerstörung von Lebensordnungen, die weit älter waren als der SS-Staat und mit ihm nichts gemein hatten? Warum die Wahrheit zur Lüge verzerren und die Rache verschweigen, das Morden und Brennen der Sieger, das

Grabstätte der Neunzehnjährigen.
Sie hatten ihr Leben noch vor sich, als sie starben.

Plündern, Vergewaltigen? Folgt aus solchem Verschweigen, daß man nirgendwo etwas von deutschen Soldaten hört, die trotz allem auch und verzweifelt ihre Heimat verteidigten? Sind tatsächlich bloß faschistische Unmenschen erschlagen worden – nicht Männer gefallen –, die man spurlos verscharrte, statt Gräber anzulegen, zu denen die Mütter, die Frauen und Kinder ihre Tränen und Blumen hätten tragen dürfen? Ach, welche Fragen, doppelt ärgerlich, weil man überhaupt gezwungen wird, sie zu stellen!

Immerhin hat im April 1991 auf den Seelower Höhen eine Gedenkfeier neuer Art stattgefunden, bei der Manfred Stolpe, der brandenburgische Ministerpräsident, eine Ansprache hielt. Von der Versöhnung und vom Frieden war die Rede; ein »Friedenswald« wurde angelegt. Darf man nun trauern – und hoffen? Gelingt uns jetzt, endlich, ein Anfang der menschlichen Zeit? Wird es möglich, daß Nachdenklichkeit uns erhellt, statt daß der Ärger verfinstert, wenn wir uns den Gräbern zuwenden?

Dieses eine, doppelte zum Beispiel: Zwei Neunzehnjährige

liegen da beieinander. Sie sind nicht gekommen, weil Kampflust sie trieb. Sie wurden in den Krieg gezwungen wider das »Unternehmen Barbarossa«, das dazu bestimmt war, ihr Vater- und Mutterland zu vernichten und sie selber zu Sklaven zu machen. Sie hatten ihr Leben vor sich, als sie starben beim Sturm auf die Seelower Höhen.

Grabsteine im Oderland: Nach einem noch wollen wir suchen, dem berühmten von Friedersdorf. Das ist ein unscheinbarer Ort zwei Kilometer südlich von Seelow, aber er gewann Bedeutung durch eine der ältesten Adelsfamilien der Mark Brandenburg, die seit dem 17. Jahrhundert hier ansässig war, die Familie Marwitz. Friedrich August Ludwig von der Marwitz hat von dem Leben des Mannes, seines Onkels, erzählt, um dessen Andenken es geht:

Johann Friedrich Adolph war schon 1740 mit 17 Jahren in das Kürassier-Regiment Gendarmes getreten und hatte alle Kriege Friedrichs des Großen mitgemacht. Er wurde 1758 bei Zorndorf Major und erhielt zugleich den Orden pour le mérite ... Er war ein sehr braver und in großer Achtung stehender Soldat, ein feiner und sehr gebildeter Weltmann, ein großer Freund der Literatur und der Kunst. Friedrich II. schätzte ihn sehr hoch, um so mehr, weil er das Regiment Gendarmes beinahe den ganzen Siebenjährigen Krieg hindurch, statt des eigentlichen Kommandeurs Oberst Graf Schwerin, mit dem größten Sukzeß geführt hatte...

Wie nun bei der zweiten Okkupation von Berlin durch die Russen und Österreicher (1760), die bei diesen befindlichen Sachsen das Schloß zu Charlottenburg geplündert und die schöne Antikensammlung ... zerschlagen hatten, ließ der erzürnte König das Schloß des sächsischen Premierministers Grafen Brühl zu Pförten, als Repressalie, zerstören, das kurfürstliche Jagdschloß zu Hubertusburg aber, in dessen Nähe die Armee stand, schenkte er dem Obersten Johann Friedrich Adolph, mit dem Befehl, alles ausräumen zu lassen, was darin transportabel sei. Es waren Kostbarkeiten, Silberzeug und viele herrliche Möbel und Tapeten, ein Geschenk von vielen tausend Talern. Nach einigen Tagen fragte der König *ihn bei Tisch: »ob er alles habe wegbringen lassen?« Der Oberst sagte: »Nein.« Nach einigen anderen Tagen, wo der König recht gut wußte, daß noch alles unangerührt stehe, tat er dieselbe Frage, und als die nämliche Antwort erfolgte, fragte der König: »Warum nicht?« – »Weil dies sich allenfalls für Offiziere eines Freibataillons schicken würde, nicht aber für den Kommandeur Sr. Majestät Gensdarmes!« war die Antwort. Der entrüstete König stand von der Tafel auf, schenkte dies Mobiliar dem Obersten Quintus Icilius, und der plünderte alles rein aus. Den Obersten v. der Marwitz aber ließ der König seitdem seine Ungnade empfinden.«**

Marwitz reichte zweimal seinen Abschied ein, und als der abgelehnt wurde, blieb er demonstrativ ein ganzes Jahr lang dem Dienst fern. Nicht einmal ein Einlenken Friedrichs konnte ihn umstimmen, »weil, was geschehen sei, der König nicht ungeschehen machen könne«. Das dritte Abschiedsgesuch wurde schließlich genehmigt. Marwitz starb 1781. Auf seiner Grabtafel steht geschrieben:

Er sah Friedrichs Heldenzeit
und kämpfte mit ihm
in allen seinen Kriegen
Wählte Ungnade
wo Gehorsam nicht Ehre brachte.

Es empfiehlt sich, am Wochenende, an einem Sonntagmorgen nach Friedersdorf zu fahren. Denn der Vorhof der Kirche ist von einer hohen Mauer umgeben und das Tor verriegelt. Den Schlüssel und die Grabsteine hütet Thomas, der Siebzehnjährige im Haus nebenan, der die Woche hindurch als Lehrling in Frankfurt arbeitet. Ohne ihn bekommt man nur die Kriegsgräber und den Gedenkstein vor der Mauer zu sehen: »Ruhm und Ehre den Helden der Sowjetunion.« Wer ihn aber antrifft, den führt Thomas mit dem Eifer seiner Jugend, im Bewußtsein, eine Schatzkammer zu öffnen, von der die Welt noch zu wenig weiß.

Mit der Grabplatte des Johann Friedrich Adolph von der

Preußens Denkmal an der Dorfkirche von Friedersdorf, halb in der Mauer verborgen, seiner ganzen Würdigung wert.

Marwitz ist etwas Sonderbares geschehen. Eine Fliegerbombe zerstörte die Apsis, den Altarraum der Kirche. Um das offenliegende Kirchenschiff zu schützen, zog man eine Mauer auf – genau dort, wo die Grabplatte sich befindet, so daß sie nun aus dem Mauerwerk herauszuwachsen scheint. Der eine Teil ihrer Inschrift bleibt verborgen, der andere liegt frei, und man liest die Fragmente »Heldenzeit – Kriegen – Ehre brachte«. Ein Symbol für das Halbverborgene unserer Geschichte, das darauf wartet, ganz gewürdigt zu werden.

Detail aus dem linken unteren Bereich der Grabplatte gegenüber.

Wählte Ungnade, wo Gehorsam nicht Ehre brachte: »In seiner Gedenkrede zur zehnten Wiederkehr des Aufstandes gegen Hitler sagte der erste Präsident der Bundesrepublik, Theodor Heuss: ›So mag das Preußische als moralische Substanz begriffen werden. Und wenn irgendwo, dann steht Preußens Denkmal in einer Dorfkirche der Mark Brandenburg. In Friedersdorf.‹«*

Zum Bericht vom preußischen Offizier und vom märkischen Edelmann gehört noch ein Nachspiel, das Spiel im genauesten

Sinne, von der heiteren Seite zu nehmen. Fontane allerdings – vielleicht von der unseligen Spielleidenschaft seines eigenen Vaters verstört – erzählt recht mißgestimmt, was mit Marwitz geschah, seit er den Abschied erhielt:

*Er war damals erst sechsundvierzig Jahre alt. Das Ende seines Lebens entsprach nicht dem ruhmreichen Anfang. Aller regelnden Tätigkeit und jener wohltätigen Disziplin, die der »Dienst« auf die Kräfte und Leidenschaften starker Naturen ausübt, überhoben, verfiel er einem glänzenden Müßiggange, den er nunmehr mit derselben Konsequenz und Energie wie früher seine soldatischen Tugenden durchführte. Den größten Teil des Tages verbrachte er beim Spiel. Kam er nach Friedersdorf, so war er sicher von einer »Partie« begleitet. Unter der großen Linde, welche hinter dem Hause im Garten steht, hatte er sich eine Laube einrichten lassen. Dort saß er schon am Morgen und spielte. Dann wurde mit großem Aufwande getafelt, viel und gut und lange getrunken, bis der Abend die Beschäftigung des Morgens wieder aufnahm. Er besaß eine höchst wertvolle Bibliothek, die sich jetzt noch im Friedersdorfer Schloß befindet. Alle diese Bücher hatte er, partienweise, dem Quintus Icilius im Spiel abgewonnen und sich dadurch nachträglich und auf dem Wege rechtens in Besitz derselben Bibliothek gesetzt, deren Fortführung aus Schloß Hubertusburg er, als unwürdig eines Marwitz und Obersten der Gendarmes, verweigert hatte.**

Der Letzte von Adel?

»Hier liegt mein Glück«, sagt eine der Grabinschriften von Friedersdorf. Fontane allerdings zitiert irrtümlich: »Hier ruh't mein Glück.« Das Stilgefühl des Schriftstellers, muß man annehmen, hat die Erinnerung des Besuchers korrigiert. Aber es ist die konventionellere, gewissermaßen gutbürgerliche Formulierung, nicht die stärkere. Der Mann, der sein Unglück in

Friedrich August Ludwig von der Marwitz.

vier Worte faßte, als ihm die erste Frau nach nur zehn Monaten Ehe starb, war ein Meister der Prägnanz. Aus seiner Feder – und Haltung! – stammt auch: »Wählte Ungnade, wo Gehorsam nicht Ehre brachte.«

Dieser Mann war der Gutsherr auf Friedersdorf und preußische Offizier, später General Friedrich August Ludwig von der Marwitz, der von 1777 bis 1837 lebte. Wir haben ihn schon als einen genauen Beobachter und Erzähler von Rang kennengelernt.* Den Zeitgenossen jedoch ist er als ein Mann von scharfkantigem Eisen erschienen – oder von glühendem Eisen. Denn er wurde, wie er selbst einmal sagte, von vielen »geflohen als einer, in dessen Nähe man sich leicht verbrennen kann«*.

Immer noch jung, trat er an die Spitze der märkischen Adelsopposition gegen die preußischen Reformen nach 1807, so daß der Staatskanzler Hardenberg ihn im Jahre 1811 verhaften und auf die Festung Spandau bringen ließ. Aber zugleich war er ein glühender Patriot, der im Widerstand gegen Napoleon kein Opfer scheute, der vor allem rechtzeitig kämpfen wollte. Charakteristisch sein Ausbruch:

*Was schwatzt man von dem edlen Enthusiasmus von 1813? Das war gar nicht edel. 1805 war es Zeit, edlen Enthusiasmus zu zeigen. Damals galt es, noch ehe man selbst etwas verloren, Schmach und Verderben vom Vaterlande abzuwenden … Wie nachher zur gerechten Strafe ein jeder in seinem Hause geplagt und gepeinigt und ihm das liebe Geld aus der Tasche genommen war, und wie zum Überfluß Gott in seinem ungeheuren Strafgericht die französische Armee in Rußland vernichtet hatte, also die Gefahr weit geringer war, wie 1805 und eine Masse von materiellen Anreizungen hinzugetreten, – da war es keine Kunst, Enthusiasmus zu haben. Es war eine Rache bei günstiger Gelegenheit und weiter nichts.**

Es verwundert kaum, daß dieser Marwitz nicht nur die Zeitgenossen, sondern auch spätere Generationen beschäftigt hat. Fontane setzte ihm in seinem Roman »Vor dem Sturm« in der Gestalt des Berndt von Vitzewitz ein Denkmal.* Und auf ihre Weise, sozusagen in der Gegenrichtung, ist sogar die DDR dem Dichter gefolgt: Hier fand sie ihr Urbild des Junkertums, gegen das alle fortschrittlichen Kräfte sich einigen und anspannen sollten. Als man – in einer schon späten Phase – die Wegbereiter des Fortschritts im Preußen der Reformzeit entdeckte, Scharnhorst voran, und dazu eine Fernsehserie produzierte, wurde Friedrich August Ludwig von der Marwitz als die finstere Gegenfigur gezeigt. *Seine* Grabplatte hat man entfernt und – bereits in einer frühen Phase – *sein* Schloß gesprengt, obwohl es den Krieg nur mäßig beschädigt überdauert hatte und in der Gestalt, die Schinkel ihm 1828 gab, denkmalswürdig gewesen wäre. Nur die Erinnerung bleibt, die Beschreibung Fontanes:

Das Friedersdorfer Herrenhaus ist so recht das, was unsere Phantasie sich auszumalen liebt, wenn wir von »alten Schlössern« hören. Die Frage nach dem Maß der Schönheit wird gar nicht laut; alles ist charaktervoll und pittoresk, und das genügt. Auch hier. Die Front- und Seitengiebel sind staffelförmig mit Türmchen besetzt, und die hohen und deshalb schmal erscheinenden Fenster mit ihren desto breiteren Pfeilern dazwischen steigern nur den Eindruck des Eigentümlichen und geben ein Ansehen von Halt und Festigkeit. Rosenbäume wachsen über die Glastür hinaus, die von der Halle her in Park und Garten führt, vor der Front des Hauses aber, inmitten eines von Kieswegen umzirkten und von mächtigen alten Kastanien überschatteten Grasplatzes, stehen ein paar gußeiserne Böller und mahnen an den kriegerischen Geist, der hier durch viele Generationen hin lebendig war.

*Wir betreten das Haus und verwundern uns über seine Raumfülle. Das macht, es stammt noch aus jener vornehmen Zeit her, wo man die vorhandene Gesamträumlichkeit in wenige imposante Gemächer teilte, statt sie wie jetzt in zahllosen Stuben und Stübchen hotelartig zu verzetteln. Die Baumeister waren damals noch bei keinen Hauswirten in die Schule gegangen und hatten noch nicht gelernt, der trivialsten Ökonomie die Schönheit und Stattlichkeit der Verhältnisse zu opfern. Es war noch die Epoche der Treppen und Korridore, die Zeit der Renaissance.**

Geblieben ist ein Hügel von Schutt, inzwischen vom Unkraut, von Gebüsch und von Bäumen überwachsen, an dessen Rand man Reste der Kellergewölbe erkennt. Selbst der Park wurde niedergehauen, verwilderte Wiese jetzt, in die man bizarr zwei von dürftiger Reling umfaßte Betonplatten gegossen hat. Auf der einen, niederen, sollte das Volk tanzen, wenn auf der anderen, erhöhten, die Kapelle ihm den richtigen Rhythmus vorgab.

Doch zurück zu Marwitz in Person. Die Willensstärke, die Beobachtungsgabe und die Schärfe des Urteils, die ihn kennzeichneten, mögen drei Beispiele aus seinen Erinnerungen anschaulich machen.

»Ich war bis zum vollendeten sechzehnten Jahr ganz unglaublich klein, wie ein Kind.« Dieses Kind aber trat schon mit dreizehn Jahren in die Armee ein, der Tradition gemäß ins Regiment Gendarmes, das einst der Onkel geführt hatte und das als schwere Reiterei auf sehr großen Pferden saß, die dem schmächtigen Burschen hoffnungslos durchgingen. Der indessen setzte alles daran, die Schwäche in Stärke zu verwandeln:

*Ich wurde wegen meines schlechten Reitens verspottet. Das erste Jahr konnte ich mit keinem Pferde fertig werden, ich legte mich aber mit so vielem Eifer auf dieses Fach, kam beinahe nicht vom Pferde, weder Vormittag noch Nachmittag, ritt ein Pferd nach dem andern zu schanden, gab aufs genaueste bei denen Acht, die den Leuten den besten Unterricht gaben, fragte, versuchte und quälte mich solange, bis ich nach wenigen Jahren einer der besten Reiter im Regiment wurde, so daß ich nun derjenige war, der um Rat gefragt wurde … Ich habe in meinem Leben sehr viel Zeit auf das Reiten verwendet und bin niemals zu Wagen gereiset, als bis ich verheiratet war; ich habe einen guten Teil meiner Gesundheit dabei zugesetzt, denn ich kann es noch heute nicht vertragen, daß das Pferd einen eigenen Willen und eigene Gedanken unter mir habe, und fange gleich an zu stallmeistern, wenn es mir wie ein Hammel unter dem Leibe geht.**

Wenn der Wille, um keinen Preis nachzugeben, sondern sich und andere zu bezwingen, seien es Pferde oder Menschen, schon vom Jugendlichen voraus auf den Mann weist, dann zeigt sich die Beobachtungsgabe am Porträt des Heeresreformers:

Scharnhorst hatte durchaus nichts Militärisches in seinem Aussehen und Wesen, er sah vielmehr aus wie ein alter, nachdenklicher Schreiber … Indessen war es doch ein wahres Glück für das Land, daß er um den König und ans Ruder der militärischen Angelegenheiten kam, denn alles Dauerhafte und Wesentliche, was zwischen 1807 und 1813 einge-

*richtet ist, rührt von ihm her. Er hatte ein eigenes Talent, mit dem Könige umzugehen und sich durch seine Brüskerien nicht abschrecken zu lassen. Wenn dieser eine Sache zurückwies, so schwieg er und brachte sie den anderen Tag wieder vor, und den dritten Tag wieder, und wenn der König sagte: »Schon hundertmal gesagt, will's nicht haben«, oder: »Bleiben mir vom Halse! Gar nicht mehr von reden hören!« so schwieg er wieder und rückte nach vierzehn Tagen oder drei Wochen aufs neue damit hervor, bis der König, teils aus Ungeduld, teils in dem Gedanken, es möchte doch wohl gut sein, weil der so sehr darauf versessen sei, zuhörte und nachgab.**

Solch eine Skizze wiegt dickleibige Biographien auf – und Lehrbücher für Reformen, an denen es ohnehin mangelt; an die Stelle des Königs könnte man zeitgemäß setzen: Partei, Parlament, Ministerialbürokratie, Vorstand und Aufsichtsrat. – Nun das Urteil:

*Übrigens war Hardenberg von hellem Blick, einnehmendem Wesen, aber leichtsinnig, liederlich, und hatte die Art und die Unerfahrenheit eines Jünglings mit in sein graues Alter (er war sechzig Jahre) hinübergetragen, daher, wenngleich nicht faul, doch immer seinen Geschäften nicht gewachsen und jederzeit von augenblicklichen Eindrücken bestimmt ... So wie er sein lebelang mit den Weibern unredlich war, eine nach der andern heiratete, entführte, sitzen ließ, und noch zehn andere neben ihr frequentierte, so war er auch als Minister, nach allem greifend, sich mit allem beschäftigend, aber nichts vollendend und behauptend.**

Fast niemand blieb von der Schärfe des Urteils verschont, weder der König noch der Freiherr vom Stein oder die Standesgenossen. Worauf es Marwitz aber positiv ankam, das war – in untrennbarer Einheit – die Ehre, das Vorrecht und die Verantwortung des Adels. Wenn man seine Erinnerungen und Denkschriften liest, ist es leicht, das Bild eines bloß reaktionären Junkers mit den typischen Ansichten und Vorurteilen zu entwerfen: Früher, in der guten alten Zeit, war alles besser; jeder kannte seinen Platz in der Gesellschaft und wollte keinen anderen, während in der Gegenwart die Begehrlichkeit, ein Anspruchsdenken herrscht, das Streben nach Besitz statt der Bereitschaft zum Dienen, die Macht des Geldes statt der Bindung an den Boden, die Begründung von Mitsprache durch angebliche Bildung statt durch die Zugehörigkeit zum Stand. Letztlich stritt der Herr auf Friedersdorf gegen sein Zeitalter, gegen die wirtschaftlichen Tendenzen ebenso wie die gesellschaftlichen, die politischen und die geistigen; er bekämpfte, was die Revolutionäre in Frankreich mit der Proklamation der Menschen- und Bürgerrechte begannen und die preußischen Reformer auf ihre Weise fortsetzten: die Beseitigung der Ungleichheit als Prinzip durch die Herstellung staatsbürgerlicher Gleichheit. Zu diesem Übergang von Vorrecht und Ungleichheit zum Menschen- und Bürgerrecht und damit zur Gleichheit hat Hegel – immerhin »der preußische Staatsphilosoph« – im Rückblick auf die Epochenwende von 1789 gesagt:

Der Gedanke, der Begriff des Rechts machte sich mit einem Male *geltend, und dagegen konnte das alte Gerüste des Unrechts keinen Widerstand leisten. Im Gedanken des Rechts ist also jetzt eine Verfassung errichtet worden, und auf diesem Gedanken sollte nunmehr alles basiert sein. Solange die Sonne am Firmamente steht und die Planeten um sie herumkreisen, war das nicht gesehen worden, daß der Mensch sich auf den Kopf, das ist, auf den Gedanken stellt und die Wirklichkeit nach diesem erbaut … Es war dieses somit ein herrlicher Sonnenaufgang. Alle denkenden Wesen haben diese Epoche mitgefeiert. Eine erhabene Rührung hat in jener Zeit geherrscht, ein Enthusiasmus des Geistes hat die Zeit durchschauert, als sei es zur wirklichen Versöhnung des Göttlichen mit der Welt nun erst gekommen.**

Das Unerhörte des Vorgangs wird sichtbar, wenn man sich daran erinnert, daß die Ungleichheit als Grundlage menschlicher Lebensordnungen uralt, in der Vielfalt der Ausprägungen überall vorfindbar – und selbstverständlich gewesen war. Die Philosophen und politischen Klassiker von Aristoteles bis Montesquieu hatten darum die Aristokratie als Herrschaftsform gleichrangig neben Monarchie und Demokratie gestellt; historisch eindrucksvolle und erfolgreiche Gemeinwesen – zum Beispiel das antike Rom vor der Kaiserzeit oder Venedig – waren Adelsrepubliken gewesen. Der französische Aristokrat Alexis de Tocqueville hat deshalb die moderne Revolution der Gleichheit »mit einer Art von religiösem Erschauern« gedeutet. Aber er hat auch geschrieben: »Eine völlig neue Welt bedarf einer neuen politischen Wissenschaft. Doch daran denken wir nicht; von einem reißenden Strom dahingetrieben, bleibt unser Blick hartnäckig an ein paar Trümmern haften, die man noch am Ufer wahrnimmt, während die Strömung uns mitreißt und rücklings dem Abgrund zutreibt.«* Am Ende seiner großen Untersuchung »Über die Demokratie in Amerika« hat er gewarnt, daß es vergeblich sei, auf eine Wiederherstellung der Ungleichheit zu hoffen; von den Menschen, den Völkern werde allerdings abhängen, »ob die Gleichheit sie in die Knechtschaft oder in die Freiheit, zur Gesittung oder zur Barbarei, zum Wohlstand oder ins Elend führt«*.

So gesehen war Marwitz vielleicht der Letzte von Adel, der an eine eigene Aufgabe, an die Berufung des Adels geglaubt hat. Wie er selbst sagte, ging es ihm um die Sache statt um den Namen; er wollte sich nicht mit den »unnützen Spielereien«, mit dem »lächerlichen Hochmut« eines »Herrn von« abfinden. Dabei führte er nichts Geringeres ins Treffen als das überkommene und gültige Recht. Die Härte seines Angriffs, die ihm die Verhaftung eintrug, beruhte darauf, daß er Hardenberg – und indirekt als dem Letztverantwortlichen sogar dem König – einen Rechts- und Verfassungsbruch vorwarf; was, feierlich beschworen, den Landständen und damit dem Adel zukam, war mit Füßen getreten, mit einem Federstrich des Gesetzgebers beseitigt worden.

Beim Buchstaben genommen traf das zu, aber der Buchstabe war tot. Längst entsprach der Form kein Inhalt mehr. Der Landesherr und der Landtag als Ständeversammlung hatten wie halbwegs gleichberechtigte Partner zuletzt im Jahre 1653, in der Zeit des Großen Kurfürsten, miteinander geredet. »Ich ruiniere die Junkers ihre Autorität«, hieß die Parole des Soldatenkönigs, nach der er handelte. Ohnehin gab es zwar kurmärkische, pommersche oder ostpreußische Stände und Landtage, doch preußische niemals.* Wie also sollte man nach 1807 den Staat, der eine eigene, eben die preußische Qualität besaß und weit mehr war als die Summe seiner Provinzen, aus abgelebten, von der Wirklichkeit widerlegten Traditionen neu begründen?

Es war Marwitz' Tragik, daß kaum jemand noch begriff, was er eigentlich wollte, nicht einmal seine eigenen Standesgenossen. Daß sie in der Staatskrise nicht bloß mit preiswerten Proklamationen, sondern im Ernst Verantwortung übernehmen sollten, schien ihnen höchst unbequem; sehr rasch stellte sich heraus, daß es in Wahrheit nur ums eigene Wohl und Wehe, um die Agrarinteressen des großen Grundbesitzes ging. Sobald diese halbwegs befriedigt und gesichert schienen, gab man sich zufrieden. Ohne es zu wollen, hat Marwitz damit ein fatales Muster geschaffen für allen preußisch-deutschen Konservatismus seither: Man mißbrauchte hohe Ansprüche und Begriffe – Vaterland, Staat, Gemeinwohl, Überparteilichkeit, Verantwortung –, um die eigene Parteilichkeit, die Enge der Interessen zu verschleiern und desto wirksamer durchzusetzen.

Dem Edelmann aus Friedersdorf sollte man das allerdings nicht zurechnen. Er wenigstens hat gemeint, was er sagte. Was er angesichts einer schmachvoll opportunistischen Führung Preußens im Vorfeld des Zusammenbruchs von 1806 ausrief, das hätte gegen die Konservativen späterer Generationen gerichtet sein können: »Ihr aber, meine Nachkommen, wenn Eurem Vaterlande je ähnliches widerfährt ... und Ihr entbrennet nicht im Zorn und opfert Euch nicht für das Vaterland, so rühmet Euch nicht, meine Nachkommen zu sein.«*

Um gerecht zu bleiben, muß man betonen: Eine Interessenvertretung, sei es selbst bis zum Tauschgeschäft oder zum »Kuhhandel«, ist so verständlich wie menschlich. Die Lüge – und nur zu oft die Unmenschlichkeit – beginnt gerade dort, wo man »idealistisch« behauptet, ganz ohne Eigeninteresse fürs Gemeinwohl zu kämpfen. In Brandenburg-Preußen nahm die Interessenverflechtung zwischen dem Staat und dem Adel bloß eine besondere Form an.

Schon in der älteren Zeit, als der Adel noch stolz auf sein Recht zur Steuerbewilligung pochte, ist es stets um den »Handel« gegangen. Die Vertrags- oder Geschäftsabschlüsse der Landtage, die sogenannten Rezesse, zeigen das Muster: Geld für den Fürsten gegen Erweiterung oder zumindest Bestätigung von Adelsrechten. Beim brandenburgischen Rezeß von 1653 wurden dem Großen Kurfürsten Steuern bewilligt, um Beamte und Soldaten zu bezahlen. »Andererseits regelte dieser Rezeß definitiv die rechtliche Stellung des märkischen Adels, dem nicht nur seine alten Rechte wieder zugestanden, sondern ... auch eine ganze Reihe neuer Zugeständnisse gemacht wurden. Es wird bestimmt, daß Rittergüter nur im Besitz des märkischen Adels sein dürfen; das Konnubium mit dem Bürgertum wird verpönt, der Adlige, der eine Bürgerliche heiratet, mit Vermögensverlust bedroht. Die Gutsherrlichkeit des Adels erhält ihren rechtlichen Abschluß.«*

Im 18. Jahrhundert, als der straffe und starke Staat den Adel längst nicht mehr fragte, wenn er Steuern erhob, blieb es dennoch beim Tauschgeschäft. Friedrich der Große hat die Stellung des Adels sogar nochmals verstärkt. Es wurde dem bürgerlichen Kapital nicht nur verboten, sich in Rittergüter einzukaufen, sondern eine Anordnung aus dem Jahre 1748 untersagte auch die Erweiterung staatlicher Domänen auf Kosten adliger Grundbesitzer, die Friedrich Wilhelm I. betrieben hatte. »Denn«, so der König, »ihre Söhne sind es, die das Land defendieren, davon die Race so gut ist, daß sie auf alle Weise meritieret, conserviert zu werden.«

Dieser Satz beleuchtet so knapp wie klar das Staatsinteresse: Der Adel stellte tüchtige, tapfere, unentbehrliche Offiziere. Im Feuer der Schlesischen Kriege und des Siebenjährigen Krieges wurde das schicksalsschwere Bündnis zwischen dem preußischen Staat und seinen »Junkern« endgültig gehärtet.

In der Gegenrichtung gab es Interessen erst recht: Der Adel fand im Staatsdienst Möglichkeiten einer standesgemäßen Versorgung. Dabei lag der Nachdruck auf »standesgemäß« ebenso wie auf »Versorgung«. Das Ansehen in des Königs

Rock hob schon den jüngsten Fähnrich über den gewöhnlichen Bürger hinaus. Aber auch die Versorgung geriet durchaus nicht so knapp, wie es in der Verklärung preußischer Sparsamkeit oftmals dargestellt worden ist. In den hohen Rängen der Beamtenschaft, durchweg dem Adel vorbehalten, überstieg sie im 18. Jahrhundert bei weitem, was man heute in vergleichbaren Stellungen für angemessen halten würde, von Vergleichen mit Bauern oder Handwerkern nicht erst zu reden. Außerdem war es vielfach möglich, durch Ämterhäufung und Patronage Vermögen zu erwirtschaften, die dann in neuem Güterbesitz angelegt werden konnten.

Sogar der Offizier, wenn er es erst zum Kompanie-Inhaber gebracht hatte, war zu beneiden. Denn bis zum Zusammenbruch des alten Staates bei Jena und Auerstedt, 1806, wurden ihm die Mittel für den Unterhalt seiner Soldaten pauschal überwiesen. Die meisten Soldaten erhielten jedoch für zehn Monate im Jahr Urlaub, um in der Landwirtschaft oder als Heim- und Manufakturarbeiter ihren Unterhalt selbst zu verdienen.

Auch wenn diese Tatsache bei den Zuweisungen zum Teil schon berücksichtigt wurde, blieben viele Wege zum einträglichen Wirtschaften – oder zur Mißwirtschaft, wie der Heeresreformer und Organisator der Landwehr Hermann von Boyen es im Rückblick beschrieben hat: »Anstatt daß ein solcher Vorgesetzter als der Vater seiner Soldaten erscheinen soll, bekam er hier die Stelle eines wuchernden Krämers.«* Erst die Zeit nach 1807 brachte Abhilfe.

Um den Sachverhalt, um den sich alles drehte, noch einmal und anders zu beleuchten: Der preußische Adel war zahlreich und meist kinderreich, aber in der Regel alles andere als wohlhabend. Dies galt besonders für Kernprovinzen wie die Mark Brandenburg und Pommern, weil hier selbst große Güter mit ihren leichten, sandigen Böden – und ohne die Marktchancen wirklich großer Städte – wenig einbrachten. Wie sollte man da die Söhne versorgen, wie den kommenden Generationen ein standesgemäßes Leben sichern, wenn sich keine zusätzlichen Chancen boten? Die Tatsache, daß dieser Adel sich von den Königen des 18. Jahrhunderts willig zum Staatsdienst erziehen ließ und eine fast beispiellose Leistungstüchtigkeit entwikkelte, gibt daher wenig Rätsel auf.

Wenn dies alles nun so nüchtern wie möglich dargestellt worden ist, dann bleibt freilich noch etwas übrig, vielleicht das Wichtigste. Denn stirbt man eigentlich für Tauschgeschäfte? Oder für die Altersversorgung? Um mit einer Geschichte zu erzählen, was sich in Begriffen so schwer fassen läßt: »Wedel? – Wo ist Wedel?« ruft Friedrich beim nächtlichen Ritt über das blutgetränkte Schlachtfeld, auf der Suche nach dem jungen Offizier, der ihm ans Herz wuchs. Aus den Reihen der Opfer kommt schließlich Antwort, anders nur als erwartet: »Majestät, hier liegen lauter Wedels.« Später, nach dem großen Krieg, durchreist der König das Gebiet der Wedels und fragt, wo sie denn alle geblieben seien, früher sei doch hinter jedem Ginsterstrauch einer hervorgekrochen? Darauf der Landrat, der den König begleitet: »Majestät, sie sind alle tot.«

In der Tat: »Ungeheuer sind die Blutopfer dieses Adels in den Kriegen Friedrichs des Großen. 72 Wedel und 58 Kleist fielen ... Von den 40 pommerschen Hertzberg, die zwischen 1740 und 1763 dienten, fielen 17, die übrigen 23 blieben sämtlich nicht unverwundet. Von fünf Söhnen des Staatsministers v. Massow fielen im Siebenjährigen Krieg vier.«* Blut ist ein besonderer Saft; es schafft seinen eigenen Stolz und ein Ehrgefühl, es besiegelt Bündnisse, die hinabreichen bis in Tiefen und Verhängnisse des Herzens. Das Vorrecht, das der Adel in Preußen beanspruchte, erschien zugleich und nicht zuletzt als ein Vorrecht zum Sterben. Je nachdem, wie man es sehen will, steckte darin eine einzigartige Kraft zum Bewahren – oder eine Macht der Erstarrung, die einzig um den Preis ihrer Katastrophe gebrochen werden konnte.

Ja, Katastrophe: Es offenbart sich Preußens abgründiger Zwiespalt, sein Doppelcharakter. Auf der einen Seite zeichnete sich dieser Staat durch seine Organisations- und Leistungstüchtigkeit aus, die er wesentlich, zumal militärisch, dem Adel verdankte. Ohne Rücksicht auf Traditionen setzte man auf Modernität. Auf der anderen Seite – und wiederum wegen der fortdauernden Verflechtung von Staat und Adel – blieb Preußen hinter der geschichtlichen Entwicklung und dem

Wandel politischer Erfordernisse mehr und mehr zurück, am Ende schroff bis zur Antimodernität. Dieser Zwiespalt erbte sich fort bis in die Gründung des Nationalstaates. Während sich das wilhelminische Reich wirtschaftlich, technisch und wissenschaftlich an die Spitze des Fortschritts stellte, blockierten von Preußen aus die Konservativen alle politischen Reformen, bis es zu spät war.

Der *Abschied vom Adel* gehörte darum seit dem 19. Jahrhundert zu den Bedingungen dafür, die Zukunft zu gewinnen. Übrigens hat kaum jemand das so deutlich ausgesprochen wie Theodor Fontane. Der Schriftsteller, der dem märkischen Adel seine Lebensarbeit, seine Liebe zuwandte wie keiner sonst, hat dennoch gesagt:

*Preußen – und mittelbar ganz Deutschland – krankt an unseren Ost-Elbiern. Über unsren Adel muß hinweggegangen werden; man kann ihn besuchen wie das ägyptische Museum und sich vor Ramses und Amenophis verneigen, aber das Land ihm zuliebe regieren, in dem Wahn: dieser Adel sei das Land, – das ist unser Unglück, und solange dieser Zustand fortbesteht, ist an eine Fortentwicklung deutscher Macht und deutschen Ansehns nach außen nicht zu denken. Worin unser Kaiser die Säule sieht, das sind nur tönerne Füße. Wir brauchen einen ganz andren Unterbau.**

Aber erst durch die deutsche Katastrophe hindurch ist die Geschichte über den preußischen Adel tatsächlich hinweggegangen. Was ihm als Aufgabe blieb, als ein Vorrecht der wenigen sogar in den eigenen Reihen, das war, Widerstand zu leisten gegen Unrecht, Gewalt und Verbrechen, als sie im Mantel der Staatsmacht die Bühne betraten. Diesen Widerstand hat es gegeben. Und zu den Vorbildern, die man rühmen darf, jeder kommenden Generation als Beispiel, zählt der General und Gutsherr aus Friedersdorf, von dem in einem Nachruf gesagt worden ist:

Marwitz war ein Mann von altrömischem Charakter, eine kräftige, gediegene Natur, ein Edelmann im besten Sinne des

*Worts, der in seiner Nähe nichts Unwürdiges duldete, allem Schlechten in den Weg trat, Recht und Wahrheit verteidigte gegen jedermann, der die Furcht nicht kannte und immer in den Reihen der Edelsten und Besten zu finden war.**

Ein Anfang 1991

Thomas, unser eifriger Führer, hütet nicht nur den Schlüssel zu den Grabsteinen, sondern auch den zur Kirche von Friedersdorf.

*Alsbald blicken wir in eine Dorfkirche hinein, die sehr wahrscheinlich in märkischen Landen nicht ihresgleichen hat. Ein Zusammenwirken von Umständen war nötig, um eine Ausschmückung wie diese zu schaffen: lang andauernder Besitz und ein Herz für Kunst und Kirche. Saubere Pfeiler von braunem Eichenholz tragen die weit vorspringenden Emporen, und allerhand Bilder und Inschriften umziehen die Brüstung derselben. Überall treten aus dem alten Mauerwerke Grabmonumente hervor, und Porträts, Sarkophage, Büsten und symbolische Figuren leihen diesem Kircheninneren etwas von dem Schönheitlichen und beinah heiter Anregenden eines Museums. Was den Eindruck dieser künstlerischen Heiterkeit noch steigert, ist das Vorherrschen der Farbe oder doch ihr glückliches sich Vermählen mit dem Weiß des Marmors. Steinerne Grabmonumente wecken oft mehr Schauer als Erhebung, hier aber werden die weißen Marmorgruppen zu bloßen Umrahmungen für die Bilder, die nun den Sieg über den kalten Marmor und die noch kältere Symbolik davontragen. Der Saturn wird zum gemütlichen Alten, wenn er ein Medaillonbild in Händen hält, das in allen Farben des Lebens lacht.**

So allerdings sieht es heute nicht mehr aus. Den Altarraum hat der Krieg zerstört, und in den Nachkriegsjahrzehnten ist vieles verschwunden, vieles verblaßt oder morsch geworden; gar den Turm zu besteigen erweist sich als Abenteuer. Eine grundlegende Erneuerung wäre also dringend geboten. Aber man kann die Melancholie auch übertreiben, die nur den Verfall sehen will*; vieles ist geblieben. Vor allem läßt sich von den Farben, von der Ausmalung der Decke und der Wände noch genug erkennen, so daß eine Wiederherstellung nicht ins Ungewisse hinein arbeiten muß, sondern den Rückhalt am Überlieferten findet, den sie braucht.

Eine der Gedenktafeln, die sich erhalten hat, ist Bernhard von der Marwitz gewidmet, dem einzigen Sohn des Friedrich August Ludwig, der den Vater überlebte. Er war »43 Jahre lang Gutsherr zu Friedersdorf und Patron hiesiger Kirche«; er starb 1880. Ihm dürfte Fontane begegnet sein, und ihm war wesentlich zu verdanken, was der Dichter als »ein Herz für Kunst und Kirche« rühmt. Die Gedenktafel sagt es auf ihre Weise:

In diesem Gotteshause zu dessen Schmuck und Erhaltung er so viel gethan / wurde er am 20. Juni 1841 confirmiert sowie am 3. April dieses Jahres / sein Leib zur ewigen Ruhe eingesegnet. / Er war ein Pfleger der geistigen Güter dieser Gemeinde.

Eine andere Gedenktafel erinnert an Hans Georg von der Marwitz, »des St. Johanniter Ordens Ritter«, der 1704 starb. Im Jahre 1673 hatte er die Tochter des brandenburgischen Generals von Görtzke geheiratet, dem Friedersdorf gehörte. Durch diese Verbindung kam das Gut in den Besitz der Familie Marwitz, als Görtzke 1682 starb. Damals wirkten die Verwüstungen des Dreißigjährigen Krieges immer noch nach. Hans Georg aber – so rühmt sein kritischer Nachkomme – »machte den Acker und den anstoßenden Teil des Oderbruches urbar, erbaute den gegenwärtigen Rittersitz, die Kirche und den Turm, setzte wieder einen Prediger und Küster an und ordnete alle Verhältnisse, so daß er als der neue Begründer dieses Ortes angesehen werden muß«*.

Während wir hinschauen und die altertümliche Inschrift buchstabieren, tritt jemand ins Zwielicht der Kirche, kommt heran, stellt sich vor: »Marwitz.« – »Etwa Hans Georg?« – »Ja.« – »Und Johanniter?« – »Woher wissen Sie das?«

Keine Geistererscheinung, dem Grab oder der Gedenktafel entstiegen, sondern ein junger Mann von Fleisch und Blut, groß, schlank und kräftig, mit einem Schnitt des Gesichts und der Haare, wie man ihn aus Bildern der Freiwilligen im preußischen Aufbruch von 1813 kennt. Es handelt sich sozusagen um einen doppelten Marwitz, denn der Vater stammt aus Klein-Nossin, Kreis Stolp in Hinterpommern, die Mutter aus Friedersdorf; in den Eltern haben sich zwei seit Jahrhunderten getrennte Familienzweige wieder vereinigt.

Er ist dorthin heimgekehrt, wo er niemals war. Denn natürlich hat er – 1961 in Heidelberg geboren, dann auf einem Hof im Allgäu zu Hause – den alten Osten nicht mehr gekannt, weder in Pommern noch in der Mark Brandenburg; natürlich wollte man vor der deutschen Wende hier von keinem Marwitz etwas wissen. Nach dem Umbruch stand freilich sehr schnell sein Entschluß fest, einen neuen Anfang zu wagen, unsentimental im übrigen, durchaus nicht mit Friedersdorf als dem Ziel. Nur fand sich nirgendwo sonst etwas Passendes, und je nach der Einstellung mag man es Zufall oder Fügung nennen, daß der Weg ins Unbekannte sich nun doch als die Heimkehr darstellt.

Hans Georg von der Marwitz hat mitgebracht, was er besaß oder irgendwie aufbieten konnte. Aus einer zerbrechenden LPG, genauer von den Altbauern und Neusiedlern, die nach dem Krieg, in der Zeit der Bodenreform, in den Grundbüchern als Eigentümer bestätigt oder eingetragen worden sind, hat er 150 Hektar Land gekauft und 630 Hektar gepachtet; im Stall stehen 140 Milchkühe, auf westdeutschen Auktionen erworben.

Aber die Mühe beginnt erst; überall kommt es darauf an, selbst Hand anzulegen. Die Kühe zum Beispiel brauchen dringend einen besseren Stall – und die Arbeiter im Stall eine Anleitung. Bisher waren sie unsinnig überspezialisiert, der eine nur fürs Melken, der zweite fürs Besamen zuständig – und so fort auf sechs oder sieben Funktionen verteilt. Darum muß Marwitz sein eigener »Schweizer« sein – und sehr vieles mehr, alles zugleich, bis hin zum eigenen Architekten und Baumeister. Denn vorläufig lebt er, immerfort den Kopf anstoßend, mit seiner Frau in einem Wohnwagen, der auf dem ehemaligen Gutshof abgestellt ist. Das einstige »Kavaliershaus« neben der Kirche, dem zerstörten Schloß gegenüber und zur Ruine verfallen, soll nach alten Stichen und Fotos wiederhergestellt werden. Und bis zum Herbst muß es fertig sein; Frau von der Marwitz erwartet ein Kind.

Ein zweites Gespräch wendet sich vor allem den menschlichen Beziehungen zu. Marwitz verfügt offenbar über eine Eigenschaft, die man schwerlich erlernen kann: andere zu begeistern. Immer sieht man bei ihm junge Leute, Verwandte oder Freunde aus dem Westen, die für ein paar Tage oder Wochen hergekommen sind, um mitzutun. Lächelnd spricht ihr »Arbeitgeber« von seinen Krakenarmen mit Saugnäpfen. Selbst die Ordensbrüder der Johanniter werden wohl nicht verschont bleiben: Ergibt es nicht einen guten Sinn, daß sie sich für die Wiederherstellung der Kirche engagieren?

Und wie stellen sich die Einheimischen zu dem unerwarteten Zuzug aus dem Westen? »Zunächst war es schwierig; gerade die Altbauern zeigten sich höchst mißtrauisch. Aber das ändert sich, man merkt es beim Grüßen auf der Straße.«

Frau von der Marwitz ergänzt: »Jetzt ist es so, daß Frauen kommen, um mir Blumen oder frische Eier zu bringen. Ich bin auch schon aufgefordert worden, im Vorstand für einen neuen Kindergarten dabei zu sein. Alles muß jetzt ja neu organisiert werden, was früher die LPG garantierte.« – Da wird in den Nebelschwaden der Ratlosigkeit wahrscheinlich noch viel auf das junge Paar zukommen.

Ein Thema unserer Unterhaltung bildet das Urteil des Bundesverfassungsgerichts, das wenige Tage zuvor, am 23. April 1991, ergangen ist. Es hat die Bodenreform und die Enteignungen zwischen 1945 und 1949 bestätigt und diejenigen bitter enttäuscht, die auf bequeme Rückkehr in den verlorenen Besitz gehofft hatten. Marwitz aber meint: »Das Urteil durfte nicht anders ausfallen. Natürlich ist es mein Nachteil, rein materiell gesehen. Aber wer bloß rechnet, braucht gar nicht erst anzufangen. Im Grunde bin ich froh. Wie sonst soll man

Vergangenheit und Zukunft:
Vom überwucherten Schutt des gesprengten Schlosses aus blickt man auf die Kirche von Friedersdorf – und auf das »Kavaliershaus«, das Hans Georg von der Marwitz sich neu erbaut.

mit den Menschen etwas aufbauen, statt gegen sie? Sollen wir etwa als die neuen Kolonialherren auftreten? Wer hier dabei ist, statt irgendwo weit weg, der weiß, daß ein anderes Urteil nichts hinterlassen hätte als Wut und zerstörte Erwartung. Und nirgendwo Hoffnung. Wie sollten wir damit denn leben?«

Mit dieser Ansicht wird Hans Georg von der Marwitz sich nicht überall Freunde schaffen, gerade bei denen nicht, die man herkömmlich als Standesgenossen bezeichnet. Einer von ihnen hat das Urteil des Bundesverfassungsgerichts als Wortführer kommentiert:

»Damit ist das Lebenswerk von Walter Ulbricht nun endlich sanktioniert und in unserer Verfassung verankert worden. Wenn man das Urteil weiter interpretiert, wird hiermit der erste Präzedenzfall entschädigungsloser Enteignung legitimiert. Welche Konsequenz dies für die Zukunft unseres Eigentumsbegriffes in der Bundesrepublik hat, ist unübersehbar. Wer garantiert, daß man nicht auch in der Zukunft – sozusagen aus Lust und Laune – entschädigungslos vertrieben werden kann? Dieses Urteil wird die Investitionsbereitschaft, die gerade auch bei den Alteigentümern vorhanden war, hemmen. Aber wahrscheinlich war das so erwünscht.«*

Vielleicht, wer weiß, werden bald unerwartete Verwerfungen, neue Bruchlinien und Ärgernisse, aber auch neue Verbindungen unsere Gesellschaft kennzeichnen. Zwei Männer so gegensätzlicher Herkunft wie Marwitz und der Vorsitzende der Agrargenossenschaft von Meinsdorf, Gerhard Seehausen, dürften zum Beispiel kaum Schwierigkeiten haben, sich zu verstehen.

Doch werden Einsatz und Ärger am Ende sich lohnen? Türmen sich nicht die Probleme zuhauf, in der Landwirtschaft ebenso wie zwischen den Menschen? Kann die Heimkehr gelingen? Hans Georg von der Marwitz, wieder lächelnd, entgegnet mit vier Worten: »Wer im Glauben steht …« Das klingt altertümlich, als habe es der Mann gesagt, der am Anfang des 19. Jahrhunderts in Friedersdorf zu Hause war. Übrigens schrieb Friedrich August Ludwig von der Marwitz in seinem Testament, den Nachkommen zur Mahnung:

*Ich hoffe, daß alle meine Kinder sich beständig des Geschlechtes erinnern werden, aus dem sie entsprossen sind, – eines Geschlechtes, welches niemals sein Trachten gesetzt hat auf irdisches Gut, sondern immer nur auf die Ehre, das Wahre und Rechte, von welcher Richtung des Sinnes es mehrere glänzende Beispiel gegeben hat.**

Fast möchte man darauf wetten, daß wir künftig die Beispiele nicht nur von Grabsteinen ablesen müssen.

Anmerkungen

Vorwort

8 Siehe zur ausführlichen Darstellung der Entstehungsgeschichte: Werner Bader, Steige hoch, du roter Adler – Welthits aus Märkischem Sand, Bad Münstereifel-Hummerzheim 1988.
10 Die »Wanderungen durch die Mark Brandenburg« werden zitiert nach der fünfbändigen Ausgabe der Nymphenburger Verlagshandlung, München 1977.
10 Nach: Elard von Oldenburg-Januschau, Erinnerungen, Leipzig 1936, S. 50. – Zur Schilderung der Vorgänge vor der Kaiserproklamation durch Bismarck siehe seine »Gedanken und Erinnerungen«, Band II, Kapitel 23, Abschnitt 4. – Von den »wunderlichen Gelüsten« erzählt der Kanzler in einem Brief an seine Frau mit der Bildhaftigkeit, die den Sprachkünstler auszeichnet: »Diese Kaisergeburt war eine schwere. Könige haben in solchen Zeiten die wunderlichsten Gelüste, wie Frauen, bevor sie der Welt hergeben, was sie doch nicht behalten können. Ich hatte als Accoucheur mehrmals das dringende Bedürfnis, eine Bombe zu sein und zu platzen, daß der ganze Bau in Trümmer gegangen wäre.« (Brief vom 21. 1. 1871, in: Bismarck, Die Gesammelten Werke, 15 Bände, Berlin 1924 ff., hier Band 13, S. 1389.)
12 Friedrich von Preußen – Eine Biographie, Berlin 1979, S. 212.

Vom Glaubenseifer, von der Toleranz und vom Wahn

14 Vor dem Sturm, Kapitel 51.
14 Fontane, Wanderungen durch die Mark Brandenburg, Dritter Band, S.42.
16 Zitiert nach Fontane, a.a.O., S. 43.
16 Siehe Fontane, S. 48 ff. Es bleibt offen, ob es sich um Rache für einen Fall von Schürzenjägerei oder um eine Verkettung von Mißverständnissen gehandelt hat.
16 Noch älter als Lehnin war Kloster Zinna, 1170 nahe bei Jüterbog

gegründet. Es gehörte aber seinerzeit nicht zur Mark Brandenburg, sondern zum Erzbistum Magdeburg.

16 Als Einführung sei genannt: Erwin Nadolny, Die Siedlungsleistung der Zisterzienser im Osten, Würzburg 1955.

18 Wanderungen, a.a.O., S. 63.

19 S. 68.

19 Klassisch zum Thema: Max Weber, Die protestantische Ethik und der Geist des Kapitalismus, zuerst 1904/05; Gesammelte Aufsätze zur Religionssoziologie, Band I, 6. Auflage Tübingen 1972.

20 Wanderungen, a.a.O., S. 69.

25 S. 96f.

25 S. 67.

26 Georg Weber, Lehrbuch der Weltgeschichte, 14. Auflage Leipzig 1870, Zweiter Band, S. 107. – Weber, geboren 1808, von 1848 bis 1872 Direktor der Höheren Bürgerschule zu Heidelberg, schrieb eine »Allgemeine Weltgeschichte« (14 Bände, 1857–1879). Sein vielgenutztes, inzwischen vergessenes »Lehrbuch« wäre sehr zu empfehlen; es besticht durch Genauigkeit, eine bilderreiche Sprache, die uns lächeln und doch zuhören läßt, und durch sein Temperament. Weber abschließend und empört zum Hugenottenpogrom: »Keine geschichtliche ›Schönfärberei‹, mag sie auch noch so genial ausgeübt werden, wird im Stande sein, den sittlichen Abgrund zu verdecken, in den wir damals den französischen Hof und die herrschende Klasse versunken sehen.«

30 Bei Fontane findet man, samt Hinweisen zu den Quellen, eine anschauliche Schilderung der Quitzows: Wanderungen, Band V, S. 9.ff. Wichtig ist auch das abgewogene Urteil: »Die Quitzows und ihr Recht oder Unrecht«, a.a.O., S. 67ff.

31 Preußen ohne Legende, Hamburg 1978, S. 84.

34 Siehe dazu Rudolf von Thadden, Vom Glaubensflüchtling zum preußischen Patrioten, in: Die Hugenotten 1685–1985, herausgegeben von R. v. Thadden und Michelle Magdelaine, München 1985, S. 186ff.

37 Urmensch und Spätkultur, Bonn 1956, S. 229.

39 Wanderungen, Dritter Band, S. 133 und 134.

40 Eine eingehende Darstellung findet man bei W. Boeck, Oranienburg – Geschichte eines preußischen Königsschlosses, Berlin 1938.

43 Rainer Kühn, Konzentrationslager Sachsenhausen, herausgegeben von der Landeszentrale für politische Bildungsarbeit Berlin, 2. Auflage Berlin 1990, S. 17. – Einige Hinweise zur Literatur mögen hier noch folgen. Schon »klassisch« ist das Werk von Eugen Kogon zu nennen: Der SS-Staat – Das System der deutschen Konzentrationslager, zuerst München 1946, seitdem in zahlreichen Neuauflagen. Eine Darstellung aus der neueren Forschung: Martin Broszat, Nationalsozialistische Konzentrationslager 1933–1945, in: Hans Buchheim / Martin Broszat / Hans-Adolf Jacobsen / Helmut Krausnick, Anatomie des SS-Staates, Band II, als Taschenbuch 4. Auflage München 1984. – Speziell zu Sachsenhausen: Gerhard Finn, Sachsenhausen 1936–1950, Geschichte eines Lagers, Bonn 1985; Harry Naujoks, Mein Leben im KZ Sachsenhausen 1936–1942, Erinnerungen des ehemaligen Lagerältesten, Köln 1987; Sachsenhausen – Dokumente, Aussagen, Forschungsergebnisse und Erlebnisberichte über das ehemalige Konzentrationslager Sachsenhausen, herausgegeben vom Komitee der Antifaschistischen Widerstandskämpfer der Deutschen Demokratischen Republik, 4. Auflage Berlin 1986; Barbara Kühle und Wolfgang Titz, Das Speziallager Nr. 7 Sachsenhausen 1945 bis 1950, Berlin 1990.

44 Zur Unredlichkeit des Beschwichtigens gehört, daß man sich im Rückblick auf die Verteidigung der Republik durch die sozialdemokratische Regierung Otto Brauns beruft – die man seinerzeit bis aufs Messer bekämpfte.

45 Zitiert nach Fabian von Schlabrendorff, Offiziere gegen Hitler, Ausgabe Frankfurt a.M. und Hamburg 1959, S. 154.

45 Kurt von Schleicher, General und letzter Reichskanzler vor Hitler, gehörte zu den Mordopfern des 30. Juni 1934. Generaloberst Werner Freiherr von Fritsch, seit 1935 Oberbefehlshaber des Heeres, wurde gezielt der Homosexualität verdächtigt und im Februar 1938 entlassen.

46 Gordon A. Craig, Die preußisch-deutsche Armee 1640–1945, Staat im Staate, Düsseldorf 1960, S. 543.

Die Pflicht und das Glück

49 Der Alldeutsche Verband, 1891 als die Kampf- und Propagandaorganisation einer aggressiven Machtpolitik gegründet, trat unter anderem für den forcierten, gegen Großbritannien gerichteten Schlachtflottenbau ein; im Krieg wollte er gegen jeden Verständigungsversuch mit umfangreichen Gebietsforderungen den unbedingten »Sieg«-Frieden durchsetzen.

50 Theobald von Bethmann Hollweg, Betrachtungen zum Weltkriege, Ausgabe Essen 1989, herausgegeben von Jost Dülffer, S. 65 f. – Ernst von Heydebrand und der Lasa war ein rechtskonservativer Politiker und Parteiführer, dank des Drei-Klassen-Wahlrechts von großem Einfluß im preußischen Landtag.

55 Zitiert nach Gerd Heinrich, Geschichte Preußens – Staat und Dynastie, Ausgabe Frankfurt a.M., Berlin, Wien 1984, S. 150.

56 Das nach dem Verleger Joh. Heinrich Zedler auch »Zedlersches Lexikon« genannte »Große vollständige Universal-Lexicon aller Wissenschaften und Künste« erschien in Halle und Leipzig von 1732 bis 1754 in 64 Bänden und vier Ergänzungen. Es stellte die umfangreichste Enzyklopädie des Jahrhunderts dar und vertrat Bürgergeist und Aufklärung.

60 Siehe die zweite Anmerkung zu S. 19.

62 Siehe unten S. 214ff.

68 Das Gedicht von F. v. Köppen findet man vollständig abgedruckt in: Der alte Fritz in fünfzig Bildern für Jung und Alt von Ernst Röchling und Richard Knötel, Berlin 1895, Neuausgabe München und Zürich 1986, S. 26. Das Buch wurde von »Seiner Majestät dem Deutschen Kaiser und Könige von Preußen Wilhelm II.« angeregt und ihm »in tiefster Ehrfurcht gewidmet«.

68 Wanderungen, Zweiter Band, S. 249.

71 Fontane, a.a.O., S. 258f.

72 Auf die Rückseite seiner Anweisung an das Kriegsgericht hatte der König geschrieben: »5. Buch Mose, Kap. 17 Vers 8 bis 12. Zweites Buch Samuelis, Kap. 18 Vers 10 bis 12. Zweites Buch Chronika, Kap. 19 Vers 5 bis 7.« Hier wurde zitiert: 5. Buch Mose, Kap. 17, Vers 11 bis 12. Schulenburg zitierte aus 2. Chronik Kap. 19, Vers 6.

73 A.a.O., S. 267.

81 Fontane, a.a.O., S. 297.

82 Wanderungen, Dritter Band, S. 364.

83 Priapee: Unzüchtiges, zotiges Bildwerk, abgeleitet vom griechischen Fruchtbarkeitsgott Priapos, der in der hellenistisch-römischen Welt meist mit übergroßem Penis dargestellt wurde.

85 Horst Krüger, Tiefer deutscher Traum – Reisen in die Vergangenheit, München 1986, S. 76f.

91 Der Arbeiter, Hamburg 1932, S. 71. – Zur ausführlichen Darstellung der Ideologie, die in die deutsche Katastrophe des 20. Jahrhunderts geführt hat, siehe vom Verfasser: Die Deutschen in ihrem Jahrhundert 1890–1990, Reinbek 1990.

92 Preußen ohne Legende, Hamburg 1978, S. 84.

93 Friedrich August Ludwig von der Marwitz, Ein märkischer Edelmann im Zeitalter der Befreiungskriege, herausgegeben von Friedrich Meusel, Erster Band: Lebensbeschreibung, Berlin 1908, S. 28f.

95 Wanderungen, Erster Band, S. 283.

96 In der amerikanischen Verfassungsdebatte wurde natürlich das englische Vorbild erwogen: eine Parlamentsherrschaft mit monarchischer Repräsentation. Dafür brauchte man dann einen leibhaftigen König, und im Kreis um Friedrich Wilhelm von Steuben, dem Exerziermeister der amerikanischen Armee preußischer Herkunft, dachte man an den Prinzen Heinrich, der seine Sympathie für den amerikanischen Kampf um Unabhängigkeit bekundet hatte. Zumindest Briefe sind in dieser Angelegenheit auf den Weg gebracht worden. Siehe zum

Thema: Richard Krauel, Prince Henry of Prussia and the Regency of the United States, 1786. In: American Historical Review, Vol. 17, 1911/12, No. 1, S. 44 ff. Siehe ferner J. M. Palmer, General von Steuben, Port Washington 1966, S. 341 f.
97 A.a.O., S. 263 ff.

Eine Königsreise

99 Brief an Wilhelm Hertz vom 9. Juni 1882. Fontane sagt, er habe den Text »zufällig auf einem Einwickelbogen« gefunden, der ihm ins Haus kam; er »hatte Grips genug einzusehn, daß es ein wahrer Schatz« sei. Gleims Originalausgabe trug den Titel: »Reisegespräch des Königs im Jahre 1779. Zum Besten armer Soldaten in Druck gegeben / vom Verfasser der preußischen Kriegslieder / am Geburtstage des Landesvaters im Jahr 1784 / Halberstadt / zu finden beim Buchhändler Groß und Candidat Hartmann.« Ein Nachdruck erschien 1926 als Vereinsgabe für die Mitglieder des Berliner Bibliophilen-Abends. Bei Fontane findet man den Text in: Wanderungen, Erster Band, S. 361 ff.
99 Anmerkung Fontanes: »Von Rathenow stand 1732 und die folgenden Jahre als Leutnant beim Kronprinzlichen Regiment in Neu-Ruppin und war einer aus dem näheren Umgangskreise des Prinzen.«
105 Anmerkung Fontanes: »Bechlin liegt nur eine Viertelmeile von Ruppin und war oft der Schauplatz der ausgelassenen Späße, die zur ›kronprinzlichen Zeit‹ beim Regiment im Schwange waren. – Ein noch bevorzugterer Ort war das unmittelbar vorher genannte Tramnitz.«
108 Der Wispel war wie die Scheffel ein Hohlmaß, je nach Land oder Region mit unterschiedlicher Größe. 1 preußischer Wispel = 24 Scheffel = 13,19 Hektoliter.
111 Der Bericht, erschienen Berlin 1799, stammt von J. D. Nicolai: Ueber Hofedienste der Unterthanen auf dem Lande und deren Abschaffung. Hauptsächlich in Beziehung auf die preußischen Staaten.
117 Friedrich August Ludwig von der Marwitz – Ein märkischer Edelmann im Zeitalter der Befreiungskriege, herausgegeben von Friedrich Meusel. Erster Band: Lebensbeschreibung, Berlin 1908, S. 22 ff.
119 Anderthalb Jahrhunderte später hat der Verfasser, als er ungefähr so alt war wie seinerzeit Marwitz, den alten Condé auch noch gesehen: ausgestopft im Berliner Zeughaus.
120 Marwitz, a.a.O., S. 26 ff.
124 Wanderungen, Zweiter Band, S. 20.
126 Siehe dazu vom Verfasser: Die Reise nach Pommern, 10. Auflage Stuttgart 1991, S. 59 ff.

127 Zitiert nach Fontane, Wanderungen, Erster Band, S. 339.
128 S. 340.
135 A.a.O., S. 21.
136 S. 22.
136 S. 23f.
140 S. 380f.
140 Anmerkung Fontanes (S. 383): »Die Dame, die hier in so gewinnender Weise angeredet wird, war seine zweite Gemahlin, eine geborene Prinzessin von Kurland, mit der er sich, nach dem 1669 erfolgten Tode der Gräfin Brahe, im Jahre 1672 vermählt hatte. Diese zweite Gemahlin starb 1690. Er vermählte sich dann 1692 zum dritten Mal und zwar mit Gräfin Sibylle von Leiningen. Diese überlebte ihn.«
140 S. 383.
140 S. 385.
142 S. 378.

Eine preußische Stadt: Neuruppin

145 Wanderungen, Erster Band: Die Grafschaft Ruppin, S.49.
147 A.a.O., S. 97ff.
148 S. 106f.
149 S. 49.
150 Wiese, 1846–1925, dessen Mutter hier geboren war und als Witwe zurückkehrte, besuchte von 1856 bis 1864 das Friedrich-Wilhelms-Gymnasium von Neuruppin. Er schuf für die Stadt auch das Fontane-Denkmal und das – im Zweiten Weltkrieg eingeschmolzene – Kriegerdenkmal.
150 Im folgenden handelt es sich, stark gekürzt, um Fontanes Bericht »Meine Kinderjahre – Autobiographischer Roman«, erstes und zweites Kapitel. Der Bericht ist zwischen Herbst 1892 und April 1893 entstanden.
160 Der Afrikareisende Heinrich Barth schloß sich 1850 mit Adolf Overweg der großen Sudanexpedition von James Richardson an; als einziger unter den europäischen Teilnehmern kehrte Barth nach sechs Jahren unversehrt zurück. David Livingstone war der berühmte Erforscher Innerafrikas, der als verschollen galt, bis ihn Henry Morton Stanley Ende Oktober 1871 aufspürte.
160 Trancheen: Schanzwerke, vor allem Laufgräben, die bei Belagerungen angelegt werden.
162 Wanderungen, a.a.O., S. 121ff.
163 Ernst W. Dietz, Ruppiner Leben vor hundert Jahren, herausgegeben vom Kulturbund Kreisvorstand Neuruppin, S. 31.
165 Johannes Schultze, Geschichte der Stadt Neuruppin, Berlin 1963, S. 103.

166 Diese Wendung findet man bei Fontane in seinem Roman »Der Stechlin«, Erstes Kapitel, zur Kennzeichnung des Dubslav von Stechlin.
166 Wanderungen, a.a.O., S. 79.
168 Abgedruckt a.a.O., S. 83 f.
168 A.a.O., S. 85.
169 S. 86 f.
170 S. 87.
170 Anmerkung Fontanes: Almathea, die Nymphe, welche den Jupiter mit der Milch einer Ziege ernährte, auch diese Ziege selbst. Also hier etwa Milchwirtschaft, Meierei.
171 S. 78.
172 Viel Material zu diesem Abschnitt verdankt der Verfasser der Schrift von Ernst W. Dietz, Ruppiner Leben vor hundert Jahren, herausgegeben vom Kulturbund Kreisvorstand Neuruppin. Siehe im übrigen: Johannes Schultze, a.a.O.
172 Siehe: Reden des Kaisers – Ansprachen, Predigten und Trinksprüche Wilhelms II., herausgegeben von Ernst Johann, München 1966, S. 58. Die Rede wurde am 24. Februar 1892 gehalten.
174 Dietz, a.a.O., S. 35.
174 A.a.O.
180 Fontane, Meine Kinderjahre, Achtzehntes Kapitel.
182 Wanderungen, Erster Band, Vorwort zur zweiten Auflage aus dem Jahre 1864.
183 Vetturinen: Lohnkutscher, Fuhrleute.
183 Wanderungen, a.a.O.
186 Girandolen: mehr-, meist dreiarmige Leuchter aus Metall.
186 A.a.O., S. 82 f.

Ein deutscher Gral

190 Peter Joseph Lenné, 1789–1866, Generaldirektor der königlich-preußischen Gärten, hat viele Parks entworfen oder neu angelegt, darunter neben den königlichen oft auch für märkische Adelsfamilien.
191 Der Obrist war ein Neffe des berühmten Großkanzlers und Justizreformers Friedrichs des Großen, den Hertefelds durch Verschwägerung anverwandt – wie Fontane schreibt: ein alter Sonderling, »der überall, wo die Briefe seiner Erwähnung tun, um seiner enormen Grandezza willen als ›Sa Majesté, le Colonel de Cocceji‹ vorgestellt zu werden pflegt«. (Fünf Schlösser – Wanderungen durch die Mark Brandenburg, Fünfter Band, S. 239.)
191 »Demoiselle Neumann, die jetzt das Haus regierte«, so erzählt etwas zweideutig Fontane, »war alles, nur keine Dame, wodurch sie gerade des Vorzuges genoß, nach dem sich der alte Freiherr durch

Jahre hin am meisten gesehnt hatte. ›Ich habe jetzt eine Demoiselle Neumann engagiert‹, so schreibt er an Alexandrine D., ›keine elegante Gouvernante, denn sie weiß nichts von französisch, aber aus einem guten Bürgerhause, sorglich, umsichtig, fleißig.‹ Und bald darauf: ›An die Spitze der Ökonomie habe ich jetzt die Neumann gestellt, die das alles versteht, weil sie vor Jahren schon auf dem Amte Blankenfelde die Wirtschaft gelernt hat und mit anzugreifen weiß. Und auch wirklich mit angreift. Da müssen denn die Mägde folgen. Sitzet aber die Haushälterin auf dem Lehnstuhl, so setzen sich die Mägde auf den Strohsack.‹ Alles, was von Vertrauen aus diesen Zeilen spricht, bestätigte sich, und die Neumann, ›treu wie Gold‹ und von selbstsuchtsloser Ergebenheit, wurd' in allen Sachen des Hauses und der Familie Beistand und Beraterin. In Ehren dienend, beglückte sie das Haus, dem sie diente, wobei sich's freilich auch wieder zeigte, daß ein solches freies und selbstsuchtsloses ›für andere da sein‹ im Laufe der Jahre zur Herrschaft über diese Anderen führt.« (A.a.O., S. 241.)

192 A.a.O., S. 229 und 300 ff.

195 Siehe Alfred Stern, Abhandlungen und Aktenstücke zur Geschichte der preußischen Reformzeit 1807–1815, Leipzig 1885, S. 251.

195 Dazu genauer: Wend Graf zu Eulenburg-Hertefeld, Ein Schloß in der Mark Brandenburg – Erinnerungen an Liebenberg, Stuttgart 1990, S. 193 f.

196 Die »Hufe« ist eine alte Bezeichnung für die Größenordnung eines Bauernhofes, die als Lebensgrundlage für eine Familie ausreichte. Je nach den regionalen Bedingungen handelte es sich um unterschiedliche Maße; der Durchschnitt betrug etwa 10 Hektar. Größer war die Königs-Hufe als ritterliche Stelle, kleiner die slawische Haken-Hufe.

197 In den langwierigen Vormachtkämpfen zwischen dem Frankreich Ludwigs XIV. und den Habsburgern, zuletzt im Spanischen Erbfolgekrieg (1701–1714), unterstützte Brandenburg-Preußen den Kaiser vielfach mit Hilfstruppen, zum Teil gegen Bezahlung, zum Teil in der Anrechnung auf Gegenleistungen. Kurfürst Friedrich III. (1688–1713) hat sich auf diese Weise die kaiserliche Zustimmung zum Titelgewinn, zur Selbstkrönung als Friedrich I., »König in Preußen« (Königsberg, 18. Januar 1701) erkauft.

198 Mit »Litauen« ist hier nicht das Land östlich der Memel gemeint, sondern der daran angrenzende, östliche Teil des Ordenslandes, das dann zum Herzogtum Preußen und schließlich zur Provinz Ostpreußen wurde.

198 A.a.O., S. 231 ff.

199 Kurz vor seinem Tode hatte Karl von Hertefeld ein Fideikommiß gestiftet, eine alte, 1919 von der Weimarer Reichsverfassung zur

Auflösung bestimmte Eigentumsform, die die ungeteilte Erhaltung sichern sollte und den jeweiligen Besitzer auf den bloßen Nießbrauch beschränkte. In der Erb- und Sukzessionsordnung, die mit der Stiftung festgelegt wurde, hieß es dann: »Das von mir unterm 3. November 1866 gestiftete Fideikommiß fällt zunächst an meine Großnichte Alexandrine Freiin von Rothkirch, seit 1848 vermählt mit dem Grafen zu Eulenburg, zur Zeit Major im 3. Ulanenregiment zu Potsdam. Danach aber an den ältesten Sohn dieser Ehe, den Grafen Philipp zu Eulenburg den jüngeren, geboren 1847, zur Zeit Lieutenant im Regiment Garde du Corps. Da mein Geschlecht und Name mit meinem Ableben erlischt, so stelle ich anheim, ob die Besitzer dieses von mir gestifteten Fideikommisses ihrem eigenen Namen den Namen Hertefeld beifügen wollen oder nicht.« (Zitiert nach Fontane, a.a.O., S. 293. 1848 als Hochzeitsdatum Alexandrines ist ein Irrtum; es muß 1846 heißen, so daß der jüngere Philipp keineswegs vorehelich geboren wurde.)

200 Eulenburg-Hertefeld, a.a.O., S. 23 ff.

203 Faksimile der seinerzeit gedruckten Fassung bei Eulenburg-Hertefeld, S. 13 ff.

203 Rede in Kassel am 28. August 1903. Als Quellen seien genannt: »Reden des Kaisers« – Ansprachen, Predigten und Trinksprüche Wilhelms II., herausgegeben von Ernst Johann, München 1966; Die Reden Kaiser Wilhelms II., 4 Bände, herausgegeben von Johannes Penzler (Bde. I–III) und Bogdan Krieger (Bd. IV), Leipzig 1897–1913.

203 Rede beim Festmahl des Brandenburgischen Provinziallandtages am 24. Februar 1892.

203 Robert Graf Zedlitz-Trützschler, Zwölf Jahre am deutschen Kaiserhof – Aufzeichnungen, Stuttgart, Berlin, Leipzig 1923, S. 230.

204 Zitiert nach Friedrich Meinecke, Das Leben des Feldmarschalls Hermann von Boyen, Band II, Stuttgart 1899, S. 512.

205 Der Stechlin, Erstes Kapitel.

206 Abgedruckt in: Philipp Eulenburgs politische Korrespondenz, herausgegeben von John C. G. Röhl, 3 Bände, Boppard am Rhein 1976–1983, Band II, S. 1046 f. – Diese großangelegte Edition bildet eine der wichtigsten Quellen nicht nur zu Eulenburg, sondern zur wilhelminischen Zeit. Von Röhl sei noch genannt: Kaiser, Hof und Staat – Wilhelm II. und die deutsche Politik, München 1987; darin S. 35 ff.: Graf Philipp zu Eulenburg – Des Kaisers liebster Freund.

206 Prökelwitz gehörte dem Grafen zu Dohna-Schlobitten, dem Vater von Eulenburgs Freunden Richard und Eberhard Dohna.

206 Eulenburg in Briefen an seine Frau, zitiert nach R. C. Muschler, Philipp zu Eulenburg, Leipzig 1930, S. 151 f.

207 Axel Freiherr von Varnbüler im November 1890 an Kuno Graf von Moltke, abgedruckt in: Philipp Eulenburgs politische Korrespondenz, a.a.O., Band I, S. 602. – »S.M.« als Kurzform für »Seine Majestät« war eine damals übliche Wendung, um vom Kaiser zu reden. Sie konnte bewundernd ebenso wie ironisch distanzierend gemeint sein.

207 Fürst Philipp zu Eulenburg, Mit dem Kaiser als Staatsmann und Freund auf Nordlandreisen, Dresden 1931, Band II, S. 136.

207 In seinem Buch »Kaiser Wilhelm II. und die Byzantiner« (München 1906) schrieb Ernst Graf zu Reventlow: »Die Siegesallee endlich predigt den Byzantinismus ebenso laut wie die Auffassung des Kaisers vom Fürsten und seinen Handlangern. Sie ist ein vollkommener Ausdruck des Byzantinismus, nicht nur weil sie die Bedeutung einer langen Reihe von Fürsten, von wenigen abgesehen, in einer Weise hervorhebt, die der Geschichte widerspricht, nein, hauptsächlich ist es die Uniformität der Auffassung und Durchführung, das sklavische Befolgen der kaiserlichen Auffassung. Bei einem einzigen Denkmal fällt das nicht so sehr auf, eine so große Ansammlung aber macht dies Gefühl zu einem für den Eindruck Bestimmenden.« (S. 166 f.)

207 Zitiert nach Johannes Haller, Aus dem Leben des Fürsten Philipp zu Eulenburg-Hertefeld, Berlin 1924, S. 245.

208 Aufzeichnung Eulenburgs vom 26. Juli 1897, abgedruckt in: Philipp Eulenburgs politische Korrespondenz, a.a.O., Band III, S. 1848 f.

209 Brief an Bülow vom 18. August 1897, a.a.O., S. 1852.

209 »Ich muß es als einen Wendepunkt meines Lebens betrachten, daß mich Gott auf den Weg zu Euerer Königlichen Hoheit geführt hat … Mich aber beglückt es unbeschreiblich, daß mein heißgeliebtes Vaterland in Zukunft einen solchen Herrn haben soll … Bei aller Sorge für die innere und äußere politische Zukunft unseres Vaterlandes gewährt mir die Gesinnung Ew. Königlichen Hoheit einen reichen Trost! Ich baue felsenfest darauf – und weiß auch, daß Ew. Königliche Hoheit bei den maßlosen Schmeicheleien, denen Sie ausgesetzt sind, unerschütterlich jene Einfachheit des Wesens und der Anschauungen bewahren werden, die allein die Grundlage vernünftiger Handlungen sein können … Ew. Majestät haben mich durch den gnädigen Brief und seinen reichen Inhalt in einen Taumel von Freude gestürzt und mit größter Mühe muß ich mich beherrschen, um nicht vier Seiten lang Dank zu schreiben! … Ich bin glücklich über den phantastischen Schwung, der in Ew. Majestät Brust lebt.« (A.a.O., Band I, S. 195 f., 200, 312.) – Und so fort in immer neuen Wendungen.

209 Holstein an Eulenburg, 14. März 1892; a.a.O. Band II, S. 799.

210 A.a.O. Band I, S. 225.

211 Fürst Philipp zu Eulenburg, Mit dem Kaiser als Staatsmann und Freund auf Nordlandreisen, Dresden 1931, Band I, S. 58.

211 A.a.O., S. 295.

211 Philipp Eulenburgs Politische Korrespondenz, Band III, S. 1984.

211 Mit dem Kaiser als Staatsmann und Freund auf Nordlandreisen, Band II, S. 338.
212 A.a.O., S. 353.
212 Philipp Eulenburgs Politische Korrespondenz, Band III, S. 2094.
212 A.a.O., S. 2091.
212 A.a.O., S. 2092.
214 Siehe dazu a.a.O., S. 2141 f. – Es ist nicht leicht, dem Ankläger gerecht zu werden, der aus dem Abstand als bloßer Denunziant erscheint. Man lese daher seine eigene Darstellung: Maximilian Harden, Prozesse (Köpfe, Teil III), Berlin 1913, S. 167–283 und S. 409–505.

Harden hat immer betont, daß sein Angriff politisch, nicht persönlich gemeint war. Er kam von Bismarck her, gewissermaßen als sein Rächer an der Kaiser-»Kamarilla«. Aber zugleich kämpfte Harden für eine »harte« Linie des imperialen Weltmachtstrebens, deren wichtigstes Instrument der Schlachtflottenbau war, gegen eine »weiche« Haltung, die er durch Eulenburg verursacht glaubte; eben damit kämpfte er auch gegen die Friedenspolitik und Saturiertheitsthese des späten Bismarck. Eulenburg dagegen sah die »Marinetollheit« zunehmend kritisch und entwickelte sich so zum »Bismarckianer«. Er entfernte sich von der Linie, die Bülow, Tirpitz und der Kaiser vertraten. Insofern hat der Sturz Eulenburgs tatsächlich einen politischen Hintergrund, der über den Kampf gegen das »persönliche Regiment« Wilhelms II. hinausreicht; aus heutiger Sicht war das bessere Urteil bei Eulenburg, nicht bei Harden.

Harden (1861–1927) begann als Schauspieler; seit 1892 gewann er mit seiner Wochenzeitschrift »Die Zukunft« publizistischen Einfluß. Im Ersten Weltkrieg trat er zunächst für Eroberungen ein, bekehrte sich jedoch zum Pazifisten und wurde in der Weimarer Republik zur Zielscheibe antisemitisch-rechtsradikaler Angriffe. Nicht zuletzt als kulturpolitischer Gegenspieler des Wilhelminismus ist Harden eine vielschichtige Figur, von der her sich, wie auf der anderen Seite von Eulenburg aus, Glanz und Abgründe der Epoche erschließen.
214 »Dann aber begannen ... allerhand Belustigungen, wie sie etwa die ›Tertia‹ einer Schule unternehmen würde, wenn sie gemeinsam Sonntags eine Landpartie macht. Hindernisspringen, Bockspringen, Kopfstehen, Fangen wurde gemacht ... Nach dem Frühstück warf man mit Steinen nach Flaschen, und es herrschte große Heiterkeit. Besonders aber bei der Rückfahrt auf dem See, wo eine Art Seeschlacht aufgeführt wurde und man sich gegenseitig mit Wasser bespritzte ... Während wir alle auf dem Verdeck standen ..., führten die Matrosen zur Feier des Tages eine Art Theater auf, mit Liedern, in den lächerlichsten Kostümen. Es war höchst lustig.« (Eulenburg, Mit

dem Kaiser als Staatsmann und Freund auf Nordlandreisen,, Bd. I, S. 107, 304 f., 374.) Die Reihe der Beispiele ließe sich beliebig fortsetzen.

214 Siehe etwa: Philipp Eulenburgs Politische Korrespondenz, Band III, S. 1986 und besonders S. 1993. – Das Buch in zwei Bänden »Mit dem Kaiser als Staatsmann und Freund auf Nordlandreisen« beruht in vielen Teilen auf den Berichten, die Eulenburg an die Kaiserin schrieb.

216 Am 5. Juni 1907 notierte Eulenburg in einem Brief an Bernhard von Bülow: »Den langjährigen Freund zu verlieren, von dessen Treue ich sprechen konnte, war nicht die grausame Enttäuschung, die Du vielleicht in mir vermutet hast, denn ich kannte den Seefahrer doch zu genau, der das ›Ölzeug‹ stets anzieht, wenn es noch lange nicht nötig ist. Die Enttäuschung lag nur in der häßlichen Form, mich abzuschlachten. – Und doch bin ich objektiv genug zu verstehen, daß ein Monarch, bei der widerlichen Wendung, die meine Sache, dank Kompagnie Holstein-Harden, nahm, so schnell als möglich einen unbequemen Freund los sein will. Für mich liegt darin die Gefahr, daß ich ihm nun so schuldvoll, so schlecht als irgend möglich *sein muß*, damit er seine Handlungsweise vor der Öffentlichkeit motivieren kann.« (A.a.O., S. 2164.)

Die böse Ahnung hat nicht getrogen. Später, im niederländischen Exil, hat Wilhelm II. zwar zugestanden, daß Eulenburg »als hingebender Märtyrer« den Schlag auffing, der ihm selber galt – und dabei von einem Anschlag »internationaler Judenschaft« gefaselt –, aber nie hat er sich zu einem Wort des Bedauerns, der Entschuldigung durchgerungen. (Siehe Wend Graf zu Eulenburg-Hertefeld, Ein Schloß in der Mark Brandenburg – Erinnerungen an Liebenberg, Stuttgart 1990, S. 71 ff.)

217 Wend Graf zu Eulenburg-Hertefeld, a.a.O., S. 66 f.

218 Brief an Haussmann vom 31. Dezember 1909; Politische Korrespondenz, Band III, S. 2192.

219 A.a.O., S. 2197 und 2199.

219 Mit dem Kaiser als Staatsmann und Freund auf Nordlandreisen, Band II, S. 136 f.

219 Politische Korrespondenz, a.a.O., S. 2202 ff.

219 Mit dem Kaiser ..., a.a.O., S. 93 f.; Zitat S. 96.

220 Die »Moabiter Sonette« fand man bei Kriegsende in der Hand des Ermordeten; Erstveröffentlichung Berlin 1946. Das Sonett »Schuld« ist abgedruckt in: Deutschland Deutschland – Politische Gedichte vom Vormärz bis zur Gegenwart, herausgegeben von Helmut Lamprecht, Bremen 1969, S. 441 f.

224 Siehe hierzu: Wend Graf zu Eulenburg-Hertefeld, Ein Schloß in der Mark Brandenburg – Erinnerungen an Liebenberg, Stuttgart 1990, S. 85 f.
224 A.a.O., S. 87 f.
225 Jürgen Prüser, Die Göhrde – Ein Beitrag zur Geschichte des Jagd- und Forstwesens in Niedersachsen, Hildesheim 1969, S. 110. – Zur Entschuldigung Wilhelms II. kann man allenfalls sagen, daß es bereits bei seinem Großvater ähnlich war: »1871, nach Beendigung des Krieges gegen Frankreich, kam König Wilhelm I., nunmehr Deutscher Kaiser« – und seit 1866 Herr über Hannover –, »zusammen mit dem Kronprinzen in die Göhrde. Am dritten Dezember fand ein Hauptjagen statt. ›Das Jagen war im Forstort Adlerhorst vorgerichtet und standen außer 150 Sauen an 250 Stück Rotwild darin. Rotwild und Sauen waren separiert, ersteres wurde am Morgen unter Benutzung von Treibern, die Sauen am Nachmittag abgeschossen ..‹ Die Strecke betrug 43 Hirsche, 84 Tiere, 17 Rehe und 141 Sauen, darunter 15 Hauptschweine; der Kaiser schoß 3 Hirsche, 7 Tiere, 18 Sauen und 4 Rehe.« (A.a.O., S. 107.) Man muß wohl zustimmen, wenn es heißt: »Der Charakter der Jagden in der Göhrde hatte sich stark gewandelt. Von der einstmals weithin bekannten althannoverschen Jagd war nicht mehr viel übriggeblieben. Die Hofjagden waren in zunehmendem Maße zu Massen-Abschießereien geworden.« (S. 109.)
229 Hagen Schulze, Otto Braun oder Preußens demokratische Sendung – Eine Biographie, Frankfurt a.M., Berlin, Wien 1977, S. 494 f.
229 A.a.O., S. 496.
230 S. 488.
231 S. 489.
231 S. 490.
232 Zur näheren Darstellung sei verwiesen auf: Ludolf v. Wedel-Parlow-Polssen: Parlow, Kreis Angermünde, Uckermark. In: Wedelsche Häuser im Osten, im Auftrag der Familie herausgegeben von Ludolf v. Wedel-Parlow-Polssen, Jever in Oldenburg 1961, S. 154 ff.
234 Wend Graf zu Eulenburg-Hertefeld, a.a.O., S. 132 ff.
234 Erwin Buchholz / Ferdinand Coninx, Die Schorfheide – 700 Jahre Jagdrevier, Stuttgart 1969, S. 114.
235 Diese Anekdote erzählt Sir Ivone Kirkpatrick, The Inner Circle, London 1959, S. 90.
235 Zitiert nach: Ursachen und Folgen. Vom deutschen Zusammenbruch 1918 und 1945 bis zur staatlichen Neuordnung Deutschlands in der Gegenwart. Eine Urkunden- und Dokumentensammlung zur Zeitgeschichte, herausgegeben von Herbert Michaelis und Ernst Schraepler, Band IX, Berlin 1964, S. 74. – In der gleichen Rede sagte Göring:

»Solch einen Kampf führe ich nicht mit polizeilichen Mitteln. Das mag ein bürgerlicher Staat getan haben. Gewiß, ich werde die staatlichen und polizeilichen Machtmittel bis zum äußersten auch dazu benutzen, meine Herren Kommunisten, damit Sie hier nicht falsche Schlüsse ziehen, aber den Todeskampf, mit dem ich euch die Faust in den Nacken setze, führe ich mit denen da unten, das sind die Braunhemden.«

235 Zitiert nach: Johannes Hohlfeld (Herausgeber): Deutsche Reichsgeschichte in Dokumenten – Urkunden und Aktenstücke zur inneren und äußeren Politik des Deutschen Reiches, Band IV: Die nationalsozialistische Revolution. 1931–1934, Berlin 1934, S. 25. – Zur Jagd und zum Schießen auf politische Feinde gehört auch die Anweisung: »Polizeibeamte, die in Ausübung dieser Pflichten von der Schußwaffe Gebrauch machen, werden ohne Rücksicht auf die Folgen des Schußwaffengebrauchs von mir gedeckt; wer hingegen in falscher Rücksichtnahme versagt, hat dienststrafrechtliche Folgen zu gewärtigen.« (Ursachen und Folgen, a.a.O., S. 38f.)

236 Die Trophäen werden von dafür bestellten Experten nach einer Punkteformel bewertet, in die Größen wie das Geweihgewicht, die Stärke der Stangen, die Zahl der Enden, die Mächtigkeit der Auslage eingehen. In den dreißiger Jahren rechnete man nach Nadler-Punkten, inzwischen – etwas abgewandelt – nach internationalen Punkten. Görings Spitzenhirsch erreichte 215 oder – die Berichte variieren – 217 Punkte, der Honeckers 230 Punkte.

237 Die gewöhnlichen Jäger waren genossenschaftlich organisiert, zum Beispiel für den Bezirk Potsdam – nach dem letzten Stand vor der Wende – in 89 Jagdgesellschaften mit 4903 Mitgliedern, von denen 51 Prozent der SED angehörten.

237 Die folgende Darstellung beruht auf einem mehrstündigen Gespräch mit dem Forstmeister, der in einem der »Sonderjagdgebiete« Jahre hindurch für die Jagdbegleitung Erich Honeckers zuständig war.

238 Siehe die Anmerkung zu Görings und Honeckers Spitzenhirschen.

240 Das Gedicht heißt »Ein Jäger«. Es entstand 1844; am 12. 1. 1845 wurde es im »Tunnel über der Spree« – dem literarischen Verein, dem Fontane angehörte – vorgetragen. Erstdruck Berlin 1851.

240 Als maßstabgerechte Reproduktion kann man den Deckenfries von Altamira im Deutschen Museum zu München bewundern.

241 José Ortega y Gasset, Meditationen über die Jagd, Ausgabe Stuttgart 1953, S. 52.

242 Die zum Wesen des Menschen gehörende »Sündhaftigkeit« ist nur die andere, moralische Seite jener Ungleichgewichtigkeit als Prinzip, die die moderne philosophische Anthropologie benennt, wenn sie von einer »exzentrischen Positionalität« spricht. Siehe dazu Helmuth Plessner, Die Stufen des Organischen und der Mensch, Gesammelte Schriften Band IV, Frankfurt a.M. 1981, S. 360 ff.

243 Siehe dazu Ortega y Gasset, a.a.O., S. 150 ff. – Der Verfasser hat seit 1945 kein Gewehr mehr in die Hand genommen, doch obwohl die Zeiten des jugendlichen Jägers um bald ein halbes Jahrhundert hinter ihm liegen, ist etwas von der Anspannung zur Wachheit der Sinne bis heute geblieben. Immer wieder geschieht es, daß er beim Autofahren, aus den Augenwinkeln heraus, das Wild am Waldrand entdeckt, das der städtische Begleiter nie zu sehen bekäme, wenn man ihn nicht aufmerksam machte.

245 A.a.O., S. 24.

246 Otto von Hagen, Die forstlichen Verhältnisse Preußens, zweite Auflage, bearbeitet nach amtlichem Material von K. Donner, Band I, Berlin 1883, S. 90 ff.

246 Grundsätze und Richtlinien für die Hege und Bejagung des Schalenwildes in Niedersachsen (Hegerichtlinien); RdErl. d. ML v. 16. 5. 1986. – Für Muffelwild geben die Richtlinien 2 bis 4 Stück pro 100 Hektar an, für Damwild je nach den äsungsarmen oder äsungsreichen Lebensräumen 2 bis 4 Stück, entsprechend für Rehwild 4 bis 12 Stück. Es bleiben freilich Streitfragen: Wie stehen dieses Wildarten und das Rotwild zueinander in Äsungskonkurrenz? Wie sind sie demnach – und mit welcher Gewichtung – gegeneinander aufzurechnen? Für das Schwarzwild, das außerhalb dieser Äsungskonkurrenz steht, wird eine – fast überall deutlich überschrittene – Richtzahl von 0,5 bis 1,5 Stück pro 100 Hektar genannt. – Da die Jagdregelungen in die Zuständigkeit der Bundesländer fallen, gibt es vielfach unterschiedliche Richtlinien.

247 Angaben aus einem Gespräch mit den zuständigen Forstbeamten.

247 Meditationen über die Jagd, a.a.O., S. 56 ff.

248 Erwin Buchholz / Ferdinand Coninx, Die Schorfheide – 700 Jahre Jagdrevier, Stuttgart 1969, S. 5.

248 Die ehemalige grosse Heide Werbellin, von Direktor Klöden, aus: »Märkische Forschungen« – Geschichte der Mark Brandenburg, Berlin 1847. – Karl Friedrich von Klöden, 1786–1856, war von 1824 bis 1855 Direktor der Gewerbeschule zu Berlin und veröffentlichte eine Reihe von Arbeiten zur Geschichte der Mark Brandenburg.

Zu der Tatsache, daß ein Waldgebiet »Heide« genannt wird, gibt es verschiedene, aber kaum beweiskräftige Deutungen. Festzustellen ist, daß diese Bezeichnung in Nord- und Ostdeutschland häufig vorkommt – Hasenheide, Lüneburger Heide, Tucheler Heide –, während nach Westen und Süden hin »Wald« vorherrscht: Reinhardswald, Odenwald, Schwarzwald. Vielleicht sollte man sich ans Naheliegende halten: In den »Heiden« überwiegen die teils sandig leichten, teils moorigen Böden und als Bäume die Kiefern, die unter sich vielerlei Aufwuchs dulden, nicht zuletzt charakteristische Heidepflanzen wie Wacholder und Erikazeen.

249 Zeidler waren Waldbienenzüchter, einst eine Zunft mit besonderen Gebräuchen und eigener Gerichtsbarkeit.

250 Klöden, a.a.O.

250 Willibald Alexis (Schriftstellername für Wilhelm Häring), 1798 bis 1871, schrieb nach dem Vorbild Walter Scotts achte große, oft mehrbändige Romane zur brandenburgischen und preußischen Geschichte, dazu Novellen, Dramen, Gedichte. »Die Hosen des Herrn von Bredow« erschienen 1846.

251 Der König schrieb natürlich französisch: Mémoires pour servir à l'histoire de la maison de Brandebourg, 1751.

252 Klöden, a.a.O.

252 Klöden, a.a.O.

252 Gemeint sind Nymphenarten, die nach antiken Vorstellungen Naturorte wie Berge und Quellen oder Bäume umspielen und hüten.

253 Klöden, a.a.O.

253 Brunold, »der Sänger der Heide«, eigentlich August Ferdinand Meyer, war von 1834 bis 1879 Lehrer in Joachimsthal, wo er 15 Jahre später starb und begraben wurde. »Die Stadt Joachimsthal ehrte diesen einsamen treuen Verehrer märkischer Waldesschönheit fünf Jahre nach seinem Tode dadurch, daß sie ihm ein Denkmal auf den Marktplatz setzen ließ. Während des Ersten Weltkrieges ging aber auch die Bronzebüste des Dichters den Weg allen Metalls: sie wurde eingeschmolzen. Lange stand der Granitsockel leer, bis endlich im Jahre 1926 die märkischen Wanderer die Mittel zu einem Neuguß der Büste zusammenbrachten und den Stein wieder mit dem Denkmal schmükken konnten.« (Erwin Buchholz / Ferdinanz Coninx, Die Schorfheide, a.a.O., S. 58f.) – Die Büste ist noch heute in Joachimsthal zu sehen.

256 Kästner, 1719 bis 1800, Mathematiker, Professor in Göttingen und Epigrammatiker, schrieb sein Gedicht, nachdem der alternde König 1780 seine Abhandlung »De la Littérature Allemande« veröffentlicht hatte, die über die neuere deutsche Literatur souverän hinwegsah; sie kannte weder Klopstock noch Lessing, weder Wieland noch Herder und von Goethe nur – abfällig beurteilt – den »Götz«.

256 Siehe hierzu und zum Leist-Gedicht: Buchholz / Coninx, a.a.O., S. 26f.

257 Buchholz / Coninx, a.a.O., S. 53f.

257 Siehe dazu die anschauliche Schilderung bei Ilse Gräfin von Bredow, Kartoffeln mit Stippe – Eine Kindheit in der märkischen Heide, 11. Auflage Bern und München 1987. Der Film nach diesem Buch entstand in dem Kirchenforstamt Seelensdorf, das zum Domstift von Brandenburg gehört.

257 Als Beispiel bei Buchholz / Coninx, S. 63: »Für Groß-Schönebeck sind 1864 noch 350 Stück Rotwild angegeben. Dabei rechnete man jährlich allein mit einem Abgang von etwa 200 Stück durch Wilddieberei; das muß aber wohl eine besonders wilddiebsreiche Zeit gewesen sein.« Wer weiß? Eine Geschichte der Wilddieberei steht noch aus.
257 1883 umfaßte die Schorfheide 38448 ha. 1937 aber werden für die »Stiftung Schorfheide« 52196 ha genannt. »Hinzu kamen dann noch fast 10000 ha überwiegend landwirtschaftlich genutzter Flächen, die bis 1945 angekauft wurden.« (Buchholz / Coninx, a.a.O., S. 14f.) Zu den Ankaufsmethoden sei an die Erfahrungen des Herrn von Wedel auf Parlow erinnert.
258 Buchholz / Coninx, a.a.O., S. 91.
258 So nach Angaben von heute zuständigen Forstbeamten. Anderer Meinung sind Buchholz und Coninx, a.a.O., S. 129.
259 A.a.O., S. 129.
261 Robert Musil, Nachlaß zu Lebzeiten, Zürich 1936, S. 130ff.
262 Musil, a.a.O.
263 Buchholz / Coninx, a.a.O., S. 45f.
264 A.a.O., S. 43.
266 Wend Graf zu Eulenburg-Hertefeld, Ein Schloß in der Mark Brandenburg – Erinnerungen an Liebenberg, Stuttgart 1990, S. 135ff.
268 Gottfried August Bürger, Lenore (1773).
270 Wanderungen, Zweiter Band: Das Oderland, S. 430ff.

Die Träume vom schöneren Leben

272 Hermann Fürst Pückler-Muskau, Andeutungen über Landschaftsgärtnerei, verbunden mit der Beschreibung ihrer praktischen Anwendung in Muskau, Stuttgart 1834 und 1977; hier zitiert nach der von Günter J. Vaupel herausgegebenen Ausgabe, Frankfurt a.M. 1988, S. 11ff. – Pückler schließt an dieser Stelle eine Anmerkung an: »In kultivierten Ländern ist die Disposition grade umgekehrt. Wirtschaftshof und Küchengarten sind hinter dem Hause versteckt. Vor demselben genießt man über Rasen, Blumen und Pflanzungen den freien Blick in die Umgebung.«
273 Clara von Arnim, Der grüne Baum des Lebens – Lebensstationen einer märkischen Gutsfrau in unserem Jahrhundert, 2. Auflage Bern, München, Wien 1989, S. 89.
273 Zur Kritik Yorcks an Stein und zum Zitat: Johann Gustav Droysen, Das Leben des Feldmarschalls Grafen Yorck von Wartenburg, 10. Auflage Leipzig 1890, Band I, S. 211ff.
274 Schattenriß einer Generation, 1888–1919, Stuttgart 1950, S. 41f.
274 Briefe an Georg Friedländer, herausgegeben von Kurt Schreinert, Heidelberg 1964, S. 295.

275 Johann Gottfried Seume, 1763–1810, unternahm seine Wanderung 1801/02; der »Spaziergang nach Syrakus« erschien 1803. Das Buch ist in den letzten Jahrzehnten mehrfach neu aufgelegt worden und immer noch lesenswert.

276 Wolf Jobst Siedler, Wanderungen zwischen Oder und Nirgendwo – Das Land der Vorfahren mit der Seele suchend, Berlin 1988, S. 138f. – Siedler nennt Schloß Hardenberg »Bühne und Text zugleich des Stücks, das Klassizismus hieß. Langhans hatte den ländlichen Gutshof Quilitz 1785 bis 1790 in antikischer Manier umgebaut, Schinkel ihn dann 1820 aufgestockt, Pückler den Lennéschen Garten in einen englischen Park verwandelt; die Skulpturen von Schadow und Rauch. Nicht ein Name preußischen Stilwillens zwischen 1780 und 1820, der an diesem Gesamtkunstwerk nicht beteiligt gewesen wäre.« (S. 138.) – Der Ort Neuhardenberg hieß in der DDR-Zeit »Marxwalde«; seit dem 1. 1. 1991 trägt er wieder den alten Namen.

276 Siehe Fontanes Altersgedicht, S. 193f.

277 Reisezehrung, 6, in: Erdreich – Gedichte, 2. Auflage Stuttgart 1985, S. 42.

279 Schloß Wiepersdorf – Arbeits- und Erholungsstätte für Schriftsteller und Künstler »Bettina von Arnim«, herausgegeben vom Kulturfonds der DDR, Autor Georg Hoffmann, S. 13. – Die Broschüre wird für 5 D-Mark in Wiepersdorf abgegeben.

279 »Ab 1974 wurde ein eingreifendes Wiederherstellungsprogramm für Haus und Park begonnen, das 1980 abgeschlossen werden konnte. Um 1880 hatte der Historienmaler Achim von Arnim, ein Enkel der Bettina von Arnim, das Herrenhaus durch Umbauten umgestaltet und den Park durch Freiplastiken und Gartenarchitekturen einschließlich einer Orangerie bereichert. Dieser Zustand wurde bei der Wiederherstellung des Äußeren und der Haupträume der denkmalpflegerischen Zielstellung zugrunde gelegt und bei der Ausstattung der Räume mit historischen Möbeln und Bildern angestrebt.« (Denkmale in Berlin und der Mark Brandenburg – Ihre Erhaltung und Pflege in der Hauptstadt der DDR und in den Bezirken Frankfurt / Oder und Potsdam. Erarbeitet im Institut für Denkmalspflege Arbeitsstelle Berlin, Weimar 1988, S. 509.)

280 Schloß Wiepersdorf, a.a.O., S. 36.

280 Siehe Clara von Arnim, a.a.O., S. 71ff.

282 Drei Dichter der Romantik – Clemens Brentano, Bettina, Achim von Arnim, Stuttgart 1944, S. 211f.

282 Bettine und Arnim – Briefe der Freundschaft und Liebe, Band 1 (1806–1808) und Band 2 (1808–1811), herausgegeben von Otto Betz und Veronika Straub, Frankfurt am Main 1986 und 1987.

284 Zitiert nach: Märkischer Dichtergarten – Achim von Arnim, »Mir ist zu licht zum Schlafen« – Gedichte, Prosa, Stücke, Briefe,

herausgegeben von Gerhard Wolf, Frankfurt am Main 1984, S. 277 ff. – Dieses preiswerte Buch bietet eine Einführung in Arnims Werk.
284 A.a.O., S. 276.
285 S. 289.
285 S. 302.
286 S. 31.
291 Siehe Clara von Arnim, a.a.O., S. 358 ff. – Zum »roten Baron« daselbst, S. 73.
293 Reisezehrung, 7, a.a.O., S. 43.
294 Kritik des Gothaer Programms, in: Marx / Engels, Werke, Band XIX, Berlin 1956 ff., S. 21.
294 Die Deutsche Ideologie, in: Die Frühschriften, herausgegeben von Siegfried Landshut, Stuttgart 1953, S. 362.
294 Einmischung – Gespräche, Reden, Essays, Gütersloh 1990, S. 241.

Abschied und Heimkehr

299 Gesammelte Politische Schriften, 2. Auflage Tübingen 1958, S. 322.
300 Wolf Jobst Siedler, Wanderungen zwischen Oder und Nirgendwo – Das Land der Vorfahren mit der Seele suchend, Berlin 1988, S. 20.
301 Harry Graf Kessler, Walther Rathenau – Sein Leben und sein Werk, zuerst 1928; Ausgabe Frankfurt am Main 1988, S. 326.
302 Broschüre »Seelower Höhen – Gedenkstätte der Befreiung«; Herausgeber: »Gedenkstätte der Befreiung auf den Seelower Höhen«; Autorenkollektiv: Regie L. Cuba / E. Koch, Text Oberst K. Stich, Miliärakademie »Friedrich Engels«, Dresden – H. Mehlhorn und W. Fleischer, Armeemuseum der DDR, Dresden; Geleitwort und Lyrik H. Preißler, Ausgabe 1985, S. 5. – Im folgenden wird abgekürzt als »Broschüre« zitiert.
302 Broschüre, S. 16.
302 Broschüre, vorgeheftete Blätter ohne Seitenangabe.
304 Broschüre, S. 50.
304 Broschüre, S. 62.
304 In der Broschüre, S. 61, sind dem Text noch einige Zeilen angefügt: »Was ihr gehaßt habt, / wollen wir heftiger hassen. / Was ihr geliebt habt, / wollen wir inniger lieben. / Wofür ihr gefallen seid, / dafür wollen wir leben.«
304 Broschüre, S. 25.
309 Friedrich August Ludwig von der Marwitz, Ein märkischer Edelmann im Zeitalter der Befreiungskriege, herausgegeben von Friedrich Meusel, Erster Band, Berlin 1908, S. 10 f.

311 Martin Greiffenhagen, Die Aktualität Preußens – Fragen an die Bundesrepublik, Frankfurt am Main 1981, S. 63.
312 Wanderungen, Zweiter Band, S. 200f.
313 Siehe die Kindeserinnerungen an den reisenden und reitenden Friedrich, S. 114f.
313 Marwitz, a.a.O., S. 535.
314 S. 214.
314 Siehe besonders Kapitel 4, in dem übrigens als Grabinschrift wieder vorkommt: »Hier ruht mein Glück.« Der Roman, 1878 erschienen, liegt zeitlich noch nahe bei den »Wanderungen«.
315 Wanderungen, a.a.O., S. 192.
316 Marwitz, S. 56f.
317 S. 505.
317 S. 529.
318 Vorlesungen über die Philosophie der Geschichte, Vierter Teil, Dritter Abschnitt, Drittes Kapitel.
319 Über die Demokratie in Amerika, Band I, Einleitung. (Französische Erstausgabe 1835, deutsche Standardausgabe Stuttgart 1959.)
319 Über die Demokratie in Amerika, Band II, Schlußteil. (Erstausgabe 1840, deutsche Standardausgabe Stuttgart 1962.)
320 Erst 1847 hat es – mit einer Lebensdauer von zweieinhalb Monaten – den »Vereinigten Landtag« gegeben, ein Zwittergebilde, mit dem niemand zufrieden war. Im Vorfeld von 1848 handelte es sich sozusagen um den Beweis dafür, daß die Zeit der Ständeversammlungen abgelaufen und die der Parlamente gekommen war.
320 A.a.O., S. 279.
321 Gustav Schmoller, Preußische Verfassungs-, Verwaltungs- und Finanzgeschichte, Berlin 1921, S. 56.
322 Denkwürdigkeiten und Erinnerungen, 1771–1813, Stuttgart 1899, Teil I, S. 193.
323 Walter Görlitz, Die Junker – Adel und Bauer im deutschen Osten, 2. Auflage Glücksburg 1957, S. 110.
324 Briefe an Georg Friedländer, herausgegeben von Kurt Schreinert, Heidelberg 1954, S. 309f.
325 Marwitz, a.a.O., S. 715. – Der Nekrolog stammte von Professor Spieker, Superintendent in Frankfurt an der Oder; Erstveröffentlichung 1838.
325 »Wanderungen«, a.a.O., S. 193.
326 In seinen poetischen Spaziergängen »Auf den Seelower Höhen« sagt Wolf Jobst Siedler von der Kirche, sie sei »wieder verfallene Feldsteinkirche geworden und mit rostiger Kette versperrt. So sah sie wohl aus, als nach der Askanierzeit das schreckensvolle Interregnum die blühende Mark in eine Wüste verwandelt hatte. Nur vierzig Jahre, und auf dem Friedhof kein Grabstein mehr und kein Kreuz, nicht einmal

gestürzt, zerbrochen und überwachsen. Alles eingeebnet, Waldboden mehr als Gottesacker, verwilderte Natur.« (Wanderungen zwischen Oder und Nirgendwo – Das Land der Vorfahren mit der Seele suchend, Berlin 1988, S. 136.) Ähnlich übertönt Melancholie die Wirklichkeit bei der Schilderung von Marxwalde / Neuhardenberg.

326 Marwitz, a.a.O., S. 8.

330 Dr. Bernd Freiherr von Maltzan, »Märkische Allgemeine« vom 24. 4. 1991.

331 A.a.O., S. 716.

Bildnachweise

Archiv des Verlages: S. 58, 159, 201, 222

Archiv für Kunst und Geschichte, Berlin: S. 17, 73, 94, 132, 217, 313

Aufnahmen des Verfassers: S. 23, 38, 41, 49, 51, 70, 121, 123, 129, 147, 158, 181, 184, 185, 189, 226, 227, 265, 267, 269, 277 (2), 293, 300, 303, 307, 310, 311, 329

Futura Werbeagentur, Berlin: S. 22

Generaldirektion der Staatlichen Schlösser und Gärten Potsdam-Sanssouci; Broschüre »Jagdschloß Stern«: S. 53

Vorsatzblätter: Karte der Mark Brandenburg, um 1758 (Stich von M. A. Lotter); Archiv für Kunst und Geschichte, Berlin

MAPPA GEOGRAPHICA exhibens ELECTORATUM BRANDENBURGENSEM sive MARCHIAM VETEREM, MEDIAM et NOVAM nec non MARCHIAM UKERAM summa diligentia et juxta hodiernum Statum aeri incisa Cura et Sumptibus Tobiae Conradi Lotter, Calcogr. Aug. Vind.
DUCAT. MEC
BURG
DUCAT. LUNEBURGENS.
PARS
MARCHIA VETUS
PRIGNITIA
CIRCULUS RUPPINENS.
MARCHIA
DUCAT. MAGDEBURG
PRINCIP. ANHALT. P.
AD MAGDEBURG.
DUCAT.
SAXONIA
PARS
OCCIDENS
Elbe Fl.
Havel Fl.
Planer See
Calpin See
Muritz See
LENZEN
PERLEBERG
PRITZWALCK
WITSTOCK
SALTZWEDEL
Arendsee
SEEHAUSEN
WERBEN
OSTERBURG
HAVELBERG
KYRITZ
WUSTERHAUSEN
NEU RUPPIN
GRANSEE
STENDAL
TANGERMUND
GARLEBEN
RATENAU
NAUEN
ORANIENBURG
SPANDAU
POTSDAM
BRANDENBURG
MAGDEBURG
SCHÖNEBECK
ZERBST
CÖTHEN
DESSAU
Coswick
WITTENBERG
IÜTERBOCK
TREUENBRIZEN
BELITZ
Saarmund
TREBBIN
Zinna
Luckenwalde
TORGAU
Schönwalde
Fehrbellin 1675
Quinque milli

BUCHPROGRAMM 2023

adeo

Zerrissen zwischen Sünde und Erlösung

Er war berüchtigt für Exzesse im Drogenrausch – und überzeugter Christ. Als größter Rockstar neben Elvis Presley war Johnny Cash einer der einflussreichsten Musiker des letzten Jahrhunderts. Mit Kennerblick hat Musikexperte Matthias Huff hinter die düstere Fassade von Cash geblickt und ungeahnte Einblicke gewonnen, die das bisher unvollständige Bild der tiefgläubigen Musiklegende ergänzen und vertiefen.

„Er war wie Abraham oder Moses – einer der Großen, die die Erde beehren."

Merle Haggard,
Country-Musiker

Matthias Huff
Johnny Cash – Meine Arme sind zu kurz, um mit Gott zu boxen
Gebunden · Schutzumschlag
durchgehend s/w bebildert
ca. 256 Seiten
€ 22,–
ISBN 978-3-86334-374-3

Leseproben zu allen Büchern finden Sie unter www.adeo-verlag.de.

Von der schiefen Bahn in ein neues Leben

Das Seehaus ist ein außergewöhnliches Erfolgskonzept: Jugendlichen Straftätern wird dort die Möglichkeit zum Strafvollzug in freier Form gegeben – als Alternative zur herkömmlichen Haftstrafe. Dieses Buch vereint 20 Geschichten von ehemaligen Inhaftierten und den Mitarbeitenden ebenso wie von Kriminalität betroffenen. Es zeigt voller Wärme und Zuversicht auf, was Großartiges passieren kann, wenn junge Menschen eine zweite Chance bekommen.

„Das Seehaus Leonberg ist einer dieser raren Gegenentwürfe. Es möchte genau jenen Teufelskreis aus Verrohung und Stigmatisierung aufbrechen, in den jugendliche Straftäter gelangen, wenn sie einmal im Gefängnis landen."

DER SPIEGEL

Zehendner/Ospelkaus

Wo Zukunft wachsen kann

Gebunden · Schutzumschlag

ca. 224 Seiten

€ 20,–

ISBN 978-3-86334-382-8

Leseproben zu allen Büchern finden Sie unter www.adeo-verlag.de.

„Unglaublich, wie viel Kraft dieser junge Mann hat."

Brigitte

Samuel Koch

Schwerelos

Gebunden · durchgehend farbig

208 Seiten

€ 20,–

ISBN 978-3-86334-358-3

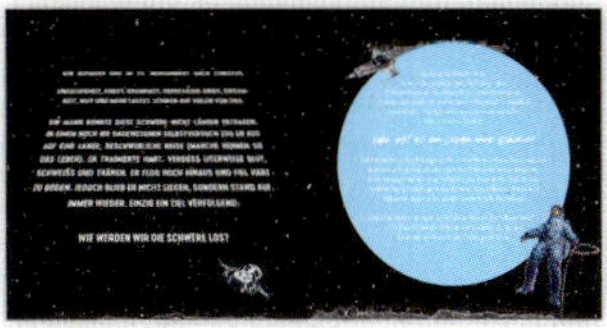

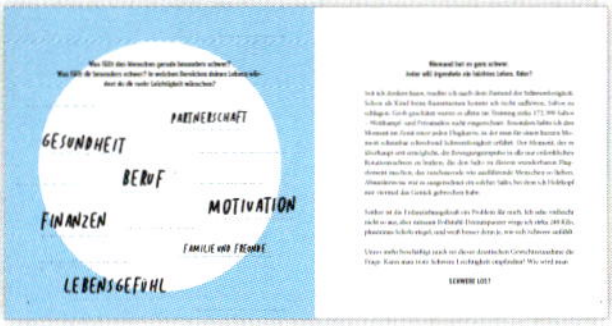

Beispielhafte Innenseiten

Wie das Leben leichter wird

Wie wird man Schwere los? Wo finde ich Freude und Zuversicht? Und wie kann *trotz allem* das Leben gelingen? Nach seinem Unfall bei „Wetten dass..?" hat der ehemalige Kunstturner und heutige Theaterschauspieler Samuel Koch neue Wege ausprobiert, um sich wieder unbeschwerter und lebendiger zu fühlen. Trotz seiner Lähmung vom Hals abwärts hat er zu neuer Leichtigkeit und einem neuen Sinn gefunden. Überraschend, voller Hoffnung, Humor und *Mut*ausbrüche teilt er nun seine Erfahrungen.

adeo Magazin

17 x 24 cm · 68 Seiten · Klebebindung

Kostenlos, solange der Vorrat reicht

Kostenfreie Inspiration für Sie

adeo – ein Programm, das zum Durchatmen einlädt, zum Innehalten, zum Nachdenken und zum Genießen. Echtes. Authentisches. All das finden Sie im adeo Magazin. Es erscheint zweimal im Jahr, ist kostenfrei und liefert Ihnen eine Fülle von Inspirationen in Form von Hintergrundberichten, Gespräche mit Autorinnen und Autoren, Künstlerinnen und Künstlern. Fragen Sie in Ihrer Buchhandlung danach oder fordern Sie das Magazin einfach gratis unter www.adeo-verlag.de an.

Viele Bücher auch als eBook erhältlich.

Unsere Produkte erhalten Sie im Buchhandel oder unter www.adeo-verlag.de.
Irrtum, Preisänderung und Liefermöglichkeit vorbehalten.

adeo